Colin Goldner (Hg.)

Der Wille zum
SCHICKSAL

Die Heilslehre des Bert Hellinger

UEBERREUTER

ISBN 3-8000-3920-6

Alle Urheberrechte, insbesondere das Recht der Vervielfältigung,
Verbreitung und öffentlichen Wiedergabe in jeder Form, einschließlich einer
Verwertung in elektronischen Medien, der reprografischen Vervielfältigung,
einer digitalen Verbreitung und der Aufnahme in Datenbanken,
ausdrücklich vorbehalten.
Umschlaggestaltung: verlagsbüro wien / Kurt Hamtil unter Verwendung eines
Fotos des DIZ München
Copyright © 2003 by Verlag Carl Ueberreuter, Wien
Druck: Ueberreuter Print
1 3 5 7 6 4 2

Ueberreuter im Internet: www.ueberreuter.at

Inhalt

Colin Goldner   8
Vorwort des Herausgebers

Ursula Nuber   9
Eine unheimliche Ordnung
Bedürfnis nach Autorität und Führung

Beate Lakotta   12
»Das geht Sie gar nichts an«
Biografische Annäherung an Bert Hellinger

Jörg Schlee   23
Hinters Licht geführt
So funktioniert Familienaufstellung nach Hellinger

Thea Bauriedl   39
Macht und Ohnmacht
Hellingers Vorstellungen über die Psychodynamik in Familien

Micha Hilgers   53
Der Pseudotherapeut
Klinische Argumente gegen Hellinger

Colin Goldner   66
Esoterischer Firlefanz
Die Szene der Hellingerianer

Hugo Stamm   133
Magisch-mystische Aura
Die Schweiz im Hellinger-Fieber

El Awadalla 141
Am Puls der Szene
Hellinger in Österreich

Fritz B. Simon / Arnold Retzer 149
Zwei Welten
Systemische Psychotherapie und der Ansatz Bert Hellingers

Frank Gerbert 158
Wundersame Hilfe in allen Lebenslagen
Organisationsaufstellungen und Ähnliches

Michael Utsch 169
Hellingers Gnadenlehre
Zur verborgenen »Theologie« der Familienaufstellungen

Sigrid Vowinckel 178
Hellinger – eine Backlash-Episode
Kritik aus feministischer Sicht

Claudia Kierspe-Goldner 191
»Und bist du nicht willig ...«
Wiederkehr der »Schwarzen Pädagogik«

Petrus van der Let 203
Mitschuld am Missbrauch?
Hellingers Umgang mit Inzest

Colin Goldner 209
Der Todesfall von Leipzig
Verdrängte Risiken und der Umgang mit Kritik

Ingo Heinemann 224
Rechtspflege ausgetrickst?
Rechtliche Fragen der Familienaufstellung nach Hellinger

Fritz R. Glunk   238
Der Protofaschist
Das Weltbild des Bert Hellinger

Klaus Weber   253
Verhöhnung der Opfer durch Versöhnung mit den Tätern
Bert Hellingers Unterwerfungsprojekt

Heiner Keupp   265
Gebrauchswertversprechen eines postmodernen Fundamentalisten
Was Anhängerschaft sichert

Petrus van der Let / Colin Goldner   279
Beklemmende Töne
Hellinger und Rilke

Literatur- und Quellenverzeichnis   283
Autorinnen und Autoren   302

Vorwort des Herausgebers

> Wo ihr den Missbrauch erkannt habt
> Da schafft Abhilfe!
> *Bert Brecht*

Angesichts der nachgerade unheimlichen Verbreitung des »Familien- und Organisationsaufstellens nach Bert Hellinger« erscheint eine kritische Auseinandersetzung mehr als überfällig: mit dem Verfahren selbst, mit den Versprechungen, die es gibt, und den Risiken, die es birgt, mit den Personen, die es anbieten, und denen, die sich darauf einlassen, mit dem dahinterstehenden Weltbild und nicht zuletzt mit der zentralen Figur der Szene: Ex-Ordenspriester Bert Hellinger.

Initiiert wurde der vorliegende Band vor dem Hintergrund eines kritischen Beitrages von *Spiegel*-Redakteurin Beate Lakotta über Hellinger und sein Verfahren, der Anfang 2002 erschienen war und, abzulesen an einer Flut von Zuschriften, größtes, wenngleich geteiltes Interesse erregt hatte: Grund genug, dem »Phänomen Hellinger« weiter nachzugehen.

Der Band versammelt Autorinnen und Autoren, die das Treiben der Hellinger-Szene seit Jahren und mit wachsender Sorge beobachten und deren Meinungen, die bislang nur verstreut in einzelnen Artikeln und Broschüren zu finden waren, nun gebündelt ein publizistisches Gegengewicht setzen sollen zu der Unmenge an Veröffentlichungen und Verlautbarungen, mit denen Hellinger und seine Anhängerschaft sich zu etablieren wussten.

Hellingers Ansatz wird von verschiedenen Blickwinkeln her untersucht und kritisch bewertet. Das Buch versteht sich insofern als Diskussionsbeitrag. Rückmeldungen an den Herausgeber (unter fkpsych@aol.com oder www.fkpsych.de) sind deshalb ausdrücklich erwünscht (werden allerdings nur ab einem bestimmten Niveau beantwortet).

Ansonsten gilt der warnende Hinweis Carl Sagans: Es ist durchaus eine Tugend, die Augen offen zu halten angesichts neuer Ideen. Allerdings nicht so weit, dass das Hirn herausfällt.

Colin Goldner

Ursula Nuber
Eine unheimliche Ordnung
Bedürfnis nach Autorität und Führung

WARUM ICH? Diese Frage stellen sich vermutlich alle Menschen irgendwann einmal in ihrem Leben. Vor allem in Krisenzeiten wird das »Warum?« besonders drängend: Warum bin ich so, wie ich bin? Warum gelingt mir nicht, was anderen gelingt? Warum muss ausgerechnet ich diese Krankheit bekommen? Warum hat mich mein Partner verlassen? Warum kann ich nicht so glücklich sein, wie es andere Menschen anscheinend sind?

Wer auf all diese Fragen selbst keine Antwort findet, sucht Hilfe bei professionellen Antwortgebern, die er sich unter dem großen Angebot ganz nach seinem persönlichen Standpunkt und seiner Glaubensbereitschaft aussuchen kann.

Wer daran glaubt, dass das Schicksal in den Sternen liegt, hört auf die Antworten von Astrologen oder Wahrsagern. Wer noch nicht den Glauben an Gott verloren hat, sucht einen Priester auf, und wer weder an das eine noch an das andere zu glauben vermag, vertraut auf das Wissen von Psychotherapeuten.

Manchmal verkörpert der Experte, der sich als Antwortgeber anbietet, alle Funktionen in seiner Person: Er ist Psychotherapeut und Priester, Wahrsager und Schamane in einem. Dies sind oft die schillerndsten Gestalten, die der Markt für Lebenshilfe zu bieten hat, sie sind zugleich auch die umstrittensten. Charakteristisch für sie ist die Sicherheit, die sie ausstrahlen, und ihre Gewissheit, im Besitz der richtigen Antwort auf die Frage »Warum?« zu sein. Das macht sie anziehend für all jene, die Unsicherheit nicht mehr länger aushalten wollen, die froh sind für jeden Richtungshinweis, den sie bekommen können.

Bert Hellinger ist ein solcher Magnet. Seine Workshops ziehen inzwischen ganze Hundertschaften von Therapeuten und zigtausende von Klienten an, vor und mit denen er seine Form der »systemischen Psychotherapie« demonstriert, die im Wesentlichen auf zwei Grundannahmen beruht:

In Familien gebe es eine Ursprungsordnung. Die Ordnung ergebe sich durch die Zeit. Hellinger: »Wer oder was zuerst in einem System da war, hat Vorrang vor allem, was später kommt.« So habe zum Beispiel der Erstgeborene Vorrang vor dem Zweitgeborenen. Bei Familiensystemen aber verhalte es sich in der Regel umgekehrt: Die Gegenwartsfamilie habe Vorrang vor der Herkunftsfamilie, die Zweitfamilie vor der Erstfamilie. Wenn gegen diese Ursprungsordnung verstoßen werde, entstünden Probleme oder Krankheiten. Auch zwischen den Geschlechtern existierten solche Ursprungsordnungen, wobei in den meisten Fällen für Hellinger der Mann im Rang vor der Frau kommt.

Neurosen entstünden durch eine unterbrochene Hinbewegung zu den Eltern. Kinder wollten ihre Eltern lieben, gleichgültig, was geschehen sei. Wenn diese liebende »Hinbewegung« unterbrochen worden sei, erklärt Bert Hellinger, »dann schlägt die Liebe um in Schmerz. (...) Der Schmerz ist so groß, dass das Kind später nie mehr an ihn heran will. Statt dass es zur Mutter oder zu anderen Menschen hingeht, hält es sich lieber von ihnen fern und fühlt an Stelle der Liebe Wut oder Verzweiflung und Trauer.«

In seinen Workshops − mit der Methode der von ihm entwickelten Familienaufstellung − will Bert Hellinger die »unterbrochene Liebe« ans Ziel bringen, indem er zum Beispiel die »Kinder« sich vor den Eltern-Stellvertretern verbeugen und diesen »Ehre« erweisen lässt. Hellingers Botschaft ist eindeutig: Eltern gebühre Ehre und Liebe, Ordnungen seien anzuerkennen. Sobald sich familiäre Verstrickungen auflösten, sei der Betroffene frei.

Es sind einfache und schnelle Lösungen, die Hellinger anbietet (eine Familienaufstellung dauert selten länger als 20 Minuten) und sie erinnern stark an bereits überwunden geglaubte so genannte »alte Werte«. Betrachtet man Hellingers Werdegang, dann ist man sehr versucht, seinen Konservativismus auf seine katholischen Wurzeln zurückzuführen: 15 Jahre lang lebte er als Ordenspriester in Südafrika. Doch ganz so einfach ist es wohl nicht. Denn er hat seinem Orden den Rücken gekehrt und sich der Psychotherapie zugewandt. Er absolvierte, so zumindest die Legende, eine psychoanalytische Ausbildung, die psychoanalytische Vereinigung habe ihm allerdings die Anerkennung verweigert. Angeblich, weil er sich den Ideen des seinerzeit (und bis heute) heftig umstrittenen Primärtherapeuten Arthur Janov geöffnet habe. Er sei dann tatsächlich zu Janov nach Amerika gegangen und habe an dessen Institut eine neunmonatige Ausbildung zum Primärtherapeuten gemacht. Ende der 1970er-Jahre griff er den »neuen Trend« im Therapiebereich auf, die Familientherapie.

Diese vielfältigen Erfahrungen haben seine therapeutische Arbeit und seinen Stil geprägt, und doch sind nicht sie es, die Hellingers Erfolg ausmachen. Auch andere Therapeuten haben Erfahrungen mit unterschiedlichsten Therapieverfahren, auch andere Therapeuten arbeiten mit der Methode der Familienaufstellung. Die Faszination, die Hellinger auf Therapeuten wie Klienten ausübt, besteht vielmehr in seiner Unbeirrbarkeit, mit der er seine Überzeugungen und die in seinen Familienaufstellungen (vermeintlich) gefundenen Lösungen vertritt. So frei von Zweifel, so urteilssicher und unbeeindruckt von Kritik, ja auch so autoritär aufzutreten – das hat lange niemand mehr gewagt, schon gar nicht im therapeutischen Rahmen. Bert Hellinger, so scheint es, weist den Verunsicherten, die es auf Therapeutenseite offensichtlich ebenso gibt wie auf Klientenseite, den Weg: Endlich gibt jemand wieder eindeutige Antworten, endlich wagt jemand zu sagen »Ich weiß, dass es so ist«, endlich ist nicht mehr alles möglich, alles machbar, alles offen. Es scheint, als seien nicht wenige der Kämpfer für Freiheit, Autonomie und Unabhängigkeit, für Selbstverwirklichung und Selbstbehauptung auf ihrem langen Weg müde geworden und ruhten sich nun erschöpft an der Schulter eines »Über-Vaters« aus.

Hellinger sagt von sich selbst, er sei kein »Guru«. Und vielleicht hatte er, im Gegensatz zu anderen Psycho-Gurus, die die Therapie- und vor allem die Esoterik-Szene bevölkern, tatsächlich nicht die Absicht, ein Guru zu werden. Er machte allerdings auch zu keinem Zeitpunkt irgendwelche Anstalten zu verhindern, dass seine Fans und Anhänger ihn zu einem Guru machten, weil sie ganz offensichtlich ein starkes Bedürfnis nach Autorität und Führung haben. Und das ist das eigentlich Beunruhigende am Phänomen Bert Hellinger.

Beate Lakotta

»Das geht Sie gar nichts an«

Biografische Annäherung an Bert Hellinger

Ein Mann denkt über das »System Familie« nach. Jahrzehntelang kreist seine Arbeit um die Beziehungen zwischen Eltern und Kindern, um die Abfolge von Generationen. Er versucht, die innere Dynamik dieser Schicksalsgemeinschaft zu begreifen. Er will herausfinden, wie die Herkunftsfamilie die seelische Gestalt eines Menschen formt – und auch deformiert.

Bert Hellinger ist ungefähr in der Mitte seines Lebens angelangt, als er diese Fragen als Leitthema seines weiteren Lebens entdeckt. Und es ist dies keineswegs eine nur theoretische Entdeckung: Er steht vor einem biografischen Bruch. Bisher hatte er seine Existenz in den Dienst der Kirche gestellt. Mit 45 Jahren tritt er aus einem katholischen Missionsorden, dem er 25 Jahre lang zugehört hatte, aus und heiratet.

Es liegt auf der Hand, dass seine Herkunft, seine Familie und seine Lebensgeschichte die Entwicklung seines späteren therapeutischen Handelns entscheidend geprägt haben müssen. Doch Hellinger spricht nicht über den Weg, den er selber zurückgelegt hat. Der Mann, der Menschen zu Tausenden dazu bringt, vor ihm und einem Saal voller Fremder die schmerzlichsten und intimsten Details ihres Lebens auszubreiten, gibt von sich selbst auffallend wenig preis.

Selbst in Interviews mit vertrauten Gesprächspartnern bleibt die Person Hellingers merkwürdig ungreifbar. Fast nichts ist bekannt über seine Zeit im Orden oder seine Kindheit. Nicht einmal fotografieren will er sich lassen, wird unvermittelt äußerst barsch, wenn ein Seminarbesucher die Kamera für ein Souvenirbild auf ihn richtet. »Ich bin doch völlig uninteressant«, erwidert er auf persönliche Fragen. Oder: »Das geht Sie gar nichts an.«

Hellingers Biografie auf der offiziellen Website *www.hellinger.com* liest sich wie ein tabellarischer Lebenslauf mit vielen Leerstellen. Während die meisten Therapeuten umstandslos Auskunft über ihre Lebensstationen oder ihren Lehranalytiker geben, fehlen hier konkrete Angaben – etwa über familiäre Herkunft, Kindheit, Jugend oder Stationen des beruflichen Werdegangs im Orden, spätere Ausbildungsorte und Lehrer – völlig:

>Bert Hellinger wurde im Jahr 1925 geboren. Zunächst studierte er Philosophie, Theologie und Pädagogik. Seine religiöse Einstellung bewegte ihn damals, einem Orden beizutreten und später als Missionar nach Südafrika zu gehen. Anfang der 70er-Jahre verließ er den Orden und wandte sich der Psychotherapie zu.

Über die Gruppendynamik, die Primärtherapie, die Transaktionsanalyse und verschiedene hypnotherapeutische Verfahren kam er zu der ihm eigenen System- und Familientherapie.

Bert Hellinger hat im Verlauf seiner Entwicklung auch eine psychoanalytische Ausbildung gemacht, anerkannt von der Münchner Arbeitsgemeinschaft für Psychoanalyse M.A.P. Bereits 1982 bestätigte auch die Kassenärztliche Vereinigung Bayerns KVB seine für ein Tätigwerden als nichtärztlicher Psychotherapeut auf dem Gebiet der sog. großen Psychotherapie im Wege der Delegation erforderliche Ausbildung als nachgewiesen.

Seine Zulassung für den sogen. Kassensektor gab Bert Hellinger später zurück, da er keine Einzeltherapien anbot. Aus gleichem Grund strebte er später keine Zulassung als Psychotherapeut unter dem neuen Psychotherapiegesetz an, da diese Art von Arbeit für ihn nicht mehr in Frage kam.

Bert Hellinger lebt heute mit seiner Frau im südöstlichen Bayern nahe der österreichischen Grenze.«

Etwas mehr findet sich – trotz spärlich gehaltener Quellenlage – dann doch über eine der erfolgreichsten Figuren der gegenwärtigen Psychoszene:

Bert Hellinger kam als Anton Hellinger am 16. Dezember 1925 in Leimen bei Heidelberg zur Welt. Als die Deutschen 1933 Hitler zum Reichskanzler wählten, ging Anton noch zur Volksschule. Eine holländische Website beschreibt seine Eltern als gläubige Katholiken, fromme Menschen, die Hitler von Anfang an als Übeltäter und Antichrist verurteilten.

Die katholische Opposition reichte damals quer durch alle Volksschichten: von heimlicher Verweigerung bis hin zum aktiven Widerstand im Untergrund. Manche katholische Eltern verboten ihren Kindern, in der

Schule wie verlangt den Arm auszustrecken und mit »Heil Hitler« zu grüßen oder zu den Jungvolk- und Hitlerjugendtreffen zu gehen. Eine Zivilcourage, so Hellinger, die auch seine Eltern an den Tag legten. »Also, was die Nazis betrifft«, sagt er in einem Interview, »da war ich eingebunden in eine Familie, die das abgelehnt hat. Das war das Verdienst meiner Mutter.« Solch eine Verweigerungshaltung fiel auf. Für Kinder, die »aus der Reihe tanzten«, konnte es in der Schule Hiebe setzen, von Lehrern und Mitschülern, und die SA machte »Hausbesuche«, um für die entsprechende Ausrichtung der Kinder zu sorgen. Wie das bei ihm war, erzählt Hellinger nicht.

Er schließt die Volksschule ab und wechselt auf das so genannte Aloysianum, ein von den Mariannhiller Missionaren betriebenes Seminarhaus in Lohr am Main. Die Mariannhiller sind ein 1882 gegründeter Trappisten-Orden, der sich beauftragt sieht, »an der Verkündigung des Evangeliums mitzuwirken, besonders bei jenen Völkern, die noch nicht an Christus glauben«. In ihrem Haus in Lohr ziehen sie seit 1922 Missionarsnachwuchs heran. Jung-Anton will dort Priester und Missionar werden. Aber die Nazis und der Krieg durchkreuzen zunächst seine Pläne, das Ordensleben in der »Deutschen Provinz« der Mariannhiller kommt während des Dritten Reiches praktisch zum Erliegen.

»Als Siebzehnjähriger stand er bei den Nazis auf einer Liste von Leuten, die als Volksfeinde verdächtigt wurden, und man verweigerte ihm sein Abiturzeugnis«, erzählt Hellinger-Freund und -Ziehsohn Hunter Beaumont (als sei er dabei gewesen). Wer auf dieser Liste gestanden habe, so Beaumont, sei »nur noch einen Schritt von der Todesliste entfernt« gewesen. Und: »Gegen Kriegsende zog Hitler alle 15- bis 17-Jährigen ein und benutzte sie als Kanonenfutter. Paradoxerweise führte dieses letzte verzweifelte Menschenopfer für den Wahnsinn Hitlers zu Hellingers Flucht vor der Gestapo. Man schickte ihn in den Krieg, dort wurde er Kriegsgefangener, und schließlich entschloss er sich, katholischer Priester zu werden.«

Hellinger selbst äußert sich über seine Erlebnisse während des Krieges bis zu seiner Entlassung aus einem Gefangenenlager der Alliierten in Belgien nur vage: »Ich war ja selbst im Krieg«, sagt er in einem Interview. »Es gibt Situationen, in denen das Töten unausweichlich wird. Das weiß man, ich will mich da jetzt nicht ausbreiten.«

Wie fast immer, wenn er über die Nazizeit spricht, schlägt er einen irritierend distanzlosen Ton an: »Es ist für mich auch ganz klar, wenn man auf unsere Soldaten vom letzten Krieg schaut, dass die Soldaten schon Helden waren«, so Hellinger. »Was sie in diesem Krieg an Heldenmut geleistet haben in oft verzweifelten Situationen und mit letztem Einsatz, das war schon überragend. Dass das jetzt alles verteufelt wird, schwächt unsere Generation.«

Er nimmt die Nazi- und Kriegsväter in Schutz: »Was immer auch vorgefallen ist, ein Kind darf seinen Vater niemals in das Kriminelle abdrängen, sondern es schaut auf ihn als den, der ihm das Leben gegeben hat.«

Der Mariannhiller

Als 20-Jähriger kehrt Anton Hellinger 1945 aus der Kriegsgefangenschaft heim. Ein Jahr später erfüllt er sich seinen Lebenstraum und tritt in den Orden der Mariannhiller Missionare in Würzburg ein. Dort nimmt Anton Hellinger seinen Ordensnamen an: Er wird zu Bruder Suitbert, studiert Theologie. 1952 schließt er das Studium ab und wird zum Priester geweiht, in den Begriffen des Ordens zum »Stellvertreter der heiligen Kirche«.

Im Jahre 1953 geht Hellinger für die Mariannhiller nach Südafrika, wo der Orden mehrere Krankenhäuser und Schulen unterhält. Bruder Suitbert erwirbt eine Lehrberechtigung für höhere Schulen, arbeitet abwechselnd an einer Schule in Natal, dann wieder als Gemeindepfarrer bei den Zulu.

In Texten der Mariannhiller aus dieser Zeit ist viel die Rede von der Notwendigkeit, »die Angriffe des bösen Feindes zurückzuschlagen« und die »Gewalt der bösen Geister« zu brechen. In jedem zweiten Satz geht es um »leidende Seelen«, denen Hilfe, Trost und Kraft gebracht werden müsse: »Würde die Sturmglocke läuten und dir anzeigen, dass es im Ort brenne; gewiss, du würdest nicht säumen, Löschmaterial herbeizuschaffen. Allein, bist du nicht überzeugt, dass im Fegefeuer ein unermesslich stärkeres Feuer brennt und Millionen Seelen dem schrecklichen Feuer ausgesetzt sind? Siehe, diesen Seelen können wir mit geringer Mühe helfen«. Und das, ganz katholisch, noch nicht einmal ohne Eigennutz, denn: »Die armen Seelen sind nicht undankbar! Im gleichen Augenblick, wo wir ihnen etwas zugute kommen lassen, heben sie ihre Hände zum Himmel und beten mit solcher Inbrunst für ihre Wohltäter, wie es den heiligsten Personen auf Erden nicht möglich ist. Und Gott erhört so gerne ihr Flehen und sendet seine Gnade in überreichem Maße über ihre Helfer« (Mariannhiller Mission, 1957).

Die 15 Jahre als Lehrer in Südafrika bedeuten ihm viel. »Ich habe mich ja unter Schülern immer wohl gefühlt«, sagt Hellinger in einem Interview. »Sie haben mich zwar auf gewisse Weise gefürchtet, aber ich habe auch viel für sie getan.« 13 Prozent aller Schwarzen, die zu dieser Zeit eine Universität in Südafrika besuchen konnten, seien Schüler seiner Missionsschule gewesen.

Der junge Ordensmann, dessen bisheriges Leben von Sittenstrenge, Frömmigkeit, militärischem Drill, Rassenwahn, Kriegsniederlage, geistlicher Ordnung und Askese geprägt ist, saugt alles auf, was er in der exotischen Gegenwelt der Homelands erlebt: Er lernt die Zulusprache, immerhin gut genug, um in ihr unterrichten zu können. Und er studiert aufmerksam die Rituale und Gebräuche der Zulu. Viele von ihnen ähneln sehr denen des katholischen Ritus: Bruder Suitbert versucht, sie in die Gottesdienstordnung zu integrieren.

Und er macht erste Erfahrungen mit gruppendynamischen Techniken: Aus den USA hat ein anglikanischer Geistlicher Formen von Gruppenarbeit mitgebracht, die auf Dialog, Beobachtung und individuelle Erfahrung setzen anstatt auf trockene Theorie. Hellinger fühlt sich von dieser Art der Gruppendynamik angesprochen. Er macht mehrere ökumenische Gruppentrainings mit.

Als Bruder Suitbert 1968 in die Heimat zurückbeordert wird, stehen da sämtliche Autoritäten in Kirche und Staat unter Beschuss. Hellinger hatte ein ultrakonservatives Adenauer-Deutschland verlassen, hatte 15 Jahre im totalitären Buren-Staat Südafrika gelebt. Nun kehrt er in ein fremd gewordenes Land zurück, in dem Studenten gegen die Generation der Naziväter Sturm laufen und die sexuelle Revolution propagieren. Der Heimkehrer findet sich nur schwer zurecht. Er wird zum Hausoberen der Mariannhiller Missionare bestimmt. Zwei Jahre steht er seinen Würzburger Mitbrüdern vor, doch seine Ideale wanken.

Er beginnt eine Psychoanalyse und besucht psychologische Vorlesungen. Bald bietet er selbst gruppendynamische Kurse an, basierend auf dem, was er in Südafrika gelernt hat. Er knüpft Kontakte außerhalb des Ordens, will sich nicht mehr recht in die Ordensdisziplin einpassen. 1971 tritt Bruder Suitbert schließlich »nach reiflicher Überlegung« aus dem Orden aus. Er scheidet, auch nach Auskunft des Ordens, nicht im Streit. Noch heute halten ein paar Mitbrüder von damals sporadischen Kontakt zu ihm.

In die neue Existenz nimmt er seinen Ordensnamen mit: Aus Bruder Suitbert wird Bert Hellinger. Die Erkundung der menschlichen Seele treibt ihn nun um – nicht aus der Distanz, gewissermaßen *ex cathedra*, sondern ganz konkret, im Einzelfall. Wie wird der Mensch verbogen, wie lädt er Schuld auf sich, was macht ihn krank?

Er betreibt verstärkt Selbsterkundung und beginnt, eigener Aussage zufolge, eine psychoanalytische Ausbildung samt Lehranalyse beim *Wiener Arbeitskreis für Tiefenpsychologie,* an der er indes laut Auskunft von Ausbildungsleiterin Brigitte Grossmann-Garger nur für »einige Zeit« teilnimmt und die er nie abschließt. Sein neues Berufsziel ist klar: Er will Psychoanalytiker werden. Mit Mitte 40 wird für ihn – nach Jahrzehnten des Zölibats – auch das Thema Liebe und Ehe aktuell: Er trifft seine spätere Frau Herta und heiratet sie bald darauf.

Da fällt ihm ein Buch über die Primärtherapie Arthur Janovs in die Hände. Janov (*1911) hatte Techniken entdeckt, mit deren Hilfe Klienten an schmerzhafte Erinnerungen aus früher Kindheit und gar an Erinnerungen aus vorgeburtlicher Zeit im Uterus ihrer Mutter heranzuführen seien. Es geht Janov um die Aufarbeitung »psychischer Traumata«, die bedingt durch bewusste oder unbewusste Ablehnung des Kindes bzw. des Fötus seitens der Mutter im Körper als »Urschmerz« gespeichert seien. Dieser »Urschmerz« dränge den Organismus von seiner potenziellen Lebensbahn ab und führe zu neurotischen Störungen und Erkrankungen. In der Therapie werden die Klienten über hyperventilierendes Hechelatmen in eine Art Trance versetzt, in der – ergebnisleitende Intention des gesamten Geschehens – schmerzhafte »Erinnerungen« auftauchen, die, real oder imaginiert, mit enormem emotionalem und körperlichem Aufgewühltsein einhergehen. In kathartischen Entladungen – dem Urschrei – eröffne sich daraus der Weg zum »wahren Selbst«.

Nach eigenen Angaben reist Hellinger nach Amerika um von Janov persönlich zu lernen, bleibt, wie er sagt, neun Monate bei ihm in Los Angeles und Denver. In den Unterlagen in Janovs *Primal Institute* allerdings taucht Hellinger nach Auskunft von Institutsdirektor Barry M. Bernfeld nirgends als Schüler oder Kursabsolvent auf.

Nach Wien zurückgekehrt hat Hellinger die Vorstellung, die körperorientierte Urschrei-Methode, die in den USA äußerst populär wird und bald so berühmte Anhänger wie John Lennon und Yoko Ono findet, in die Psychoanalyse zu integrieren. Doch die psychoanalytische Gemeinde in Wien ist nicht begeistert von der umstrittenen Modetherapie. Hellinger geht enttäuscht auf Distanz zur Psychoanalyse (in der er ohnehin nie einen Abschluss erlangt hatte).

Bis Ende der 1970er-Jahre macht er verschiedene therapeutische Fortbildungen. Er interessiert sich für Gestalttherapie, begeistert sich für Eric Bernes Transaktionsanalyse; später auch für Jirina Prekops Festhaltetherapie. Vom Neurolinguistischen Programmieren übernimmt er die ausgesprochen manipulative Vorgehensweise. Der Gebrauch von Geschichten und Gleichnissen ist ihm aus seiner seelsorgerischen Tätigkeit vertraut; in Milton Ericksons Hypnotherapie findet er deren suggestive Kraft wieder. In dieser Zeit begegnet er erstmals auch Virginia Satirs Familienstellen. Diese Technik, bei Satir und anderen Therapeuten (wie beispielsweise Mara Selvini-Palazzoli oder Helm Stierlin) Teil eines umfassenden therapeutischen Settings, bläst er zum eigenständigen Verfahren auf und wandelt es zugleich nach seinen ganz eigenen Vorstellungen ab: Therapeut und Klient entwickeln Lösungsmöglichkeiten nicht mehr im Dialog, vielmehr ist es ausschließlich der Therapeut, dem sich die richtige Lösung für einen Konflikt »zeigt«. Der Klient bleibt von dieser Offenbarung ausgeschlossen. Hellinger macht sich die Technik Satirs Jahre später so weit zu Eigen, dass ihn viele für den eigentlichen Erfinder der Familienaufstellung halten.

Als Hellinger sich Anfang der 1980er-Jahre als Therapeut in München niederlässt, erscheinen die psychoanalytischen Zirkel in der bayerischen Hauptstadt noch wie geschlossene Gesellschaften von Glasperlenspielern. Orthodox nach der Freud'schen Lehre ziselieren sie Aggressionen, Triebe, Sehnsüchte und Phantasien aus dem Unbewussten ihrer Patienten heraus. Während einer Sitzung darf alles geschehen, so lange es sich nur im Kopf abspielt. Ein Selbstverständnis, das durch den Einbruch der Gestalttherapie aus Kalifornien empfindlich erschüttert wird. Und Hellinger, der vormalige Geistliche, wird zu einem der aktivsten Vorposten der neuen Psychoszene.

Plötzlich gehört es in Therapiesitzungen dazu, auf Kommando heulen zu können und Stühle zu zertrümmern. Menschen prügeln auf Telefonbücher ein und meinen in Wahrheit ihren Vater oder ihre Mutter. Es ist die Zeit, in der Therapeuten und Klienten gemeinsam autoritäre Familienstrukturen demontieren. Der Patient wird nicht länger als isoliertes Einzelwesen gesehen, sondern als Teil eines Beziehungsgeflechts, das als Ganzes auf den Prüfstand gehört. Mit bestimmten Interviewtechniken sollen Kommunikationsmuster zwischen Familienmitgliedern reflektiert und beeinflusst werden. Etliche dieser Techniken zählen bis heute zum Repertoire der seriösen Familientherapie.

Der »Wissende«

In der Münchner Therapieszene spricht sich der Name Hellinger schnell herum. Wegbegleiter aus den damaligen Jahren erinnern sich an den suggestiven Zugriff Hellingers, seine manchmal fast dämonische Ausstrahlung. Er schlägt die Menschen in Bann. Regelmäßig kommen sie aus seinen Sitzungen wie von einem Erleuchtungserlebnis. Der einstige Seelsorger mit der abenteuerlichen Biografie gilt bald als einer der Großen der Szene. In seinen Kursen, etwa bei den *Lindauer Psychotherapietagen*, ist kaum noch ein Platz zu bekommen. Er ist ein gesuchter Mann, dem die Prominenten zulaufen. Zugleich aber bleibt er immer Außenseiter, stets geheimniskrämerisch und verschlossen.

Als er erstmals vor großem Publikum arbeitet – im Oktober 1994 auf einem Kongress des oberbayerischen Esoterikzentrums *ZIST* –, gerät ihm die Vorführung zum Schlüsselerlebnis. »Ich war elektrisiert«, erinnert er sich. »Ich habe plötzlich gesehen, dass da ein Feld entsteht, wie das in kleinen Gruppen nicht möglich ist.« Hellinger erkennt die suggestive Kraft der Masse, die ihn bei seinen therapeutischen Inszenierungen beflügelt. Vielleicht ist das der Moment, in dem er abhebt.

Zunehmend präsentiert er sich als »Wissender«, im Besitz höherer Erkenntnis oder Wahrheit. Er ist parteiisch, gibt moralische Urteile ab und entwickelt ein reaktionäres Wertekorsett, dem sich seine Klienten bedingungslos einzufügen haben. Er sagt ihnen, wie sie leben sollen, und bricht damit das entscheidende Axiom jeder bisherigen Therapie. Dafür himmeln sie ihn an – eine Verehrung, die nicht untypisch ist für die Szene, in der er sich bewegt. Aber Hellinger reicht die Anerkennung nicht. Im gleichen Maße, wie ihm Autorität zuwächst, will er immer mehr davon. Auch mehr Publikum.

Wie der massenwirksame Esoterik-Papst Thorwald Dethlefsen geht Hellinger mit seinen Seminaren gerne an so genannte »Orte der Kraft«. Er schart eine Gemeinde von Gläubigen um sich, die seine zunehmend gleichförmigen »Lösungen« und seine formelhafte Redeweise unhinterfragt übernehmen und sich nicht darum scheren, auf Außenstehende den Eindruck einer Sektengemeinschaft zu machen. Nicht zufällig finden seine Lehren innerhalb des Osho-Rajneesh-Kults großen Anklang. Große Teile seiner Klientel kommen aus esoterischen Kreisen. Seriöse Psychoanalytiker und Psychotherapeuten gehen dagegen auf Distanz.

Hellinger bekundet nun bei verschiedenen Gelegenheiten, er sehe sich »im Dienst von etwas Größerem«. Bei seinen Auftritten gibt er sich insofern betont moderat, ganz so, als nehme er den Kult um seine Person gar nicht wahr. »Ich bin auch nur ein Mensch«, lautet einer seiner Lieblingssätze.

»Was die katholische Kirche angeht«, sagt der ehemalige Missionar, »so habe ich im Laufe der Zeit gewisse Dinge durchschaut, viel Fragwürdiges gesehen und mich daraus zurückgezogen. Religiosität ist oft fanatisch. Das ist schlimm.« Gerade jene, die »so besonders fromm dastehen«, so Hellinger in einem Interview für den *Norddeutschen Rundfunk*, »viele spirituelle Führer, auch einige, die sich sehr engagieren in der Friedensbewegung, sühnen für einen Mord«. Er selbst sei nicht mehr gläubig und spirituell auch nicht. Auch sei er kein Anhänger von Laotse oder Konfuzius, wie vielfach kolportiert werde, empfinde aber deren Aussagen als »sehr hilfreich«.

Hellinger postuliert stattdessen in mystisch-raunender Sprache seine eigenen Stereotypien: Ein Kind, das seine Eltern nicht ehrt, verstrickt sich in Schuld. Eine Frau, die ihren Mann schlecht behandelt, kann als Folge Brustkrebs bekommen. Ein jüdischer Mann darf keine deutsche Frau heiraten. Wer auf den Boden schaut, schaut auf einen Toten. Wer lächelt, während er von einer schlimmen Erfahrung erzählt, ist mit dem Schlimmen einverstanden, und so weiter.

Tausendfach hat er mit seinen formelhaften Interventionen in menschliche Krisenkonstellationen eingegriffen. Schematisch setzt er auf die Symbolkraft der immer gleichen Rituale, wie sie auch die Kirche seit je bereitstellt. Seine Klienten müssen sich nach seinen Anweisungen auf den Boden werfen, sich in Demut verneigen oder hinknieen und wie Gläubige im Gottesdienst rituelle Sätze nachsprechen.

Vielleicht hat er mittlerweile auch einfach genug von den immergleichen Szenen, die sich bei seinen Workshops abspielen: Verzweiflung und Wut, Schreien und Weinen, bis zu 20 Schicksale pro Seminartag. Neuerdings jedenfalls steht nicht mehr das Einzelschicksal im Mittelpunkt, wenn in seinen internationalen Veranstaltungen von Ehre, Sühne, Vergeltung oder Demut die Rede ist. Nach einer unübersehbaren Zahl von Ehebrüchen, Abtreibungen, Suchtkarrieren, Eltern-Kind-Konflikten und Selbstmordversuchen widmet sich Hellinger nun dem Weltgeschehen: Opfer-Täter-Konstellationen beim Holocaust, Völkermord und Bürgerkrieg, Kosovo und Israel. Kein Konflikt ist so groß, dass er nach Hellingers Überzeugung nicht mit einer Aufstellung zu lösen wäre, zumindest als Bühnenereignis. Was auf der Bühne geschehe, übertrage sich, so glaubt er, auf die reale Welt. Hellinger als Friedensstifter, als Weltenlenker? Nach oben hin scheint alles offen: »Manchmal stelle ich auch Gott auf«, sagt Hellinger.

Der *Münchner Arbeitskreis für Psychoanalyse*, der Hellinger seinerzeit eine Anerkennung als Psychoanalytiker verschaffte (ungeachtet des Umstandes, dass er nie eine psychoanalytische Ausbildung abgeschlossen hatte), hat sich lange schon von ihm distanziert. Man legte ihm nahe auszutreten, da seine Auffassung und Methodik mit den ethischen und therapeutischen Grundsätzen des Verbandes nicht übereinstimmten. Hellinger kam dem Ansinnen ohne viel Widerspruch nach.

Längst ist er auf die fachliche Anerkennung der Kollegen, die er für Neider seines Erfolgs hält, nicht mehr angewiesen. Seine Kurse sind ausgebucht, von Schweden bis Russland, von Korea bis Argentinien. Mehr als 2.000 Nachahmer bieten allein im deutschsprachigen Raum »Aufstellungen nach Bert Hellinger« an. Doch dafür übernimmt er keinerlei Verantwortung. »Ich kenne die nicht«, sagt er. »Was die Leute in meinem Namen machen, ist mir egal.«

Auch die seit 1996 bestehende *Internationale Arbeitsgemeinschaft Systemische Lösungen nach Bert Hellinger* bekümmert die ausufernde Szene der Hellingerianer nicht. Tatsächlich kann jeder das Verfahren anbieten und dazu Hellingers Namen benutzen, der ein paar Wochenendseminare besucht und ein paar Lehrvideos gesehen hat. Hellingers Jünger finden sich in psychosomatischen Kliniken, in ärztlichen und therapeutischen Kassenpraxen, in kirchlichen Familienbildungsstätten und Studentengemeinden, in Volkshochschulen, Alternativheilpraxen und Esoterikzirkeln.

Seit 1993 veröffentlicht Hellinger Bücher über seine Arbeit – keine Analysen, sondern seitenlange Protokolle von Fallbeispielen. Hellinger-Literatur ist mittlerweile in 13 Sprachen erhältlich und verdrängt in Buchläden bereits Positiv-Denker wie Norman Vincent Peale oder Dale Carnegie (»Sorge Dich nicht, lebe!«). Im Regal steht Hellinger in einer Reihe mit den Säulenheiligen von Psychoanalyse und Psychotherapie: geradewegs zwischen Sigmund Freud und C. G. Jung.

Seit vielen Jahren schon muss der einstige Ordensbruder mit seinen Veröffentlichungen und Massenveranstaltungen blendend verdient haben. Geld scheint jedoch nicht zu seinen Antriebskräften zu gehören. Hellinger gibt sich demonstrativ bescheiden, lebt auch so. Wenn er nicht gerade mit seiner Entourage durch die Welt zieht, verbringt er seine Zeit zu Hause nahe der österreichischen Grenze im bayerischen Ainring. Dort liest er viel, immer wieder auch Heidegger, den erzreaktionären Existenzphilosophen, dessen »tiefes Fragen nach Worten, die in der Seele nachklingen«, ihn, wie er sagt, schon in jungen Jahren beeindruckt habe.

Zu seinen Workshops reist Hellinger oft zusammen mit seiner Frau Herta an, einer Sozialarbeiterin und Psychagogin, die seit langem im *Hospizverein Berchtesgadener Land* Menschen auf ihrem letzten Weg begleitet. In den ersten Jahren ihrer Ehe hatten die Hellingers zeitweise auch gemeinsam als Therapeuten gearbeitet. Mit seiner Frau teilt Hellinger auch die Liebe zur Oper, besonders zu den Werken Richard Wagners. Die Ehe von Herta und Bert Hellinger blieb kinderlos.

Ob er seine eigene Herkunftsfamilie schon einmal aufgestellt habe? »Nein«, anwortet Hellinger auf diese Frage. »Wozu sollte das gut sein?«

Jörg Schlee
Hinters Licht geführt
So funktioniert Familienaufstellung nach Hellinger

Beim Familienaufstellen nach Bert Hellinger handelt es sich um ein Verfahren, das mit dem Versprechen auftritt, existenzielle Fragen, berufliche Probleme oder jedwede sonstige Beeinträchtigungen bearbeiten und »lösen« zu können. Seinen Anwendern zufolge gibt es für seine Einsetzbarkeit praktisch keine Einschränkungen. Die bearbeiteten Beeinträchtigungen können von einem allgemeinen Unwohlsein über Paarkonflikte bis hin zur Auseinandersetzung mit lebensbedrohenden Erkrankungen reichen. Es wird nur vorausgesetzt, dass der Klient dem Therapeuten ein Anliegen nennen kann.

Das Konzept und die Methodik von Familienaufstellungen basieren auf bestimmten, von Hellinger vorgegebenen Annahmen. Insofern dürfen »Familienaufstellungen nach Bert Hellinger« keinesfalls mit anderen Verfahren verwechselt weren, die ihnen äußerlich ähnlich zu sein scheinen (Psychodrama, Familiensculpturen, Standbilder etc.). Hellinger geht von der Annahme aus, die Mitglieder einer Familie seien durch unsichtbare Bande miteinander verbunden. Daher seien sie in ihrem Handeln nie völlig frei. Die in einer Familie geltenden Beziehungen folgten einer Ordnung. Wenn einzelne Familienmitglieder gegen diese Ordnung verstießen, führe das zu so genannten »Verstrickungen«, die bewirkten, dass sich bei Mitgliedern nachfolgender Generationen Störungen ergäben. Das »Familiengewissen« als ordnende Instanz sorge in Gestalt von Schicksalswiederholung für eine Art Sühne. Durch Familienaufstellungen könnten die nach Hellingers Vorgaben arbeitenden Therapeuten diese verborgenen Zusammenhänge erkennen und dadurch dem Klienten zu einer Auflösung seiner Verstrickungen verhelfen.

Das therapeutische Vorgehen

Praktisch-technisch findet die Familienaufstellung in größeren Gruppen statt. Ein Klient, der sein Anliegen bearbeiten möchte, beschreibt dies zunächst mit möglichst wenigen Worten. Anschließend wird er vom Therapeuten aufgefordert, sich zu »sammeln« und seine Familie »aufzustellen«. Dies geschieht dadurch, dass der Klient sich aus dem Kreis der Teilnehmer Personen aussucht, die er als »Stellvertreter« seiner Familienangehörigen auf einer freien Fläche – oft im Innenraum eines Stuhlkreises – so aufstellt, wie es ihm vor dem Hintergrund seines Anliegens als angemessen erscheint. Hierbei kann er nur den Standpunkt und die Blickrichtung der »Stellvertreter« bestimmen. Den »aufgestellten« Personen wird nur mitgeteilt, wen sie vertreten, ansonsten werden keine weiteren Hinweise gegeben. Sie kennen also nicht die inneren Beweggründe des Klienten, warum er sie gerade so und nicht anders »aufgestellt« hat. Wenn alle benötigten Personen – zunächst meist Vater, Mutter und Geschwister – in dieser Weise aufgestellt sind, positioniert der Klient eine weitere Person in dieses Gefüge, die ihn selbst vertritt. Danach zieht er sich aus der Szene zurück an einen Punkt, von wo aus er nun alle weiteren Schritte und Ereignisse gut beobachten kann.

Es wird nun von Bert Hellinger und seinen Anhängern angenommen, es baue sich durch diese Platzierungen ein »energetisches Kraftfeld« auf, das es den Stellvertretern ermögliche, exakt die Gefühle und Einstellungen jener Personen wahrzunehmen, für die sie aufgestellt wurden. Durch diese Wahrnehmungen könnten die Dynamik und die bestimmenden Beziehungsstrukturen bzw. deren Irritationen und »Verstrickungen« innerhalb eines Familiensystems herausgefunden werden. Konkret bedeutet das, dass der Therapeut im Anschluss an die Aufstellung durch den Klienten die Stellvertreter der einzelnen Familienmitglieder befragt, wie es ihnen an dem ihnen zugewiesenen Platz ergehe bzw. was sie dort wahrnähmen. Die Befragten beschreiben nun sowohl körperliche als auch seelische Empfindungen oder sie nehmen aus der Sicht ihrer »Rolle« zu ihren Eindrücken Stellung. Ihre Antworten sollten jedoch keineswegs ausführlich und detailliert sein, vielmehr nur als knappe Hinweise erfolgen. Der Therapeut erhalte nun – so wird behauptet – aus ebendiesen Angaben der Stellvertreter Informationen über Ereignisse in der Vergangenheit der zur Rede stehenden Familiengeschichte des Klienten. Zugleich könne er aus diesen Angaben die erforderliche Veränderung in der Platzierung der Familienmitglieder zueinander herleiten. Entsprechend weist er ihnen andere Plätze oder Blickrichtungen zu und erkundigt sich anschließend bei ihnen, ob sich dadurch Veränderungen in ihrem Empfinden oder in ihren Eindrücken ergeben hätten.

Durch die Angaben der Stellvertreter und daraus hergeleitete weitere Umstellungen mit erneuten Auskünften könne der Therapeut schließlich zu einer Konstellation finden, in der sich die aufgestellten Personen an einem angemessenen Ort glauben. Zugleich richtet der Therapeut nunmehr auch weitere Auskunftsfragen an den Klienten selbst, der zu diesem Zeitpunkt das Geschehen noch von außen beobachtet. Dabei interessieren ihn besonders solche Ereignisse, die als »Verstöße gegen die familiäre Ordnung« interpretiert werden können (z. B.: »Gab es in deiner Familie eine Scheidung?«). Nachdem der Therapeut sich auf diese Weise weitere Details aus der tatsächlichen Familiengeschichte erfragt hat, stellt er hierzu weitere Personen bzw. deren Stellvertreter auf. Meist handelt es sich um Angehörige aus der Generation der Großeltern. Es können somit auch Personen in die Aufstellung einbezogen werden, die bereits verstorben sind. Hierzu zählen insbesondere auch fehlgeborene oder abgetriebene Kinder. Durch das Umstellen und das Hinzufügen weiterer Personen wird die ursprüngliche Situation zunehmend verändert. Durch die suggestiven Fragen des Therapeuten stellt sich *immer* heraus, dass der Klient wichtige Personen in seinem Bild der Familie übersehen oder vergessen habe, die nun nachträglich und ergänzend durch den Therapeuten aufgestellt werden müssten.

Wenn auf diese Weise ein Ensemble entstanden ist, in dem sich jedes Mitglied auf einem angemessenen Platz empfindet, wird der Klient gegen seinen eigenen Stellvertreter ausgetauscht, sodass er nun direkt in die Dynamik der Familienaufstellung einbezogen wird. Der Therapeut konfrontiert ihn nun mit einigen Stellvertretern seiner Familie. Dabei bestimmt er durch präzise Regieanweisungen das weitere Geschehen zwischen den beteiligten Personen. Er schreibt ihnen nicht nur ihre Handlungen, sondern auch ihren Dialogtext exakt vor (Schau ihn an! Verbeuge dich tief! Nun nimm ihn in den Arm! Leg dich vor ihm auf den Boden! Tritt näher! Leg ihm die Hand auf die Schulter! Sprich: »...«! Sag ihm: »...«! Antworte: »...«!). Auf diese Weise entwickelt sich durch körperliche Nähe, durch intensiven Blickkontakt und durch »lösende« Sätze eine starke Emotionalität, die sich meist in Tränenausbrüchen und innigen Umarmungen entlädt. Fast immer sind die Klienten innerlich sehr berührt und meinen, einen tiefen Blick in

die ihnen bis dahin unerkannte Dynamik ihrer Familiengeschichte getan zu
haben. Sie glauben, nun deren Zusammenhänge erkennen zu können. Eine
Familienaufstellung kann von 15 Minuten bis zu 90 Minuten dauern. In
den meisten Fällen wird sie jedoch nach 25 bis 35 Minuten vom Therapeuten abgeschlossen. Danach wird nicht über ihren Inhalt oder ihren Verlauf
geredet. Ein Austausch unter den beteiligten Personen ist nicht vorgesehen.
In Lehrveranstaltungen oder Demonstrationen von Bert Hellinger kann es
zu Ausnahmen kommen. Doch antwortet dann nur Hellinger mit knappen
Belehrungen auf die Fragen von wenigen Zuschauern aus dem Publikum.
Die an einer Aufstellung unmittelbar beteiligten Personen kommen fast nie
zu Wort.

Zur Wirksamkeit von Familienaufstellungen

Familienaufstellungen führen in der Regel bei allen Beteiligten zu starken
emotionalen Bewegungen. Nicht zuletzt daraus ergibt sich die große Faszination, die sie auf viele Menschen ausüben. Es gibt kaum ein anderes Verfahren, mit dessen Hilfe Klienten in so kurzer Zeit so dramatische Erfahrungen machen können. Zur Nachhaltigkeit der Veränderungen liegen
allerdings keine systematischen Untersuchungen vor. Es sind mehrere Möglichkeiten denkbar, sich diese ungewöhnlich große Eindrücklichkeit zu erklären. Zwei davon möchte ich vergleichend darstellen. Und zwar werde
ich die Erklärungen, die von Hellinger und seinen Anhängern vertreten
werden, solchen gegenüberstellen, die sich aus der Sicht des *Forschungspro-
gramms Subjektive Theorien* (Groeben et al., 1988) anbieten. Sie beruhen auf
unterschiedlichen und unverträglichen Annahmen. Das führt zu kontrastierenden Bewertungen von Familienaufstellungen, nicht zuletzt unter
ethischer Perspektive.

Ein diametraler Gegensatz besteht in den Auffassungen, wie Menschen
erkennen. Hellinger lehnt es beispielsweise ab, Erkennen als einen aktiven
und konstruktiven Prozess zu begreifen. Er nimmt deshalb für sich eine
»phänomenologische Haltung« in Anspruch, die er folgendermaßen beschreibt: »Also, bei der phänomenologischen Vorgangsweise ziehe ich mich
von meinen Gedanken und Vorstellungen, die ich über eine Sache oder einen Vorgang habe, zurück. Ich vergesse, sozusagen, was ich darüber weiß.
Dann bin ich ohne besondere Absicht und ohne Furcht vor dem, was sich

zeigen könnte. (...) Wenn man nun so in die leere Mitte zurückgezogen ist, dann taucht manchmal plötzlich etwas auf: ein Bild oder ein Wort oder eine Einsicht. Völlig unmittelbar kommt das ans Licht. Bei der Psychotherapie ist das, was ans Licht kommt, zugleich Handlungsanweisung, der man sich überlassen muss, ohne dass man sie versteht. Denn wohin sie führt, ist erst am Ende sichtbar. (...) Je mehr nun dieses Sich-Zurückziehen gelingt, desto mehr kann geschehen. Denn mit dem Mich-Zurückziehen gebe ich dem, was abläuft, den Raum, in dem es sich entfalten kann. Dieser Vorgang ist sehr demütig und ist das Gegenteil von Wissenschaft. Aber es ist äußerste Empirie, reine Erfahrung dessen, was sich zeigt« (Hellinger, 1998b, 16 f.).

Hellinger sieht sich bzw. den Therapeuten also als passiv-empfangend. Er überlässt sich plötzlich auftauchenden Bildern und Eingebungen, die er als Handlungsanweisung begreift. In seiner therapeutischen Arbeit versteht er sich als ein Offenbarungen empfangendes Medium und nicht als Akteur. Mit diesem Verständnis von Erkennen und Handeln sieht er sich – meines Erachtens sehr zu Recht – im Gegensatz zum geltenden Wissenschaftsverständnis. Im konstruktivistischen Selbstverständnis gelten Menschen hingegen als aktive und autonome Subjekte, die sich in ihren Handlungen und Gestaltungen von ihren inneren, d. h. persönlichen und subjektiven Vorstellungen leiten lassen. In ihrer Suche nach Sinn und Bedeutung gehen sie, ähnlich wie Wissenschaftler, konstruktiv-erfinderisch vor (Groeben et al., 1988, 11 f.).

Um Familienaufstellungen vor diesem Hintergrund theoretisch wie ethisch besser bewerten zu können, sollen Hellingers Vorstellungen, die oben bereits skizziert wurden, noch einmal etwas ausführlicher dargestellt werden. Seine wichtigste Annahme – in seinem Verständnis: eine empirisch belegte Tatsache – besagt, dass zwischen den einzelnen Mitgliedern einer Familie energetische Beziehungen mit ordnungshaften Regeln bestünden. Wenn diese Ordnung verletzt würde, ergäben sich zwangsläufig Schwierigkeiten und Störungen im Familiensystem. Hellinger und seine Anhänger sprechen in diesem Fall von »Verstrickungen«. Als solche Verstrickungen gelten alle als ungewöhnlich empfundenen Ereignisse. Ulsamer (1999, 241 f.) zählt davon einige beispielhaft auf: früh verstorbene Geschwister, Totgeburten, früh verstorbene Eltern, früh verstorbene Geschwister der Eltern oder der Großeltern, Tod bei einer Geburt, schwere Geburtsschäden, Verbrechen, schweres Unrecht, sexueller Missbrauch, Verwicklungen im Nationalsozialismus, unrechtmäßiges Erbe, Selbstmord, körperliche oder geistige Behinderung, Psychiatrie- oder Gefängnisaufenthalte, finanzielle Pleiten, Homosexualität, Auswanderung, uneheliche Geburten, Adoptionen, Pflegeeltern, Flucht oder Heimatvertreibung, Eltern unterschiedlicher Nationalität, tragisches Schicksal oder ein Familiengeheimnis.

Derartige Verstrickungen als Verstoß gegen die von Hellinger (vermeintlich) entdeckte Ordnung wirkten sich nun schädlich auf die nachfolgenden Generationen aus. Hiervon werde insbesondere die Enkelgeneration betroffen. So wird angenommen, dass ein »Familiengewissen« als »die innere Instanz der Familienmitglieder« (Ulsamer, 1999, 51) für eine Art Sühne sorge. Anders formuliert: Wenn Menschen unter Problemen und Schwierigkeiten litten, könne man im Umkehrschluss folgern, dass familiäre Verstrickungen – zumeist in der Großelterngeneration – hierfür verursachend seien. Insbesondere müssten Gefühle und Vorstellungen, die man sich nicht erklären könne und die einem deshalb als »fremd« erschienen, als Anzeichen dafür gelten, dass nicht die aktuellen Gegebenheiten, sondern Ereignisse aus der familiären Vergangenheit ihren Einfluss ausübten: Das »Familiengewissen« veranlasse, dass die Nachgeborenen das Schicksal ihrer Vorfahren wiederholten oder stellvertretend für diese deren Aufgaben bearbeiteten bzw. deren Probleme zu lösen versuchten.

Wenn nun allerdings – und das ist eine weitere zentrale Annahme Hellingers und seiner Anhänger – einem Klienten durch die Familienaufstellung die »richtige Ordnung« vor Augen geführt werde, könne sich die familiäre Verstrickung ebendadurch auflösen. Wie die richtige Ordnung auszusehen habe und wie sie wiederherzustellen sei, erfahre der Therapeut aus den Hinweisen der als Stellvertreter aufgestellten Personen. Diese könnten in dem durch die Aufstellung entstandenen »wissenden Energiefeld« die inneren Zustände der Familienmitglieder, die sie vertreten, nachempfinden. Indem sie deren »Schwingungen« und »Energien« (Glöckner, 1998; Ulsamer, 1999) aufnähmen, seien sie in der Lage, Auskünfte zu geben, aus denen der Therapeut Hinweise für die Wiederherstellung der verletzten Ordnung entnehmen könne. Zugleich könne er daraus erschließen, welche »schicksalsträchtigen Ereignisse« sich zugetragen hätten bzw. haben müssten. Wenn, auf der Grundlage dieser »Informationen«, durch das Umstellen der Stellvertreter und durch einen versöhnenden Dialog der Beteiligten die »richtige Familienordnung« wiederhergestellt sei, werde die Verstrickung in ihrer Wirksamkeit geschwächt. Da der Klient in die Verstrickungen eingebunden sei, könne er sie weder selbst erkennen noch sich aus eigener Kraft von ihnen befreien. Erst die Lösungsangebote des Therapeuten ermöglichten ihm ein klärendes Erkennen. Die in der abschließenden Aufstellungsform entstehenden Bilder wirkten beim Klienten auf einer »tieferen Ebene« (Ulsamer, 1999, 50), wo sie ihre Kraft und heilende Wirkung entfalteten.

Darüber hinaus lasse sich nach Hellinger jede Familienaufstellung auch als evaluative Bestätigung der von ihm entdeckten Ordnungen verstehen. So hätten sich die von ihm vertretenen Konzepte über Familienbindungen und ihre Wirkmechanismen nach seiner und der Überzeugung seiner Anhänger aus den Erfahrungen bei den Aufstellungen zwingend ergeben.

Blendwerk und Täuschung

Unter der Annahme, dass sich Menschen gedankliche Konstruktionen bilden, mit deren Hilfe sie Sinn und Handlungsorientierung gewinnen, lassen sich die in einer Familienaufstellung ablaufenden Prozesse und Wirkungen anders und vor allem einfacher und plausibler beschreiben und erklären, als Hellinger und seine Anhänger dies tun. Die positiv erlebten Veränderungen des Klienten ergeben sich dann nicht durch die Befreiung aus einer »Verstrickung« mit den Kräften der »Familienordnung«; auch nicht aus der »Versöhnung« mit einem »Familiengewissen«, das irgendwelcher Verstöße wegen als Schicksalskraft nach Rehabilitation und Sühne dränge. Vielmehr kommt die Wirksamkeit einer Familienaufstellung dadurch zustande, dass dem Klienten ein neues »belief-system« (Ellis, 1979) aufgenötigt wird. Es wird ihm durch undurchsichtige und suggestive Vorgehensweisen die Konstruktion neuer Annahmen und Sichtweisen nahe gelegt. Durch die Überlagerung seiner Konstruktionen mit anderen Interpretationsangeboten verliert für den Klienten das ursprüngliche Problem seine Konturen. Das methodische Arrangement einer Familienaufstellung veranlasst den Klienten, seine bisherigen Prämissen zu Gunsten neuer Annahmen aufzugeben. Seine ursprüngliche Problemsicht wird somit durch eine ihn (vordergründig) entlastende Vorstellung ersetzt.

Aus der Sozialpsychologie sind zahlreiche Beobachtungen und experimentelle Untersuchungen bekannt, die belegen, dass Menschen durch Instruktionen, durch die Autorität des Versuchsleiters, durch Gruppendruck, durch Ablenkungen und Blendwerk, durch kanalisierte Kommunikationswege oder durch andere Maßnahmen in ihren Situationsauffassungen derart getäuscht werden können, dass sie Zusammenhänge für gegeben halten, die sie bei einem freien Zugang zu Informationen oder bei ausreichenden Erkundungs- und Reflexionsmöglichkeiten nicht als »wahr« oder »richtig« eingestuft hätten. Je weniger der einzelne Mensch Einsicht in situative Zusammenhänge hat, desto stärker ist er auf sinnstiftende Bedeutungskonstruktionen angewiesen. Mit der Zunahme von Undurchsichtigkeit wächst seine Bereitschaft bzw. die Notwendigkeit, auch ungewöhnliche Vorstellungen zu entwickeln und unwahrscheinliche Deutungen für »wahr« zu halten. In frappanter Weise führen uns das die Kunststücke von Bühnenmagiern und Gauklern vor Augen. Als relativ harmlose Form einer derartigen Manipulation sind Gruppenspiele in vielfältiger Modifikation bekannt, bei denen ein Teilnehmer »hinter das Licht« geführt wird. Unter einem Vorwand muss er kurz den Raum verlassen. In seiner Abwesenheit verabreden sich alle anderen Mitspieler auf heimliche Vorgehensweisen, die ihm anschließend die Existenz von übernatürlichen Kräften, besonderen Fähigkeiten (z. B. Gedankenlesen) oder Botschaften aus dem Jenseits suggerieren (sollen).

Bei einer Familienaufstellung liegt exakt dieses Arrangement vor. Allerdings mit umgekehrtem Vorzeichen, denn hier treiben nicht alle Mitglieder einen harmlosen Scherz mit einer einzelnen Person, sondern der Therapeut treibt seinen durchaus harmvollen, weil existenziellen »Ernst« mit allen übrigen Beteiligten. Da er als Einziger die Regeln und Mechanismen des Spiels kennt, braucht niemand zum Zwecke der heimlichen Absprachen zuvor vor die Tür geschickt zu werden. Durch das Erzeugen von Intransparenz und durch eine geschickte Inszenierung von Ablenkungen veranlasst er sowohl den Klienten als auch die »Stellvertreter« und Zuschauer dazu, in ihren Sinn- und Bedeutungskonstruktionen neue Bezugspunkte und Zusammenhänge anzuerkennen. Während er sie glauben lässt, er re-agiere nur auf ihre Impulse, hält er in Wirklichkeit alle Fäden in der Hand. Denn frei nach Watzlawick kann er sich nicht *nicht* verhalten. In mehr oder minder unauffälliger Weise nötigt er jeden Beteiligten, sich aus den einzelnen Äußerungen seiner »Mitspieler«, die durchaus in »Wahrhaftigkeit« erfolgen, ein Gesamtbild zu konstruieren. Die starken emotionalen Bewegungen ermöglichen ihm dessen Verankerung in der subjektiven Gewissheit der Beteiligten. Abschließend bekommt die neue Konstruktion durch einen scheinbaren Konsens und durch Zustimmungen unter den beteiligten Personen eine quasiobjektive Qualität.

Aus konstruktivistischer Sicht wirken Familienaufstellungen unabhängig davon, ob der jeweilige Therapeut seine Ablenkungsmanöver absichtlich oder – Hellingers Ideen akzeptierend – gutgläubig durchführt. In jedem Fall geht es darum, den Klienten zur Aufgabe seiner bisherigen Sichtweisen zu veranlassen und zur Konstruktion alternativer Vorstellungen anzuregen. Dies geschieht in einer Familienaufstellung in mehreren Schritten, die für den Veränderungsprozess eine jeweils spezifische Funktion haben. Sie sollen nun ausführlicher erläutert werden.

Erster Schritt

Zunächst kommt es darauf an, den an einer Familienaufstellung beteiligten Personen die Annahme nahe zu legen, ihre persönlichen Schwierigkeiten und Probleme ergäben sich aus ihrer jeweiligen Familiengeschichte. Eine explizite Auseinandersetzung mit dieser These gibt es auf den Seminaren Hellingers und seiner Anhänger nicht. Doch kann mit der Anmeldung zu einem dieser Seminare eine (zumindest latente) Bereitschaft der Teilnehmer vorausgesetzt werden, diese Annahme zu akzeptieren. Spätestens wenn der Klient der Aufforderung des Therapeuten folgt, seine Familie »aufzustellen«, bejaht er implizit die Prämisse, seine Problematik rühre aus familiären Konfliktzusammenhängen her. Das Positionieren der so genannten Stellvertreter kann der Klient nicht vornehmen ohne sich etwas dabei zu denken. Es könnte somit sein, dass er die Aufstellung im Hinblick auf sein Anliegen vornimmt. Er könnte folglich Vorstellungen haben, die in mehr oder weniger direktem Zusammenhang zu seiner Problematik stehen. Es läge dies nahe, braucht jedoch nicht so zu sein.

Stattdessen bleibt für alle Beteiligten völlig undurchsichtig, aus welchen Gründen der Klient seinen Familienmitgliedern bzw. ihren Stellvertretern bestimmte Positionen zuweist. Die aufgestellten Stellvertreter verfügen über *keinerlei* Hinweise auf die inneren Beweggründe des Klienten. Sie sind daher notwendigerweise auf ihre Phantasien oder Spekulationen angewiesen. Damit startet die Arbeit in einer Familienaufstellung mit einer sehr zwiespältigen Situation, gewissermaßen mit einer Art Doppelbotschaft: Einerseits soll die Positionierung der Stellvertreter von hoher Bedeutsamkeit und großem Informationswert sein. Andererseits darf darüber nicht gesprochen werden. Durch diese Verunklarung wird die Position des Therapeuten erheblich gestärkt.

In diesem ersten Schritt hat sich der Klient durch das Aufstellen der Stellvertreter auf die Prämisse des Hellinger'schen Denkens eingelassen. Er hat damit sozusagen den Rubikon überschritten: Er hat den entscheidenden Schritt zur Um- und Neukonstruktion seiner subjektiven Theorien getan. Alle folgenden Schritte dienen nur noch der Ausformung und Festigung dieses Vorganges.

Zweiter Schritt

Nun kommt es darauf an, vor dem Hintergrund der geschaffenen Unklarheit die Beteiligten – für sie unmerklich – zur Konstruktion von sinngebenden Bedeutungen anzuregen. Dies wird dadurch erreicht, dass den Stellvertretern vom Therapeuten zunächst sehr offene Fragen gestellt werden (»Was ist mit dem Vater?«; »Was ist mit der Frau?«). Die Stellvertreter können – wiederum frei nach Watzlawick – auch in intransparenten Situationen nicht *nichts* empfinden und äußern daher ihre Gedanken, Gefühle oder Körperempfindungen spontan und »wahrhaftig«. Dabei können vielfältige Reaktionen auftreten: von empathisch geäußertem Mitgefühl über nüchterne Situationsbeschreibung bis hin zur Mitteilung teils heftiger Körperreaktionen (Herzklopfen, Temperaturschwankungen, Schweißausbrüche etc.). Gerade die Körperreaktionen sind völlig normal und nachvollziehbar: Da Familienaufstellungen in der Regel vor Publikum stattfinden, ist bei den Protagonisten allemal von einer erhöhten Adrenalinausschüttung auszugehen.

Der Therapeut muss nun diese Äußerungen – völlig unabhängig von ihrem Inhalt oder ihrer Form – so affirmieren, dass die Stellvertreter den Eindruck erhalten, etwas Bedeutungsvolles und Wichtiges mitgeteilt zu haben. In den meisten Fällen reicht es aus, ein paar zustimmende Zeichen (»Mhm«, Kopfnicken o. Ä.) zu geben. Auf diese Weise werden die Stellvertreter allmählich in ein kleines Szenario eingesponnen. Der Therapeut moduliert die jeweiligen Äußerungen so, dass sie zunehmend in Bezug stehend erscheinen zu den Äußerungen der anderen »Familienmitglieder«: Zufällig »Passendes« wird aufgegriffen, Unpassendes wird entsprechend »übersetzt«. Einspruch gibt es nicht. Dem Klienten, der das Schauspiel von außen her verfolgt, wird damit eine erste Konturierung der Ausgangsthese geboten, dass sein Problem aus seiner Familienkonstellation resultiere.

Die Äußerungen der Stellvertreter sind im Sinne einer Selbstkundgabe (Schulz von Thun, 1981) wahrhaftig und authentisch. Allerdings haben sie *keinerlei* Informations- oder Bedeutungswert. Gerade solcher wird den Teilnehmern und Zuschauern jedoch suggeriert, vor allem dadurch, dass der

Therapeut sich ausdrücklich affirmativ – gestisch, verbal oder mit einer Umstellung der Szenerie – darauf bezieht. Auch in dieser Situation hat der Therapeut darauf zu achten, dass sich die Stellvertreter nur sehr knapp äußern, um die generelle Undurchsichtigkeit des Verfahrens nicht zu gefährden. Dies erreicht er mit der Behauptung, dass einerseits ein guter Therapeut nur wenige Informationen benötige und dass andererseits Klienten und Stellvertreter durch ausführlichere Berichte »geschwächt« oder »irritiert« würden.

Je sparsamer dann die Äußerungen der Stellvertreter ausfallen, umso besser eignen sie sich als Projektionsfläche und umso leichter kann der Therapeut sie untereinander auf »Passung« bringen.

Dritter Schritt
Nachdem auf diese Weise dem Klienten erste Konturen für ein neues Denkmuster vorgeführt worden sind, kommt es nun im dritten Schritt darauf an, ihm die Bezugspunkte seiner bisherigen Annahmen und Vorstellungen zu erschüttern oder gar völlig auszuhebeln. Das geschieht dadurch, dass der Therapeut irgendeine Bemerkung der Stellvertreter zum Anlass nimmt, den Klienten danach zu fragen, ob sich in seiner Familie »etwas Besonderes« zugetragen habe.

Da es für dieses »Besondere« keine verbindlichen Kriterien gibt und auch der fragliche Personenkreis nicht präzise bestimmt wird, können die Klienten *immer* irgendwelche Sachverhalte oder Vorfälle benennen. Andernfalls würde der Therapeut – als Joker sozusagen – ein »Familiengeheimnis« in das Szenario einfügen (tatsächlich würde dabei eine Person aus dem Publikum die Rolle »Das Familiengeheimnis« übernehmen). Im Anschluss an die knapp gehaltenen Äußerungen des Klienten erweitert der Therapeut die bisherige Anordnung von Stellvertretern um *ad hoc* aus der Zuschauerschaft rekrutierte weitere Stellvertreter. Dergestalt bekommen Personen oder Ereignisse eine besondere Wichtigkeit für den Klienten, denen er in seinen bisherigen Konstruktionen keine Bedeutung beigemessen hatte. Dies wird dadurch unterstützt, dass mehr oder weniger ausdrücklich von der »Schicksalsträchtigkeit« der Ereignisse gesprochen wird. Damit verändert sich das bislang konstruierte Beziehungs- und Erklärungsgefüge. Außerdem bekommen Beziehungen, die bislang eine beschreibende Qualität hatten, plötzlich und unter der Hand einen Kausalcharakter. Durch das Auftauchen der neuen Gesichtspunkte und Gewichtungen verschiebt sich für den Klienten das Gefüge seiner subjektiven Theorien: Die neuen Annahmen verändern seinen gedanklichen Bezugsrahmen.

Insgesamt wird durch dieses Vorgehen ein doppelter Effekt erreicht. Zum einen wird das bisherige Gedanken- und Orientierungsgefüge des Klienten erschüttert und zum anderen wird ihm eine alternative Sichtweise familiärer Verstrickungen konkretisiert, sprich: oktroyiert. All dies geschieht vor dem Hintergrund eines Zirkelschlusses: Es wird ihm nahe gelegt, seine Problematik als Folge einer familiären Verstrickung zu interpretieren, für deren Existenz und Wirksamkeit nun eben seine Problematik als Beleg herangezogen wird.

Vierter Schritt

Bislang hat der Klient das Geschehen der Familienaufstellung nur von außen verfolgt. Nun kommt es im vierten Schritt darauf an, ihn zu einer Identifikation mit den neuen Bedeutungskonstruktionen zu veranlassen. Er soll das, was ihm gewissermaßen nur vorgespielt wurde, übernehmen und sich zu Eigen machen. Deshalb wird er nun gegen seinen Stellvertreter ausgetauscht und mit Personen aus dem umgestellten Ensemble direkt konfrontiert. In dieser Phase der Familienaufstellung gibt es für den Klienten und die anderen beteiligten Personen keine Freiheitsgrade mehr. Der Therapeut schreibt ihnen alle Schritte, Gesten und Dialoge exakt vor. Der Klient muss sich in geringer Distanz vor den anderen Personen aufstellen und ihnen direkt in die Augen blicken (»Schau ihn an!«). In manchen Fällen hat er auf Anweisung des Therapeuten auch symbolische Gesten wie Verbeugungen, Niederwerfen oder das Überreichen einer schweren Last zu vollziehen. In jedem Fall muss er aber vorgesprochene Sätze und Anreden (»Lieber Papa!«) wörtlich nachsprechen. Im Zusammenspiel mit dem langen Blickkontakt erzeugt dieses Arrangement einen emotionalen Überdruck, der fast immer zu Tränen und innigen Umarmungen führt. In einer solchen Situation sind Klienten wie Stellvertreter empfänglich für die vorgesprochenen Sätze, die durch ihren weiten Interpretationsspielraum (»In meinem Herzen gebe ich dir einen Platz!«) bei den Beteiligten vielfältige Bedeutungskonstruktionen zulassen. Wenn dann der Klient sich selbst derartige Sätze sprechen hört, kann er sich unter der hohen, situativen Emotionalität als authentisch erleben und es fällt ihm nicht mehr schwer, sich mit dem neuen Interpretationsangebot zu identifizieren. Damit ist das eigentliche Ziel einer Familienaufstellung erreicht: Die Übernahme eines neuen Deutungsmusters.

Fünfter Schritt

Wenn der Klient und die Stellvertreter diese Schritte gegangen sind, kommt es abschließend darauf an, ihre vermeintlichen Erfahrungen und »Einsichten« (tatsächlich: Suggestionen) gegen Skepsis und Zweifel abzusichern. Daher sind im Anschluss an Familienaufstellungen Nachfragen oder ein präzisierender Austausch nicht vorgesehen. Damit wird für alle Beteiligten ein Prüfen und Vergleichen ihrer Bedeutungskonstruktionen verhindert. »Durch eine Nacharbeit oder Erfolgskontrolle würde nach Meinung Bert Hellingers die Kraft der Aufstellung zerstört« (Tillmetz, 2000, 150). Sollten bei einer Person dennoch Bedenken auftauchen, wird das Resultat der Familienaufstellung »nur als Angebot« für den Klienten klassifiziert, der darin frei sei, es anzunehmen oder zu verwerfen. Mit diesem Rückzug in die Unverbindlichkeit weicht man klärenden Auseinandersetzungen aus. Eine vergleichbare Funktion haben Doppelbotschaften wie beispielsweise: »Wenn ich so eine Aufstellung mache, und es wird dann so gesammelt gemacht, wie die das hier gemacht haben, dann kann man davon ausgehen, dass die, die hier das sagen, die Gefühle der wirklichen Personen widerspiegeln. Dass die fühlen, was bei denen ist. Nicht, dass man das jetzt wissenschaftlich überprüfen könnte. Wozu auch?« (Hellinger, 1998c, 331).

Den Klienten wird die Überprüfung ihrer neuen Konstruktionen bzw. deren Entstehungsprozess erschwert durch die Maßgabe, die Familienaufstellung nicht zu schnell zu wiederholen. Wenn ein Klient dennoch eine weitere Aufstellung durchführen möchte, wird er befragt, ob er beim ersten Mal seine Herkunfts- oder seine Gegenwartsfamilie aufgestellt habe. Entsprechend wird ihm dann das jeweils andere Familiensystem zum Aufstellen vorgeschrieben. Dadurch verringert sich die Wahrscheinlichkeit einer kontrollierenden Wiederholung.

Eine weitere Möglichkeit, das Verfahren der Familienaufstellung gegen Kritik abzusichern, besteht darin, dem zweifelnden Klienten vorzuhalten, er habe nicht »richtig« oder nicht »gesammelt« genug aufgestellt. Mit dieser Position werden sowohl das Verfahren als auch der Therapeut unangreifbar, da es weder für »richtiges« noch für »gesammeltes« Aufstellen Kriterien geben kann; vielmehr nur zirkuläre Begründungen nach dem Motto: »Wenn die Aufstellung keinen zufrieden stellenden Verlauf nimmt, dann waren Klient oder Stellvertreter nicht gesammelt, was man an dem nicht zufrieden stellenden Verlauf erkennen kann«. Als weitere Immunisierungen können z. B. das Abbrechen einer Aufstellung bei kritischen Anmerkungen oder der alleinige Mikrofonbesitz des Therapeuten gelten. Letztlich ist die gesamte Konzeption des Verfahrens so angelegt, dass der Therapeut sich nie rechtfertigen muss. Da er vorgibt, nur auf die Impulse der Stellvertreter zu re-agieren, lenkt er von seiner Funktion als Akteur ab. Da er sich weiterhin unter Berufung auf eine angeblich »phänomenologische Haltung« als nur rezeptiv »Wahr«nehmender stilisiert, der seine Handlungsanleitungen aus der Leere und Tiefe einer demütigen Begegnung mit der Wirklichkeit erhalte, muss er sich für nichts mehr verantworten. Hellinger führt hierzu aus: »Ich schaue immer wieder neu hin, denn die Wahrheit des einen Augenblicks wird von der Wahrheit des anderen Augenblicks abgelöst. Deswegen gilt für mich das, was ich sage, nur für den Augenblick. Diese Ausrichtung an der Wahrheit des Augenblicks meine ich übrigens, wenn ich meine Vorgehensweise ›phänomenologische Psychotherapie‹ nenne« (zit. nach Ulsamer, 1999, 220). Entlarvender kann die Unzuverlässigkeit und Unverbindlichkeit einer angeblichen Psychotherapie gar nicht formuliert werden.

Zusammenfassung der Kritik aus ethischer Sicht

Die Veränderung von subjektiver Selbst- und Weltsicht ist das Ziel aller Beratungs- und Therapiekonzepte. Dies ist ein völlig legitimes Vorhaben. Das Verfahren der Familienaufstellung ist hierbei offensichtlich hochwirksam, weil die Klienten mit seiner Hilfe innerhalb kürzester Zeit zu einem anderen Annahmen- und Vorstellungsgefüge gelangen können, vor dessen Hintergrund sie ihre Probleme – zumindest vorläufig – aufgeben oder sehr viel leichter ertragen können. Die Modifikation von subjektiven Sichtweisen scheint hier also besonders gut zu klappen. Zweifelhaft und diskussionswürdig sind jedoch die Mittel, mit denen die Veränderungen erreicht werden. Denn Methoden sind nicht wertneutral. Sie haben nie nur einen einzigen Effekt, sondern, im Gegenteil, immer viele Effekte, die verharmlosend oft als Nebeneffekte bezeichnet werden. Daher sollte ein Verfahren nicht allein nach seiner Effizienz beurteilt werden. Es sind immer auch die ethischen Implikationen der methodischen Vorgehensweisen mitzubedenken. Um dieses zu ermöglichen, habe ich die Vorgehensweise der Familienaufstellungen nach Hellinger ausführlicher und vor einem kontrastierenden theoretischen Hintergrund dargestellt.

Dabei wird nun deutlich, dass sich die Klienten in Familienaufstellungen ihre neuen Vorstellungen nicht durch eigentätiges Erkunden, Ausprobieren, Reflektieren oder Abwägen selbst erarbeiten können, sondern dass diese ihnen vor einem undurchsichtigen Hintergrund durch manipulatives Vorgehen gleichsam aufgepfropft werden. Es kommen dabei Vorgehensweisen ins Spiel, wie sie prinzipiell auch bei Gaukeleien und Täuschungsversuchen eingesetzt werden. Auf diese Weise werden die Klienten weder in ihrem Rationalitäts- und Reflexivitätspotenzial noch in ihrem Autonomiepotenzial gefordert. Damit wird eine Chance vertan, sie in der Entwicklung ihrer Selbsthilfepotenziale zu unterstützen und zu stärken. Stattdessen wird von ihnen erwartet, unhinterfragte bzw. unhinterfragbare Konzepte zur Beschreibung und Erklärung von scheinbar ungewöhnlichen Vorgängen zu akzeptieren. Sie sollen »den Wunsch nach Verständnis dem Wahrnehmen von Wirkungen opfern« (Hellinger, 1998b, 17). Damit erkaufen sie sich ihr vermeintliches »Heil« mit der Unterwerfung unter unbegriffene Vorgänge.

Das Erzeugen von Doppelbotschaften, das Agieren bei Intransparenz und der Einsatz von Ablenkungen hat mit Machtausübung und Verführung zu tun. Dies wird besonders bedenklich, wenn die Akteure vorgeben, nicht in eigener Verantwortung zu handeln, sondern, unter Berufung auf schicksalsträchtige Kräfte, nur als deren ausführende Organe. Hellinger behauptet, Ordnungen, Kräfte und Dynamiken nur ans Licht zu bringen, »demütig« und »absichtslos« (vgl. Nelles, 2000a, 514). Tatsächlich verdunkelt er seine eigene massive Einflussnahme.

Obwohl Hellinger und seine Anhänger immer wieder behaupten, Familienaufstellungen basierten auf empirischen Erfahrungen, haben weder die Konzepte noch die Prozeduren etwas mit Empirie zu tun. Die unzähligen Beispiele, die in der Hellinger-Literatur aufgeführt werden (»Ein Beispiel dazu ...«), haben nur scheinbar einen belegenden Charakter. Tatsächlich jedoch sind sie nur Glieder in zirkulären Begründungen. Um den Anspruch auf Empirie mit Recht erheben und einlösen zu können, müssten auf der Basis eindeutiger Begriffe Hypothesen aufgestellt und unter systematischen sowie transparenten Bedingungen geprüft werden. Stattdessen sind Konzeption und Verfahren der Familienaufstellungen vielfach gegen Zweifel und Kritik – damit auch gegen empirische Bewährungsprüfungen – immunisiert worden.

Das *Forschungsprogramm Subjektive Theorien*, das ich hier als Bezugspunkt für meine Darstellungen herangezogen habe, fühlt sich der Entwicklung und dem Wachstum der menschlichen Potenziale zu Rationalität, Reflexivität, Kommunikation und Autonomie verpflichtet. Vor diesem Wertehintergrund sind alle Verfahren abzulehnen, die Menschen in diesen Potenzialen beschneiden. Die Konzeption und die Vorgehensweise von Familienaufstellungen schränken die Möglichkeiten der Klienten zu rationalem, reflexivem, kommunikativem und autonomem Handeln ein. Sie beschneiden den Klienten in seiner Fähigkeit zur Selbsthilfe und machen ihn stattdessen abhängig von Personen, die sich ihrerseits für die von ihnen inszenierte Dynamik nicht verantworten wollen oder können.

Die Frage, ob die Implikationen von Familienaufstellungen ethisch vertretbar sind, lässt sich auch dadurch prüfen, dass man ihre Konzepte und Vorgehensweisen mit den Ansprüchen des Selbstanwendungsprinzips konfrontiert. Würden also Hellinger und seine Anhänger es gutheißen, wenn man sie in einem therapeutischen Kontext mit vagen, empirisch nicht prüfbaren Konzepten und mit intransparenten, manipulierenden Täuschungstechniken »heilen« wollte? Im Sinne des Kant'schen *Kategorischen Imperativs* ließe sich weitergehend fragen, ob die Techniken von Familienaufstellungen generell für Erziehung, Beratung, Therapie – oder ganz allgemein für den Umgang von Menschen miteinander – ethisch zu vertreten wären. Da einerseits die Anwendung der Verfahren von seiner Konzeption her nicht eingeschränkt ist und andererseits von Hellinger-Anhängern immer neue Verfahrensmodifikationen entwickelt werden (vgl. Weber, 1998), ist dies keine rein hypothetische Frage. Im Falle ihrer Bejahung würden Undurchsichtigkeit und manipulierende Täuschungen zu allgemeinen Prinzipien für den mitmenschlichen Umgang erhoben. Vor diesem Hintergrund sind Familienaufstellungen nach Hellinger – unabhängig davon, ob ihre Akteure in Unkenntnis oder in Kenntnis um deren »Nebenwirkungen« handeln – aus ethischen Erwägungen als höchst bedenklich einzuschätzen und abzulehnen. Und zwar nicht trotz, sondern gerade *wegen* ihrer hohen Veränderungswirksamkeit.

Thea Bauriedl

Macht und Ohnmacht

Bert Hellingers Vorstellungen über die Psychodynamik
in Familien

Warum lassen sich derzeit so viele Menschen von einem ehemaligen katholischen Missionar äußerlich und innerlich »bewegen«? Was haben sie davon,
wenn sie »aufgestellt« werden, hin und her geschoben, auf die Knie gezwungen werden, primitive »Wahrheiten« gesagt bekommen und »richtige« Sätze
nachsprechen müssen? Wo bleibt bei diesen Menschen in dieser Situation
das Bedürfnis nach Selbstbestimmung und gleichberechtigtem Gespräch,
wenn sie abgeurteilt werden, als befänden sie sich vor dem Jüngsten Gericht?

Um das aktuell wirksame Faszinosum »Bert Hellinger« zu verstehen,
müssen wir uns wohl allgemein mit den Heils- und Heilungsphantasien in
unserer Gesellschaft befassen. Bert Hellinger als Person wäre weniger interessant, wenn er nicht über eine so große Anhängerschaft verfügen würde.
Interessant wird er erst, wenn man das, was er predigt und tut, als ein Symptom unserer Gesellschaft versteht. Offensichtlich sind derzeit viele Menschen so grundsätzlich verunsichert, dass sie dringend nach Orientierung
von außen suchen, die sie bei einem als »stark« erlebten Führer zu finden
hoffen. In diesem Sinne ist es an der Zeit, zu untersuchen, wie Hellinger seine »Gläubigen« fasziniert, was er ihnen anbietet und was er dafür von ihnen
verlangt.

Zudem scheint es mir nötig zu sein, Hellingers Vorstellungen von »der
richtigen Ordnung« in Familien zu untersuchen. Hier muss man fragen,
weshalb sich so viele – zum Teil auch psychotherapeutisch gebildete und
an Wissenschaftlichkeit interessierte – Menschen Hellingers primitiven
und rückwärtsgewandten Interpretationen von familiendynamischen Vorgängen anschließen. Ist es nur die Möglichkeit, ausgewiesen als Hellinger-

Schüler oder -Schülerin, Macht über Menschen zu gewinnen und gleichzeitig viel Geld zu verdienen? Oder sind es die »einfachen« Lösungen, die auch intellektuell interessierte Menschen faszinieren, weil man mit dieser Methode »ganz einfach« starke emotionale Wirkungen hervorrufen kann – welche Wirkungen auch immer?

Heils- und Heilungsphantasien in unserer Gesellschaft

Schon Sigmund Freud beschrieb das Phänomen der »Massenpsychologie« (Freud, 1921). Beeindruckt von der Begeisterung, mit der so viele Menschen in den Ersten Weltkrieg aufgebrochen waren, und wohl auch unter dem Einfluss der damals schon bestehenden kollektiven Phantasien, die zur Grundlage des Nationalsozialismus wurden, beschrieb er die Verwandlung des einzelnen Menschen in ein »Massenindividuum«. Dieser Zustand eines Menschen besteht aus seiner Sicht darin, dass die Person in der Beziehung zu ihrem Führer jede Selbstständigkeit aufgibt, die Fähigkeit zum kritischen Denken verliert und sich einerseits mit dem Führer, andererseits mit der von diesem geführten »Masse« identifiziert. Die Suche nach »Ordnung« und Sinn im eigenen Leben wird umso dringlicher, wenn das Gefühl zunimmt, desorientiert und bedroht zu sein. Gegenwärtig erleben wir in unserer Gesellschaft und in vielen anderen Ländern eine große Verunsicherung über die zukünftigen Lebenschancen jedes Einzelnen und der Menschheit insgesamt. In solchen Zeiten tendieren unsichere Menschen dazu, sich einem Führer unterzuordnen, der ihnen die Erlösung von allem Übel, den Sieg über alles Böse, insbesondere über die »bösen Feinde« verspricht. Demokratisches Bewusstsein und demokratische Strukturen haben in solchen Zeiten wenig Chancen. Die Partizipation an den Größenphantasien des Führers hilft vielen Menschen, ihre eigenen Ängste, Schuld- und Wertlosigkeitsgefühle beiseite zu schieben. Dafür sind sie bereit alles zu »glauben«, was dieser Führer sagt, und alles zu tun, was er befiehlt.

Alle Führer radikaler Gruppierungen und Parteien verführen und halten ihre Anhänger durch emotionale Agitation. Es geht dabei kaum um den Wahrheitsgehalt der »Predigt«, es geht vor allem um die Gefühle, die durch die Predigt hervorgerufen werden. Da sehr viele Menschen in unserer Gesellschaft ihre wirklichen Gefühle – die Gefühle, die sich auf die Realität ihrer persönlichen, politischen, ökologischen und sozialen Situation beziehen

– zu verdrängen versuchen, haben sie ein großes, man möchte fast sagen: suchtartiges Bedürfnis nach Ersatzgefühlen. Sie hoffen, von außen emotional bewegt zu werden und sich dadurch »lebendig« fühlen zu können, ohne sich vor den Gefahren fürchten zu müssen, von denen sie sich eigentlich bedroht fühlen. Man fürchtet sich lieber vor den Gefahren, die einem vom Führer »angeboten« werden, als weiterhin seinen eigenen Ängsten ausgeliefert zu sein. Dann ist man nicht mehr alleine, man kämpft gemeinsam mit dem Führer und mit den anderen in der »Masse«. Viele Politiker bedienen derzeit dieses Bedürfnis, indem sie zu Schauspielern werden. Sie versuchen, das zu sagen, was bei der Bevölkerung positive und im richtigen Maß auch aufregende Gefühle hervorruft. Da sie wissen, dass sie nur glaubwürdig erscheinen, wenn sie das, was sie sagen, auch selbst glauben, bemühen sie sich gleichzeitig darum, das zu glauben, was sie sagen – anstatt das zu sagen, was sie glauben.

Auch die meisten Medien kaufen und verkaufen Gefühle, wo immer sie ihrer habhaft werden können. Eine ganze »Gefühlsindustrie« lebt davon, dass sie die Konsumenten mit intensiven Gefühlen »füttert«, die dazu dienen, die wirklichen und zumeist als unangenehm empfundenen Gefühle zu verdrängen. Man will sich »gut« fühlen, nicht ängstlich und hilflos. Dazu begibt man sich gerne in möglichst aufregende Kunstwelten. Die Intensität der Aufregung muss dabei immer weiter gesteigert werden, denn die gewünschte Reaktion nimmt wie bei jedem Suchtmittel immer weiter ab. Die Folge ist eine zunehmende emotionale Abstumpfung, die wiederum vermehrt dazu führt, Ersatzgefühle zu suchen.

Eine weitere Vorstellung beherrscht unsere gegenwärtige Gesellschaft: Wir halten eine Methode nur dann für gut, wenn sie Probleme sehr schnell löst. Das macht uns alle hektisch und kurzatmig, insbesondere unsere Politik, aber auch unsere Kinder, deren zunehmende »Hyperaktivität« wir mit möglichst schnell wirkenden Suchtmitteln (Amphetaminen) zu beseitigen versuchen, weil sie uns stört. Man beschäftigt sich nicht wirklich mit den Kindern – oder auch mit sich selbst –, das Subjekt als eine einmalige Person genießt wenig Aufmerksamkeit. Es verschwindet hinter allgemeinen Regeln und »Ordnungen«, in die es »passen« muss, weil es sonst in dieser Gesellschaft keine Chance hat. Es sei denn, es fällt auf. Wer auffällt, auf den schauen viele. Und wo viele hinschauen, das scheint wichtig und auch richtig zu sein. So ist es kein Wunder, dass immer mehr Menschen, Erwachsene wie auch Kinder und Jugendliche, versuchen irgendwie aufzufallen, gesehen zu

41

werden und so in die Rolle von (vermeintlichen) »Führern« zu kommen. Dazu muss man einen »Trend« kreieren, der dann kurzfristig als neu empfunden wird und »in Mode« kommt (zumindest muss man sich jedem neuen Trend als Trendsetter anschließen). Mit der wirklichen Person dessen, der sich hier »zeigt«, hat dieser Trend nur insofern etwas zu tun, als er das mehr oder weniger hilflose Bemühen ausdrückt, nicht ungesehen unterzugehen, sondern in irgendeiner Weise wichtig zu sein.

Die Produktion virtueller, möglichst aufregender Welten ist zu einem großen Geschäft geworden. Mit Hilfe der neuen technischen Möglichkeiten, stehende und bewegte Bilder zu manipulieren und auf diese Weise ein Publikum in einen suggestiven Sog zu zwingen, kann man zumindest kurzfristig die »Führerschaft« erringen und viel Geld verdienen. Auch in den privaten Beziehungen geht es vielfach darum, wie man die Aufmerksamkeit seiner Bezugspersonen auf sich ziehen und bei sich halten kann. Leider muss man dazu auch hier oft »virtuelle Welten« oder Szenen produzieren, die bei den anderen Menschen »ankommen«, seien es »große Dramen«, schwere Erkrankungen, große Leistungen oder andere »auffällige Produktionen«. Wie man wirklich ist, was man wirklich fühlt, hofft und fürchtet, scheint nicht mehr interessant zu sein.

Alle diese Tendenzen sind auch in der gegenwärtigen Psychotherapie zu erkennen: Auch hier geht man vielerorts davon ab, sich gründlich und sorgfältig mit einem Menschen oder mit einem Familiensystem zu befassen, so wie dieser Mensch oder dieses Familiensystem wirklich ist. Für viele Psychotherapeuten – oder für solche, die sich dafür halten – scheint es besonders wichtig und beruhigend zu sein, wenn der Psychotherapeut den »Führer« spielt und der Patient sich von ihm in einen »anderen Zustand« versetzen lässt. Dadurch vermeidet der Patient – genau wie Freud das beschrieben hat – jeden Konflikt mit dem Psychotherapeuten. Er unterwirft sich und »glaubt«. Und der Therapeut ist ebenfalls vor Konflikten mit dem Patienten geschützt; zudem kommt er »groß raus«, weil er einen weitgehend widerstandslosen Patienten oder Klienten dazu gebracht hat, sich seinen Vorstellungen anzupassen.

Die Unterwerfung von Patienten gelingt besonders leicht, wenn der Psychotherapeut, wie beschrieben, mit emotionaler Agitation arbeitet. Das heißt, er ruft beim Patienten möglichst intensive Gefühle hervor. Unsere Gefühle dienen uns dazu, dass wir erkennen können, wer unser Feind und wer unser Freund ist, wo uns Gefahr droht und wo wir uns sicher fühlen können. Wenn nun durch suggestive »Behandlungen« diese Orientierung verändert wird, wird gewissermaßen der »Kompass« verstellt, denn es verändert sich das »erdmagnetische Feld«, an dem er sich orientiert. Dadurch verändern sich auch unser Selbstbild und unsere Gefühle in zwischenmenschlichen Beziehungen. Plötzlich werden ganz andere Menschen zum »Feind« beziehungsweise zum »Freund« als vorher. Plötzlich erleben wir uns auch selbst anders als vorher – was allerdings nicht bedeutet: wirklicher als vorher.

Solche Veränderungen werden oft als Befreiung erlebt, insbesondere wenn einem suggeriert wird, dass man nie mehr zurück, sondern nur noch nach vorne schauen soll. Vorne scheinen die Befreiung und das »Richtige« zu sein. Nur wer nach vorne schaut, das volle halbe Glas Wasser sieht und nicht die leere Hälfte, der ist »richtig«: er »denkt positiv« und »passt«. Diese Vorstellungen haben aus meiner Sicht damit zu tun, dass viele Menschen das Zurückschauen mit Schuldzuweisungen verwechseln. Es ist ja auch häufig so, dass im zwischenmenschlichen Kampf um die Schuld die Vergangenheit zitiert wird um zu beweisen, dass der jeweils andere »schon immer« oder »schon damals« und »jetzt wieder« etwas »Böses« getan hat – oder auch, dass man selbst schon immer in irgendeiner Weise »falsch« war.

Unser kollektiver Fortschrittsglaube spiegelt uns vor, dass es »vorne«, in der Zukunft, immer besser würde, während man das Schlechte durch »Fortschritt« hinter sich lassen könne und solle. Viele psychotherapeutische Methoden laufen darauf hinaus, dass man das Gewesene, das bisherige Leiden, durch einen Schlussstrich beenden soll und kann. In manchen »aktuellen« psychotherapeutischen Methoden wird sofort ein striktes Verbot ausgesprochen, wenn sich jemand mit der Vergangenheit beschäftigt. So hofft man, das Problem der Selbst- und Fremdbeschuldigungen »auf einen Streich« beseitigt zu haben. Um glücklich zu sein, so heißt es in den verschiedenen Begründungen, müsse man immer nach vorne schauen, und das bedeutet, dass man gewissermaßen »von einem Schlussstrich zum nächsten« leben muss. Was dabei verloren geht, ist das Bewusstsein für die eigene Geschichte, für das eigene Geworden-Sein und vor allem die Möglichkeit, aus der eigenen Geschichte zu lernen. Die Fragen »Wer bin ich?«, »Weshalb habe ich die Tendenz, mich und andere zu beschuldigen?«, »Wie könnte ich aus dieser Not herausfinden?« werden derzeit weniger gestellt. Dafür blüht die Ratgeber-Industrie, die ein glückliches Leben auf einfachen Wegen verspricht. Verzichtet man aber darauf, die komplexen Szenen der zwischenmenschlichen Beziehungen zu untersuchen, die zum derzeitigen Unglück geführt haben und es aufrechterhalten, dann fehlt einem auch die Möglichkeit, die Wiederholungen dieser Szenen in der Beziehung zwischen Psychotherapeut und Patient zu erkennen. So wiederholt sich in großer Regelmäßigkeit das Unglück auch in dieser Beziehung. Es findet keine kritische Reflexion der Therapeut-Patient-Beziehung statt. Das bedeutet, dass die bisherige Beziehungsdynamik und die Aussichtslosigkeit, an ihr etwas zu ändern, bestätigt und dadurch auch verfestigt werden. Menschen, die sich in ihrer Not einem Psychotherapeuten anvertrauen, sind ganz besonders offen für Veränderungen, die von außen kommen. Sie glauben regelmäßig, dass sie sich selbst verändern müssten, damit es ihnen selbst und anderen Menschen mit ihnen besser geht. Damit wiederholen sie die Heilungsvorstellungen, die ihnen schon in ihrer Kindheit »implantiert« wurden. Ihre Fragen sind zumeist: »Was mache ich falsch?« und »Wie kann ich richtig werden, damit man mich (wieder) lieben kann?« Die so vorgestellte Veränderung besteht größtenteils darin, dass man sich noch besser als bisher an die Anforderungen und Vorstellungen anderer Menschen, insbesondere an die des Psychotherapeuten, anpasst. Deshalb haben es Psychotherapeuten oder Menschen, die sich darauf spezialisiert haben, andere Menschen nach ihren eigenen Vorstellungen zu formen, so leicht, die Hilfesuchenden durch Suggestion, Hypnose und andere Formen der Manipulation zu verändern. Dass dabei unter Umständen schwere neue Schäden verursacht werden, fällt in den meisten Fällen nicht auf. Wenn nur eine große emotionale Wirkung hervorgerufen wurde, dann scheint dies schon den Erfolg zu beweisen – auch für die Patienten. »Du siehst, was wahr ist, an der Wirkung«, sagt auch Hellinger (2000a, 131). Die Art der Wirkung und die Wiederholung der Traumatisierung in der Beziehung zwischen Psychotherapeut und Patient werden nicht untersucht.

Suggestion und Hypnose, die Verwendung von Trancezuständen um der besseren Beeinflussbarkeit willen, sind heute wieder »in«. Derlei Beeinflussungsversuche sind allerdings nicht neu. Sie waren schon im 19. Jahrhundert »modern«. Auch Freud hat zunächst versucht, auf diesem Wege Menschen mit psychischen Erkrankungen zu helfen. Die Psychoanalyse als eine emanzipatorische Theorie und Praxis wurde geboren, als Freud Suggestion und Hypnose als wenig hilfreich erkannte und stattdessen die Methode der »freien Assoziation« entwickelte, die grundsätzlich darauf verzichtet, die Abhängigkeit des Patienten vom Psychotherapeuten auszunützen (vgl. Freud, 1914; 1928, 410 f.). Damit entwickelte sich im Lauf von über 100 Jahren – natürlich auch hier mit vielen Irrungen und Wirrungen – ein Konzept, das den Respekt vor der Person des Patienten in den Mittelpunkt der Arbeit stellt (vgl. Bauriedl, 1980; 1994). In verschiedenen Settings, mit und ohne Couch, bemüht man sich hier durch eine entsprechende Haltung, dem Patienten bzw. der Patientin einen geschützten Beziehungsraum zur Verfügung zu stellen, in dem er bzw. sie sich selbst – erstmals oder wieder neu – entdecken kann. Die grundsätzliche Schädigung besteht aus dieser Sicht darin, dass die Person sich selbst, zumeist schon als Kind, zu Gunsten anderer Personen »verloren« oder aufgegeben hat. Was die anderen von einem denken oder sagen, scheint »wahr« zu sein, was man selbst fühlt, fürchtet und hofft, scheint nebensächlich, falsch, unwirklich oder beschämend zu sein. In der »freien Assoziation«, die auch in einer beziehungsanalytischen Paar- und Familientherapie möglich ist (vgl. Bauriedl, 1994; 1997; 2002), wird nun der einzelnen Person, auch im Familiensetting, die Möglichkeit gegeben, herauszufinden, wer sie selber ist, wie ihre heutigen Beziehungsprobleme mit der eigenen Beziehungsgeschichte zusammenhängen, und welche eigenen neuen, äußeren und inneren Entscheidungen sich aus diesem erweiterten Selbstbild für sie ergeben. Hier geht es um die Förderung der Selbsterkenntnis und der Selbstbestimmtheit. Die auf diesem Wege zunehmende Fähigkeit, sich selbst wahrzunehmen, hat unmittelbar zur Folge, dass man mit seinen Bezugspersonen weniger um das pure Existenzrecht kämpfen muss. Man fühlt sich selbst besser, in dem Sinne, dass man sich besser von anderen Menschen unterscheiden kann, und man erlebt deutlicher, dass keine andere Person zuständig dafür ist, zu wissen oder zu sagen, was man selbst fühlt, fürchtet und hofft. Die bisher an andere Personen abgegebene Definitionsmacht über die eigene Person kehrt zurück und damit auch die Fähigkeit, wirklich mit anderen Menschen Kontakt aufzunehmen – in Respekt vor den anderen und vor sich selbst.

Für diese Veränderungen ist keinerlei Trancezustand oder suggestive Beeinflussung nötig. Im Gegenteil, die hier beschriebenen manipulativen Verfahren wiederholen nur die alten Erfahrungen: Wieder übernimmt eine fremde Person die Herrschaft und produziert eine »virtuelle Welt«, in der die Dinge ganz anders aussehen, als es der subjektiven Wirklichkeit des Patienten entspricht. »Umprogrammiert« wurden wir alle schon mehr oder weniger in der Phase unserer größten Prägbarkeit. Jetzt geht es darum, nicht wieder zu resignieren und nicht wieder die Umprogrammierung als Hilfestellung misszuverstehen.

Szenische Interaktionen

Vor dem Hintergrund dieser Analyse der wichtigsten Heils- und Heilungsphantasien in unserer Gesellschaft möchte ich nun das szenische Zusammenspiel von Hellinger als »Aufsteller« und den Menschen, die sich ihm anvertrauen, untersuchen. Hellinger selbst beschreibt seine Methode als eine Kombination von einzelnen Elementen, die er aus ca. 40 verschiedenen psychotherapeutischen Methoden übernommen habe. Er selbst lehnt jede Theoriebildung ab und bezeichnet seine Methode als »rein phänomenologisch«. Dazu sagt er: Der Therapeut »setzt sich einem dunklen Zusammenhang aus, bis ihm plötzlich Klarheit kommt. Wenn er dagegen nur einen Begriff hat und aus dem Begriff oder aus einer Assoziation die Lösung finden will, findet er sie nie. Aus Ableitungen findet er die Lösung nie. Sie muss jedes Mal neu gefunden werden. Deswegen ist jede Lösung einzigartig und nicht wiederholbar. Wenn ich mir aus der Erfahrung früherer Aufstellungen sage, das wird wahrscheinlich so oder so sein, bin ich nicht mehr im Kontakt mit der Wirklichkeit unmittelbar vor mir« (2000a, 88). Die Bezeichnung der Methode als »phänomenologisch« soll offenbar bedeuten, dass es hier keine Theoriebildung gibt und dass nur die Phänomene – das, was unmittelbar und subjektiv wahrgenommen wird – »beschrieben« werden. Hellinger-Schüler Jakob Robert Schneider hierzu (2000): »Bert Hellinger hat keine psychologischen Theorien entworfen. Er hat keine Lehrbücher geschrieben. Man lernt von ihm, indem man zuschaut.« Ein nur wenig wirksames Bollwerk gegen wissenschaftliche Überprüfung: Denn auch für die Anerkennung von psychotherapeutischen Methoden gilt, dass man sein Konzept beschreiben und die Wirkmechanismen der Praxis darstellen muss.

Nun sagt Hellinger wiederholt, dass durch »Begriffe«, also durch das Denken in theoretischen Modellen, seine Intuition gestört werde. Das mag so sein, bekräftigt aber die Vermutung, dass er sich damit jeder kritischen Diskussion seiner Methode zu entziehen sucht. Was ihm persönlich aus dem »dunklen Zusammenhang« als »plötzliche Klarheit« kommt, das ist für ihn »die Wahrheit«, bestätigt durch die starke Wirkung auf die Gruppenteilnehmer. Es ist deshalb nicht erstaunlich, dass in der Werbung für diese Methode zumeist mit Bildern inniger Umarmungen gearbeitet wird. Die Intensität dieser Bilder scheint alle Beteiligten – und natürlich auch die Aufstellungsleiter selbst – so tief zu beeindrucken, dass eine Frage danach, was hier eigentlich vor sich geht, sich offenkundig erübrigt.

Betrachtet man das, was Hellinger tut, vor dem Hintergrund der Heils- und Heilungsphantasien in unserer derzeitigen Gesellschaft, dann wird klar, weshalb so viele Menschen hier eine Rettung aus ihrem Zustand psychischer Verlorenheit suchen und zu finden glauben. Hellinger tritt als Guru auf, alleine im Besitz der Wahrheit, die ihm quasi als Verbalinspiration zuteil wird. Er verspricht Heil unter der Bedingung, dass man sich ihm vollständig unterwirft. Er arbeitet mit emotionaler Agitation, das heißt: er ruft starke Gefühle bei seinen Patienten oder Klienten hervor, die dazu führen, dass sie zu »Massenindividuen« werden, die sich, unter Aufgabe ihrer Selbstständigkeit, zugleich mit ihm wie auch mit der von ihm gesteuerten Masse identifizieren. Außerdem arbeitet er sehr »schnell«, er fertigt seine Klienten im 15- bis 20-Minuten-Takt ab. Widerspruch und Nachfrage sind verboten, weil sonst, wie er sagt, die Wirkung seiner Worte nicht eintritt. Jedes Auftauchen von Subjektivität der einzelnen Personen »stört« also die »Heilung«. Das führt dazu, dass man durch Nachfragen oder Protest für den »Misserfolg« der ganzen Veranstaltung verantwortlich würde und auch schuldig an dem ständig drohenden Zerfall der »Masse«.

Anstatt sein Konzept darzustellen inszeniert er »virtuelle Welten«, in denen jene »Ordnungen« herrschen, die ihm persönlich das Gefühl geben, »richtig« und »oben« zu sein. Um mit diesen Normierungen »aufzufallen«, setzt er häufig Ad-hoc-Regeln, die den allgemein gültigen und den meisten Menschen bis zu diesem Moment selbstverständlichen Normen genau entgegenstehen. Hier entscheidet sich dann, wer ihm folgt und wer nicht.

Hellingers rechte Ordnung

Um zu verstehen, was sich in den Aufstellungen zwischen den Beteiligten abspielt, möchte ich eine Perspektive darstellen, die besonders deutlich macht, wie Hellinger Familienbeziehungen interpretiert und wie die Personen, mit denen er umgeht, darauf reagieren. Es geht mir um die Behauptung Hellingers, die sich durch fast alle seine in Büchern und Videos wiedergegebenen Aufstellungen zieht: »Der Vater ist immer unschuldig.« Der Vater muss um Vergebung gebeten werden. Ihm muss Liebe, Ehre und Verständnis entgegengebracht werden – es sei denn, er habe sich gegen seinen eigenen Vater bzw. gegen Gott (oder Hellinger) versündigt. Dann ist er selbst »Sohn«, muss auf die Knie, Ehre geben und dankbar sein.

Betrachtet man Hellingers »Urteile« nicht als Ausdruck »ewiger Wahrheiten«, sondern als Ausdruck seiner persönlichen Beziehungsszene, als die Art, wie er Familienbeziehungen sieht und sehen will, dann fühlt man sich gelegentlich ins 19. Jahrhundert zurückversetzt. Zeitweise sind es auch alttestamentarische Bilder, die sich da zeigen. Man findet Vorstellungen über eine »geordnete« Familie, die streng hierarchisch gegliedert ist: »Oben« sind immer die Mitglieder der altvorderen Generation, also die jeweiligen Eltern der Personen, mit denen oder über die Hellinger spricht; die Frauen und Kinder müssen dem Manne »folgen«, sie sind ihm untergeordnet; das erstgeborene Kind hat Vorrecht vor den später geborenen Kindern usw. (in: Weber, 1995, 101). Interessant auch: Der Sohn löst sich von der Mutter, indem er zum Militär eingezogen wird (nicht etwa zum Zivildienst – denn dort bleiben die Männer »Muttersöhne« [ebd.]).

Die relativ große Akzeptanz dieser oft absurd und längst überholt erscheinenden Ideen macht deutlich, dass solche und ähnliche Vorstellungen trotz Aufklärung und Feminismus noch heute in vielen Familien existieren oder in vielen Menschen wieder anzuregen sind. Als moralische Überzeugungen bilden sie oft ein normatives »Gerüst«, das die Stabilität einzelner Personen, aber auch von Familien, aufrechterhält – solange das in dieser Weise nötig und möglich ist. Als explizite normative Forderungen werden sie von einer Generation zu nächsten weitergegeben. Auch wenn die jeweils jüngere Generation zunächst dagegen aufbegehrt, hält sie später doch die in der Kindheit aufgenommenen Grundsätze hoch. Spätestens wenn man selbst alt ist, pocht man auf das Gebot, die Alten zu ehren.

Diese Akzeptanz beruht aber auch auf der situativ entstehenden Gegenübertragung der Personen, die sich von Hellinger vereinnahmen lassen. Hier handelt es sich eher um implizite Beziehungsstrukturen, die in Familien von Generation zu Generation weitergegeben werden. Die Vorstellung etwa, dass derjenige schuldig oder böse ist, der die allgemein gültige »Ordnung« stört, liegt Personen nahe, die sich nur sicher fühlen können, wenn in ihrem Umfeld »Harmonie« – verstanden als Übereinstimmung – herrscht. Aus dem Bedürfnis nach einer »konfliktfreien Atmosphäre« entsteht nicht selten die moralische Forderung, dass kein Mensch einen anderen Menschen »stören«, ihn also nicht angreifen oder kritisieren darf, aber auch nichts anderes glauben, fühlen oder wollen darf als dieser.

Soweit es für ihr subjektives Sicherheitsbedürfnis erforderlich ist, versuchen die einzelnen Familienmitglieder, sich gegenseitig in diese Art der

»Harmonie« zu zwingen. In solchen Familien kursiert unentwegt eine Schuldzuweisung zwischen den Mitgliedern, denn jeweils der andere scheint die Harmonie zerstört zu haben – oder man selbst fühlt sich schuldig, weil man die Harmonie des anderen stört. Das sind die wesentlichen Probleme unglücklicher Paar- oder Familienbeziehungen. Wer in solchen Beziehungsstrukturen aufgewachsen ist, unterwirft sich wie selbstverständlich diesen Vorstellungen, denn er »erkennt« sie wieder und hält sie wieder für richtig – auch wenn sie in seiner Psychotherapie auftauchen. Sie stören ihn dort nicht, weil er sie als »selbstverständlich« und »normal« kennen gelernt hat.

Vor dem Hintergrund dieser komplexen und grundsätzlichen Dynamik von gestörten Paar- oder Familienbeziehungen wird nun verständlich, weshalb der von Hellinger praktizierte Eingriff in dieses System – zumindest vorläufig – Erleichterung verschafft und deshalb dankbar angenommen wird: Wenn in diesem System der »vagabundierenden« Schuldzuweisungen und Selbstbeschuldigungen einer kommt, der wie Hellinger systemkonform und dabei mit absolutem Herrschaftsanspruch eine dieser Varianten der Beschuldigung für die richtige erklärt, dann schafft das bei den dadurch Ent-Schuldigten Erleichterung: Jetzt ist endgültig entschieden, wer schuldig ist und wer nicht. Dadurch, dass aus Hellingers Sicht die Mitglieder der älteren Generation, und hier insbesondere die Väter, *in jedem Falle* unschuldig sind, tritt zugleich ein, was sich viele Menschen wünschen: Friede mit der Vergangenheit und mit den Personen der Herkunftsfamilie. Wie in der Beichte gesteht man die eigene Schuld, spricht die richtigen Sätze (die Sätze, die der Vater hören will!) und alles scheint wieder »in Ordnung« zu sein. Man hofft und glaubt, auf diese Weise die konfliktreiche gemeinsame Geschichte ein für alle Mal abgeschlossen zu haben.

In diesem Konzept wird freilich nicht berücksichtigt, dass die persönliche Geschichte in jedem einzelnen Familienmitglied ihre Spuren hinterlassen hat. Wenn man versucht diese Spuren zu beseitigen, beseitigt man gleichzeitig die psychische Realität der Personen selbst. Denn sie alle dürfen sich dann nicht mehr an das erinnern, was wirklich geschehen ist. Sie tragen in sich die Folgen des Geschehenen – und zwar als Opfer wie auch als Täter – und können diese Folgen nicht mehr gemeinsam bewältigen. Von allen wird eine zweite Verdrängung verlangt, damit die »konfliktfreie Zone« zwischen ihnen wiederhergestellt ist. Was Eltern, insbesondere Väter, ihren Kindern angetan haben, ist scheinbar »nicht so schlimm«, die Opfer verneigen sich vor den Tätern und fühlen sich wieder »gut«, weil sie diesen keine Schuld mehr zuweisen.

Perfider Umgang mit Opfern von Missbrauch

Wenn man täglich mit den Folgen des Missbrauchs von Kindern zu tun hat – egal ob sexueller Natur oder nicht –, kann man nur erschrecken über so viel Verleugnung und Repression. Hier wird der Missbrauch genau wiederholt und dem entgegengearbeitet, was man in einer ernsthaften Psychotherapie unterstützt: Dort hilft man den Opfern, sich allmählich aus der Identifikation mit dem Täter – oder der Täterin, missbraucht werden Kinder ja auch von Müttern – heraus zu entwickeln, wobei es ganz besonders wichtig ist, zu verstehen, dass die Opfer den Missbrauch nicht wollten, dass er schlimm war und ist und dass sie nicht schuld sind an dem, was ihnen angetan wurde. Oft ist ja den Opfern schon damals beigebracht worden, dass sie selbst die Väter verführt hätten. Bei Hellinger muss die missbrauchte Tochter »ihre Liebe zum Vater anerkennen« und »ihre eigene Täterschaft eingestehen«. Eine »Lösung« des Problems ist für ihn dann gegeben, wenn »das Mädchen zugeben kann, dass es auch schön und lustvoll war« (in: Weber, 1995, 94). An anderer Stelle führt er aus: »Für viele Kinder ist das Erleben (gemeint ist der Missbrauch!, T. B.) auch lustvoll. Sie dürfen aber dieser Wahrnehmung nicht trauen, dass es lustvoll ist oder war, weil ihnen im Gewissen, vor allem von der Mutter her, gesagt wird, es sei böse. Dann sind sie verwirrt. Das Kind muss zugeben dürfen, dass es lustvoll war, wenn es so war. Gleichzeitig braucht es dann die Zusicherung: Auch wenn es lustvoll war, ist das Kind immer unschuldig. Ein Kind verhält sich kindgemäß, wenn es neugierig ist und diese Erfahrung machen will, und es bleibt trotzdem unschuldig« (2000a, 278).

Das ist freilich die ideale Möglichkeit, den missbrauchenden Vater von seiner Schuld zu entlasten: Dieser wird durch die Behauptung entlastet, dass das Kind den Missbrauch ja »neugierig gesucht« und »lustvoll erlebt« habe. Nur die Mutter habe ihm eingeredet, dass da etwas Böses geschehen sei und dass es deswegen selbst auch böse sei. Dies ist eine sehr häufige Argumentation, mit deren Hilfe missbrauchende Väter sich selbst zu entschulden suchen. Alle Schuld liegt dann bei der Mutter, die das Kind dem Vater einerseits »zuführt«, und die andererseits die »Harmonie« zwischen

Vater und Kind stört, indem sie das Kind – und womöglich auch den Vater! – für böse und schuldig erklärt.

Abgesehen davon, dass es unendlich viele Arten des Missbrauchs neben dem von Hellinger ausschließlich »behandelten« sexuellen Missbrauch gibt, empfindet es *kein Kind* als lustvoll, wenn es in irgendeiner Weise missbraucht wird. Es handelt sich *immer* um eine Grenzverletzung und damit um eine Schädigung des Kindes. Sollte das Kind trotzdem sagen oder glauben, es habe dabei »Lust empfunden«, dann hat es sich in Identifikation mit dem Täter schon so weit angepasst, dass es seine Angst und seine psychischen und eventuell körperlichen Schmerzen, sein Ausgeliefertsein nicht mehr wahrnehmen kann; oder es hat diese Gefühle aus dem Gedächtnis getilgt, um auf diese Weise »besser« – oder überhaupt – weiterleben zu können.

Die Opfer dazu zu bringen, »zuzugeben«, dass der Missbrauch – sprich: die Vergewaltigung – lustvoll war, entspricht genau der Gehirnwäsche, die die meisten Väter mit dem Missbrauch zusammen vornehmen. Sexueller Missbrauch von Kindern hat schwerste Störungen des Selbstwertgefühls zur Folge, die kaum jemals einigermaßen abschließend bewältigt werden können. Das Kind ist von den Definitionen der Eltern abhängig. Es hat den Missbrauch als schmerzliche Vergewaltigung, als Vertrauensbruch und Missachtung seiner persönlichen Grenzen erlebt und soll jetzt glauben, dass es das alles selbst gewollt – gerne und zum Wohle der Familie – und eigentlich recht lustvoll erlebt habe.

Die bei Hellinger ständig wiederholten Formeln »Papa, für die Mama tue ich es gerne« oder »Mama, für dich tue ich es gerne« sind besonders perfide: Sie verharmlosen das Geschehene und nützen einen Mechanismus, den das Kind häufig schon damals entwickeln musste, um das tatsächlich Geschehene vor sich selbst und vor anderen zu verbergen. Hätte es gesagt, was ihm geschieht oder geschehen ist, hätte es damit rechnen müssen, dass ihm entweder nicht geglaubt würde oder dass es selbst als schuldig apostrophiert und ausgestoßen würde. In dieser Situation sind Verleugnung, Verharmlosung und Verdrängung des Geschehens – zunächst – noch leichter auszuhalten als das Risiko der Offenlegung.

Insofern hat Hellinger sogar Recht, wenn er sagt, dass das Kind zumeist an der Verharmlosung des Missbrauchs (nicht am Missbrauch selbst!) mitgewirkt hat: Es nimmt die eigene Verletzung nicht wahr um dadurch den »Familienfrieden« zu retten. Das war dann aber eine sehr schädliche Notlösung, an der das Kind möglicherweise ein Leben lang leiden wird. Diese Notlösung jetzt zur »Lösung« des Problems zu erklären, stellt eine glatte Wiederholung der Schädigung und damit eine erneute Traumatisierung dar.

In einer Stellungnahme zu der vielfältigen Kritik an den Ideen und Methoden Bert Hellingers und seiner Anhänger, vor allem in Bezug auf den Umgang mit Inzest und Inzestopfern, verkehrt der Psychologe und Familienaufsteller Franz Ruppert die tatsächlichen Zusammenhänge ins Gegenteil, wenn er meint (2002a, 9): »Die von Hellinger beabsichtigte Aufdeckung des systemischen Zusammenhangs wird hier jedoch mit einer moralischen Wertung verwechselt. Wenn durch einen Satz wie ›Mama, ich habe es gerne für dich getan‹ von einer Patientin eine Wahrheit ausgesprochen werden soll, wie sie häufiger einen unbewussten und verdeckten Teil der Missbrauchsdynamik ausmacht, so soll das in erster Linie der Entlastung des missbrauchten Kindes dienen.« [siehe auch: *Mitschuld am Missbrauch?* und *Hellinger – eine Backlash-Episode*]

Das Drama des Bert H.

Betrachtet man die »Ordnungen« und Aktionen Bert Hellingers als Ausdruck seines persönlichen Interesses, dass jeweils die Väter entschuldet werden müssen – und zumeist die Frauen entwertet und beschuldigt werden –, dann liest man seine Bücher und sieht man seine Lehrvideos mit anderen Augen. Dann sieht man, wie alle Beteiligten an einer Aufstellung in ihrer persönlichen Gegenübertragung auf den Aufsteller reagieren. Die Aufstellenden, die Stellvertreter und die Menschen im Publikum spielen also zwangsläufig in der Beziehungsszene von Bert Hellinger mit. Der Zwang, das Drama der Person Hellinger mitzuspielen, wie es ihn immer wieder bestätigt, zeigt, wie hier der »Spielführer« und seine »Mitspieler« in gegenseitiger Abhängigkeit »verstrickt« sind. Hellinger ist davon abhängig, dass ihm alle »glauben« und dass ihn niemand »stört«. Die »Mitspieler« sind davon abhängig, dass der Meister ihre Art mitzuspielen für richtig erklärt.

Wer das Diktum, der Vater sei immer ohne Schuld und habe immer Recht, schon als Kind in sich aufgenommen hat, kann sich dem Ganzen nur schwer entziehen. Er lässt sich auch gerne instrumentalisieren, »Störer« zu verfolgen und zu diffamieren, wenn der Vater kritisiert wird. Denn er hat als Kind schon gelernt, dass die »Ordnungen der Macht« in der Familie aufrechterhalten werden müssen.

Micha Hilgers

Der Pseudotherapeut

Klinische Argumente gegen Bert Hellinger

Die Crux beginnt bereits mit der Frage, was Familienaufstellen ist, wer es betreibt und vor allem wie. Denn einen Patienten aufzufordern, sich und seine Familie, fiktiv durch andere Personen dargestellt, in einem Raum zu platzieren, ist keineswegs neu; vielmehr ist solches Vorgehen in der systemischen Familientherapie seit langem bekannt. Auch Gestalttherapie, Psychodrama und viele andere Gruppenpsychotherapieverfahren, bis hin zu psychoanalytisch begründeten, bedienen sich seit je dieser Technik. All die Zeit vor dem durch Bert Hellinger geprägten Boom handelte es sich beim Familienaufstellen um eine Einzeltechnik, die, eingebettet in ein mehr oder weniger gut begründetes psychotherapeutisches Gesamtkonzept, eingesetzt wurde. Ganz anders beim so genannten »Familienaufstellen nach Bert Hellinger«, bei dem die Einzeltechnik flugs zum Verfahren selbst avancierte. An die Stelle theoretischer Fundierung traten ideologische Werturteile, die in einer seriösen Psychotherapie keinen Platz haben.

Im Zuge der aufkommenden öffentlichen Kritik an Hellinger (z. B. Goldner, 1997; Fincke, 1998; Vowinckel, 1999) behaupten nun nicht wenige Familienaufsteller, nur die Technik selbst, nicht aber das sonstige Herangehen Hellingers übernommen zu haben; einige setzen sich gar offensiv von dessen ärgsten Entgleisungen ab. Zweifel und Kritik werden vielfach mit Ad-hoc-Hinweisen zerstreut: »Ich habe mich von Hellinger distanziert« oder: »Ich habe meinen eigenen Stil entwickelt«.

Für Interessenten und Patienten entsteht auf diese Weise ein völlig unübersichtliches Bild, das eine vernünftige Entscheidung praktisch unmöglich macht; auch für Experten ist die Hellinger-Szene nahezu unüberschaubar geworden. Aus diesem Grund werde ich ausschließlich Zitate und Behandlungen von Hellinger selbst untersuchen – und die Frage, weshalb ihm so viele Psychotherapeuten, zumindestens anfangs, völlig kritiklos zu folgen bereit waren; was immer sie inzwischen tun.

Voraussetzungen seriöser Psychotherapie

Um etwas Klarheit über die Begriffe zu schaffen, mit denen man letztlich den Wert eines Psychotherapieverfahrens beurteilt, werde ich diese kurz erläutern. Ein wissenschaftlich begründetes psychotherapeutisches Verfahren setzt (zumindest) die folgenden vier Punkte voraus:

1. **Modelle über die Entstehung, Aufrechterhaltung und Behandlung psychischer Krankheiten.** Zum Beispiel besteht weitgehende Einigkeit darüber, dass die menschlichen Anlagen erheblich die Art einer Erkrankung bestimmen, Umweltfaktoren hingegen, ob, wann und wie schwer jemand erkrankt. Außerdem weiß man seit einigen Jahren, dass schwere frühkindliche Psychotraumatisierungen zu biologischen Veränderungen des Gehirns führen können, von denen unklar ist, inwieweit sie reversibel sind. Die kognitive Verhaltenstherapie etwa arbeitet mit einem Lernmodell: Psychische Probleme werden danach durch eine komplizierte Lerngeschichte (mit-) verursacht, wobei nicht nur einfache Reize zu psychischen oder somatischen Reaktionen führen, sondern auch komplizierte kognitive Prozesse eine Rolle spielen: Welche Erwartungen hat der Patient an sich, an die Umwelt? Was glaubt er, sind die Erwartungen der Umwelt an ihn, mit welchen Reaktionen und Konsequenzen glaubt er rechnen zu müssen, wenn er sich so und nicht anders verhält? Sind diese Annahmen realistisch? Psychoanalytisch begründete Modelle betonen die Beziehung, die ein Mensch zu sich selbst und zu seiner Umwelt eingeht, wiederum auf dem Hintergrund einer Lerngeschichte, die in der Behandlung oft im Hier und Jetzt der therapeutischen Beziehung Korrekturen erfährt. Also: Der Patient hat die schmerzliche Erfahrung machen müssen, von seinen Eltern unerwünscht gewesen zu sein, und glaubt insofern (unbewusst), auch in gegenwärtigen Beziehungen allen wichtigen Menschen zur Last zu fallen. Entsprechend verschämt und unklar verhält er sich vielleicht auch in der therapeutischen Beziehung, was letztlich natürlich lästig wird. Durch die Bewusstmachung dieses Verhaltens und die Erfahrung, nicht wirklich lästig zu sein, erfährt der Patient Korrektur und kann neues Verhalten ausprobieren.

2. **Eine Nosologie, also Aussagen über die Unterschiedlichkeit psychischer Krankheiten.** Diese Aussagen werden entsprechend dem Forschungsstand ständig fortgeschrieben. Zum Beispiel glaubte man lange, dass Dysmorphophobie – die krankhafte, nicht objektivierbare Angst, hässlich zu sein oder einen Makel zu haben – der Hypochondrie zuzurechnen sei oder es sich hierbei um eine Zwangsstörung handle. Mittlerweile beginnt man die Dysmorphophobie als eigene Krankheit zu verstehen (DSM: körperdysmorphe Störung).

3. **Eine Entwicklungstheorie, also Aussagen über entwicklungspsychologische Verläufe von Kindheit, Jugend, Erwachsenen- und Seniorenalter.** Dazu gehören Aussagen, wie jemand typische Schwellensituationen bewältigt, also Einschulung oder Pubertät, und wie mit den charakteristischen Konflikten umgegangen wird, die diese Zeit bestimmen.

4. **Aussagen über die speziellen Gründe für eine Therapie (Indikation), einschließlich der Techniken, die zur Anwendung kommen sollen.** Beispielsweise herrscht Einigkeit darüber, dass eine Zwangsstörung mit klar abgegrenzten Symptomen wie Zwangshandlungen (z. B. Kontrolle, ob die Herdplatte ausgeschaltet ist) mit kognitiver Verhaltenstherapie die günstigste Prognose aufweist, eine zwanghafte Persönlichkeitsstörung jedoch oft besser mit psychoanalytischen Verfahren, gegebenenfalls in Kombination mit Verhaltenstherapie oder anderen therapeutischen Ansätzen, behandelt werden kann.

All diese vier Punkte sollten stetiger empirischer Erfolgskontrolle unterliegen und auf diese Weise ständig verbessert werden – eine Selbstverständlichkeit, die jeder von einem Zahnarzt oder einem Chirurgen verlangt und die natürlich auch für Psychotherapie Gültigkeit besitzen muss.

Ganz gleich, welches Verfahren angewandt wird, sollte Klarheit über die Ziele der Behandlung bestehen: Wo wollen Patient und Therapeut hin? Dies ist in aller Regel zwischen Behandler und Patient abzusprechen. Durch die gemeinsame Formulierung einer Diagnose und der Behandlungsziele kommt man zu einer Indikation der anzuwendenden Verfahren, also zum Beispiel einer verhaltenstherapeutischen Kurzzeitgruppenbehandlung. Behandlungsziele, Persönlichkeit, Möglichkeiten und Grenzen des Patienten und des Therapieverfahrens (und natürlich auch des Therapeuten) bestimmen am Ende spezielle, angepasste Techniken.

Diese Techniken können bei sehr unterschiedlichen Therapieverfahren doch sehr ähnlich oder gleich sein. Beispielsweise kann innerhalb einer Verhaltenstherapie der Patient aufgefordert werden, angstauslösende Situationen aktiv aufzusuchen oder, gemeinsam mit dem Therapeuten, eine Tagesstruktur zu erarbeiten. Zu ganz ähnlichen Interventionen wird man aber auch bei tiefenpsychologisch fundierten Verfahren kommen können.

Nicht sehr viel anders verhält es sich bei nicht-therapeutischen Methoden, also etwa bei Supervision, Coaching oder Beratung. Auch hier wird man mit den Ratsuchenden nach einer Zielvorstellung Ausschau halten und eine Diagnostik betreiben: Was fehlt dem Team oder dem Patienten, den das Team behandelt, wie kommt es dazu und welche Techniken sollen angewandt werden. Und auch hier ist größtmögliche Transparenz zu schaffen.

Ob Psychotherapie, Beratung, Supervision, Balintgruppe oder Coaching: Die Verfahren haben keinen mystischen Charakter, sondern sind rationale Methoden, die den Ratsuchenden befähigen sollen, sein Leben selbst in die Hand zu nehmen und zu besseren Lösungen für seine Aufgaben und Probleme zu kommen. Mithin: Psychotherapie steht in der Tradition der Aufklärung, sie ist emanzipatorisch, weil sie den Patienten in die Lage versetzt, seine Lebensgegenwart bewusster, angemessener und eigenständiger zu bestimmen.

Das bedeutet für Patienten, die sich bei ambulanten Psychotherapeuten vorstellen: Innerhalb der ersten Sitzungen darf erwartet werden, dass der künftige Behandler ausführlich Chancen und Risiken einer Behandlung darlegt, die in Frage kommenden Verfahren mit dem Patienten diskutiert (auch die nicht von ihm vertretenen!) und ihn ermutigt, womöglich auch noch andere TherapeutInnen aufzusuchen. Wo dies nicht geschieht, ist der Patient gut beraten, kritische Fragen zu stellen und dabei zu prüfen, wie sein eventueller Therapeut damit umgeht, um sich gegebenenfalls nach Alternativen umzuschauen.

Kurz: Die Einleitung eines auf den Patienten zugeschnittenen Therapieverfahrens ist ein gemeinsamer Prozess, der Zeit in Anspruch nimmt und hypothesengeleitet ist. Der Therapeut »weiß« nicht etwa von vornherein, wo ein Problem liegt und wie es behandelt werden muss, sondern entwickelt mit dem Patienten eine Diagnose, eine Indikation und einen Behandlungsweg. Dieser Prozess ist nie abgeschlossen, während der Behandlung können sich Diagnose und Ziele ändern, dementsprechend natürlich auch die angewandten Techniken. Pointiert gesagt: Wenn die Behandlung anschlägt, muss sie verändert werden, weil der Patient in Bewegung kommt und neue Schritte tut, die natürlich eine Anpassung der Therapie verlangen (vgl. Grawe et al., 1994).

Nichts von alledem findet sich bei den Auftritten und in den Publikationen des Bert Hellinger, dessen Ansatz insofern sehr zu Recht zu den Verfahren gerechnet wird, die die »Minimalkriterien für eine wissenschaftlich fundierte Therapieform nicht ansatzweise erfüllen« (Goldner, 1998b).

Missionar und Wunderheiler

Psychoanalytiker nennt er sich und Missionar war er, Philosophie und Pädagogik habe er studiert und jetzt ist er vor allem eines: Oberlehrer und Psychoguru – Hoffnung für Heilsuchende jeder Art, einzeln, paar- und familienweise. Mit einer Mischung aus theologischen Phrasen und mystizistischen Geschichten, einfachen Wahrheiten und absoluten (gelegentlich auch absurden) Werturteilen behauptet Bert Hellinger, umfassende Hilfe für alles und jeden bieten zu können. Respekt und Demut gegenüber Eltern und Familienangehörigen fordernd, behandelt Hellinger seine Patienten anmaßend und unverschämt, respektlos und in der Attitüde des Allwissenden.

Ein Mann hat seit einem Jahr Knochenkrebs. Die Behandlung dieses Patienten hat Hellinger selbst in einem Buch (2000a, 408 f.) festgehalten:

Hellinger (zur Gruppe): Er wird sterben. Er geht nicht raus aus der Verstrickung. (Zum Patienten): Deine Wut ist dir wichtiger. – Was hast du deinem Vater angetan?
Patient (trotzig): Das weiß ich nicht.
Hellinger: Hast du ihm was angetan?
Patient: Das wüsste ich nicht.
Hellinger: Hast du ihn verachtet?
Patient (mit fester Stimme): Ja.
Hellinger: Das ist es.
Patient: Er hat mich ...
Hellinger: Was der Vater gemacht hat, spielt hier keine Rolle. Was du machst, das entscheidet. – Stelle dich wieder neben die Schwester. (Zur

Gruppe): Was jetzt fällig ist, wäre, dass er sich hinkniet und sich tief vor seinem Vater verneigt. Das bringt er nicht fertig. Er stirbt lieber, als dass er das macht. (Zum Patienten): Stimmt das?

Patient: Nein!

Hellinger: Willst du es machen?

Patient: Ich will es probieren.

Hellinger: Nicht probieren! Willst du es machen?

Patient (mit fester Stimme): Ja.

Der krebskranke Patient erfährt vor allem eines: Er selbst ist es, der an seiner Erkrankung schuld ist. Hellinger und die anderen Gruppenteilnehmer fühlen nicht, was in solchen Fällen eine Psychotherapiegruppe erfassen könnte: das Gefühl tiefer Ohnmacht und Betroffenheit, Trauer und die Erkenntnis der eigenen Endlichkeit. Nicht solidarische Identifikation mit dem Patienten und seinem Schicksal, das schon am nächsten Tag jenes der anderen sein könnte, sondern hochfahrende Beschuldigung für das fremde Schicksal entlastet alle – bis auf den Patienten. Die medizinisch bizarre Idee, die Wahl zwischen Leben und Tod zu haben, dient der Beschimpfung des Kranken, der sich daraufhin ergibt. Und der tut dann, was verlangt wird, um wenigstens nicht von der Gruppe ausgestoßen zu sein – wenn er schon das Gefühl hat, aus dem Leben gestoßen zu werden. Das konfrontativ-beschuldigende und zugleich demütigende Vorgehen, das Hellinger hier praktiziert, dürfte zu einer weiteren Traumatisierung des ohnehin durch Erkrankung und Diagnose Traumatisierten führen (vgl. z. B. Fischer/Riedesser, 1998; Tschuschke, 2002). Doch einmal in Fahrt, kehrt Hellinger vollends zu seinen pfäffischen Wurzeln zurück:

Hellinger: Gut, dann mache ich das mit dir und helfe dir dazu. – Knie dich hin auf den Boden, verneige dich bis auf die Erde, ganz tief, und strecke die Hände nach vorne, die Handflächen nach oben. So! Tief einatmen! Sag: ›Lieber Papi!‹

Patient: Lieber Papi!

Hellinger: ›Ich gebe dir die Ehre.‹

Patient: Ich gebe dir die Ehre.

Das geht so eine Weile, bis der Patient in totaler Verleugnung seiner Selbstachtung bei dem wiederum von Hellinger vorgebeteten Satz »... und du

darfst mich haben als deinen Sohn« anlangt. Die viel beschworenen Missbräuche und Übergriffe in Psychotherapien sind mitnichten auf sexuelle
Handlungen beschränkt: Die Nötigung des Patienten unter Einsatz von
Autorität und Gruppendruck stellt ebenfalls einen schweren Übergriff
dar – besonders, wenn dies mit der Attitüde des Großmeisters geschieht.

Hellingers Behauptung eines (mono-)kausalen Zusammenhangs zwischen einem bestimmten Krebs und seiner Verursachung durch die Beziehung des
Patienten zu seinem Vater ist gänzlich unhaltbar. Volker Tschuschke etwa,
Lehrstuhlinhaber für medizinische Psychologie in Köln, konnte in einem
breiten Überblick über die aktuelle Forschung zeigen (2002), dass es einen direkten Zusammenhang zwischen psychischen Konfliktkonstellationen und
Krebsentstehung – so wie Laien, einschließlich Hellinger, sich das vorstellen –
nicht gibt. Der Ausbruch einer Krebserkrankung hat sicher zahlreiche begüns-
tigende Faktoren, deren wichtigster offenbar eine angelegte Disposition ist,
die durch Ernährung, Umweltfaktoren, diffuse Stressoren usw. beeinflusst
wird; keineswegs aber kann man sagen, wie Hellinger dies tut, dass Krebs lediglich oder in erster Linie von psychodynamischen Konfliktkonstellationen
verursacht werde. Ganz abgesehen davon, dass die unterschiedlichen Krebs-
arten nicht einfach in einen Topf geworfen werden dürfen.

Nun könnte man argumentieren, dass, wenn schon Hellingers psychoge-
netische Theorie der Krebsentstehung wissenschaftlich unhaltbar ist, dann
doch wenigstens seine Behandlung therapeutisch hilfreich sei. Doch auch
diese ist, wissenschaftlich besehen, grober Unfug. Ernst zu nehmende
Psychotherapie wird Krebspatienten – besonders jene mit einer ungünsti-
gen Prognose – in ihrem Kampfgeist gegen den Krebs unterstützen: Patienten mit »fighting spirit« weisen die längsten Überlebensraten auf. Zudem
wird es nicht nur um Lebensverlängerung, sondern um Lebensqualität gehen, Bewältigung des Alltags, der eventuellen Einschränkungen, der Scham-
probleme (z. B. Haarausfall, körperliche Veränderung nach einer Amputa-
tion) und die Auseinandersetzung mit dem Tod (vgl. Tschuschke, 2002).

Hellinger lehnt Erfolgskontrollen seiner Behandlungen ab: »Das nimmt
nur Kraft weg« (Hellinger, 2000a, 47). Womit er gar nicht so falsch läge, wäre damit die Selbstherrlichkeit gemeint, mit der er zu Werke geht: »Die Lösung braucht den Mut, der Wirklichkeit ins Auge zu sehen. Den hat in der
Regel nur der Therapeut, vorausgesetzt er bleibt unabhängig, weiß um die
Ordnungen, die in Systemen wirken, und stimmt ihnen zu« (ebd., 99).

Während sich jeder seriös arbeitende Psychotherapeut mit Bescheidenheit und in Zusammenarbeit mit seinem Patienten nach eventuell verborgenen Regeln, Tabus oder Verschleierungen einer Familie auf die Suche macht, weiß Hellinger immer schon alles im Voraus. Überlegt man in einer Familien- oder Gruppentherapie gemeinsam mit den Patienten, wie Verstrickungen aufgelöst werden könnten und ob die Beteiligten das überhaupt wollen, diktiert Hellinger seine bereits feststehenden Lösungen.

Der Seelsorger Bert Hellinger bedient sich bei seinen Behandlungen Verfahren, die weder neu noch von ihm sind. Das grundsätzliche Setting – falls Hellinger seine Behandlungen nicht, wie so häufig, vor mehreren hundert Anhängern zelebriert – ist das der klassischen Gruppentherapie. Eine begrenzte Anzahl von Personen – meist nicht mehr als neun oder zehn –, die keine gemeinsame Vorgeschichte haben, kommen zu einer Gruppentherapie zusammen. Hellinger mischt nun dieses altbekannte Setting mit dem systemischer oder familientherapeutischer Modelle. Hier kennen die Teilnehmer einander, leben zusammen oder haben eine feste Beziehung – zum Beispiel die ihrer Ehe oder Familie.

Die systemische Therapie versucht bei Schwierigkeiten in einer Familie, festgefahrene Kommunikations- oder Interaktionsprobleme zu verstehen und der subjektiven Sicht jedes Mitglieds die Sicht der jeweils anderen Familienmitglieder gegenüberzustellen. Etwa so: Eine Familie mit zwei Kindern hat ein verhaltensauffälliges Kind, das »nicht hört«. Die Eltern streiten sich ständig bei Tisch. Während die Frau sich darüber beklagt, ihr Mann höre ihr überhaupt nicht zu und beachte sie nicht, meint dieser, seine Frau störe ihn dauernd beim Zeitunglesen. Je mehr sich der Mann hinter seiner Zeitung verbarrikadiert, desto mehr bemüht sich seine Frau, ihn durch Vorwürfe zum Zuhören zu bewegen. Und je mehr Vorwürfe wiederum der Mann von seiner Frau erfährt, desto mehr zieht er sich zurück. Eine endlose Kette von Reaktionen, bei der es sinnlos ist, nach Ursache und Wirkung zu fagen, wenn sie einmal begonnen hat. Je nach subjektiver »Interpunktion« liegt die Ursache im Rückzug des Mannes mit der Folge des Vorwurfs der Frau oder in den Vorwürfen der Frau mit nachfolgendem Rückzug des Gatten (vgl. Watzlawick et al., 1971).

Ein familientherapeutischer Ansatz würde daher nicht nach dem Schuldigen suchen, sondern die endlose Abfolge von Rückzug und Anwurf benennen. Auf diesem Hintergrund könnte das Symptom des Kindes durchaus Sinn machen, das vielleicht durch sein Nicht-Hören auf die Sinnlosigkeit des elterlichen Dialogs reagiert. Objektive Wahrheiten gibt es bei diesem Modell nicht, das allen Teilnehmern die subjektive Sicht der jeweils anderen verdeutlichen will. Der Vorteil des Verfahrens liegt darin, dass sich alle Beteiligten für die Lösung verantwortlich – nicht schuldig! – fühlen, die nun gemeinsam gesucht werden kann.

Demgegenüber arbeiten Hellingers so genannte systemische Lösungen mit angeblich objektiven Ordnungsvorstellungen, denen Paare und Familienmitglieder zu folgen haben, sofern sie nicht ins Unglück stürzen wollen. Hellinger fordert Gruppenmitglieder auf, ihre Familienangehörigen aufzustellen, indem der Teilnehmer zum Beispiel Ehepartner, Kinder, Mutter oder Vater – repräsentiert durch andere Gruppenmitglieder – in den Raum stellt. Das kann durchaus erhellend sein, zum Beispiel, wenn ein Mann feststellt, dass er seine Frau viel weiter von sich entfernt platziert als seine Mutter oder er seine Kinder »vergessen« hat. Die verwendete Technik ist denn auch nicht neu oder von Hellinger erfunden.

Im Unterschied zu familientherapeutischen oder tatsächlich systemischen Ansätzen glaubt Hellinger aber, aus den Äußerungen der aufgestellten Gruppenteilnehmer die tatsächlichen Gefühle oder verborgenen Motive der realen Familienmitglieder, die ja gar nicht anwesend sind, ablesen zu können. Mehr noch: Er behauptet, durch das Aufstellen einer »richtigen« Ordnung die Probleme der Familie lösen zu können. Zu keinem Zeitpunkt scheut er sich, Werturteile darüber abzugeben, was richtig oder falsch sei, gut oder schlecht: »Bei so einer Situation ist die systemische Ordnung, dass sich der Mann von der ersten Frau trennen und die Frau, mit der er ein Kind hat, heiraten muss. Das wäre die Ordnung gewesen« (2000a, 151).

Akzeptieren Gruppenteilnehmer seine vorgeschlagenen »Lösungen« nicht, reagiert Hellinger mit massivem Druck, vor allem mit moralischen und persönlich abwertenden Unterstellungen: »Ich merke, ob einer mit seiner Gefühlsäußerung gesammelt und bei der Sache ist oder ob ihn etwas ablenkt.« (ebd., 100) Vielfach setzt er gegen zögernde Teilnehmer, oder wenn diese, wie er glaubt, »Widerstand« zeigen, die Gruppe als Druckmittel ein: »Es ist ein großer Irrtum zu meinen, dass Klienten ihre Probleme loswerden wollen. Oft wollen sie ihre Probleme nur bestätigt haben, und das (gemeint ist eine zu wenig botmäßige Klientin, M. H.) war ein anschauliches Beispiel dafür« (ebd., 81).

Rigidität und Einfalt

Fragt sich bloß, warum Menschen scharenweise bereit sind, Hellinger mehr oder weniger kritiklos in seine rigide Welt zu folgen. Denn dass Hellingers Behandlungen katastrophale Folgen haben können, wurde durch Presseberichte einer breiteren Öffentlichkeit spätestens nach dem Selbstmord einer Teilnehmerin bekannt, die sich gleichfalls Abwertungen und Beschuldigungen ausgesetzt sah [siehe auch: *Der Todesfall von Leipzig*].

Im Verlauf der damaligen Sitzung, wiederum vor hunderten Zuschauern, hatte Hellinger dem getrennt lebenden Paar – das er eben erst kennen gelernt hatte und von dem er insofern *nicht das Geringste* wusste – geraten, die gemeinsamen Kinder zum Mann zu geben, wo sie hingehörten. Die Mutter fertigte er ab mit: »Hier sitzt das kalte Herz« und »die Kinder sind bei der Frau nicht sicher«. Als wäre das vor einem Massenpublikum noch nicht genug, fügte er, als die Frau wortlos den Saal verließ, ins Publikum gewandt hinzu: »Die Frau geht, die kann keiner mehr aufhalten.« Und: »Das kann auch sterben bedeuten« (zit. in: Fincke, 1998, 17). Kurze Zeit darauf war sie tot.

Im Nachhinein räumt Hellinger zwar in einem Interview ein: »Ja, ich ging hart mit ihr um«, (vgl. Gerbert, 1998b, 225) und erweckt damit den Eindruck, als habe es sich um einen Einzelfall, einen Ausrutscher seines therapeutischen Tuns gehandelt; der Umgang mit dem krebskranken Klienten deutet jedoch auf das Gegenteil hin. Es liegt der Schluss nahe, Hellinger werde nicht trotz, sondern gerade *wegen* seiner rigiden (und zugleich höchst einfältigen) Urteile und Welterklärungen aufgesucht. Und die gibt er haufenweise zum Besten: »Die Kinder müssen nach der Scheidung zu dem Elternteil, der in den Kindern den anderen Partner am meisten achtet. Das ist in der Regel der Mann. Wieso weiß ich nicht, aber man kann es sehen« (Hellinger, 2000a, 54). »Rückenschmerzen haben, psychologisch gesehen, immer die gleiche Ursache, und sie werden ganz einfach geheilt: durch eine tiefe Verneigung« (ebd., 81). »Das im Kopf (gemeint sind Kopfschmerzen, M. H.) könnte von angestauter Liebe sein, angestaut, weil eine frühere Hinbewegung unterbrochen wurde. Sie geht in der Regel zur Mutter« (ebd., 82). »Die Neurose entsteht an dem Punkt, an dem eine Hinbewegung unterbrochen wurde, und neurotisches Verhalten ist nichts anderes als eine solche Kreisbewegung« (ebd., 83). »Jemand wird süchtig, wenn ihm die Mutter gesagt hat: ›Was vom Vater kommt, taugt nichts. Nimm nur von mir.‹ Dann rächt sich das Kind an der Mutter und nimmt so viel von ihr, dass es ihm schadet. Die Sucht ist also die Rache des Kindes an seiner Mutter, weil sie verhindert, vom Vater zu nehmen. – Ist das reingegangen bei dir?« (ebd., 130).

Voll rein gehen auch diskriminierende Äußerungen über den Krankheitswert von Homosexualität: »Homosexuell wird einer unter anderem, wenn er ausgeschlossene Böse repräsentieren muss. Und das ist ganz typisch hier. Das ist ein schweres Schicksal und du kannst da nicht eingreifen« (ebd., 114). Bisweilen aber doch, besonders da Hellinger Heterosexualität für besser oder gesünder hält: In einem Interview mit dem Nachrichtenmagazin *Focus* brüstet sich Hellinger folgerichtig damit, dass ein Homosexueller zwei Monate nach seiner Behandlung – »Ich habe ihn vor dem Vater niederknien und sagen lassen: ›Ich gebe dir die Ehre‹« – geheiratet habe und jetzt Vater eines Kindes sei (Gerbert, 1998b, 224).

Es sind die einfachen Antworten in einer komplexen Welt, die Hellingers Seelsorge für viele so attraktiv machen. Wo aktuelle Psychotherapie begrenzte Lösungsansätze bietet, aber konsequent auf Antworten und Werturteile verzichtet, füllt Hellingers pantherapeutisches Tun das Vakuum. Setzt seriöse Psychotherapie stets auf die Eigenverantwortlichkeit des Patienten und respektiert seine Entscheidungen, weiß Hellinger immer schon vorab die »richtigen Lösungen«. Bizarre Theorien über die Pathogenese komplexer Erkrankungen und rigide Ordnungen für alle Lebensfragen ersetzen die Notwendigkeit, sich um individuelle Lösungen bemühen zu müssen. Die Verantwortung wird an den Guru delegiert und der nimmt sie an mit der Attitüde des Religionsstifters.

Die Sehnsucht nach der Orientierung, die durch eine starke Hand erfolgt und die nie ganz verständlich ist – wie die Aussagen der Eltern, als man noch klein war und auch nicht alles begriff –, wirkt erlösend, wenn sich Wertepluralismus und Rollenkonfusion breit machen. Das immer schlummernde Bedürfnis nach Anlehnung an Autorität – lange verpönt – bedient Hellinger, indem er das elterliche Gewissen exerziert. Seine Statements sind – psychoanalytisch gesprochen – Über-Ich-Interventionen: entlastend oder strafend, gutheißend oder verdammend – immer aber übergehen sie die eigene Verantwortung des Erwachsenen.

Die Attraktivität der autoritären Hellinger-Heilslehre liegt in der Verheißung, nicht mehr selbst verantwortlich sein zu müssen und eigenes Denken an den Lehrer und Führer abgeben zu dürfen. Bei dieser Dynamik totalitärer Führerfiguren und der ihnen folgenden Massen wird das Gewissen des Einzelnen an den bewunderten Führer delegiert. Aus diesem Grunde widersprechen Gruppenmitglieder nicht mehr, wenn Hellinger seine Patienten demütigt oder nötigt. Im »Phänomen Hellinger« bestätigt sich die Aktualität von Sigmund Freuds Hinweisen auf die Psychologie der Masse, die dem Führer zujubelt und bedingungslos folgt (vgl. Freud, 1921, 71 f.).

Massenveranstaltungen, bei denen gut und böse ausgemacht, Teilnehmer beschämt und beschuldigt werden oder − nach gleichermaßen unverständlichen Regeln − plötzliche Entlastung und Wiederaufnahme finden, bedienen zudem voyeuristische Bedürfnisse. Wer miterleben darf, wie eine Frau wegen ihres »bösen Herzens« dem Tode anheim gegeben wird oder ein Krebskranker ob seiner »Verstocktheit« das eigene Schicksal besiegelt, wohnt mittelalterlichen Autodafés bei. Die Lust an der Hinrichtungsinszenierung oder der überraschenden Begnadigung kitzelt sadistische Empfindungen und befriedigt den Schlüsselloch-Kick der Big-Brother-Soap-Shows.

Doch was für den Patienten gilt, ist für den nach Hellinger arbeitenden Therapeuten nicht minder gültig. Um wie viel einfacher − entlastender − ist es doch, sich innerhalb weniger Stunden an einmal aufgestellten Ordnungen entlangzuhangeln, als über Monate, wenn nicht gar Jahre konstruktiver Auseinandersetzung mit den Patienten immer wieder an die eigenen und fremden Grenzen zu stoßen. In gewähntem Besitze allein selig machender Wahrheit können sich Therapeuten ihren Größenideen hingeben.

Was im ersten Moment erstaunt, wird beim zweiten Hinschauen verständlicher, wenn auch in erschreckender Weise: Es sind zahlreiche Angehörige psychosozialer Berufe, die sich an Hellinger orientieren. Wer nach Hellinger therapiert, ist fürderhin im scheinbaren Besitz von Gesetz und Wahrheit, erkoren, selbst nach unverständlichen und wissenschaftlich nicht nachvollziehbaren Kriterien zu verurteilen oder zu begnadigen. Die Verlockung der Allmacht stimuliert die Größenphantasien von Psychodilettanten jedweder Sorte, die sich anschicken über ihre Patienten herzufallen.

Wie bei allen unverständlichen und wissenschaftlich nicht nachvollziehbaren Heilslehren verstehen die Jünger die Lehren ihres Meisters natürlich nicht. Und das ist der Grund, weshalb alle Äußerungen − und seien sie noch so banal oder abwegig − festgehalten werden müssen. Das ist bei Hellinger nicht anders. Eine Schwemme von Schriften und Videos dokumentiert jeden sprachlich wie inhaltlich noch so abwegigen Auswurf des Meisters. Auf dass man nichts Wichtiges übersehe, weil man sich selbst nicht im Stande sieht, zwischen Sinn und Unsinn irgendeinen Unterschied zu machen.

Besonders ansprechend ist der Wertekonservativismus von Hellingers religionsartigem Gebäude: »Die Frau folgt dem Mann.« In der globalisierten Welt des Wertepluralismus ist Hellinger besessen von der Suche nach vorgegebenen Ordnungen und der Verortung von Schuld und Sühne. Seine therapeutischen Interventionen, von denen er behauptet, sie basierten auf Wertefreiheit, geißeln das Böse und fordern beständig Sühne und Unterwerfung unter die Eltern oder jene, die vermeintlich höher gestellt sind. Alte Ordnungen beruhigen, wo neue Unübersichtlichkeit und die Zumutung, sich selbst um Lösungen bemühen zu müssen, verunsichern. Und genau das macht die Attraktivität von Hellingers missionarischer Psychoreligion aus. (Bezeichnenderweise wird Hellinger von einem seiner Adepten gar für den Friedensnobelpreis vorgeschlagen [Virtuelles Bert Hellinger Institut, 2002a].)

Philosophie, Theologie und Pädagogik habe er studiert. Über Art und Inhalt seiner Abschlüsse gibt Hellinger trotz wiederholter Nachfragen keine befriedigenden Auskünfte. Einen Abschluss an einem anerkannten Ausbildungsinstitut für Psychoanalyse besitzt er nicht. Das österreichische Institut, an dem er eine Ausbildung gemacht haben will – er behauptet, es sei dies »im Wesentlichen« beim *Wiener Arbeitskreis für Tiefenpsychologie* (heute: *Wiener Arbeitskreis für Psychoanalyse*) gewesen –, teilt mit, er habe lediglich »einige Zeit in Ausbildung« zugebracht und insofern keinerlei Abschluss erlangt. Und das Münchener Ausbildungsinstitut, auf das er sich beruft und das ihm Anfang der 1980er mit einer Äquivalenzbescheinigung für seine Ausbildungszeit in Österreich gefällig war (mit der er – vorübergehend – sogar eine Kassenzulassung in Bayern erwerben konnte), legte ihm später den Austritt nahe. Um einem Ausschlussverfahren zu entgehen, kam Hellinger dieser Empfehlung nach. Er besitzt keine Approbation zur Ausübung von Psychotherapie, noch nicht einmal eine Formalbefugnis als Heilpraktiker [siehe auch: *»Das geht Sie gar nichts an«*]. Auf seinen Auslandsreisen, wo man ihn nicht so genau kennt, erweckt er indes schon mal den Anschein, er sei Psychologe, gar promovierter. So ließ er sich beispielsweise auf einer Psychologenkonferenz am kalifornischen *Santa Barbara City College* sehr ungeniert unter dem Titel »The Power of Family Constellations with Dr. Bert Hellinger« anpreisen. (Hellinger, 2002j)

Im Übrigen ist Hellinger geblieben, was er immer war – ein Missionar (vgl. Müller, 2001). Und er arbeitet mit den Mitteln, die so viele Eiferer dereinst benutzten (und oft heute noch benutzen): Einschüchterung, Heilsverkündung und vorgebliche Offenbarung. Mit Psychotherapie hat das alles nichts zu tun.

Colin Goldner
Esoterischer Firlefanz
Die Szene der Hellingerianer

Die Aufstellungsarbeit Suitbert »Bert« Hellingers ist kompatibel mit praktisch jedem Verfahren, das die Psycho- und Alternativheilerszene feilbietet. Längst wurden die Sortimente entsprechend erweitert, »Familienaufstellen nach Hellinger« findet sich heute als ergänzendes Verfahren bei Heilpraktikern und Lebensberatern, bei Managementtrainern, Motivationscoaches und Positivdenkern, querbeet auch bei Astrologen, Gesundbetern, Homöopathen und Reinkarnationstherapeuten. Die Mehrzahl der Anbieter hat sich per Selbstakklamation zu »Familienaufstellern« graduiert, die meisten verfügen weder über eine Qualifikation zur Ausübung der Heilkunde (oder eine sonstig einschlägige Berufsbefähigung) noch über eine rechtliche Befugnis dazu. Es handelt sich bei den Hellingerianern um eine hochgradig unprofessionelle Szene, auch wenn sie eine erstaunlich hohe Anzahl an Akademikern in ihren Reihen führt und mancherlei Anlauf unternimmt, sich professionelle Konturen zuzulegen. Der größte Teil der Familienaufstellerszene ist zugleich der Esoterikszene zuzurechnen.

Angebote für »Familienaufstellungen nach Hellinger« finden sich *en masse* und bevorzugt in den Blättern des esoterischen Psychomarktes, bunt gemischt mit all dem sonstigen Unfug, der, teils nicht ungefährlich, dort angepriesen wird. Wiederkehrend erscheinen in diesen Blättern – das Osho-Rajneesh-nahe Magazin *Connection* vorneweg (z. B. Gehrmann, 2000; Horn, 2001; Schilling, 2001) – auch redaktionell aufgemachte Werbeartikel, über die neue Kundschaft herangezogen wird. Der esoterische Versandhandel *Pranahaus* hat in seinem Bestellkatalog gar Sonderseiten für Hellinger-Produkte (Bücher, CDs, MCs) eingerichtet. Hellinger und sein Ansatz sind längst integraler – und lukrativer – Bestandteil der Szene geworden.

Nun kann man natürlich nicht Bert Hellinger zum Vorwurf machen, dass windige Geschäftemacher sich an ihn und sein Verfahren anhängen. Allenfalls ließe sich kritisieren, dass Hellinger ungenierten Nutzen zieht aus der zusätzlichen Popularität, die ihm durch derlei Trittbrettfahrerei zuteil wird: Man profitiert, und das nicht schlecht, wechselseitig voneinander. Insofern wäre auch erklärlich, dass Hellinger bis heute keinerlei Anstalten gemacht hat, den zahllosen »Aufstellern«, die sich in der Regel ohne irgendwelche Autorisierung oder Befugnis seines Namens und Verfahrens bedienen, ebendies zu untersagen oder in irgendeiner sonstigen Form auf Distanz zu gehen. Selbst hanebüchenste Auswüchse, die da, versehen mit dem Etikett »Hellinger«, auf dem Markt vertreten sind, werden stillschweigend geduldet: Alles und jedes darf sich tummeln unter Suitbertens eingefaltetem Chorrock. Er selbst formuliert das so: »Wenn mich jemand fragt, ob er etwas verwenden darf, was ich gesagt oder getan habe, dann tut mir das richtig weh. Als hätte ich ein Verfügungsrecht über Wirklichkeiten und Einsichten. Die sind mir geschenkt worden und sind für jeden da. Ich bin angestoßen worden und gebe diese Anstöße weiter und freue mich, wenn andere sie auch wieder auf ihre Weise weitergeben« (zit. in: Nelles, 2000a, 521 f.).

Indes trägt Hellinger nicht nur durch seine völlige Indifferenz Mitverantwortung für die ausufernde Szene der Hellingerianer: Das von ihm entwickelte Verfahren, einschließlich der dahinterstehenden reaktionären Weltsicht, drängt sich einer Szene nachgerade auf, die geprägt ist von ihrer Affinität zu autoritären Denkmodellen. Nichts erscheint hier attraktiver als das je einfachste und rückwärtsgewandteste Konzept, wird es nur vorgetragen in einer Manier, die Widerspruch nicht kennt oder duldet (vgl. Hilgers, 2000). Die parawissenschaftlichen Begründungsversuche, mit denen Hellinger aufwartet – Stichwort: »Wissendes Feld« –, tun da ein Übriges.

Des Weiteren halten Hellinger und seine – nach eigener Auffassung »seriöse«, da in einem »offiziellen« Aufstellerverzeichnis der *Internationalen Arbeitsgemeinschaft Systemische Lösungen nach Bert Hellinger (IAG)* aufgelistete – engere Jüngerschaft nicht nur keinerlei Abstand zu den Medien der Esoterik- und Psychokultszene, vielmehr publizieren sie selbst fleißig darin: Heinz Stark (2000a) beispielsweise oder Jirina Prekop (2002) schreiben in *Connection*, auch Hellinger (2002e,f) selbst lässt sich in dem von (Ex-)Rajneesh-Sannyasin Wolf »Sugata« Schneider herausgegebenen Blatt aus (wenngleich, wie üblich, nur in Interviewform). Berthold Ulsamer (2001a), Leiter eines eigenen *Hellinger-Instituts* in Freiburg und eifriger Publizist in Sachen Hellinger, verbreitet sich in dem Alternativheilerblättchen *Bewuss* ter *Leben*, Robert Langlotz (1999), Nervenarzt und Familienaufsteller mit astrologischer Inklination, tut dies in dem Esoterik- und Lifestyle-Fanzine *ISNESS*. Selbstredend steht auch in *Esotera* einiges über Hellinger zu lesen, hier besorgt beispielsweise von Familienaufsteller Wilfried Nelles (1997), wohingegen Thomas Siefer (2000), Fachmann für »Organisationsaufstellungen nach Hellinger«, sich u. a. im *Frankfurter Ring* zu Wort meldet, dem Mitteilungsblatt des gleichnamigen Esoterik- und Tarotkartenlegerzirkels. Die Beispiele könnten endlos fortgesetzt werden. Weder Hellinger noch seine Bannerträger stören sich daran, damit in unmittelbare Nachbarschaft zu Bachblütentherapeuten, Channelingmedien und sonstig esoterischen Spinnern zu geraten. Im Gegenteil: Einen Artikel der Hellinger-gewogenen Journalistin Kordula Krause (2002), der in der Frauen- und Astrologiezeitschrift *Venus* erschien, verlinkte man umgehend mit dem *Virtuellen Bert Hellinger Institut*, der offiziellen Website der *IAG*. In ebendiesem Artikel weiß Berthold Ulsamer auf die Frage, woran denn ein »guter« Aufsteller zu erkennen sei – immerhin scheint die *Venus*-Autorin erkannt zu haben, dass es da erhebliche Unterschiede gibt –, mit dem Ratschlag aufzuwarten, man solle insofern die »Aufstellerliste der IAG anfordern und sich vorher die Arbeit des Aufstellers, der Aufstellerin ansehen, denn persönlicher Kontakt ist wichtig«.

Was Letzteres heißen solle, blieb offen: Brauchbare Kriterien, nach denen ein »seriöser« Aufsteller von einem »unseriösen« unterschieden werden könnte – und Auskunft, ob solche Unterscheidung *überhaupt* getroffen werden kann –, blieb Ulsamer schuldig (auch bei Hellinger selbst und bei anderen Autoren der Szene finden sich solche Kriterien nicht). Bei genauerer Betrachtung erweist sich insofern auch die angediente »offizielle« Liste der *IAG* als gänzlich unbrauchbar.

Die »offizielle« Liste

Auf dieser Liste, erstmalig erstellt 1997, tauchen mithin namhafte Vertreter der Esoterikszene auf – Anhänger des Osho-Rajneesh-Kults vor allem –, deren Qualifikation zu psychotherapeutischer Arbeit nicht eben außerhalb jeden Zweifels steht. Beispielsweise finden sich da seit je die (Ex-?)Rajneesh-Anhänger Günter »Sarito« Griebl samt Ehefrau Silvana »Samadhi«, die beide seit über 20 Jahren im Psychogeschäft zugange sind. Zunächst traten sie als

Pioniere des so genannten Rebirthing in Erscheinung, einer Technik, die lange Jahre als Paradedisziplin der Esoterikszene galt. Seit das Verfahren Anfang der 1990er-Jahre erheblich unter Beschuss geriet – vor dem Hintergrund des Todes einer Asthmapatientin, die von einer Wiesbadener »Wunderheilerin« mit Rebirthing behandelt worden war (vgl. Goldner, 1992) –, ist in esoterischen Publikationen und Anzeigenblättern, die bis dahin überquollen von Angeboten rebirthender Praktiker, kaum mehr etwas darüber zu finden. Bei näherem Hinsehen stellt sich freilich heraus: Nur der Begriff Rebirthing ist verschwunden, die Methode selbst wird nach wie vor, unter anderer Bezeichnung oder als nicht eigens ausgewiesener Bestandteil von Therapie- oder Selbsterfahrungsworkshops – einschließlich Familienaufstellungen nach Hellinger –, angewandt.

Unter Rebirthing ist eine relativ simple Atemtechnik zu verstehen, deren Wesentliches darin besteht, möglichst keine Pause zwischen den jeweiligen Atemzügen eintreten zu lassen. Das Verfahren wurde Mitte der 1970er-Jahre von dem kalifornischen Möchtegern-Therapeuten Leonard Orr (*1938) vorgestellt, dem es, wie die Legende sagt, durch »göttliche Eingebung« zuteil geworden sei. Rebirthing, so Orr, sei angezeigt bei jeder nur denkbaren psychischen oder psychosomatischen Störung: Durch das pausenlose und beschleunigte Atmen würden verschüttete Erinnerungen an das Trauma der eigenen Geburt wachgerufen, das erneut zu durchleben all die »negativen Lebensprogrammierungen« auflöse, die sämtlich in ebendiesem ihre Ursache hätten. Ein buchstäblich neugeborener, freier, glücklicher und gesunder Mensch sei die Folge.

Auch wenn Orr und seine Anhänger sich darüber nicht im Klaren waren oder dies abstritten: Der ganze Prozess des Rebirthing – ähnlich dem forcierten Atmen der Primärtherapie nach Janov – wird ausschließlich durch Hyperventilation in Gang gesetzt, sprich durch den massiven Abfall der CO_2-Spannung im Blutplasma, der durch das verstärkte Abatmen von Kohlensäure entsteht; dieser Spannungsabfall geht mit Veränderungen u. a. der Gehirndurchblutung einher, die klinisch zu einem Präkollaps (Bewusstseinsstörungen, Schwindelgefühle) oder gar zu einer Ohnmacht (»Blackout«) führen können. Eben diese gelegentlich als »rauschartig« empfundenen Extremerfahrungen mach(t)en die Faszination des Rebirthing aus. (Derlei Eingriffe ins Atemgeschehen sind allerdings keineswegs ungefährlich, vielmehr können sie nachgerade fatale

Folgen zeitigen: einschließlich der Gefahr eines Lungenemphysems. Im Übrigen haben die auftauchenden »Erinnerungen« an die eigene Geburt weniger mit der Atemtechnik an sich zu tun – tatsächlich handelt es sich um reine Phantasiekonstrukte – als vielmehr mit der ergebnisleitenden Intention, in der diese eingesetzt wird: Wie alleine der Begriff »Rebirthing« nahe legt, geht es ausdrücklich um das Wiedererleben der eigenen Geburt, d. h., alles Geschehen wird entsprechend interpretiert und zu einer vermeintlichen Erinnerung zusammengesetzt (vgl. Goldner, 2000, 399 f.).

Das Rebirthing nahm seinen größten Aufschwung über die Osho-Rajneesh-Bewegung Ende der 1970er- und Anfang der 1980er-Jahre (seinerzeit noch bekannt als Bhagwan-Bewegung). Als eine der bevorzugten Therapien des Ashram in Poona wurde das Verfahren von den Sannyasin (Rajneesh-Anhängern) weltweit verbreitet. »Swami Deva Sarito« und »Ma Prem Samadhi« Griebl, persönlich »ausgebildet« und autorisiert von Orr, zählten über Jahrzehnte zur Prominenz der Szene. Als »Rebirthing-Trainer« waren sie in sämtlichen Psycho- und Esoterikzentren Europas zugange (bevorzugt im Zentrum *Etora* auf Lanzarote oder im oberbayerischen *Zentrum für Individual- und Sozialtherapie*); dazu betrieben sie in München unter dem Signet »Truth-Simplicity-Love« ein so genanntes *Theta-Institut*, an dem sie – ohne irgendeine weitere Qualifikation oder rechtliche Befugnis – Rebirthing als Therapie anboten. Eine vierwöchige Ausbildung zum »Qualified Rebirther« kostete bei ihnen 3.510 €. Darüber hinaus führten sie eigene Seminare zur Entwicklung »Physischer Unsterblichkeit« durch sowie so genannte »Money&Love«-Workshops, in denen Strategien erlernt werden konnten, wie man auf möglichst einfache und schnelle Weise zu Geld kommt. Skrupellosigkeit als Programm.

Seit Anfang der 1990er wird der Begriff Rebirthing in den Seminarausschreibungen der Griebls weitgehend unterschlagen – die Kurse heißen nun »Das Leben lieben lernen« oder »Leben-Lieben-Lachen« –, gleichwohl Rebirthing nach wie vor die zentral eingesetzte Technik darstellt. Auch in den seit 1997 von Griebl&Griebl veranstalteten Familienaufstellungen nach Hellinger – sie treten u. a. im *Etora*-Nachfolgezentrum *Johanniterhof* im schwäbischen Villingen-Obereschbach auf – spielt Rebirthing eine wesentliche Rolle; desgleichen ihr nach wie vor verzapfter Schmarren ewigen Lebens und ewiger Jugend. Auch die ehemalige Rajneesh-Anhängerin Christiana »Adavanta« Jacobsen (heute Mayer-Jacobsen) bietet im *Johanniterhof* Familienaufstellungen nach Hellinger an; desgleichen die »Schamanin« Sonia-Emilia Roppele sowie die Astro-»Therapeutin« Ingrid Hinnen-Zinnel.

Interessanterweise taucht Günter »Sarito« Griebl auch im Programm der Kärntner Gesundheitsfarm *Agathenhof* auf. Dieser *Agathenhof* ist ein in einschlägigen Kreisen beliebtes Kur- und Seminarzentrum in der Nähe von Klagenfurt, das eine breite Palette esoterischer Kurse anbietet: von Chakrasingen, Feuerlauf und Mondritualen hin zu Reinkarnationstherapie, Wünschelrutengehen und eben auch Familienaufstellungen. Allerdings ist der *Agathenhof* keineswegs nur das esoterisch angehauchte »Ganzheitliche Ferienparadies« mit Sauna, Kneippgarten und F.-X.-Mayr-Kuren, als das er sich darstellt, vielmehr wurde er von kritischen Beobachtern zuzeiten als »Hochburg der lokalen rechtsextremen und FPÖ-Szene« beschrieben (vgl. Wölflingseder, 1995, 208). Auch das österreichische *Antifa-Info* berichtete über die »braunen Schatten« des *Agathenhofes*, der als Kontaktadresse eines bekannten Kärntner Neonazi-Aktivisten galt (vgl. Pietrich, 1994). Eine ganze Reihe an Referenten aus der rechten Esoterik-Ecke reüssierte als Seminarleiter auf dem *Agathenhof*, so etwa die einschlägig bekannte Ariosophin Sigrun Freifrau von Schlichting (alias: Sigrun Schleipfer), langjährige Leiterin der neuheidnischen Armanenschaft; oder der Schädelformforscher Engelbert Helbing; auch Trutz Hardo-Hockemeyer und Rainer Holbe (von denen weiter unten noch die Rede sein wird) waren als Referenten im *Agathenhof* zugange.

Angesichts des Beispiels Griebl&Griebl stellt sich die Frage nach den Kriterien, die es dem einzelnen Aufsteller ermöglichen, auf die werbeträchtige »offizielle« *IAG*-Liste zu gelangen; und was bzw. wer diese *IAG* überhaupt ist.

Die Gründung der *Internationalen Arbeitsgemeinschaft Systemische Lösungen nach Bert Hellinger* (bzw. in deren Vorlauf der so genannten *Arbeitsgemeinschaft Systemische Lösungen*) erfolgte im Herbst 1996 als internes Forum des Erfahrungsaustausches und der strategischen Planung, wie die Verbreitung des Hellinger-Verfahrens – erste Aufstellungen vor Publikum gab es seit Anfang der 1990er – voranzutreiben sei. An die Öffentlichkeit trat die Arbeitsgemeinschaft allerdings erst im Frühjahr 1998, vor dem Hintergrund des Todes einer jungen Frau, die sich unmittelbar nach einem Hellinger-Seminar das Leben genommen hatte [siehe auch: *Der Todesfall von Leip-*

zig], und insbesondere vor dem Hintergrund erstmals außerhalb psychologischer Kreise geäußerter Kritik an Hellinger und seinen Anhängern (z. B. Fincke, 1998; Gerbert, 1998a). Der neuen Arbeitsgemeinschaft, so das Szenemagazin *Esotera* (1998) in einer eigenen Verlautbarung, komme auf Grund der »publizistischen Kampagne gegen Hellingers Arbeit besonderes Gewicht zu«; auch deshalb, weil »Hexenjäger« Colin Goldner seine Finger im Spiele habe.

Aus dem ursprünglich informellen Forum konstitutierte sich letztlich besagte *Internationale Arbeitsgemeinschaft* als eingetragener Verein. Diesem e.V. mit Sitz in München gehören nur sieben Mitglieder an – allesamt enge Vertraute Hellingers seit Jahren: Guni Baxa, Hunter Beaumont, Otto Brink, Brigitte Gross, Albrecht Mahr als 1. Vorsitzender, Jakob Schneider und Gunthard Weber. Entgegen aller Behauptung, sie seien nicht weisungsberechtigt, geben sie die Rahmenbedingungen und Richtlinien der »offiziellen« Hellinger-Bewegung exakt vor.

Insbesondere geben sie (zusammen mit Wilfried DePhilipp und Eva Madelung) das Zentralorgan der Szene *Praxis der Systemaufstellung* heraus, eine zweimal jährlich erscheinende großformatige Broschüre (der man ansieht, dass eine Menge Geld dahintersteckt). Darüber hinaus erstellen und verteilen sie besagte »offizielle« Liste – einsehbar auch über das *Virtuelle Bert Hellinger Institut* –, auf der gegenwärtig 215 AufstellerInnen (54 davon aus dem nicht-deutschsprachigen Ausland) verzeichnet sind (Stand 10/2002). Die erste dieser Listen wurde Ende 1997 veröffentlicht, sie wies 26 Einträge auf; bei der Folgeliste ein halbes Jahr später waren es bereits 64. Bis Anfang 2001 wurde in die Liste aufgenommen, wer immer sich aufnehmen lassen wollte. Zu erfüllende Normen oder Kriterien gab es praktisch keine. Es reichte, dass man irgendwo und irgendwie »Familienaufstellungen nach Bert Hellinger« veranstaltete. Da es weder bei Hellinger selbst noch sonst wo Aus- oder Fortbildungen gab und Hellinger nichts dagegen einzuwenden hatte, dass sein Verfahren und sein Name von jedermann, der sich dazu berufen fühlte, verwendet wurden, graduierten sich die Aufsteller der ersten Jahre *allesamt* selbst. Und das ganz unabhängig von beruflicher Qualifikation oder rechtlicher Befugnis zur Ausübung von Heilkunde: Wer immer auf den Zug aufspringen wollte – ob nun mit psychotherapeutischer Ausbildung oder ohne, ob Arzt, Heilpraktiker, Kosmetikerin oder sonst was –, konnte das tun. Die Aufsteller der ersten Jahre – bis auf wenige Ausnahmen sind sie alle heute noch im Geschäft – waren durch *nichts und niemanden* autorisiert, am wenigsten durch Hellinger selbst. Dieser zog und zieht sich aus jeder Verantwortung durch den simplen Verweis darauf, dass er grundsätzlich keine Verantwortung übernehme, sprich: niemanden autorisiere. Die seinerzeit und bis heute häufig anzutreffende Werbebehauptung, man sei »langjähriger Schüler Hellingers«, hieß und heißt durch die Bank nichts anderes, als dass man ein paar Aufstellungs-Workshops bei ihm besucht hat und gegebenenfalls über das eine oder andere seiner Bücher gestolpert war (deren erstes 1993 erschien). *IAG*-Aufsteller Klaus Bieback, im Hauptberuf evangelischer Pfarrer, will, laut Werbung auf seiner Homepage, als Schüler Hellingers schon 1987 (!) erste »Familienaufstellungen« angeboten haben, und ein Schweizer *IAG*-Aufsteller namens Georges Porret behauptet werbewirksam, seit 1973 (!!) schon als Schüler Hellingers Weiterbildungen bei diesem absolviert und, gleichfalls seit 1973, gar als dessen Co-Trainer fungiert zu haben.

Offenbar hatte ein Teil der engeren Gruppe um Hellinger schon relativ früh, d. h. in den informellen Anfangszeiten der *Arbeitsgemeinschaft Systemische Lösungen* (1996/97), die Gefahr eines unkontrollierten Wildwuchses der Szene erkannt. Erst nach dem Todesfall von Leipzig und der in dessen Folge öffentlich erhobenen Kritik, dass in der Tat jeder x-beliebige Anbieter »Familienaufstellungen nach Hellinger« veranstalten könne, wurden Pläne entwickelt zur Begründung einer verfassten Körperschaft, über die Qualitätsstandards und letztlich auch Richtlinien für eine Ausbildung erarbeitet werden sollten. Gegen diese Pläne gab es erheblichen Widerstand seitens der orthodoxen Hellingerianer, die, bezugnehmend auf Hellinger selbst, »dem freien Wachstum seine Bahn zu lassen« forderten. Man müsse wie dieser »Vertrauen (haben) in die Arbeit mit Aufstellungen und in die Menschen die sie tun wollen« (Ulsamer, 1999, 56).

Ulsamer, der in einem Beitrag vom Herbst 1999 die Frage erörtert, ob es »berechtigte Kritik am Familienstellen« gebe (das zu diesem Zeitpunkt bereits seit vier Jahren in fachlicher und seit mehr als eineinhalb Jahren in heftiger öffentlicher Kritik stand), lässt sich noch nicht einmal von einem Beispiel irritieren, das er selbst anführt: Er berichtet von einer »gutmeinenden Pfarrersfrau (...), die begeistert nach einem Wochenseminar bei Bert Hellinger am Montagabend in der Gemeinde die ersten Aufstellungen durchführte«. Er gesteht zu, dass »schon eine gewisse Angst und Vorsicht berechtigt (scheint) vor den Unausgebildeten, Unerfahrenen, die ›kleine Hellinger‹ spielen wollen« (ebd., 55). Keineswegs leitet er aber daraus die

Forderung nach einer Kontrolle der Szene her (obgleich er selbst von »Wildwuchs unter den Familienstellern« spricht), vielmehr zitiert er Hellinger, der darauf hingewiesen habe, wie überaus wichtig es sei, dass der »Therapeut darauf achtet, wo seine Grenzen sind« (ebd., 56).

Konsequenterweise hatte es bis dahin bestenfalls »Empfehlungen« gegeben, dass »diejenigen, die diesen Ansatz (gemeint ist das Familienstellen, C. G.) in Gruppen anwenden wollen, ihre eigene Familie gestellt und eine Menge Erfahrungen durch das Teilnehmen an Gruppen gesammelt haben« sollten (Ulsamer, 1999, 56). Mehr war nicht. Auch nicht nach Leipzig. (Immerhin erschien der Ulsamer-Beitrag zwei Jahre nach dem tragischen Todesfall.) Von einer Überwachung oder Regelung der Szene im Interesse des Patientenschutzes war nirgendwo die Rede. Ganz im Gegenteil: Albrecht Mahr beispielsweise führte aus, in der »Arbeitsgemeinschaft Systemische Lösungen nach Bert Hellinger überwiegt die Meinung, dass die Nachteile von Ausbildung und Verschulung größer sind als ihre Vorteile wie Verhinderung von Wildwuchs und unqualifizierter Praxis«. Er, Mahr, teile diese Meinung (2000, 38 f.).

Erst Anfang 2002, nach einer auch insofern vernichtenden Kritik im Nachrichtenmagazin *Der Spiegel* änderte sich die Mehrheitsauffassung innerhalb der *IAG*, und das offenbar schlagartig: In der ersten nach dem *Spiegel*-Artikel erscheinenden Ausgabe des *IAG*-Organs *Praxis der Systemaufstellung* war »Aus- und Weiterbildung« jedenfalls Titelthema: Gleich vier Vordenker der Szene ließen sich dazu aus (Knorr, Stark, Ulsamer, 2002; Mahr, 2002b); selbst Albrecht Mahr, seit Herbst 2001 als 1. Vorsitzender der *IAG* zugange, forderte plötzlich »ein 3- bis 4-jähriges Curriculum, das zum Erwerb eines geschützten Titels als systemischer Aufstellungstherapeut führt« (2002b, 81).

Tatsächlich geändert hat sich freilich gar nichts. Für eine Aufnahme auf die »offizielle« Aufstellerliste ist nach wie vor eine fachliche Ausbildung nicht erforderlich (noch nicht einmal eine Teilnahme an den Fortbildungskursen, die die *IAG* inzwischen anbietet). Und letztlich blieb und bleibt es jedem Aufsteller völlig unbenommen, sich nicht in die *IAG*-Liste aufnehmen zu lassen − und sei es nur, um sich die Auflistungsgebühr von immerhin 250 € pro Jahr (plus einmaliger Bearbeitungsgebühr von 100 €) zu ersparen − und in Eigenregie, außerhalb jeglicher Kontrolle, »Familienaufstellungen nach Bert Hellinger« anzubieten.

Die Kriterien der *Internationalen Arbeitsgemeinschaft Systemische Lösungen nach Bert Hellinger* für eine Aufnahme in die »offizielle« Therapeutenliste weisen diese als komplette Farce aus: Es gibt keinerlei verbindliche Regelungen, alles ist in betont vager Möglichkeitsform gehalten; insbesondere ist weder der Nachweis einer seriösen psychotherapeutischen Qualifikation erforderlich noch der einer rechtlichen Befugnis zur Ausübung der Heilkunde. Und die AufstellerInnen, die seit je auf der Liste stehen und sich insofern noch nicht einmal an den neuerdings geltenden Minimalkriterien messen lassen müssen, stehen nach wie vor drauf.

Für eine *IAG*-Auflistung *sollte* man folgende Voraussetzungen erfüllen (vgl. Virtuelles Bert Hellinger Institut, 2001):

1. Sie sollten eine therapeutische oder beraterische Grundausbildung in einem allgemein bekannten therapeutischen oder beraterischen Verfahren absolviert haben (Verhaltenstherapie, Psychoanalyse, systemische Therapie, Ehe- und Familienberatung usw.) und mindestens seit drei Jahren überwiegend therapeutisch oder beraterisch arbeiten.
2. Sie sollten in Seminaren, die von Bert Hellinger selbst oder von erfahrenen Therapeuten/-innen oder Berater/-innen geleitet wurden – diese Therapeuten sollten möglichst in Seminaren von Bert Hellinger gelernt haben und auf der Aufsteller/-innen-Liste der IAG stehen – die Arbeit mit dem Familienstellen kennen gelernt und die eigene Herkunfts- und Gegenwartsfamilie gestellt haben.
3. Sie sollten sich zusätzlich in einigen von Bert Hellinger oder erfahrenen Aufstellern geleiteten Seminaren fortgebildet und Supervision erhalten haben (ca. 20 Tage).
4. Sie sollten mit den einschlägigen Büchern und Videos von Bert Hellinger vertraut sein (s. *www.hellinger.com*) und die darin dokumentierten und beschriebenen seelischen Vorgänge verstehen und vermitteln können. (...)
5. Sie sollten seit mindestens zwei Jahren pro Jahr wenigstens drei mehrtägige Gruppenseminare mit Aufstellungen durchgeführt haben und nachweisen können.
6. Zwei Kollegen/-innen von der aktuell gültigen Aufsteller-Liste der IAG sollten ihre Aufnahme auf die Aufsteller-Liste befürworten.
7. Die Aufnahme auf die Aufsteller-Liste der IAG ist mit der Empfehlung verbunden, sich einer örtlichen oder regionalen Austausch-Gruppe anzuschließen.

Welche »therapeutische oder beraterische Grundausbildung« beispielsweise die besagten *IAG*-Aufsteller Günter und Silvana Griebl aufzuweisen haben, bleibt unklar: Auf ihrer Homepage ist jedenfalls nur von Rebirthing die Rede (inzwischen verwenden sie den Begriff wieder offensiver), bei Günter Griebl immerhin auch davon, dass er seit neuestem Heilpraktiker sei. (Heilpraktiker freilich – so viel müsste auch der *IAG* klar sein – haben *per se* nicht die geringste psychotherapeutische Qualifikation [vgl. Goldner, 2000, 69 f.].) *IAG*-Aufsteller Stefan Hausner, Heilpraktiker auch er und Leiter eines eigenen *Instituts für Systemisch-Phänomenologische Lösungen* (das er zusammen mit seiner Ehefrau betreibt), gibt als zentrale Befähigung Homöopathie und Wünschelrutengehen an; und eine Victoria »Sneh« Schnabel, die, wie andere Rajneesh-Adepten auch, ganz unverblümt unter ihrem Sektennamen firmiert, verweist auf eine Ausbildung als Kunstlehrerin und im Übrigen auf ihre »langjährige Meditationserfahrung in Indien«, sprich: auf ihre Zeit im Rajneesh-Ashram von Poona.

Und so weiter und so fort. Je aufgeblasener die Websites – so der Eindruck, den man bei deren Durchsicht gewinnt –, desto fragwürdiger die *IAG*-geforderte »Grundausbildung« der dahinter stehenden Anbieter: Eine Anna-Maria »Vismaya« Arthur beispielsweise hält offenbar Kurse in NLP, Kinesiologie und Reiki für eine therapeutische Qualifikation; ansonsten ist auch sie Heilpraktikerin. Andere sind noch nicht einmal das: Die oben bereits angeführte *IAG*-Aufstellerin Christiana »Adavanta« Mayer-Jacobsen etwa hat wenig mehr als ein Training in NLP sowie ein paar Fortbildungskurse u. a. in »Energiearbeit« (bei dem früheren Rajneesh-Adepten Michael Barnett, alias: Swami Somendra) vorzuweisen; und ein Rainer Bauer, *IAG*-Aufsteller auch er, hat ein paar Rebirthing-Kurse absolviert, ansonsten ist er Grafiker.

Reichlich undurchsichtig ist auch der Hintergrund von *IAG*-Aufstellerin Brigitte Witt-Dengler, die in der Münchener Stadtfiliale des oberbayerischen *Zentrums für Individual- und Sozialtherapie* (*ZIST*) Wochenendkurse in »Familienstellen nach Bert Hellinger« anbietet und, an selbem Ort, in einem vorgeblich »unabhängigen Beratungsbüro W.I.T.T. (*Wege In Therapie&Training*)« über die verschiedenen Therapieverfahren informiert, die es so gibt. Dazu leistet sie Unterstützung beim Finden eines geeigneten Therapieplatzes und berät über mögliche Aus- und Fortbildungen. Im Einzelnen bietet sie »unabhängige Information« über Voice Dialogue, Bioenergetik, Primärtherapie, Atemarbeit, TaKeTiNa, Hypnotherapie, Shiatsu, Rolfing, Craniosakrale Körperarbeit, Psychologische Astrologie, Kinesiologie etc., nicht zu vergessen »Familienstellen nach Hellinger« – just jene wissenschaftlich randständigen und/oder esoterischen Verfahren, die ZIST im Programm führt. In einem eigenen Werbepapier »Ratlos im Psycho-Dschungel« preist sie sich und ihr »unabhängiges Beratungs-, Informations- und Vermittlungsbüro« an: »Durch meine umfassende Kenntnis des Psychomarktes helfe ich den besten Weg in Therapie und Training zu finden und vermittle nur mir persönlich bekannte Therapeuten und Institute.« Zusammen mit Ehemann Karl Dengler bietet sie fortlaufend Kurse in regulärem Familienstellen an (sowohl über ZIST als auch über eine örtliche Volkshochschule), zusammen mit einer Vera Griebert-Schröder auch Kurse in »Familienstellen und Schamanismus« (»Durch das Miteinander beider Systeme entsteht sowohl eine klare Sicht für das, was wirkt im Familiensystem, als auch ein tiefer Zugang zur eigenen Intuition. Der Aufstellungsprozess und schamanische Rituale erschaffen Räume, in denen eine bewusste und umfassendere Heilung stattfinden kann« [2002]). In der schamanistisch-familienstellerischen Arbeit – gelegentlich auch als »Clanning« (abgeleitet von »Familien-Clan«) oder »Pedigreeing« (= Herstellen einer Ahnenreihe) bezeichnet – geht es vornehmlich um Kontaktnahme mit den Ahnen, sprich: mit toten Familienmitgliedern. Vom Vorliegen einer rechtlichen Befugnis zur Ausübung der Heilkunde ist in Witt-Denglers Verlautbarungen nirgends die Rede. Dafür heißt es im Kleingedruckten ihrer Ausschreibungen: »Mit der Teilnahme am Kurs erklären Sie sich fähig und bereit, während des Kurses die volle Verantwortung für sich zu übernehmen und keinerlei Ansprüche aus eventuellen Folgen abzuleiten.«

Ein letztes Beispiel, ebenso grotesk wie bezeichnend: Eine Marie-Sophie Erdödy, IAG-Aufstellerin und Leiterin der so genannten Hellingerschule in München, führt zwar an, sie habe bei Hellinger selbst gelernt (sprich: »mehr als tausend Aufstellungen bei ihm persönlich miterleben dürfen«), von einer therapeutischen Qualifikation ist auf ihrer Homepage hingegen nichts zu lesen; mit Ausnahme eines Hinweises auf »Energiearbeit nach Dasira Narada«, zu der sie befähigt sei und die sie mit ihrer Aufstellungsarbeit verbinde. Es handelt sich dabei um ein obskures Handauflegeverfahren, das, ähnlich dem Reiki, einer Geistheilerbewegung des ausgehenden 19. Jahrhunderts entstammt. Benannt nach seinem Erfinder, einem ceylonesischen »Meister«, wahlweise auch »Mönch«, wird das Verfahren heute von dessen angeblich dritter Folgereinkarnation, einem Exil-Vietnamesen namens Luong Minh Dang, weltweit verbreitet. Ob es besagten Dasira Narada überhaupt je gegeben habe, ist umstritten, es spielt dies aber auch keine weitere Rolle.

Den »seriösen« Aufstellern auf der *IAG*-Liste – diese weist neben all den Anhängern irgendwelcher Psychoobskuranten eine lange Reihe akademisch hochqualifizierter Ärzte und Psychologen auf (beispielsweise den Chefarzt der *Fachklinik für soziopsychosomatische Medizin* im norddeutschen Rastede, Friedrich Ingwersen) – scheint es egal zu sein, in wessen Gesellschaft sie sich da aufhalten. Und nicht nur das: Viele suchen ausdrücklich die Nähe der Esoterik- und Psychokultszene: Lorenz Wiest beispielsweise, Diplompsychologe und Leiter des *Hellinger-Instituts Landshut*, ist nicht nur auf der *IAG*-Liste zu finden, sondern auch auf der (kostenpflichtigen) *online*-Liste »Esoterikmarkt« der Horoskopezeitschrift *Astrowoche*, neben Angeboten zu alternativtherapeutischer Darmreinigung, Edelsteinmassage und Feng-Shui. Auch auf anderen *online*-Listen finden sich »seriöse« *IAG*-Aufsteller mitten unter Anbietern, deren Seriosität nicht eben außer Frage steht (und dies keineswegs deshalb, weil sie nicht der *IAG* zugehören): Auf einer Liste *www.aufstellungs.net* beispielsweise, die ausschließlich Aufstellungskundschaft bedient, finden sich neben dem Astrologen Hans-Peter Regele, dem Mentaltrainer Hans-Peter Wanninger oder dem Rebirther Dag Werner u. a. auch die unter ihren Sektennamen für sich werbenden Rajneesh-Adepten »Shradra« Däke, »Arihanto« Thiele oder »Bhagat« Zeilhofer – und mitten darunter: *IAG*-Aufsteller Franz Ruppert, Psychologieprofessor an der *Katholischen Stiftungsfachhochschule* München. Ein ganz ähnliches Bild zeigt sich in dem Esoterik-Webkatalog *www.sphinx-suche.de,* über den sogar das *Virtuelle Bert Hellinger Institut* der *IAG* verlinkt ist. Und auch Hellinger selbst taucht in solchem Katalog auf: Höchstpersönlich lieferte er einen Beitrag für das so genannte *Handbuch für ganzheitliche Therapie und Lebenshilfe* (Böning/Neuwald, 1999, 84 f.), eine Art Branchenbuch der Szene, in dem sich über 650 astrologische, handauflegende oder wünschelrutengehende Praktiker präsentieren. Mitten unter all den Bachblüten- und Engelenergetikern, Orgodynamikern, Qi-Gong-Lehrern und Reinkarnationstherapeuten: Hellinger, gefolgt von einer Vielzahl an Werbeannoncen von Anbietern seines Verfahrens. Im Übrigen fand und findet Hellinger auch nichts dabei, etwa bei den *Baseler PSI-Tagen* aufzutreten, einem alljährlich stattfindenden Stelldichein von Geist- und Wunderheilern selbst der abwegigsten Sorte; im Herbst 2002 beispielsweise war er zusammen mit der australischen »Lichtnahrungs«-Prophetin Ellen »Jasmuheen« Greve und dem italienischen Chefesoteriker Oberto Airaudi, Gründer der Piemonteser Sektengemeinschaft *Damanhur,* Publikumsmagnet in Basel; unvermeidlich auch mit dabei: der

UFOloge Erich von Däniken und Szenesprachrohr Rainer Holbe [siehe auch: *Magisch-mystische Aura*].

Erwähnenswert an dieser Stelle erscheint ein Beitrag der Diplompsychologin und *IAG*-Regionalgruppenleiterin Heidi Baitinger, erschienen im Sammelband *Praxis des Familien-Stellens*, in dem die 50 Vordenker der Szene, einschließlich der kompletten Führungsriege der *IAG* plus Hellinger selbst, sich zu allem und jedem ausbreiten, was sie irgendwie für bedeutsam halten (Weber, 2000). Autorin Baitinger ergeht sich zur Frage, ob »nach dem Familien-Stellen eine Nacharbeit notwendig« sei (x2000a, 203 f.), und betont, dass – in ihrer Praxis zumindest – »danach in der Regel höchstens noch ein bis fünf Sitzungen stattfinden, in der die gefundenen Lösungen nachgespürt werden« [sic!]. Denn: Sie habe »die Erfahrung gemacht, dass unter manchen Umständen eine gezielte Nacharbeit den therapeutischen Prozess fördert und notwendig ist«. Wenn etwa der Klient in der Aufstellung keine rechte »Hinbewegung« zu seinen Eltern zugelassen habe, müsse nachgearbeitet werden. Sie, Baitinger, tue das bevorzugt unter Einsatz von Trance- und Visualisierungstechniken: »Wenn sich jemand (…) sträubt, verwende ich auch gern die Dissoziation bewusst unbewusst, arbeite ausdrücklich nur noch mit seinem Unbewussten und ermögliche ihm, in Trance zurückzugehen, um wieder in Kontakt zu kommen mit frühen Bindungssituationen und -gefühlen.« Was das heißen soll, illustriert sie u. a. mit folgendem Beispiel: »Eine Frau hatte seit vielen Jahren eine extrem schmerzhafte Darmschlappheit, sie konnte kaum noch etwas essen. Ihr Vater war gestorben, als sie sieben Jahre alt war. Sie visualisierte ihren Darm als toten, karstigen Hohlraum. In Trance füllten wir diesen Hohlraum mit Erinnerungen an den toten Vater, imaginierten die wichtigen Situationen ihres Lebensweges nach dem Tod des Vaters, als ob er dabei gewesen wäre, und füllten gleichsam den Vater in ihr. Der emotionale Vollzug der unterbrochenen Hinbewegung nahm dabei einen wichtigen Raum ein. Der Darm regenerierte sich überraschend schnell. Diese Arbeit dauerte eine Stunde.«

Homöopathie

In einem weiteren Beitrag zu demselben Band berichtet Baitinger (x2000b, 443 f.) – eigenen Angaben zufolge seit 1984 nach Hellinger tätig – von einem Klienten, der in einer Aufstellung an und in sich selbst den Todeskampf eines im Krieg gefallenen Onkels erlebt habe: »Im selben Moment schrie er (der Klient, C. G.) urplötzlich laut und markerschütternd auf, seine Beine sackten ihm wie auf einen Schlag hin völlig weg, er bäumte seinen Oberköper auf und fuhr fort, laut und wie vor Entsetzen zu schreien. (...) Es war faszinierend zu beobachten, wie er plastisch, bis in die konkrete Physiologie hinein die ›Symptome‹ des gefallenen Onkels zeigte. Man sah und erlebte förmlich einen plötzlich tödlich getroffenen Menschen in seiner Todesstunde vor sich im Raum.« Sie habe, zur Reorientierung des Klienten (»er war und wirkte völlig irre, seine Augen waren starr, wächsern [...] ohne jegliche Reaktion«), diesem – nach telefonischer Konsultation ihres Ehemannes, eines Familienaufstellers und Homöopathen – homöopathische Globuli (Aconitum nap. C 200) verabfolgt (die sie offenbar dabei hatte), woraufhin »innerhalb der nächsten fünf Minuten eine deutliche Entkrampfung des muskulären Entspannungszustandes« eingetreten sei.

Dieser Fall – selbst und mit Stolz vorgetragen von einer akademisch qualifizierten *IAG*-Aufstellerin – dokumentiert das enorme Risiko von Familienaufstellungen, bei denen gefährdete Klienten auf Grund des hoch suggestiven Situationsdrucks jederzeit in psychotische Wahnzustände abgleiten können; und die komplette Unfähigkeit einzelner Aufsteller, angemessen damit umzugehen: Homöopathische Globuli (= Zuckerkügelchen mit aufgesprühten »Wirkstoffen«) haben nachweislich *keinerlei* Wirkung, am wenigsten in der extrem hohen »Potenzierung« (= Verdünnung) von C 200; im vorliegenden Fall: Ein Anteil Eisenhutauszug auf eine Menge an Wasseranteilen, die der Zahl 100 mit 200 angehängten Nullen entspricht!* Was hätte Frau Baitinger gemacht, wenn der Patient sich nicht zufällig und glücklicherweise wieder »entkrampft« hätte? Und wäre der Fall dann auch der Öffentlichkeit vorgetragen worden?

Nicht genug damit: In besagtem *IAG*-Sammelband finden sich weitere Beiträge über die Kompatibilität von Familienaufstellungen und Homöopathie, laut *IAG*-Aufsteller Hans Baitinger (2000, 430) »zwei Ansätze phänomenologischer Heilkunst«, die große Gemeinsamkeiten aufwiesen: Vor al-

---

* C 16 entspräche dem Verhältnis von einem Tropfen zur Masse der Erde, C 23 zur Masse des Sonnensystems und C 50 zur Masse des gesamten Universums. C 200 bedeutete die Verteilung von einem Tropfen auf die Masse von abertrillionen Universen. Schon ab C 12 ist rein rechnerisch kein einziges Molekül der Ausgangssubstanz mehr in der Lösung vorhanden (vgl. Dill, 1991; Prokop, 1995).

lem die der Familienaufstellung zentralen »Mechanismen von Schuld und Gewissen finden in der Homöopathie eine direkte Entsprechung in der Symptomatologie von Krankheiten und im Arzneisymptom« (ebd., 440). Was immer das heißen soll.

In einem weiteren Beitrag (Wiest/Varga v. Kibéd, 2000, 446 f.) werden »Homöopathische Systemaufstellungen (HSA)« erörtert, und zwar, wie es heißt, auf »drei Strukturebenen«:

1. Reguläre Familienaufstellungen (FA) werden zu einer »guten Lösung« für den Klienten geführt. Anschließend werden »Ideen zu homöopathischen Arzneimitteln auf Grund der Informationen, die wir durch die Familienaufstellung erhalten haben«, gesammelt: »Ideen zu Mitteln für den aufstellenden Klienten, für andere Familienangehörige und für die Stimmung und Symptomatik der ganzen Familie«. Teilnehmende Homöopathen berichteten häufig, »wie nach der Aufstellung von blockierten Fällen diese plötzlich wieder gut auf Mittel ansprechen«.

2. Bei so genannten Patientensystemaufstellungen (PSA) wird mit dem jeweiligen Patienten eine Kurzanamnese veranstaltet. Aus dem dargestellten Problem werden sechs bis acht Symptome herausgegriffen (Appetitlosigkeit, Migräne etc.), für die der Patient angewiesen wird, jeweils einen Repräsentanten aufzustellen. Hierdurch entstehe das »innere Bild seiner Krankheitssymptome«. Dieses Bild wird nun durch Umstellung der Repräsentanten so lange verändert, »bis ein geeignetes Lösungsbild entsteht. Zum Abschluss lassen wir jede Person introspektiv erfassen, als welche geänderte Qualität sie sich jetzt fühlt. Das problemdefinierte Symptom lässt so die Botschaft der Krankheit aufscheinen.« Der Patient selbst begegne dergestalt seinen »vom Symptom zur Aufgabe transformierten Teilen, was häufig mit Rührung und Einsichten verbunden ist. Nach Abschluss der Aufstellung sammeln wir wieder die daraus auftauchenden Arzneimittelideen.«

3. Bei den so genannten Arzneimittelbildaufstellungen (AMBA) werden die einem homöopathischen Präparat zugeordneten »Charakterbilder« über sechs bis acht Repräsentanten aufgestellt; hinzu kommt eine Person als Repräsentant eines Patienten, für den ebendieser Charaktereigenschaften wegen ebendieses Präparat geeignet sei. Bei den hellingerschen Arzneimittelbildaufstellern wird »auf Grund gewisser generalisierter Formen von Umstellungsprinzipien ein geeignetes Lösungsbild gesucht.

Am Ende der Aufstellung werden alle nach dem Begriff gefragt, der ihnen aus dem Lösungsbild heraus als eine angemessene Beschreibung ihrer Funktion auftaucht. So kann z. B. (beim in der Fußnote* vorgestellten Mittel Thuja, C. G.) ›Depression und Dunkelheit‹ zur ›Erkenntnisfähigkeit‹, ein ›Hässlichkeitsgefühl‹ zu einer ›wohlwollend aufrührerischen Kraft‹ und ›Wucherungen‹ zu einer ›stützenden Wächterfunktion‹ werden.« Es entstehe »in dem Prozess der Findung des Lösungsbildes ein sehr einprägsames Arzneimittelbild. Die Bedeutung des einzelnen Symptoms, aber auch des Symptomfeldes wird deutlich.«

Als Autoren dieser an Absurdität kaum zu überbietenden Kapriolen zeichnen die *IAG*-Aufsteller Friedrich Wiest und Matthias Varga von Kibéd verantwortlich, ersterer Diplomvolkswirt und Heilpraktiker, letzterer immerhin Professor für Logik und Wissenschaftstheorie an der *Ludwig-Maximilians-Universität* München. Auf der »offiziellen« *IAG*-Liste firmieren fünf Praktiker ausdrücklich unter dem Stichwort »Homöopathie« (Döring-Meijer, Eichenmüller, Lützen und Baitinger/Baitinger).

---

* Einem modernen Lehrbuch der Homöopathie (Raba, 2000) ist zu entnehmen, es sei beispielsweise der »Thujen-Charakter« − benannt nach dem Zypressengewächs, aus dem das entsprechende Heilmittel hergestellt wird − »in besonderem Maße verbunden mit Sumpf, Tod, Dunkelheit und Grauen und düsterer, bizarrer Sexualität und Hässlichem«; er liebe »schummriges Licht, beschäftigt sich gerne mit Gedanken an schwarze Magie, schwarze Messen, Voodoo und dergleichen mehr. Auf Jahrmärkten fährt er gerne mit der Geisterbahn.« Oftmals führe er ein Doppelleben: Tagsüber gehe er einem ehrbaren Beruf nach, nachts hingegen fröne er dem Laster, bevorzugt dem Gummifetischismus. Es mache sich dieses »Gespalten-Sein« mithin dadurch bemerkbar, dass sein Harnstrahl sich beim Wasserlassen ständig in zwei Hälften teile. An »äußeren Stigmata« zeige er ein »vermehrtes Auftreten von Leberflecken, dunklen, blumenkohl-ähnlichen, gestielten, verhornten oder auch fleischfarbenen, wabbligen Warzen und schwammigen Auswüchsen (...). Frauen leiden darüber hinaus vielfach unter Zysten oder Verklebungen der Eierstöcke.« Charakterbildtypisch seien zudem Zahnhalsgeschwulste, Hautkrebs sowie eine Abneigung gegen Kartoffeln. Der »gewiefte Homöopath« wisse sofort, was zu tun sei: Durch die Gabe von Thuja-Präparaten ließen sich die den psychischen Symptomen zu Grunde liegenden Schuldgefühle und Bestrafungswünsche samt der damit einhergehenden körperlichen Probleme in kürzester Zeit und dauerhaft auflösen.

Ausbildungen

Ungeachtet der widersprüchlichen Positionen innerhalb der *IAG* in Hinblick auf formalisierte Aus- oder Fortbildungen wurde Ende 1998 eine erste Fortbildungsgruppe ins Leben gerufen – durchgeführt bezeichnenderweise über das schon erwähnte esoterische *Zentrum für Individual- und Sozialtherapie (ZIST)* in Oberbayern. Den Teilnehmern werden dabei in fünf Fünfeinhalbtage-Workshops die Grundlagen des »Familienstellens nach Bert Hellinger« beigebracht. Bis heute wurde dieses Konzept im Wesentlichen beibehalten: Verteilt über einen Zeitraum von knapp zwei Jahren – es erlaubt dies sowohl den Veranstaltern wie auch den Teilnehmern, reputationssteigernd von einer »zweijährigen Weiterbildung« zu sprechen – werden besagte fünf Workshops veranstaltet, in denen es laut Ausschreibung vor allem um die »Einübung der rechten Haltung« geht, in der der Therapeut »demütig sein ganzes Wissen und Können der größeren Weisheit des seelischen Feldes zur Verfügung stellt und sich von den zu beobachtenden Phänomenen leiten lässt«. Die Weiterbildung, wie es heißt, sei »gedacht für praktizierende Psychotherapeuten, die nach einer zum Heilen oder Beraten legitimierenden Grundausbildung und einer gründlichen psychotherapeutischen Weiterbildung mindestens drei Jahre Praxiserfahrung mibringen«. Klingt gut, heißt aber gar nichts: für »Beratung« bedarf es keiner »legitimierenden Grundausbildung« und die beiden anderen Vorbedingungen sind so schwammig formuliert, dass praktisch jeder sie erfüllen kann, der schon einmal einen Therapieworkshop besucht und anderen davon erzählt hat. Tatsache ist: Zu den Weiterbildungsveranstaltungen bei *ZIST* wird zugelassen, wer immer sich anmeldet, ganz unabhängig davon, ob eine fachliche Grundausbildung mitgebracht wird oder nicht. Selbst *IAG/ZIST*-Ausbilder Albrecht Mahr muss zugestehen, es werde »oft genug nicht klar darauf bestanden, nicht zuletzt wegen der sonst schwerer zu füllenden Weiterbildungskurse, die zunehmend unter dem Druck eines ständig wachsenden Angebotes am Markt stehen« (2002b, 81). Im selben Artikel beklagt Mahr, dass »die Aufstellungsarbeit in Gefahr ist, entwertet, ja verramscht zu werden durch eine Vielzahl von Anbieter/-innen, die nicht qualifiziert sind. Fast täglich höre ich von Personen, die sich zum Beispiel nach einem 4-tägigen Aufstellungskurs und bei fachfremden Grundberufen wie Designer, Kosmetikerin oder Schreiner für ausgebildet halten und gar mit ganz geringer Eigenerfahrung Weiterbildung anbieten« (ebd., 79).

Wohl wahr. Fakt ist freilich, dass sich besagte Designer, Kosmetikerinnen und Schreiner, sprich: Figuren mit höchst zweifelhafter Befähigung zu psychotherapeutischer Arbeit, nach wie vor auf der »offiziellen« *IAG*-Liste tummeln, in die aufgenommen zu werden es nach wie vor weder der *IAG-/ZIST*-»Ausbildung« noch irgendeiner sonstigen ernst zu nehmenden Aus- oder Fortbildung bedarf. Die fünf mal fünfeinhalb Tage bei *ZIST* kosten im Übrigen 2.400 € (exkl. Unterkunft und Verpflegung).

Eine große Anzahl an *IAG*-Aufstellern führt über je eigene »Institute« oder »Zentren« vergleichbare »Ausbildungen« im Sortiment (z. B. Wilfried Nelles: 30 Tage zu 2.200 € oder Michael Knorr: 32 Tage zu 2.400 €; eine Marlies Warncke bietet über ihr Institut *Systemische Seminare Duisburg* die mit Abstand umfänglichste Aus- bzw. Fortbildung in Familienstellen an: 40 Tage zu 2.204 €).

Eine »Aufstellerausbildung« – sofern man sich als potenzieller Aufsteller nicht gleich selbst graduiert – lässt sich indes auch billiger und weniger zeitaufwändig haben. Einige der *IAG*-Aufsteller haben Kurse im Angebot, die insofern weit unter dem *ZIST*-Format liegen: In einem so genannten *Forum für ressourcenorientierte Lösungen* in Karlsruhe etwa, geleitet von Szenevordenker Heribert Döring-Meijer, geht die Ausbildung zum zertifizierten (!) Aufsteller in vier 5-Tage-Blocks plus einem angehängten Wochenende über die Bühne (Kosten: 1.750 €). Noch schneller geht's über das so genannte *TIP*-Institut (*Tuning Institutioneller Prozessdynamik*) in Wien, an dem, unter der Leitung von Stefan Dörrer und Christian Kern, ein 12 Tage umfassender »Lerngang« angeboten wird, der allerdings mit 2.100 € (plus 20 % Umsatzsteuer) teurer ausfällt als der mehr als dreimal so umfängliche Warncke-Kurs.

Am preisgünstigsten und zeitsparendsten kommt man indes bei *IAG*-Listenaufsteller Reinhard Lier weg, Buchautor (z. B. *Abtreibung und Reinkarnation*, erschienen 1993 im rechtslastigen *Michaels*-Verlag) und Heilpraktiker (mit angeblich über 2000 aufgestellten Familien in fünf Jahren), der an seinem *Privaten Institut für Phänomenologische Psychotherapie* im Westallgäu Kurse anbietet, die er als fachqualifizierende »Ausbildung für Familienstellen« versteht. In den Lier'schen Kursen wird nicht nur die familienstellerische Behandlung von sexuellem Missbrauch/Inzest, Spätfolgen der NS-Zeit, Psychosen, Depressionen, Ängsten, Magersucht/Bulimie und einer Vielzahl weiterer Probleme gelehrt, vielmehr steht auch »Konfrontation mit dem Tod« sowie »Integration der Toten« auf dem Lehrplan. Kosten des 4-Tage-Kurses: 870 € (exkl. Unterkunft und Verpflegung).

Der Umstand, dass es keinerlei verbindliche Richtlinien gibt und jeder »Ausbilder« machen kann, was ihm beliebt und was er gerade für richtig hält, wird verklärt als besonders lernfördernde Didaktik: »Es sind die eigenen Schritte und Einsichten, die einem natürlichen Wachstum und Entwicklungsprozess entsprießen, der bei jedem einen anderen Rhythmus hat. Der Anspruch, das Wesentliche zu lehren und als Lernstoff zu vermitteln, kann deshalb sogar die eigenen Schritte erschweren und behindern« (Ulsamer, 2002, 77).

Bezeichnend, was eine Angelika Glöckner, *IAG*-Aufstellerin und Anbieterin von Pessotherapie (einer Art verwässerten Psychodramas, erfunden in den 1960ern von einem Al Pesso), zum »Lehren und Lernen des Familien-Stellens« zu sagen weiß: »Lehrende, denke ich, müssen lernen etwas zu geben, ohne es ganz begreiflich machen zu wollen. Sie sollten fassbar machen und doch auch unangetastet lassen, fern bleiben und sich doch auch nähern können. Drei Lehren für alle Lehrenden: – Wer mit dem Begriff begreifen will, vergreift sich. Wer aber die Leere lehrt, lernt! – Hüte also das Geheimnis, während du dich ihm näherst und es nahe bringst. – Glaube nie, den Horizont endgültig ausgemessen zu haben, in den du andere blicken lässt. Lernen ist nun jene wundersame mentale, emotionale und geistige Tätigkeit, die selten nimmt, wie ihr bestimmt, und selber handelnd ohnehin alles wandelt« (Glöckner, 2000, 463).

Gerne wird insofern die rein beobachtende Teilnahme an einem Aufstellungsseminar als Fort- oder Weiterbildung verkauft. Dem Teilnehmer ist es völlig freigestellt, wie viele Seminare er besucht: Es gibt kein Curriculum, keine Reflexion, keine Überprüfung der fortschreitenden Kenntnis, schlichtweg nichts, was den Begriff »Fortbildung« rechtfertigen könnte. Dennoch lässt sich nach Absolvieren einer beliebigen Anzahl solcher Seminare werbewirksam behaupten, man habe bei diesem oder jenem »Lehrtherapeuten« eine Aus- oder Fortbildung gemacht oder auch eine »Lehrzeit« absolviert (die Teilnahmebestätigung ist zugleich Zertifikat). Die Bioenergetikerin und Festhaltetherapeutin Marion Dammers beispielsweise bietet Wochenend-Seminare zu 125 € an; neben der Möglichkeit einer beobachtenden Teilnahme an ihren Kursen gibt es auch so genannte Hospitanzen. Diese »intensivere Form der Fortbildung« – Kosten: 375 € – besteht im Wesentlichen aus kontinuierlicher Teilnahme an drei nacheinander stattfindenden Seminaren.

Auch Bethold Ulsamer, der noch Ende der 1990er Position gegen jede Art formalisierter Ausbildung bezogen hatte, bietet solche inzwischen an. Über sein Hellinger-Institut in Freiburg veranstaltet er entsprechende Kurse – je vier fünfeinhalb Tage dauernde und über ein Jahr verteilte Blocks (Kosten: 3.000 €) –, die, wie auch die Kurse bei Dammers und anderen, über die Möglichkeit simpler Teilnahme an verschiedenen Aufstellungen nicht wesentlich hinausreichen. Es gehe ihm darum, so Ulsamer, die Ausbildungskandidaten »die wesentlichen Elemente des Familien-Stellens erleben zu lassen. (...) Rein theoretische Vermittlung beschränken wir auf ein Minimum. In den Aufstellungen wird das Wesentliche sichtbar« (2002, 75). Im Übrigen befürworte er, »dass es unterschiedliche Weiterbildungen geben sollte und dass auch hier auf den ›Kunden‹ vertraut wird, dass er die ihm gemäße Weiterbildung herausfindet« (ebd., 77 f.). Vielleicht besteht diese ja in einem fünf mal zweieinhalb Tage dauernden Kurs, den Ulsamer zusammen mit Victoria »Sneh« Schnabel und einem Daan van Kampenhout anbietet: »Schamanistische Interventionen und Familienstellen«. (Hellinger selbst empfiehlt insofern die Schriften des Pseudoschamanen Carlos Castaneda [z. B. 2001d, 128 f.].)

Und selbstredend gibt es auch »Ausbildungen« von Aufstellern, die nicht der *IAG* angegliedert sind, also noch nicht einmal deren Minimalstkriterien entsprechen. Als Beispiel angeführt sei der Astrologe Peter Orban, der über sein Frankfurter *Symbolon*-Institut (mit Filiale in Zürich) eine eigene »Therapeutenausbildung« anbietet. Diese umfasst insgesamt 15 Tage (!) und kostet (inkl. Unterkunft und Verpflegung) 4.320 €. Der Vorteil bei Orban: Neben der »Ausbildung« in Familienstellen gibt es auch Unterweisung in Atem- und Visualisierungstechniken. Vorausgesetzt werden »Grundkenntnisse in Astrologie«, da sich aus dem Horoskop die »Lösungsaufstellungen« ergäben. Als Co-Therapeutin Orbans fungiert *Johanneshof*-Astrologin Ingrid Hinnen-Zinnel (die sogar ein eigenes Buch zum Thema herausgebracht hat: *Familienkonstellation im Horoskop* [2002]).

Interessant ist auch das Angebot eines *Instituts für praktische Philosophie* in Köln, geleitet von dem ehemaligen Umzugsspediteur und heutigen Heilpraktiker Peter Spelter und seiner Frau Tsuyuko Jinno-Spelter, an dem man sich in 10 Wochenenden zum »Familien- und Organisationsaufsteller« ausbilden lassen kann (1.800 €). Frau Spelters Qualifikation als Ausbilderin besteht im Wesentlichen darin, dass sie, als gebürtige Brasilianerin, zwei Bücher sowie die Homepage Bert Hellingers in Portugiesische übersetzt hat. Worin Peter Spelters besondere Qualifikation besteht – er selbst gibt NLP-Training an –, ist weiter nicht ersichtlich.

Gipfel der Chuzpe ist das Aus- und Fortbildungsangebot einer *Bayerischen Gesellschaft für Ganzheitliche Medizin,* die sich seit Anfang der 1990er auf dem Alternativheilermarkt breitmacht. Noch bis Ende der 1990er-Jahre konnten sich dort psychologische und therapeutische Laien in einem einzigen Wochenende in »Systemischer Generationsperspektive nach Bert Hellinger« schulen lassen und ein beeindruckendes Abschlusszertifikat erwerben. Der »ganzheitlich-philosophische Ausbildungsgang« konnte wahlweise mit weiteren Wochenendkursen, unter anderem in Gesicht- und Handlesen, Traumarbeit oder Hypnose, aufgestockt werden (je 150 €). Als Leiter des Hellinger-spezifischen Teils der »Ausbildung« firmierte ein gewisser Peter Kriester, seinerzeit »offizielles » *IAG*-Listenmitglied, der bis dahin als Gemüsegärtner und »Körpertherapeut« am bayerischen Esoterikzentrum *Coloman* tätig gewesen war.

Die *Bayerische Gesellschaft für Ganzheitliche Medizin* ist nichts anderes als eine private Esoterik- und Heilpraktikerschule im Allgäu, die als Geldbeschaffungseinrichtung der äußerst umstrittenen »Wankmiller-Sekte« gilt (vgl. Neumann, 1996). Deren Kopf, ein gewisser Wolfgang Wankmiller (*1956), war Ende der 1970er-Jahre als »Sex-Guru von Füssen« zu obskurem Ruhm gelangt. Als Oberhaupt einer rund 150-köpfigen Kultgemeinschaft namens »Stamm von Likatien« – benannt nach einem Germanenstamm, der in grauer Vorzeit in der Gegend gelebt habe – verfügt er heute über dutzende von Liegenschaften in der Stadt, darunter zwei Verlage, besagte Heilpraktikerschule, ein Reformhaus, einen Computerladen; dazu einen Veranstaltungsservice für Esoterik- und Tantramessen (*ProExpo*) sowie zahlreiche weitere Betriebe: eine enorme Wirtschaftsmacht, über die Wankmillers Idee eines eigenständigen »Staates im Staate« realisiert werden soll. Eine eigene Zeitrechnung sowie eine sekteninterne Währung gibt es schon, auch eine jederzeit zuschlagbereite Schutzstaffel.

Wankmiller, der sich als Inkarnation Jesu Christi, Albert Einsteins und Ludwig II. von Bayern vorkommt, begann seine Karriere als Vorsitzender der örtlichen Jungen Union (CSU). Auch in der SPD und der Bayernpartei war er zugange, bevor er Mitte der 1970er den »Stamm Likatien« begründete. Zunächst fielen die Likatier vor allem durch Sex- und Alkoholexzesse auf, Kritik erregte bald auch die gnadenlose Ausbeutung der niederen Chargen des Stammes. Jahrzehntelang wurde indes nichts Greifbares unternommen, obwohl immer wieder auch von sexuellen Übergriffen auf Kinder die Rede war. Der Grund für die kollektive Untätigkeit der gesamten Stadt (mit immerhin rund 14.000 Einwohnern) lag und liegt dem Vernehmen nach in geheimen (Sex-)Dossiers, die Wankmiller und seine Truppe über jeden einzelnen Füssener angelegt haben sollen (vgl. Jacobs, 2001; Rodenbücher, 2001a/b; Zips, 2001).

Eine der Haupteinnahmequellen der Likatier, um es zu wiederholen, ist die *Bayerische Gesellschaft für Ganzheitliche Medizin*, über die (Fern-)Lehrgänge für Heilpraktiker und Psychotherapeuten verkauft werden. Daneben stehen »Ausbildungen« in Feng-Shui, Handlesen, Hypnose etc. sowie in Familienaufstellen nach Hellinger im Programm. Die seinerzeit von Peter Kriester angebotene »Ausbildung« an einem Wochenende gibt es heute nicht mehr, stattdessen können sich Kandidaten mit »geeigneter Vorbildung« – als solche gelten u. a. Lebensberater (was immer das sein soll), Seelsorger oder Lehrer – in fünf Wochenenden zum zertifizierten »Berater für Paar- und Familienaufstellung« (nach Hellinger) ausbilden lassen (925 €). Für »Einsteiger ohne Vorkenntnisse« gibt es die Möglichkeit, einen (Fern-)Kurs in Psychotherapie davorzuschalten (Selbststudium 600 €/12 Präsenz-Wochenenden in Füssen 2.250 €). Als Leiter der »Ausbildung« firmiert ein gewisser David Braun – Likatien-intern bekannt unter seinem von Stammesfürst Wankmiller höchstpersönlich verliehenen Namen »Spurmann David Friedrich von Birkhold-Braun zu Möttlingen« –, seit Mitte 2002 findet das Ganze ausgelagert in Brauns eigens begründetem *Institut für Familien- und Organisationsaufstellung (INFAOR)* statt (vgl. Schlittenbauer, 2002).

In einem virtuellen Buch *Erfahrungsberichte* (2002) stellt Braun »Lösungen« vor, die er in verschiedensten Aufstellungen erarbeitet habe: Einer Frau, die in ihrer Jugendzeit von einem Bekannten der Familie ans Bett gefesselt und vergewaltigt worden war und die bisher aus Scham darüber geschwiegen hatte, habe er im Zuge der Aufstellung gesagt: »Also gut, dann stell dir nochmal vor, wie du gefesselt im Bett liegst und er über dich herfällt und mit dir schläft. Und du lässt es jetzt zu und genießt es in vollen Zügen und flüsterst ihm ins Ohr: Jetzt liebe ich dich! Da bekam diese Frau einen Würgeanfall und rannte hinaus auf die Toilette um sich zu übergeben. Danach hatte sie es begriffen, dass Vergessen ihre einzige Chance für einen Neuanfang war.«

Interessant ist der Umstand, dass Braun auch auf den so genannten »Tantra-Tagen« Anfang 2001 in München – veranstaltet von *ProExpo* – einen Workshop »Familienaufstellung nach Bert Hellinger« anbot, mitten unter obskursten Vorträgen und Kursen über »Diamond-Lotus-Tantra«, »Eros und Erleuchtung« etc. (u. a. mit dem Berliner [Ex-]Sannyasin und selbster nannten »Sexualtherapeuten« Andreas »Andro« Rothe. Als wesentliche Grundlage der Rothe'schen Kurse gelten hyperventilierendes Atmen [Rebirthing] und Massage, daneben ein paar [willkürlich zusammengestellte] bioenergetische Übungen sowie als »Tantragymnastik-Aerobic« bezeichnetes nacktes Herumgehüpfe zu rhythmischer Musik. »Sexualtherapie« im engeren Sinn wird laut Rothe-Werbung mit »Sourogatpartnern« [sic] vollzogen [Rothe, 1999]); auch *Connection*-Herausgeber Wolf »Sugata« Schneider war mit von der Partie. Nach massiven öffentlichen Protesten – insbesondere vor dem Hintergrund der Verurteilung eines 42-jährigen Likatiers wegen fortgesetzten sexuellen Kindesmissbrauchs zu zweieinhalb Jahren Haft im Januar 2001 (AG Kempten; vgl. Baur, 2001) – wurden *ProExpo* die Veranstaltungsräume in München fristlos gekündigt: Die Tantra-Tage fielen aus (vgl. Hauskrecht, 2001).

Braun dient sich mit seinen Aufstellungen nicht nur als Therapeut und Lehrtherapeut an, sondern auch als Unternehmens- und Organisationsberater. Tagessatz 1.875 €. Über eine fachliche (oder sonstige) Qualifikation Brauns ist nichts bekannt. Er selbst bezeichnet sich u. a. als »Supervisor für erfolgspsychologisches Managementtraining«.

Formal ist es völlig gleichgültig, ob die »Ausbildung« nun von einem *IAG*-Aufsteller geleitet wurde oder von einem sonstigen Anbieter oder ob überhaupt eine Ausbildung absolviert wurde: Die erteilten Zertifikate und Urkunden sind jedenfalls gerade das Papier wert, auf dem sie gedruckt stehen; ihr rechtlicher Wert liegt bei null.

Dahergelaufene Möchtegerns

Wie dargelegt bedarf es noch nicht einmal der hanebüchensten »Ausbildung«, um sich als »Familienaufsteller nach Bert Hellinger« bezeichnen bzw. betätigen zu können. Interessant ist insofern ein weiter gefasster Blick auf die Szene außerhalb der *IAG* – nicht zuletzt der viel zitierten »systemischen Sichtweise« wegen. Diese bestimmt vorgeblich den Hellinger'schen Ansatz, tatsächlich merkt man davon jedoch nichts. Dialektik, selbst in ihren grundlegendsten Begriffen, ist dem Hellingerismus fremd: »Mit der Antithese«, so das unverrückbare Dogma des Meisters, »wird die These zunichte gemacht« (Hellinger/Prekop, 2002, 227). Hellinger hält seine diesbezügliche Komplettignoranz – in schwammiger, sprich: an keiner Stelle richtig ausformulierter Bezugnahme auf Edmund Husserl bzw. auch auf Martin Heidegger – gar für Phänomenologie. Tatsächlich soll mit diesem Begriff lediglich die völlige Theorie- und damit Haltlosigkeit des Hellinger-Ansatzes verschleiert werden.

Der Umstand, dass jeder dahergelaufene Möchtegern sich »Familienaufsteller nach Hellinger« nennen und damit auf Kundenfang gehen kann, stört Hellinger nicht, die Frage nach insofern vielleicht erwägenswertem Namens- oder Begriffsschutz beantwortet er lapidar: »Nein, ein Phänomenologe schützt nichts« (2002d, 18). Am wenigsten scheint ihn der Schutz der zahlenden Kundschaft zu interessieren: Weder von ihm selbst noch aus seinem direkten Umfeld gibt es irgendeine Distanznahme zu der Unzahl teils obskurster Figuren, die unter dem Signet »Hellinger« ihre Geschäfte machen; selbst dann nicht, wenn diese ohne die geringste fachliche Qualifikation operieren und insofern eine objektive Gefahr für die Teilnehmer an ihren Veranstaltungen darstellen. Konsequenterweise geht man noch nicht einmal auf Abstand zu Praktikern, die am äußersten rechten Rand der Szene angesiedelt sind.

An die 2.000 Familienaufsteller nach Bert Hellinger bieten derzeit im deutschsprachigen Raum ihre Dienste an, mehr als 90 Prozent davon nicht gebunden an die *IAG*. Nur die wenigsten dieser 2.000 Aufsteller – man kann es nicht oft genug sagen – verfügen über eine seriöse psychotherapeutische Grundqualifikation, die wenigsten auch über eine Befugnis zur Ausübung der Heilkunde. Um die Erfordernis einer Approbation oder einer sonstigen rechtlichen Genehmigung mogeln sie sich herum – sofern sie überhaupt kritisch darauf angesprochen werden – mit dem Argument, Familienaufstellung sei nicht Heilkunde im Sinne des Psychotherapeuten- oder des Heilpraktikergesetzes (HeilPrG). Vielmehr handle es sich – auch Hellinger selbst weiß hier wortreich zu tricksen (z. B. 2001d, 90 f.) – um nicht erlaubnispflichtige Selbsterfahrungs- oder Bewusstseinserweiterungskurse zur »Befreiung aus familiären Verstrickungen« und dergleichen mehr. Laut Hellinger sei das Familienstellen alleine schon deshalb nicht als Psychotherapie zu bezeichnen (zumindst nicht im Sinne des HeilPrG), weil es »weit über den psychotherapeutischen Bereich hinaus dem Frieden und der Versöhnung dient« (2002d, 16). Ihrer zahlenden Kundschaft gegenüber verstehen und verkaufen Hellinger und seine Anhänger ihr Tun selbstredend als »Therapie« und sich selbst als »Therapeuten«: Allenthalben ist da von »phänomenologischer Psychotherapie« die Rede, von »therapeutischem Herangehen«, »therapeutischen Effekten« usw., von der familienaufstellerischen »Behandlung« von Krebs, Sucht, Depression, Psychosen, Herzbeschwerden, Migräne, Neurodermitis etc.; die Teilnehmer an Aufstellungen werden konsequenterweise als »Klienten« oder »Patienten« bezeichnet (vgl. z. B. Schäfer, 2000).

Im Übrigen suggeriert Hellinger mit seinem Hinweis, er habe sich »nicht um die Zulassung als Psychotherapeut unter dem neuen Psychotherapiegesetz bemüht, da diese Art von Arbeit für mich nicht mehr infrage kommt« (2002d, 17), er habe nach der zuvor geltenden Regelung eine Zulassung besessen und hätte eine weiterführende nach dem Psychotherapiegesetz (gültig seit 1. 1. 1999) anstandslos bekommen können, wenn er sich nur darum bemüht hätte. Tatsache ist: Hellinger erfüllte und erfüllt die gesetzlichen Voraussetzungen nicht, er hätte also die Zulassung nach dem neuen Psychotherapiegesetz nie erhalten. Tatsache ist insofern auch: Er übt Psychotherapie aus – unabhängig davon, wie er sein Tun nun bezeichnet –, ohne dazu eine rechtliche Befugnis zu besitzen. Dasselbe gilt für das Gros seiner Anhänger. [siehe auch: *Rechtspflege ausgetrickst?*]

Da es *de jure* nicht darauf ankommt, mit welchem Etikett nun ein Verfahren versehen wird – es kommt lediglich darauf an, ob einem Teilnehmer nachvollziehbar der *Eindruck* vermittelt wird, es werde eine Heilbehandlung vorgenommen (etwa über diagnostische Maßnahmen, bestimmte Behandlungsmethoden und/oder ein Besserungs- bzw. Heilungsversprechen) –, stehen Familienaufsteller nach Hellinger *allemal* auf rechtlich schwankendem Boden, sofern sie nicht als Arzt oder Psychologischer Psychotherapeut approbiert sind und auch keine Formalzulassung als (Psycho-)Heilpraktiker besitzen.* Es dürfte nur eine Frage der Zeit sein, bis Staatsanwälte sich für die ausufernde Szene interessieren.

---

* Eine Formalzulassung als (Psycho-)Heilpraktiker sagt zwar *nicht das Geringste* aus über eine etwaige fachliche Qualifikation – Heilpraktiker müssen bekanntlich *keinerlei* schulische oder akademische Heilkundeausbildung nachweisen (vgl. Goldner, 2000, 69 f.) –, sie gilt in der Bundesrepublik Deutschland aber skandalöserweise als Zugangserlaubnis zu praktisch unbeschränkter Ausübung der Heilkunde (in Österreich gibt es das Heilpraktikerwesen in dieser Form nicht (mehr), in der Schweiz sind Heilpraktiker je nach Kanton zugelassen, verboten oder geduldet).

Ein paar beliebig herausgegriffene Familienaufsteller, die nicht der *IAG* angehören und sich auf dem »freien Markt« tummeln: In Wiesbaden etwa bietet eine Reiki- und Fußreflexzonen-Heilpraktikerin namens Manuela Ott Aufstellungen nach Hellinger an, im saarländischen St. Wendel tut dies ein heilpraktischer Reinkarnationstherapeut namens Siegfried Hoffmann; Letzterer will mit Hilfe seiner Aufstellungen »Familienkarma sicht- und lösbar« machen, seine Arbeit reiche insofern weit über das karmische Bezahlen individueller Schuld hinaus (Hoffmann, 1999). Im österreichischen Ried im Innkreis betreiben Ulrike und Martin Selinger eine *Praxis für Systemische Kinesiologie*, in der sie, wie das Signet andeutet, Familienstellen nach Hellinger mit Kinesiologie verknüpfen, einem rein esoterischen Pseudodiagnostik- und Pseudoheilverfahren, bei dem obskure »Energieströme« gemessen und manipuliert werden.[*] Ulrike Selinger gibt als Qualifikation u. a. Kurse in Rädiästhesie (= Wünschelrutengehen), Kinesiologie und Festhaltetherapie nach Prekop an, Martin Selinger darüber hinaus in Aroma- und Bachblütentherapie. Ein Zwei-Tage-Seminar Familienstellen kostet bei Selinger/Selinger 190 € (für »passive« Teilnehmer, sprich: Zuschauer 110 €). Um je 10 € billiger gibt es »Systemisch-kinesiologische Familien- und Organisationsaufstellungen« am Münchener *Zentrum für Licht-Liebe-Energie*, geleitet von Heilpraktiker und »Touch-for-Health-Instructor« Klaus Wienert.

Interessant ist auch eine gewisse Margarita »Layena« Bassols-Rheinfelder, Osho-Rajneesh-Anhängerin und neuerdings Heilpraktikerin, die in eigener Naturheilpraxis in München »Familienaufstellungen für Kinder« anbietet. Für Erwachsene führt sie u. a. Homöopathie, Chakrentherapie und »Tibetan Pulsing« im Programm, Letzteres eine angeblich »uralte Heil- und Therapiemethode aus den Klöstern Tibets«: Mittels »Irisdiagnose« wird festgestellt, in welchem Körperteil oder Organ sich im Laufe des Lebens »Spannungen, Schmerz und Blockaden festgesetzt haben«, die dann – in Hals, Leber, Milz, Steißbein etc. – über eine Art pulsierender Druckmassage »aufgelöst« werden. In einem dreitägigen »Fresh-Juice«-Pulsing werde, so Bassols, an den Bereichen gearbeitet, »die durch negative Erfahrungen beim Sex verletzt worden sind«: Es gehe darum, das »Becken mit frischer Lebenslust auf-

---

[*] Der therapeutisch gänzlich unbrauchbare Ansatz der Kinesiologie – im pädagogischen Bereich bekannt auch als »Edu-Kinestetik« – wurde in den 1960er-Jahren von einem amerikanischen Chiropraktiker namens George Goodheart vorgestellt; in Alternativheilerkreisen ist das Verfahren weit verbreitet, in der seriösen Psychotherapie spielt es keine Rolle. (vgl. Walbiner, 1997; Kierspe-Goldner, 2001)

zutanken«. Motto eines eigens veranstalteten »Frauentages«: »Ganz Frau sein – und unsere Eierstöcke tanzen lassen« (Bassols, 1997). Kosten für eine 1-jährige Gesamtkörperreinigung in der Gruppe (1 Tag pro Monat): 800 €. (Bei der Irisdiagnose, um das nicht unerwähnt zu lassen, handelt es sich um ein klinisch völlig untaugliches Verfahren [vgl. Knipschild, 1989]; bei »Tibetan Pulsing«, erfunden Mitte der 1980er von dem amerikanischen Rajneesh-Schüler Shantam Dheeraj, sowieso. [vgl. Goldner, 2000, 495 f.])

Überhaupt finden sich überproportional viele Praktiker aus dem Osho-Rajneesh-Kontext unter den Familienaufstellern. Neben den bereits genannten sei – willkürlich herausgegriffen – die schwäbische Reinkarnationstherapeutin und Geistheilerin Iris »Shanti« Sautter angeführt, die an ihrem so genannten *Tujala-Institut* bei Rottweil neben Einzelsitzungen in »Körperarbeit«, »Chakra-Reading« und »spirituellem NLP« auch »Systemische Familienaufstellungen nach B. Hellinger« anbietet. Mithin tut sie das in einwöchigen Ferienseminaren auf Korfu, für die pro Teilnehmer 300 € (exkl. Unterkunft und Verpflegung) anfallen. Darüber hinaus führt sie Ausbildungskurse u. a. zum »Therapeutischen Lichtarbeiter« im Angebot (34 Tage zu 3.600 €). Eine Befugnis zur Ausübung der Heilkunde hat sie nicht. Ebenso wenig ein gewisser Günter Juckoff, ehedem bekannt als Swami Anand Dinesh und tätig als Hausmeister bei *ZIST*, der heute unter dem Namen »Shams-ud-din« als Sufi-Meister zugange ist. Auf eigenen Wochenseminaren in der Toscana, organisiert über ein so genanntes *Be-Free-Institut* in Speyer, verknüpft er Familienstellen nach Hellinger mit Sufi-Arbeit – im Wesentlichen geht es dabei um kollektives Sich-im-Kreise-drehen-bis-man-umfällt (Sufi-Tanz), endloses Wiederholen von Meditationslauten (Zhikr) sowie hyperventilierendes Atmen (eine Art Rebirthing). Besagtes *Be-Free-Institut* wird geleitet von Regine Schalck-Heckert, die selbst als Familienaufstellerin und Tantralehrerin zugange ist. Über ihr »Institut« organisiert sie weitere Aufstellungskurse, die, in beliebiger Kombination, Familienstellen mit Sufi-Tanz, Hawaiianischer Massage (Lomi-Lomi), Tantra oder Bewegungsritualen nach Ann Halprin *(LifeArtProcess)* verbinden. Überdies führt sie »Ein Kurs in Wundern«-Kurse nach H. Schucman sowie Festhaltetherapie-Seminare von und mit Jirina Prekop im Angebot. Auch eine Bela »Yaya« Roth bietet – im gesamten Bundesgebiet – »System- und Familienaufstellungen« an (2 Tage zu 210 €). Das Programm ihres Münchener *Instituts für Körper&Psychotherapie, Coaching und Entwicklung* umfasst darüber hinaus – neben dem üblichen Szenesortiment von Astrologie bis Tarotkartenlesen – auch Aus- und Weiterbildungsmaßnahmen in einem selbst erfundenen Verfahren namens »Coaching in Process®« *(CIP)*. Die klinisch als gänzlich unbrauchbar zu wertende und rechtlich zu nichts befugende *CIP*-Ausbildung (zu der mithin »Chakrenheilung«, »Auraheilung« und »Enneagramm« zählen) wird von Frau Roth in einer Hochglanzbroschüre ausdrücklich als »anerkannt von der Regierung von Oberbayern, München, Aktenzeichen 320-5200-124/99« angepriesen. Wie die Regierung von Oberbayern auf Anfrage mitteilte, sei indes die behauptete »Anerkennung« des Roth'schen Ausbildungsangebotes unzutreffend: »Tatsächlich handelt es sich hierbei um eine bloße steuerrechtliche Unbedenklichkeitsbescheinigung (…), die über den Inhalt und die Qualifikation dieser Ausbildung nichts aussagt« (209.1-2415R2/2001 vom 6. 6. 2002). Ob Roth über eine rechtliche Befugnis zur Ausübung der Heilkunde verfügt – sie selbst führt wortreich an, »in etlichen humanistischen, systemischen und spirituellen Therapieverfahren, Heilungs- und Energiearbeit ausgebildet« zu sein und eine »zehnjährige Ausbildung und Assistenz in Biodynamischer Psychologie und Reichianischer Körperpsychotherapie« durchlaufen zu haben –, geht aus ihrer Hochglanzbroschüre nicht hervor. Die auf 130 Trainingstage angelegte *CIP*-Ausbildung kostet im Übrigen 18.050 €.

Aus dem Umfeld des Leipziger Religionsphilosophen Karlfried Graf Dürckheim (1896–1988) – während des Dritten Reiches hochrangiger SA-Mann und NS-Kulturattaché in Japan – kommt ein gewisser Norbert Mayer, der zusammen mit Ehefrau Hildegard-Nora Henke-Mayer in München ein eigenes Institut *Metafor* betreibt. Im Programm dieses Instituts, eines Ablegers der in den 1950ern von Dürckheim im Hochschwarzwald begründeten so genannten *Existenzialpsychologischen Bildungs- und Begegnungsstätte* (*EXIST* Rütte), findet sich ein Sammelsurium zen-buddhistisch inspirierter Selbstdisziplinierungsarbeit, vor allem Za-Zen (Sitzmeditation), Aikido (Kampfkunst) und IaiDo (Kunst des Schwertziehens), dazu schamanische und indianische Heilungsrituale, Reiki, Feng-Shui oder auch »Intrauterine Lösungsarbeit« (Leib-/Atemtherapie); Henke-Mayer steuert »Hawaiianische Tempelmassage« bei. Verbindende Klammer ist bezeichnenderweise die »Systemische Therapie«, sprich: Familien- und Organisationsstellen nach Bert Hellinger. Ein 5-Tage-Seminar »Familienstellen« bei Mayer/Henke-Mayer kostet 450 €, eine 28-tägige »Ausbildung« 2.900 €.[*]

---

[*] Die Nazi-Vergangenheit Dürckheims wird in dessen Anhängerschaft bis heute verdrängt, »der Graf«,

Bezeichnend sind auch die Therapieseminare des fränkischen Heilpraktikers Günther »Sepp« Schleicher, die auf die Sehnsucht zivilisationsgeschädigter Mittelschichtler nach »Naturerleben« und »Eigentlichkeit« abzielen: In Indianerzelten und Wohnwagen leben die Gruppenteilnehmer für einige Zeit »in freier Natur« zusammen und unternehmen mit einer Herde eigener Islandponys »Wanderritte zu den heiligen Plätzen unserer Vorfahren«. In abendlichen »Sitzungen ums Lagerfeuer« werden sie mit verschiedensten therapeutischen Techniken konfrontiert: Hypnotherapie, NLP, Meditation und vor allem: Familienaufstellung nach Hellinger. Zwei Wochen künstlicher Zeltlager-Romantik mit (pseudo-)therapeutischer Innenschau kosten rund 1.100 € (vgl. Lange, 1999).

Was Schleichers »Rückkehr zum Eigentlichen« bedeutet, erfahren die Gruppenteilnehmer in aller Unmissverständlichkeit: Schleicher sieht sich − ganz im Sinne Hellingers, den er als Lehrmeister zutiefst verehrt − als Vertreter einer »natürlichen Ordnung«, er warnt vor einer »allgemeinen Gleichmacherei von Mann und Frau«, vor dem »Sumpf von Ideologien und falsch verstandener Gleichberechtigung«. Konsequenterweise bietet er eigene Seminare an zur Frage: »Was ist ein ›richtiger‹ Mann, eine ›richtige‹ Frau und wann erleben wir uns ›in Ordnung‹ als Mann und Frau?«, deren Ziel es sei, »mehr zu sich, zu seinen ›typisch männlichen‹, ›typisch weiblichen‹ Impulsen zu stehen, als zu ideellen Vorstellungen. Ein sehr mutiger Weg, nicht aus Angst, ein ›Macho‹ zu sein, nicht aus Angst, ein ›Weibchen‹ zu sein, entdeckte Eigenheiten zu unterdrücken« (Schleicher, 1989, 46 f.).

Derlei Anschauungen werden von Schleichers Anhängerschaft unhinterfragt weiterverbreitet. Die Schleicher-Schüler Leonhard Oesterle und Gerhard Linhard etwa kündigten einen »Männer-Workshop« folgendermaßen an: »Bedingt durch die Entwicklung in diesem Jahrhundert ist dem modernen Menschen das Verständnis für natürliche Ordnung abhanden gekommen. So sieht sich der Mann immer mehr als Individuum statt als Teil einer Gemeinschaft. Dadurch entsteht eine innere und äußere Vereinsamung, die zum Chaos führt: Verlust von Würde, Homosexualität, Sinnlosigkeit, Süchte, Arbeitswut, Potenzprobleme, verzerrte Beziehungswerte. In

---

wie er ehrfurchtsvoll genannt wird, genießt auch *post mortem* unhinterfragbaren Guru-Status. Selbstredend wird auch nirgendwo die Schattenseite des Zen-Buddhismus thematisiert, der in der japanischen Gesellschaft seit je als Instrument autoritärer Zurichtung diente (vgl. Victoria, 1999).

diesem Männerworkshop wollen wir herausfinden, wie wir als Männer wieder in Ordnung kommen können« (Oesterle/Linhard, 1990, 118).

Seit Schleicher Ende der 1990er massive Probleme mit der Steuerfahndung bekam und obendrein seine Dauerfehde mit der Sektenberatungsstelle Bamberg/Eichstätt vor Gericht ging (und in zwei Instanzen verloren wurde), ist es etwas ruhiger um ihn geworden. Unter dem Begriff »Samain« – es ist dies im keltischen Mythos die Nacht vom 31. Oktober auf den 1. November, in der die Toten lebendig würden – werden indes seine Seminare (neben den Naturcamps gibt es allerlei weitere Kurse und Selbsterfahrungsworkshops) weitgehend unverändert fortgesetzt (vgl. Lange, 1999).

Eine gewisse Verwandtschaft mit den Schleicher'schen Seminaren weist ein Workshopangebot des Münchener »Körperpsychotherapeuten HPG« Bringfried Becker auf: »Das männliche Kraftfeld im Familiensystem«. Zentrales Element dieses »für Männer auf der Suche nach dem Wesentlichen in ihrem Leben« ausgeschriebenen Wochenendseminars ist – neben den obligaten Familienaufstellungen – eine so genannte »Schwitzhüttenzeremonie«. Diese sei, so Becker, ein »uraltes Ritual der nordamerikanischen Ureinwohner zur Reinigung und zur Vorbereitung beim Erbitten von Visionen« und helfe »unsere Sinne zu schärfen und unsere Absichten auf den Punkt zu bringen« (Becker, 2002).

Die eigens hergestellte »Indianische Schwitzhütte« (Stone-People-Lodge) besteht aus einem mit Decken und Planen bedeckten Weidengestell in Iglu-Form. Darin kauern die Teilnehmer nackt um ein Becken glühender Steine, auf die regelmäßig etwas Wasser und Salbeiöl gegossen wird. Sie harren in diesem oft unerträglich heißen, dampfenden und dunklen Iglu bis zu drei Stunden aus. Die Enge, Feuchtigkeit und Hitze lassen (eigens suggerierte) »Erinnerungen« an den Mutterschoß entstehen, Gefühle der »Einheit und Verbundenheit«, aber auch des unbedingten Dranges nach Befreiung. Manitou oder Wakantanka werden beschworen: »Großer Geist, hilf mir, meine Versagensängste loszuwerden« oder »Großer Geist, hilf mir, mehr zu meiner Männlichkeit zu stehen«. Der enorme Gruppendruck verhindert den vorzeitigen Abbruch des »Wandlungsprozesses« (gelegentlich auch als »Seelenrückholung« bezeichnet). Nach der Schwitzhütte findet ein »Sprechkreis« statt, bei dem alle Teilnehmer sich mitteilen können, bei dem aber keinerlei Diskussion oder Rückmeldung erlaubt ist. Dazu wird getrommelt und gesungen (vgl. Lessing, 1993, 203 f.).

Assistiert wird Becker von Heilpraktiker Gerd Schnesche, der sich als

»MedizinMann« mit Erfahrung in der »Leitung von Schwitzhütten seit 1987« beschreibt (vgl. Becker, 2002). Interessant ist der Umstand, dass Becker sich mithin als Schüler des bereits erwähnten Peter Kriester (Likatien) vorstellt. Der zweieinhalbtägige »Männer-Workshop« – Ort des Geschehens ist die *Ökologische Akademie Linden*, ehedem Vorzeigeobjekt der bayerischen Grünen – kostet (inkl. Unterkunft und Verpflegung) 342 €.

Abschließend erwähnt sei das Wiener *Institut Namasté*, begründet und geleitet von einem »Amrit« R. Fuchs, vormals Computerprogrammierer, heute Reiki-Meister und »Dipl. Sexualberater«, sowie einer Helena Krivan, ehedem Übersetzerin, heute »Dipl. Sexualberaterin« und Astrologin. Fuchs und Krivan bieten in erster Linie »Tantra-Massagen«, »Tantra-Seminare« und Ausbildungen zum »Dipl. Tantralehrer« an; seit Ende der 1990er führen sie, damit verbunden, auch »Familienaufstellungen nach Hellinger« im Sortiment. Klinische Qualifikation: null.

Die angeführten Beispiele sind, wie gesagt, beliebig aus dem Riesenangebot der Familienaufstellerszene herausgegriffen. Sie könnten mühelos um ein Vielfaches erweitert werden.

Interessant, was Hellinger zu der eklatant mangelhaften Qualifikation zu sagen weiß, die das Heer der Aufsteller mehrheitlich kennzeichnet: »Es ist auch so, dass die Klienten ein Gespür dafür haben, ob sie dem Therapeuten das Letzte zutrauen können oder nicht. Wenn es ein Therapeut noch nicht so gut kann, dann kommen zu ihm eher solche Klienten, denen er auch entsprechen kann. Umgekehrt, wenn ein Therapeut auch mit den schwierigen Situationen umgehen kann, kommen zu ihm Klienten, die so etwas brauchen« (2001d, 29). Wie Rat und Hilfe suchende Klienten aus den Werbeverlautbarungen der einzelnen Aufsteller Hinweise auf deren Kompetenz oder Nicht-Kompetenz entnehmen sollen – wie gesehen bietet noch nicht einmal die *IAG*-Liste irgendwelche Gewähr –, teilt er nicht mit.

Sekten und Psychokulte

Innerhalb der Osho-Rajneesh-Bewegung zählt »Familienaufstellen nach Hellinger« inzwischen zum Standardangebot. Sowohl im Hauptquartier der Organisation im indischen Pune (früher Poona genannt) als auch in den zahlreichen Ablegern weltweit werden regelmäßig Kurse und Trainings in »Hellinger Family Constellation« veranstaltet, z. B. im Zentrum *Osho Ta-*

baan in Hamburg (Leiter: »Ramatheertha« R. Doetsch) oder im schwäbischen Zentrum *Paki* (Leiterin: »Amrita« I. Jung-Ansorg). Aber auch andere Psychokult- und Sektengruppierungen (z. B. das Salzburger Zentrum *Weißer Lotus* um Ex-Sannyasin »Buddha« B. Kiegeland) haben längst den indoktrinativen Wert des Verfahrens erkannt. So finden sich Familienaufstellungen etwa auch im Programm der so genannten *Wissenschaft der Spiritualität*, einer sektoid strukturierten Organisation, die sich, international bekannt als *Science of Spirituality*, im deutschsprachigen Raum regen Zulaufs erfreut (vgl. Zenz, 2002). Als aktuelles Oberhaupt – die Bewegung existiert seit Mitte der 1950er – tritt ein gewisser Rajinder Singh in Erscheinung, Enkel des Begründers Kirpal Singh, die weltweit verbreitete Initiations- und Meditationslehre bezeichnet sich als »Weg des inneren Lichts« *(Surat Shabd Yoga)*. Zentrale Meditationstechnik des *Surat Shabd* ist die Konzentration auf ein imaginäres »Drittes Auge« in der eigenen Stirnmitte. Allein im deutschsprachigen Raum verfügt die Organisation über mehr als 20 Meditationszentren und Anlaufstellen, die neuerdings auch als *Verein für Bildung und Kultur (BUK)* firmieren. Zu den Hauptaktivisten Rajinder Singhs zählen der Esoterik-Publizist Wulfing von Rohr und die Züricher Psychologieprofessorin Gertraud Schottenloher; Letztere veranstaltet – ausdrücklich im Rahmen der *Science of Spirituality* – Wochenendkurse in »Familienstellen nach Bert Hellinger«.

Auch in der am äußersten rechten und zugleich psychiatrischen Rand angesiedelten Kultbewegung um den südindischen Guru Sri Sri Sri Baghawan Sathya Sai Baba finden sich Elemente des Familienstellens nach Hellinger. Beziehungsweise *vice versa*. Der Münchner Reinhold Kopp zum Beispiel – ehedem Frisör und heute Eso-Heilpraktiker mit Schwerpunkt »Familienaufstellungen« sowie psycho-biosthetische Glatzenwiederbehaarungsbehandlung – bezieht sich ausdrücklich auf den krausen Sai aus Puttaparthi (vgl. Gerbert, 2002a). Dieser – laut Selbstauskunft handle es sich bei ihm um die »höchste Inkarnation Gottes«, wahlweise auch den »größten Guru aller Zeiten« sowie unbestrittenen »Lord of the Universe« – weiß in der Tat und *en masse* mit Hellinger-kompatiblen Sprüchen aufzuwarten: über Ordnung und Sauberkeit und über die Pflicht, absoluten Gehorsam zu üben der jeweiligen Obrigkeit gegenüber. Denn: Nichts bringe schlimmere karmische Frucht als Ungehorsam wider die »höhere Ordnung«: O-Ton Sai Baba (Sai Baba 2001, 41): »Beschränkungen und Kontrollen sind der Königspfad, um das Ziel der Selbstverwirklichung zu erreichen. (...) Verstoße nicht gegen die Regeln und Ordnungen, die dir auferlegt sind: Sie sind erlassen zu deinem eigenen Wohle. Denn: Ordnung ist die Grundlage jeder Schöpfung.« Wichtig sei zudem, so der allwissende und allgewaltige Sai, stolz zu sein auf das eigene Vaterland (vgl. Rückerl, 1994; Goldner, 2001). Wie Heilpraktiker Kopp behauptet, führten seine Sai Baba-inspirierten Familienaufstellungen in nur 10 bis 60 Minuten sicher zum Erfolg: »Bei Aufstellungen kommt immer, immer, immer die Wahrheit ans Licht!« (in: Gerbert, 2002a, 142).

Letztlich – und naheliegenderweise – hat Hellingers Familienstellen auch Eingang gefunden in der Szene um den koreanischen Sektenführer San Myung Mun, der seit je ultrareaktionärste Familienwerte propagiert. In seiner aus christlichen, konfuzianischen und schamanistischen Elementen zusammengesetzten *Vereinigungskirche* (= Mun-Sekte) predigt er die Rückkehr des »gefallenen Menschen« in das »Schöpfungsideal der vollkommenen Familie Gottes«. Wie dieses Ideal auszusehen hat, kann man sich vorstellen, zumal laut Mun die Ursache für den Fall des Menschen in »Evas Sünde« liege: in der Unzucht des Weibes mit Satan (vgl. Minhoff/Lösch, 1988, 73 f.).

Stets in die gleiche Richtung zielen die »göttlichen Offenbarungen«, mit denen »Reverend« Mun seine Anhänger überflutet: »Wir stehen an der Schwelle des neuen Jahrtausends. Ich glaube darum, dass es an der Zeit ist, unsere althergebrachten Denkmuster zu überprüfen. (...) Es gibt etwas, das Sie nicht wissen. Sie wissen nämlich nicht, was einen Mann zum Mann macht und ein Weib zum Weib. Die Antwort ist: Die Geschlechtsorgane. (...) Lassen Sie uns entdecken, was die Scheidelinie zwischen Himmel und Hölle ist. Es ist Ihr Geschlechtsorgan. (...) Wenn Sie daran zweifeln, fragen Sie Gott« (zit. in: Nordhausen/Billerbeck, 1997, 485).

Auf gleicher Ebene liegen die so genannten »Blessing«-Zeremonien, die Mun – von seinen Jüngern als »Wahrer Messias« gefeiert – anlässlich der Gründung einer der über 300 Unterorganisationen der *Vereinigungskirche* im Jahre 1996 einführte: Zur Stärkung der »wahren Familienwerte« wird den Jüngern eine als »Holy Wine« bezeichnete Flüssigkeit kredenzt, die mit Tropfen seines Blutes und Spermas angereichert sein soll (vgl. ebd.). In einem eigenen »Familien-Gelöbnis«, Katschong Mängse genannt, rezitieren die Jünger dazu kollektiv Sprüche wie: »Wir, als Familie, gegründet auf wahre Liebe, geloben, die Welt der Kultur des Herzens (Shimjung) zu verwirklichen, die mit der ursprünglichen Abstammungslinie verbunden ist. Als geblesste Familien müssen wir uns zu einem Teil der *Wahren Familie* machen: Durch Gehorsam gegenüber dem Wort der *Wahren Eltern* (gemeint sind damit Mun und seine Frau Hak Ja Han, C. G.) und indem wir eine physische Verbindung mit ihnen eingehen« (zit. in: Gandow, 1999).

Ende der 1990er begründeten österreichische Mun-Anhänger das so genannte *Shimjung Institut zur Förderung sozialer Kompetenz* mit Hauptsitz in Lienz, an dem im Rahmen einer obskuren »Beraterausbildung« auch »Familienstellen nach B. Hellinger« gelehrt wird (Shimjung, 2002). *Shimjung*-Mitbegründer Thomas Holger Schuh, eigenen Angaben zufolge Heilpraktiker und »Emotional Coach« (was immer das sein soll), begründete darüber hinaus eine so genannte *Sokom-Akademie* in München, die, laut Eigenwerbung, »in Familien und Organisationen (...) eine Herzens- und Kommunikationskultur fördern« will und daher gleichfalls und in erster Linie Aufstellungen nach Hellinger im Angebot führt. Schuhs Aufstellungen, mit denen er nicht nur in Deutschland, sondern auch in Österreich herzenskulturelle Förderung betreibt, finden passenderweise an der Waldorfschule Innsbruck statt (Schuh, 2002 [siehe auch: *Am Puls der Szene*]).

»Wissendes Feld«

Die Szene der Familienaufsteller, so viel dürfte bis hierher deutlich geworden sein, ist zu größten Teilen der Esoterikszene zuzurechnen. Es spielt hierbei keine Rolle, dass einzelne Exponenten einen wissenschaftlichen Hintergrund vorzuweisen haben und/oder sich selbst als keineswegs irrationalen Hirngespinsten verhaftet vorkommen.

Unbestreitbare Tatsache ist: »Familienaufstellen nach Bert Hellinger« findet bevorzugt in esoterischen Kreisen statt. Der Grund dafür liegt nicht nur in der hier vorherrschenden Affinität zu autoritären Denkmodellen, sondern auch und insbesondere in dem Umstand, dass das Hellinger-Modell selbst auf rein esoterischen bzw. irrationalen Annahmen basiert.

Die bereits erwähnte *IAG*-Aufstellerin Angelika Glöckner formuliert das – in *Praxis der Systemaufstellung* (1998, 43) – so: »Und in die Aufstellungen hinein wirkt eine vielleicht ›geistig‹ zu nennende Kraft, die wir der spirituellen Welt zuordnen mögen oder nicht. Einig aber dürften wir darin sein, dass dieses ›Etwas‹ nicht aus uns heraus wirkt, sondern bestenfalls durch uns hindurch. Für dieses ›Etwas‹ machen wir uns empfänglich, dieses ›Etwas‹ geht mit und steht dem Geschehen still und unauffällig zur Seite. Diesem ›Etwas‹

dürfen wir dienen und sind dann gerne dafür dankbar. – Hier, so meine ich, liegt das Geheimnis der Aufstellungsarbeit, dem auf die Spur kommen zu wollen wir uns zu Recht scheuen. Denn wer das Rätsel ergründen will, dem entzieht es den Zauber, und wer sich zu nahe an das Geheimnis wagt, dem verschließt es sich ganz. So bleiben wir zu ihm in ehrfurchtsvollem Abstand und freuen uns an den Wirkungen unseres Tuns und Lassens«.

Gemeint mit dem »Rätsel«, das tunlichst nicht ergründet werden solle, ist das zentrale Diktum des Familienaufstellens: das so genannte »Wissende Feld«, die »Tatsache«, wie Bertold Ulsamer schreibt, »dass Wildfremde, die als Stellvertreter an einen Platz gestellt werden, Zugang zu den Gefühlen des Familienmitglieds bekommen, das sie stellvertreten« (2001b, 8). Sie gehen, so Aufstellungsexperte Siegfried »Siggi« Hoffmann (1999), »automatisch in die Gefühle der Familienmitglieder, für die sie stehen. Obwohl sie diese überhaupt nicht kennen, nie gesehen haben, nichts von denen wissen.« Und er hat auch gleich ein Beispiel aus seiner persönlichen Erfahrung als Stellvertreter bei der Hand: »Ich stellte den Vater eines aufstellenden Teilnehmers dar. In dem Augenblick, wo ich an meinem Platz stehe, krieg' ich wahnsinnige Kopfschmerzen. Ich dachte, mir schlägt was in den Kopf rein und reißt ihn mir auseinander. Dabei hatte ich zuvor noch nie mit Migräne oder Kopfschmerzen zu tun. Es stellte sich heraus, dass der Mann, für den ich stellvertretend stand, im 2. Weltkrieg fiel. Er wurde durch einen amerikanischen Scharfschützen mit einem Kopfschuss getötet.«

Hunter Beaumont (1999), Szene-Ziehsohn Hellingers und dessen Sprachrohr auf England- und Amerika-Tourneen, schneidet auf, er könne »tausende solcher Geschichten erzählen«, von einer Frau etwa, die »fing plötzlich an zu schwitzen und hatte heftige Schmerzen im Brustkorb und im linken Arm. Sie dachte, sie erlitte einen Herzinfarkt, und es stellte sich heraus, dass die Frau, für die sie stand, ein paar Wochen vorher fast an einem Herzinfarkt gestorben wäre, aber das wussten wir nicht«; oder von einem Mann, der in einer Aufstellung berichtet habe, er fühle sich auf dem rechten Ohr taub, »und was herauskam war, dass der Mann, den er darstellte, eine Kriegsverletzung davongetragen hatte und auf dem rechten Ohr taub war, aber als wir anfingen, wussten wir das noch nicht«.

Wie solche »Übertragung« funktioniere, so *IAG*-Aufsteller Wilfried Nelles (1997, bezeichnenderweise in *Esotera*), sei bis heute ein völliges Rätsel. *IAG*-Kollege Beaumont (1999) – kaum zu glauben, dass er einst als seriöser Gestalttherapeut galt – weiß jedenfalls, es werde »letztendlich dieses Phänomen unsere Sicht der Welt verändern. Die Aufstellung ist die einzige mir bekannte Methode, die es normalen Menschen ermöglicht, den Einfluss der Erfahrung eines anderen Menschen körperlich zu erleben. (...) Das eröffnet ein völlig neues Feld der Forschung und wird letztendlich zu einem fundamentalen Paradigmenwechsel innerhalb der Psychotherapie führen.« Vorsorglich wird Hellinger auf der Website seines *Virtuellen Bert Hellinger Instituts* (2002a) schon einmal für den Nobelpreis vorschlagen.

Kronzeuge Sheldrake

Wenn es denn überhaupt eine Erklärung für das Phänomen des »Wissenden Feldes« gebe, so »Siggi« Hoffmann (1999), finde man sie »bei den Forschungsarbeiten von Prof. Rupert Sheldrake und seinen morphogenetischen Feldern«.

Was man darunter zu verstehen habe, liest sich auf einem zirkulierenden und x-fach für Homepages abgeschriebenen Szenepapier wie folgt: Nach Sheldrake sei »die gesamte Natur: Teilchen, Lebewesen, Systeme wie Familien bis hin zu Planeten durch Felder organisiert. Im Einflussbereich dieser Felder wird die zugehörige Energie in jeweils spezifischer Weise gebunden und gestaltet. Sheldrake schreibt morphischen Feldern zwei Kennzeichen zu: ein Gedächtnis ihrer Geschichte und die Fähigkeit, mit anderen Feldern in Resonanz zu treten, zu lernen und sich zu entwickeln. Auf das Feld der Aufstellung übertragen heißt das: Das gesamte Wissen über die Geschichte einer Familie ist im Feld enthalten und Menschen können mit diesem Wissen durch Resonanz in Verbindung treten« (Carl-Auer, 1999).

IAG-Vordenker Albrecht Mahr, von dem auch der Begriff des »Wissenden Feldes« stammt, erläutert weiter (2000, 32): »In einer Aufstellung ist das gesamte Wissen über die Entwicklung *dieser* Familie und ihrer Vorfahren – im Guten wie im Schlimmen – enthalten. Und wir können mit dem Guten wie mit dem Schlimmen dieses Wissens durch Resonanz in Verbindung treten: Unsere Haltung, unsere geistige Ausrichtung gegenüber diesem System bzw. seiner Aufstellung bringt gleichsinnige Inhalte des Systems zum Klingen – das nennt Sheldrake ›morphische Resonanz‹ –, das heißt, sie werden sichtbar, fühlbar, kurzum: wahrnehmbar. Wahrnehmbar für alle an einer Aufstellung Beteiligten, die ja bereit sind, sich diesem Resonanzphänomen in der Teilhabe an einem fremden Feld zu öffnen.« Was immer das heißen soll.

Allenthalben wird der Name Sheldrake herangezogen, wenn es darum geht, das »Unerklärliche«, »Erstaunliche«, »Rätselhafte«, »Mysteriöse« etc. des Familienstellens als wissenschaftlich eingefasst zu markieren und damit in den Rang des Seriösen oder zumindest Diskutablen zu erheben. Tatsächlich sind die ständigen Querverweise auf Sheldrake – der britische Biologe gilt in Wissenschaftskreisen als äußerst umstritten (vgl. Wiseman/Watt, 1999), unter Esoterikern hingegen als Superstar (vgl. Kerckhoff, 2000; Tolzin, 2002) – nur Ausdruck der eigenen Hilflosigkeit: Sheldrakes mit Wissenschafts*begrifflichkeit* aufgeplusterte, bei Lichte besehen aber völlig substanzlose Konstrukte besagen oder belegen *gar nichts*; am wenigsten taugen sie dazu, den hirngespinstigen Vorstellungen der Hellinger-Szene Substanz zu verleihen.

Sheldrake sind Worthülsenansammlungen der folgenden Art zu verdanken (1999, 354 f.): »In dieser Hypothese (der Formenbildungsursachen) behaupte ich, dass es in selbstorganisierenden Systemen auf Komplexitätsebenen eine Ganzheit gibt, die auf einem charakteristischen organisierenden Feld dieses Systems beruht, seinem morphischen Feld. Jedes selbstorganisierende System ist ein Ganzes, das aus Teilen besteht, die wiederum Ganze auf einer tieferen Ebene sind. Auf jeder Ebene verleiht das morphische Feld jedem Ganzen seine charakteristischen Eigenschaften und bewirkt, dass es mehr ist als die Summe seiner Teile. (...) Morphische Felder sind (...) Einflussgebiete in der Raum-Zeit, innerhalb der und um die Systeme herum angesiedelt, die sie organisieren. Sie wirken probalistisch. Sie beschränken den immanenten Indeterminismus der unter ihrem Einfluss befindlichen Systeme oder zwingen ihm eine Ordnung auf. (...) Die morphische Resonanz ist die Basis des inhärenten Gedächtnisses in Feldern auf allen Komplexitätsebenen.« Und, als hätte man es geahnt: »Beim Menschen kann diese Art des kollektiven Gedächtnisses durchaus eng mit dem verwandt sein, was der Psychologe C. G. Jung das ›kollektive Unbewusste‹ genannt hat.«

Inzwischen wurde Sheldrake komplett von der Hellingerszene vereinnahmt: Er wird zu Interviews und Podiumsdiskussionen gebeten (vgl. Beaumont, 2000), fehlt auf kaum einer größeren Veranstaltung. Wechselseitig schiebt man einander dabei Erklärungen und Bestätigungen zu (vgl. Mahr/Beaumont, 1999):

Sheldrake zu Hellinger: Dort auf der Bühne habe ich vor mir die Familienaufstellungen gesehen, und es war ganz klar, dass dies die Felder von Familien waren. (...) Für mich war das Erstaunliche, dass ich die morphischen Felder vor mir in Aktion sehen konnte, und nicht als abstrakten Begriff auf Papier oder in wissenschaftlichen Experimenten. Das war für mich eine große Entdeckung.

Hellinger zu Sheldrake: In der Arbeit mit Familienaufstellungen sahen wir Verbindungen zu den morphogenetischen Feldern, denn bestimmte Erinnerungen wirken in späteren Generationen weiter. (...) Dahinter kann man bestimmte Gesetze oder Muster erkennen, nach denen sich das wiederholt.

Tatsächlich erklärt oder gar bestätigt wird durch das Hin-und-Hergeschiebe zirkulär argumentierender Floskeln *überhaupt nichts*. Auch nicht durch die in autoritätsheischender Manier aufgelisteten synonymen Begriffe für das »Wissende Feld«, dem, so Mahr (1999b, 237), »im Bewusstsein, dass jede Benennung es unzulänglich begrenzt, (...) doch immer wieder Namen gegeben (wurden) wie ›Akasha‹, ›Tao‹ oder auch ›stammesgeschichtliches Gedächtnis‹ (Sigmund Freud), ›kollektives Unbewusstes‹ (Carl Gustav Jung), ›morphogenetisches Feld‹ (Rupert Sheldrake) oder ›Psi-Feld‹ (Ervin Laszlo).« All diese Begriffe sagen *per se* gar nichts, ebenso wenig die sonst in der Szene geläufigen wie »Die Große Seele«, »Der Grund«, »Die Ordnung«, »Das Gewissen« etc. (vgl. Madelung, 2001, 64).

Mahr – um daran zu erinnern: 1. Vorsitzender der *IAG* – fasst das Ganze so zusammen (1999, 237): »In Aufstellungen entfaltet sich der zeitlose Raum des ›Alles ist jetzt‹, in dem sich die wesentlichen Ereignisse und Kraftströme aus Vergangenheit, Gegenwart und Zukunftsmöglichkeit in einem dynamischen ›Bild‹ vereinen. In Aufstellungen entdecken wir neu die von alters her immer wieder formulierte Erfahrung eines universellen Feldes, in dem alles bewahrt ist, was war, ist und sein wird.«

Das Reich der Toten

Wenn dieses »universell wissende Feld« nun als »raumzeitübergreifend« vorgestellt wird, ist es nur konsequent, wenn auch Kontaktnahme zu Verstorbenen denkbar wird. Mahr, der sich schon in Wiesendangers Esoterikkompendium *Geistiges Heilen für eine neue Zeit* zu dieser Frage ausgelassen hatte (1999b), teilt insofern eine seiner »zentralen Erfahrungen« als Aufsteller mit: die »Begegnung mit den Toten«. Im offiziellen Hellinger-Organ *Praxis der Systemaufstellung* (1999c, 8 f.) schreibt er: »In Familienaufstellungen erleben wir oft, dass heilsame Lösungen vor allem von gestorbenen Angehörigen oder anderen Toten ausgehen, mit deren Schicksal die Familie verbunden ist. (...) So können Lebende und Tote auch nach sehr langer Zeit noch Heilungsschritte füreinander ermöglichen.« Wortreich führt er aus, es müssten »manchmal die Lebenden den Toten die Folgen ihrer verwirrten Geistesverfassung vor Augen führen können, um einander von Angst und Schuld entlasten zu können. (...) Eine liebevolle und direkte Aufklärung der Toten durch die Lebenden ermöglicht es dann vielleicht, dass die Verstorbenen sich auf den Weg zu ihren wichtigen Nächsten machen, sie anrufen und bei ihnen schließlich die Aufnahme finden, die für alle befreiend ist.«

Selbst eingefleischten Hellingerianern, zumindest einigen davon, ging das zu weit. Mahrs Beitrag sei nicht nur »völlig bodenlos und bis zur Geschmacklosigkeit verfehlt« (Adamaszek, 1999, 12), er drohe auch, die Familienaufstellungen »zu spiritistischen Sitzungen« verkommen zu lassen: »Aus einer Methode wird ein quasi-religiöser, jedenfalls – dem Anspruch nach – die Diesseits-Grenzen überschreitender Vollzug. Ist das nicht eine grandiose Selbstüberschätzung? Und abgesehen davon: Katapultieren wir uns damit nicht aus dem therapeutischen Bereich hinaus und geraten in einen völlig unkontrollierbaren illusionären Esoteriktrend?« (Jellouschek, 1999, 18). Auf den tatsächlichen Punkt brachte es *IAG*-Aufsteller Hans-Dieter Dicke (1999, 82), der nicht Mahrs Hirngespinste *an sich* kritisierte, sondern vielmehr auf die Gefahr hinwies, die von der *Veröffentlichung* solch – intern längst diskutierter und in der Praxis weit verbreiteter – esoterischer Vorstellungen ausgehe: Die Redaktion solle »jedenfalls die nötige Obacht walten lassen, dass die *Praxis der Systemaufstellung* nicht von entschlossenen und durchaus wirkmächtigen Gegnern unseres Anliegens als Ausweis für den Sektencharakter der *Arbeitsgemeinschaft Systemische Lösungen nach Bert Hellinger* und ihrer Anhänger benutzt wird.«

Mahr selbst zeigte sich uneinsichtig, auch was die Warnungen Dickes anbelangte: In beleidigtem Unterton wies er in der Folgeausgabe von *Praxis der Familienaufstellung* auf die auch von Hellinger (in: Gross, 1999, 17) beschriebene »Wechselwirkung zwischen den Lebenden und den Toten« hin und breitete erneut seine in »bodenständiger Arbeit« gewonnenen »Erfahrungen« aus (1999a, 19): »Wir müssen uns, glaube ich, einer merkwürdigen

Erfahrung stellen: gestorbene Angehörige oder nie gekannte Gefallene, unbekannte und weit entfernt lebende Halbgeschwister, aber auch unsere Nächsten: die Eltern und Geschwister – sie alle sind im Geschehen der Aufstellung *wirklich* da (in Gestalt der aufgestellten Stellvertreter, C. G.), sagen und zeigen uns bisher nie Gehörtes und nie Erlebtes.«

IAG-Kollegin Eva Madelung suchte die Wogen über banalen Agnostizismus zu glätten (1999, 21): »Durch Erfahrungen mit Aufstellungen steht (...) die Frage im Raum, ob Lebende für die Toten ›etwas tun können‹, eine Frage, die zum Beispiel die katholische Kirche durch den Ritus der Totenmessen bejaht.« Bezogen auf die Aufstellungsarbeit sei eine »differenzierte Sicht angebracht. Denn trotz immer wiederkehrender, zum Teil sehr eindrucksvoller Erfahrungen, dass Verstorbene über Träume oder andere Möglichkeiten der Kontaktaufnahme in das Leben der Lebenden hereinwirken, ist es rational nicht beweisbar, dass es sich dabei nicht um die Wirkung von Projektionen handelt. Dehalb lautet für mich die Antwort: Wir wissen es nicht, ob es die realen Toten (...) sind, die auf uns wirken.«

Indes: Es half nichts. Die Folgenummer von *Praxis der Systemaufstellung* brachte einen Beitrag von *IAG*-Aufsteller Heinz Stark (2000b), der unter dem Titel »Die wirk-lichen Toten« den letzten Hauch eines Anspruches der Aufstellerszene, irgend etwas anderes sein zu wollen als ein Verein esoterischer Spinner, endgültig zu Grabe trug. Über Seiten hinweg führt Stark aus, es sei die »aus unserer Kultur in spiritistische Grauzonen verbannte Interaktion mit Ahnen (...) dank der Unbestechlichkeit von Bert Hellinger mit der Aufstellungsarbeit definitiv und diskutabel in unsere Kultur zurückgekehrt. Da helfen letztlich alle Abwehrschlachten nichts.« In elf Jahren intensiver Aufstellungspraxis sei ihm, Stark, die Einsicht gewachsen, dass eine »Kontinuität wechselseitigen Einwirkens« zwischen Lebenden und Toten bestehen *müsse.* Er führt dazu ein Beispiel aus seiner Praxis an: »Unlängst erwachte die seit Monaten im Koma liegende Schwester eines Lösung Suchenden fern von der Aufstellung, nachdem die ermordeten Kinder der Großmutter ihren Platz erhalten hatten, in dem Moment, als die langverstorbene Großmutter in der Gestalt ihrer Stellvertreterin die Konsequenzen ihres Handelns zu tragen begann.« Stark weiß wohl selbst nicht, was er damit sagen will, insofern resümiert er seine Auslassungen wie folgt: »Wenn wir auf Theorie verzichten und uns einfügen in das, was bei vollem Körper-Seele-Geist-Erfassen vor und in uns erscheint, und wenn wir uns so einer gleichsam demütigen Empirie verpflichten, müssen wir nicht erklären, was in einer Aufstellung passiert.

(...) Die Frage, wie Informationen jetzt tatsächlich von den Toten kommen können, (...) wird aus dem Blickwinkel einer konsequent phänomenologischen Haltung fast absurd.« Ganz Ähnliches brachte er zeitgleich auch in dem Osho-Rajneesh-nahen Szene-Blatt *Connection* zu Papier (Stark, 2000a). Interessant ist im Übrigen, dass Heinz Stark, eigenen Angaben zufoge Diplompädagoge und Diplomdesigner, in seinen seitenlangen Verlautbarungen keinerlei Hinweis auf seine rechtliche Befugnis zur Ausübung der Heilkunde unterbringt. Früher war er u. a. als Geistheiler tätig, heute leitet er das *Stark-Institut*® *für Heilung, systemische Aus- und Fortbildung* in Bremen. Hellinger bekräftigte Starks Ausführungen ausdrücklich. In einem Interview zu seinem 75. Geburtstag im Dezember 2000 sagte er: »In der Familie sind die Verstorbenen offensichtlich genauso gegenwärtig wie die Lebenden. (...) Dabei kann man sehen, dass die Lebenden und die Toten miteinander verwoben sind und sowohl die Toten auf die Lebenden wirken wie umgekehrt die Lebenden auf die Toten« (in: Linz, 2000, 18).

Ungeachtet all dieser Auslassungen führender Vertreter der Szene, einschließlich Hellinger selbst, heißt es in Hellinger-Kreisen *unisono*: Mit Esoterik hat das Familienaufstellen nichts zu tun. Hellinger dekretiert (2001d, 118): »Nun, die Esoterik hat ja keinen guten Ruf, weil man sehr oft meint, das seien Spinnereien, da seien einige abgehoben und fühlten sich als etwas Besonderes oder besonders erleuchtet. Damit hat das vorher Gesagte (über die Aufstellung von Toten, C. G.) nichts zu tun.« Selbst Mahr (1999b, 237) betont, es gehe »nicht um weltferne Esoterik, sondern um etwas höchst Konkretes ...«

Dass derlei Distanznahme zu Esoterik nichts anderes darstellt als einen halbherzigen Versuch der Immunisierung gegen kritische Einwände und nur deshalb erfolgt, weil diese eben »keinen guten Ruf« hat, zeigt ein Blick auf die dazu in komplettem Widerspruch stehende Praxis der Familien- und Organisationsaufstellerei. Ein »Fallbeispiel«, beliebig dem Hellinger-Magazin *Praxis der Systemaufstellung* entnommen, veranschaulicht, was von der zur Schau getragenen Distanzierung von Esoterischem zu halten ist (Walper, 1998):

Eine junge, verheiratete Frau wünscht sich Kinder. Zweimal indes hatten bei ihr schon Gewebsgeschwulste (Myome) an der Innen- und Außenwand der Gebärmutter entfernt werden müssen. Nun waren erneut Myome im Anfangsstadium entdeckt worden. Die vom behandelnden Arzt angeratene Gelbkörperbehandlung würde zu Unfruchtbarkeit führen, wahrscheinlich auch die Alternative einer dritten Operation.

Die Frau nimmt an einer von *IAG*-»Ausbilder« Gerhard Walper veranstalteten Aufstellungsgruppe teil. Walper – eigenen Angaben zufolge Diplompädagoge und ausgebildeter Rebirther – berichtet: »Ich lasse sie zunächst Stellvertreter für sich, ihren Mann und die Myome (es waren zum dritten Mal zwei Stück) auswählen und aufstellen. Für die Myome wählt sie Frauen – später sollte sich zeigen warum – und stellt sie in ihren Rücken.

Ihre Stellvertreterin wirkt unruhig und bedrückt. Die Myome möchten ganz nah zur Frau und schmiegen sich an ihren Rücken, doch ganz zufrieden sind sie damit nicht. Ich schlage ihnen vor, sich einen besseren Platz zu suchen. Sie stellen sich zunächst vor die Frau, dann setzen sie sich mit dem Rücken zu ihr auf den Boden und lehnen sich an.

Es ist das Bild einer Mutter mit ihren toten Kindern. Ich teile der Klientin mein Bild mit und frage: ›Welche Mutter und welche Kinder sind es wirklich?‹

Darauf berichtet sie, die Mutter ihrer Mutter habe zwei Totgeburten gehabt, zwei Mädchen (!). Und sie weiß noch genau, wie sehr ihr die Großmutter Leid tat, wenn diese an ihrem Kindbett saß, um der Enkelin die Geschichte mit den Totgeburten und dem Großvater zu erzählen. Der hatte im Krieg eine andere Frau, weshalb sich die Oma von ihm trennte.

Ich bitte sie, die Großmutter hinzustellen, lasse die Myome sich jetzt als die totgeborenen Kinder vor die Großmutter setzen und die Stellvertreterin der Frau sich den dreien zuwenden.

Die Frau ist sofort sehr entlastet. Der verstrickende Satz für sie lautet: ›Liebe Oma, ich trage es für dich.‹ Als die Klientin hineingenommen wird, ist sie tief bewegt und umarmt die Großmutter voller Schmerz.

Die Lösung wird mit folgenden Sätzen versucht: ›Liebe Oma, ich habe es gern für dich getragen, mit Liebe. Schau bitte freundlich, wenn ich es jetzt bei dir lasse.‹ Doch man sieht, dass die Enkelin es noch nicht bei der Großmutter lassen kann. Auch der Satz: ›Du bist die Große und jetzt traue ich es dir zu, es selbst zu tragen‹ bringt keine Lösung. Erst als der Großvater hinzugestellt wird, geht es leichter.

Die toten Tanten können sich nun bei den beiden Eltern anlehnen, sie umarmt auch den Großvater und kann jetzt mit Erleichterung zurücktreten und sagen: ›Liebe Tanten, ihr habt jetzt einen Platz in meinem Herzen. Doch jetzt lasse ich euch bei Oma und Opa.‹

Dann stellt sie sich neben ihren Mann, schaut nochmal zurück und sagt zu den Großeltern und den toten Tanten: ›Das ist mein Mann, wir wünschen uns Kinder. Bitte schaut freundlich, wenn es uns gut weitergeht.‹ Alle sind gerührt und der Mann ist froh, dass seine Frau sich jetzt ihm zuwenden kann.«

Wie Aufstellungsleiter Walper schreibt, habe die Frau ihn eine Woche später angerufen um mitzuteilen, »dass bei einer Kontrolluntersuchung keine Myome mehr festgestellt worden waren«. Zweieinhalb Jahre darauf habe er erneut mit ihr telefoniert und erfahren, »dass sie bald nach dem Aufstellungsseminar schwanger wurde und mittlerweile stolze Mutter einer gesunden Tochter ist. (...) Seither sind bei ihr keine Myome mehr aufgetreten.« Ende des Berichtes.

Unabhängig vom Wahrheitsgehalt dieses – gänzlich unüberprüfbaren – »Fallbeispiels«: Sehr viel esoterischer geht's nimmer. Laut *IAG*-Aufsteller Franz Ruppert freilich, Professor an der *Katholischen Stiftungsfachhochschule* München, könne die Aufstellungsmethode nach Hellinger schon allein deshalb nichts mit Esoterik zu tun haben, da dieser Begriff »im Wortsinne« auf eine »Geheimlehre« hindeute, »die nur Eingeweihten zugänglich ist. Dies trifft auf die Aufstellungsarbeit und die Gedanken Bert Hellingers (...) in keiner Weise zu. Was hier passiert, ist öffentlich und jedermann zugänglich« (2002a, 11). Ganz so, als sei beispielsweise Astrologie nicht Esoterik – sprich: Betrug oder Selbstbetrug –, wenn sie im Fernsehen, also öffentlich und vor Millionenpublikum, veranstaltet wird.[*]

Selbst Ruppert muss indes einräumen, dass die Grundannahme des Familienstellens – das Postulat eines »wissenden Feldes« – durch nichts gestützt wird, außer durch die vermeintliche Empirie der Aufsteller selbst: »Was allerdings keiner bisher erklären kann, ist das rätselhafte Phänomen, dass die Stellvertreter Zugang zu Informationen über ihnen unbekannte Personen bekommen, die sie eigentlich nicht wissen können. (...) Wir haben es bei den Fähigkeiten der Stellvertreter, das ihnen fremde System, in dem

---

[*] In der allsonntäglich über *tvm* ausgestrahlten TV-Talkshow *Sternenhimmel* (neuerdings *Noé-Astro-TV*), in der Starastrologe Winfried Noé neben der Vorführung seines eigenen horoskopischen Unfugs regelmäßig auch Reklame für andere Esoterikverfahren betreibt, trat Anfang 2002 der Berliner Heilpraktiker Bernd Isert auf, um das so genannte »Integrative Aufstellen« zu präsentieren, eine von ihm selbst erfundene Kombination von NLP, Kinesiologie und Familienaufstellen nach Bert Hellinger.

sie stehen, oft punktgenau zu erspüren, mit einem theoretisch noch völlig ungeklärten Prozess zu tun. (...) Das rätselhafte Phänomen der Informationsübertragung auf Stellvertreter passt auch nicht in das traditionelle naturwissenschaftliche oder psychologische Welt- und Menschenbild. Es stellt diese eher infrage« (2002a, 11 f.).

Theoretische Modelle, die das vermeintlich rätselhafte Phänomen des »wissendes Feldes« sehr plausibel und völlig ohne Herumgestochere im Metaphysischen als ein schlichtes Set an »manipulativen Täuschungstechniken« (vgl. Schlee, 2002, 50 f. [siehe auch: *Hinters Licht geführt*]) zu erklären und damit zu demystifizieren vermögen, werden von Ruppert ebenso ignoriert wie vom Rest der Hellinger-Gläubigen. Der stattdessen – wann immer ein »rationaler Diskurs« angesagt ist – viel zitierte Versuch des Heidelberger Aufstellers Thomas Fuchs (2000), ein »Stück ›Entzauberung‹« in die Diskussion um übersinnliche oder metaphysische Wirkkräfte zu bringen, vernebelt seinerseits mehr, als er zu erhellen vermag: Es könne, so Fuchs, die »leibliche Mimesis (gemeint ist das Auftreten körperlicher »Empfindungen« – warm, kalt, eng, schwach etc. – bei den Stellvertretern, die denen der stellvertretenen Familienmitglieder entsprächen, C. G.) auch durch Eintreten in die gleiche Beziehungskonfiguration vermittelt sein. (...) So verblüffend dies im Einzelfall sein mag, es zeigt doch nur, wie sehr die familiären Muster innerhalb einer Kultur im Grundsätzlichen übereinstimmen« (ebd. 16). Was ja hieße – bei Fuchs wird dies allerdings nicht weiter erörtert –, dass transkulturelle Aufstellungen das besagte Phänomen nicht hervorzubringen in der Lage sein dürften. Gerade das Gegenteil wird aber behauptet.

Paranoide Realitätsverzerrung?

Rupperts vollmundiger Vortrag, er sei als »Fachhochschulprofessor in Deutschland« mit seinem »Interesse, das Aufstellungsphänomen wissenschaftlich zu begreifen und für die Theoriebildung zu nutzen, eine Ausnahme« (2002a, 12), trifft allenfalls insofern zu, als er sich im Gegensatz zu anderen Hochschullehrern mit den zu untersuchenden Phänomenen ohne die erforderliche Distanz befasst (gerüchteweise verdient er mit seinen Aufstellungen weit mehr, als sein Professorengehalt ausmacht).

Wissenschafts*journalistische* Erklärungsansätze, egal wie plausibel, wischt er ohnehin mit einer Handbewegung vom Tisch. Wenn etwa *Spiegel*-Redakteurin Beate Lakotta die Atmosphäre beschreibt, die Hellinger auf der Bühne herstellt um zum vorgezeichneten Egebnis zu gelangen, schwillt Ruppert der Kamm. Lakotta schreibt (2002, 201 f.): »Fast nie geschieht es, dass irgendjemand (...) aufbegehrt. Wer erlebt, wie Hellinger seine Aufstellungs-Kandidaten mürbe macht, begreift warum: Minutenlang seziert er eine Mittdreißigerin mit seinem Blick, bevor er sie stockend erzählen lässt: Noch nie hatte sie einen Partner. ›So lange du noch lächelst, kann ich nicht mit dir arbeiten‹, fertigt er sie zunächst ab. ›Wer lächelt, ist mit der schlimmen Sache einverstanden, die er schildert‹, erklärt Hellinger den beifällig nickenden Zuschauern. Die Klientin bekommt einen roten Kopf. Keine Chance für eine Erwiderung. Erst als sie anfängt zu weinen, wird er gnädig: ›Na gut, ich versuch mal was für dich.‹ – Die Frau ist gebrochen, wehrlos und mit den Nerven am Ende, bevor die Sache überhaupt angefangen hat. In ihrem inneren Aufruhr würde sie nach jedem Strohhalm greifen. Also folgt sie dem Therapeuten. Auch die ›Stellvertreter‹ agieren unter enormem Gefühlsdruck. – ›Wenn Teilnehmer in so einer Situation auf der Bühne schreien, Bauchschmerzen oder Atemnot bekommen, dann ist diese Wirkung absolut echt‹, sagt der Aachener Psychoanalytiker Micha Hilgers. ›Die Leute verstehen das dann als Beweis für den Wahrheitsgehalt der Methode. Dabei sind das ganz normale Reaktionen auf derartige psychische Gewalt.‹«

Bei Ruppert liest sich das dann so: »Die im *Spiegel* angebotene Erklärung, die in einer Aufstellung plötzlich auftretenden Symptome der Stellvertreter seien nichts als Reaktionen auf den Gefühlsdruck, den der Aufstellungsleiter ausübe, ist fast schon als paranoide Realitätsverzerrung zu bezeichnen« (2002a, 11). Einen kritischen Beitrag im Nachrichtenmagazin *Focus* tut er ab damit, die Überlegungen von Redakteur Frank Gerbert seien »reine Phantasie« und »pure Spekulation«. Im Übrigen müsse man sich keine Sorgen machen – sprich: es gehe Außenstehende nichts an, was da in den Aufstellungen getrieben werde –, denn nach seiner, Rupperts, Erfahrung »spüren Patienten und Klienten schon selbst sehr genau, wer ihnen weiterhilft und wer ihnen schadet« (2002b [siehe auch: *Der Todesfall von Leipzig*]).

Gerbert hatte geschrieben, angesichts des »kuriosen Psycho-Laientheaters«, das da bei den Aufstellungen veranstaltet werde, drängten sich ganz andere Erklärungen auf, als die von Hellinger und den Seinen vorgegebenen – sofern man nur auf einer rationalen Sicht der Welt beharre (2002, 146 [siehe auch: *Wundersame Hilfe in allen Lebenslagen*]):

– Das Psycho-Kurzdrama bereitet den Klienten Freude, weil sich andere für ihre Probleme interessieren und sie selbst – in der Rolle der Stellvertreter – über die Seele anderer mutmaßen dürfen.

– Die Teilnehmer sind in ihrer großen Mehrheit ohnehin esoterikgläubig und von Aufstellungen bereits überzeugt. Die Ideologie Hellingers, nach der es eine archaische »gute Ordnung« in Familien und anderen Gruppen gebe, die sich leicht wieder herstellen lasse, ist reizvoll für Menschen, die unter der Brüchigkeit moderner Beziehungen leiden.

– Durch das Miteinander von Klient, Aufstellungsleiter und Stellvertretern entsteht ein hoher Gruppendruck: Wer kein Kraftfeld spürt, gerät in Gefahr, zum Außenseiter und Spielverderber zu werden.

– Und wer daran glaubt, dass ihm eine höhere Kraft gute Ratschläge erteilt hat, wird sie befolgen und die Resultate wohlwollend beurteilen – es kommt, wie bei anderen Therapien der alternativen Psychoszene auch, zu einem Placebo-Effekt.

Dabei, so Gerbert unter Bezugnahme auf Michael Utsch von der *Evangelischen Zentralstelle für Weltanschauungsfragen*, sei die »Lösung«, die eine Aufstellung erbringe, wohl vor allem ein Resultat von »Willkür und Beliebigkeit«.

Hellinger und die Kirchen

Die etablierten Kirchen haben ein höchst ambivalentes Verhältnis zu Hellinger, wie sie ja überhaupt der Esoterikszene gegenüber keinen klaren Standpunkt einnehmen. Während einzelne Weltanschauungsbeauftragte, vor allem der evangelischen Kirche, in großer Redlichkeit einen kritischen Diskurs zu führen bemüht sind [siehe auch: *Hellingers Gnadenlehre*], fallen ihnen kirchliche Medien, Bildungseinrichtungen und Pfarrer vor Ort mit plattester Esoterikaffirmation in den Rücken. Im Bestreben, die immer bedrohlicher werdende Konkurrenz aus dem Felde zu schlagen, werden entsprechende eigene Traditionen – bzw. das, was man davon weiß oder dafür hält – hervorgekehrt wie etwa die mystischen Traktate der Teresa von Avila oder die Heilslehre der Hildegard von Bingen. Vielfach sucht man abgewanderte Schäflein auch dadurch in die Herde zurückzuholen, dass man Praktiken der Gegenseite einfach ins eigene Angebot aufnimmt. Längst finden sich Verfahren wie Kinesiologie, Reiki, Sufitanz oder Yoga auch und gerade in kirchlichen Bildungshäusern und Pfarrzentren wieder. Im Übrigen ist die Ambivalenz der Talar- und Soutanenträger natürlich mehr als verständlich, ist doch ein Unterschied zwischen dem kirchenamtlich verordneten Glauben an Engel, Teufel, Wunder oder ein Leben nach dem Tod und den Inhalten, die die Konkurrenz im Zeichen des Wassermannes vertritt, kaum auszumachen; selbst sektenhafte und geheimbündlerische Auswüchse, wie sie die Esoterik- und Psychokultszene kennzeichnen, werden innerhalb der Kirchen stillschweigend geduldet, wenn nicht gar ausdrücklich gefördert.

Ungeniert publizieren Hellinger und seine Anhänger in kirchlichen oder kirchennahen Medien (z. B. Hellinger, 2001e; Baitinger, 2002); gleichermaßen ungeniert treten sie in kirchlichen Einrichtungen auf (beispielsweise in der *Katholischen Frauen- und Familienbildungsstätte* Hamburg oder, parallel dazu, in der *Evangelischen Studentengemeinde* Hamburg). Und längst findet sich »Familienaufstellen nach Hellinger« auch auf dem Seminarplan kirchlicher Ausbildungseinrichtungen (beispielsweise der *Katholischen Stiftungsfachhochschule* München oder der *Evangelischen Fachhochschule* Hannover). Franz Ruppert (2002a-c), Professor für Psychologie an besagter *Stiftungsfachhochschule* in München, zählt zu den engagiertesten Verfechtern des Hellinger'schen Verfahrens.

Die innerkirchliche Kritik bleibt ziemlich leise – in der katholischen Kirche noch leiser als in der evangelischen (vgl. Offergeld, 1997) –, was weiter auch nicht verwundert, sieht man sich die von Ex-Ordenspriester Hellinger vertretenen ultrakonservativen und damit kirchenkompatiblen Werte etwas genauer an (vgl. z. B. Wiemann, 2000; Barth, 2003).

Passend insofern, dass im Gefolge der massiven *Spiegel*-Kritik von Februar 2002 niemand anderer als Fernsehpastor Jürgen Fliege sich anerbot, Hellinger in seiner Sendung ein von Kritik gänzlich unangetastetes Forum der Selbstdarstellung und Rechtfertigung zu geben: Wenige Tage, nachdem besagter *Spiegel*-Beitrag erschienen war, durfte Hellinger in Flieges Talkshow auftreten, als alleiniger Gast, um vor über einer Million Fernsehzuschauern sich und seinen Ansatz zu präsentieren. Hocherfreut und ganz in positivdenkerischer Manier schreibt er darüber in seiner Hauspostille *Praxis der Systemaufstellung*: »Manche mögen über die Art und Weise, wie über mich und meine Arbeit berichtet wurde, entsetzt gewesen sein. Doch ist zu bedenken, dass nur eine negative Kritik ein so großes Publikum emotional erreichen kann, um sich näher mit dem Familien-Stellen zu befassen. Eine erste Hilfe dazu war, dass ich in der gleichen Woche in einer Talkshow von Jürgen Fliege das Familien-Stellen und einige seiner wichtigen Einsichten einem Publikum von etwa 1,5 Millionen vorstellen konnte. Auf diese Weise hatten viele die Möglichkeit, sich selbst ein Bild über das Familien-Stellen zu machen und sich mit der Wirklichkeit, die durch das Familien-Stellen ans Licht kommt, auseinander zu setzen« (2002d,16).

In der Tat »passte« Hellinger vorzüglich in Flieges Sendekonzept, in dem es auf der Grundlage von »salbadern, anfassen, Mitgefühl heucheln« (*Die Tageszeitung*, 2002) − an sich schon höchst Hellinger-kompatibel − vor allem darum geht, selbst abseitigsten Esoterik- und Alternativheilverfahren eine werbewirksame Bühne bereitzustellen. Fliege, der sich − wie auch Ex-Bruder Suitbert − gerne in die »Tradition des Herrn« stellt, lässt seine Gäste *en gros* von angeblichen Wunder- und Geistheilkuren berichten; demonstrativ betont er seinen Glauben an Bachblüten-, Bioresonanz- oder Hildegard-Therapie, selbst der so genannten Cluster-Therapie kann er etwas abgewinnen (einer aus mittelalterlichen Quellen hergeleiteten Methode, bei der der Stuhl des Patienten zu einer Art homöopathischem Nasenspray aufbereitet wird). Insofern ist es fast verwunderlich, dass Hellinger nicht früher schon bei Fliege in Erscheinung getreten war, der bekanntermaßen auf alles und jedes abfährt, was nur entfernt nach »höheren Wirkkräften« oder sonstigem Irrationalismus riecht (vgl. Fliege, 1995; 2001). Ausgestrahlt wurden im Übrigen nur Aufstellungen mit freundlichem Verlauf, wie die *Süddeutsche Zeitung* anmerkte, zumindest *eine* dramatisch verlaufende Aufstellung der Fliege-Show wurde herausgeschnitten (vgl. Urban, 2002).

Bücher, CDs und Videos

Eine Flut an Büchern und sonstigen Medien über das Hellinger-Verfahren ergießt sich seit Mitte der 1990er über den Markt, allein seit Anfang 2000 kamen mehr als 70 Neuerscheinungen heraus (Stand 10/2002). Insgesamt liegen inzwischen über 120 einschlägige Titel vor, geschrieben entweder von Hellinger selbst oder von einem seiner zahlreichen Ableger. Veröffentlicht wurde und wird in einem guten Dutzend verschiedener Verlage.

Der bereits erwähnte Hellinger-Aktivist Berthold Ulsamer sucht nun die Seriosität des Hellinger-Verfahrens zu belegen u. a. durch Verweis auf eben die Vielzahl vorgelegter Publikationen: »Wieso drucken renommierte Verlage (Carl Auer, Herder, Goldmann, Knaur, Kösel) Hellingers Bücher und Bücher über seine Methode? (...) Sind all diese und die vielen Teilnehmer seiner Seminare und der Seminare derjenigen, die von ihm gelernt haben, Verirrte und Verwirrte?« (in: *Virtuelles Bert Hellinger Institut,* 2002a).

Wer weiß. Im Gegensatz zu Ulsamers Auffassung sagt jedenfalls die schiere Menge an Veröffentlichungen zu einem Thema *per se* noch gar nichts aus, auch nichts über Irrungen und Wirrungen von Verlegern oder von zahlenden Kunden irgendwelcher Seminare. Hingegen kann ein (systemischer!) Blick auf das Umfeld, in dem die jeweiligen Publikationen vorgelegt werden, in der Tat sehr aufschlussreich sein. Ulsamer führt die Verlagshäuser selbst an, in denen das Gros der Werke von und über Hellinger veröffentlicht wurde. Fragt sich nun, ob diese Verlage tatsächlich so renommiert sind, wie er meint, und wenn ja, bei welcher LeserInnenschaft.

Bei *Goldmann* und *Knaur* jedenfalls sind Texte von und über Hellinger in den jeweiligen Esoterikreihen erschienen, in direkter Nachbarschaft zu den Druckerzeugnissen beispielsweise der Positivdenker Erhard Freitag und Joseph Murphy (beide ausgewiesene Rechtsausleger ihres Metiers), oder zu jenen des Reinkarnationstherapeuten und *Esotera*-Herausgebers Ruediger Dahlke; von den Erzeugnissen weniger prominenter Vertreter des Genres gar nicht zu sprechen (auch Ulsamers eigene Arbeiten erscheinen u. a. bei *Goldmann*). Nicht viel anders verhält es sich beim Verlagshaus *Kösel*, dessen Angebot zu großen Teilen von den Themen »Spiritualität&Religion« bestimmt ist; deutlich färbt dies auch in den Bereich »Psychologie&Lebenshilfe« ab, in dem die Hellinger-Bücher zu finden sind: Nicht umsonst publizieren etwa der Geistheilerfunktionär Harald Wiesendanger oder auch der oben erwähnte Esoterikcoiffeur Reinhold Kopp (2001) bei *Kösel*. In Wiesendangers Buch *Geistiges Heilen für eine neue Zeit* (1999b) findet sich interessanterweise auch ein Beitrag von Albrecht Mahr, seines Zeichens 1. Vorsitzender der *Internationalen Arbeitsgemeinschaft Systemische Lösungen nach Bert Hellinger*, der sich hier zum Thema »Das ›wissende Feld‹: Familienaufstellungen als geistig-energetisches Heilen« auslässt (»Wir wissen ja nicht, wo die Toten ›wirklich sind‹, doch legen uns Familienaufstellungen nahe, dass sie und ihr Schicksal in dem gleichen zeitlosen Raum wie wir selbst aufgehoben und wirksam sind« [Mahr, 1999a, 238]). Und nicht zuletzt ist auch Hellinger selbst mit Wiesendanger verbandelt: Höchstpersönlich trat er bei den von diesem mitveranstalteten *Baseler PSI-Tagen* in Erscheinung, dem alljährlichen Treff der internationalen Psycho- und sonstigen Obskurantenszene. Auch die Festhaltetherapeutin Jirina Prekop [siehe auch:

»Und bist du nicht willig ...«] oder der Astrologe und Familienaufsteller Peter Orban veröffentlichen bei *Kösel;* desgleichen Professor Ruppert (2002c).

Zu den *Knaur*-Autoren zählt im Übrigen auch Rainer Holbe, ehedem *RTL*-Moderator und Sprachrohr der bundesdeutschen Esoterikszene. Unter dem Titel *Warum passiert mir das?* hatte Holbe 1990 ein Buch bei *Knaur* veröffentlicht, das ihm angeblich von zwei Geistwesen aus dem Jenseits diktiert worden war. Diese hatten via Holbe widerwärtig braunen Unflat über den seinerzeit unlängst an Krebs verstorbenen Showmaster Hans Rosenthal ausgekippt. Rosenthal, so stand bei Holbe zu lesen, sei in seinen Vorleben ein Dieb und Verbrecher gewesen, seine Krebserkrankung im jetzigen Leben, so ließ sich folgern, sei insofern nur gerechte Strafe gewesen. Im Übrigen habe er für sein Volk gleich mit Buße getan: Die Juden hätten die ganze Menschheit geschädigt, wofür sie sehr zu Recht zu leiden hätten (vgl. Keller, 1990). Nach der Veröffentlichung seines Geisterbuches wurde Holbe von *RTL* fristlos gefeuert, beim Konkurrenzsender *SAT1* indes konnte er samt seinen »braun angehauchten Neigungen« (Koch, 1990) sehr bald weitermachen. Und, als sei nichts gewesen, erschienen bei *Knaur* weitere Holbe-Titel: *Bilder aus dem Reich der Toten* etwa oder *Zeitgeist,* gesammelte Esoterikgespräche, die er mit Prominenten führte.

Was haben nun Dahlke, Freitag und Holbe mit Hellinger zu tun? Eine ganze Menge: Sie bedienen dieselbe Klientel. Die Bücher Hellingers und seiner Adepten erscheinen *nicht umsonst* bevorzugt in Esoterikreihen: Sie gehören da hin. *Goldmann, Knaur* und *Kösel* verlegen zusammen mehr als 20 Bücher von und über Hellinger. Zu erwähnen sind an dieser Stelle die von Ulsamer übergangenen Verlage *Walter* und *Auditorium,* die Hellinger-Audiokassetten im Programm führen. In beiden Verlagen finden sich in erster Linie »spirituelle« Titel: *Walter,* der zur katholischen Verlagsgruppe *Patmos* gehört, gibt u. a. das Gesamtwerk C. G. Jungs heraus, des Stammvaters aller esoterisch-psychologischen Publizistik; und bei *Auditorium* erscheinen Kassetten beispielsweise von Karma- und Wiedergeburtsforscher Thorwald Dethlefsen.

Pünktlich zum ersten Jahrestag des Terroranschlages auf New York erschien in der *Knaur*-Esoterikreihe *»MensSana«* ein Werk mit dem Titel *Der Tag, an dem die Türme fielen,* in dem die gesammelte Prominenz der Esoszene – von Franz Alt und Ruediger Dahlke über Byron Katie, Varda Hasselmann und Wulfing von Rohr hin zu Erich »Nirmal« Bauer (Astrologe), Hajo Banzhaf (Tarotkartenleger) und Jürgen Fliege (Fernsehpfaffe) – sich zu »Symbolik und Bedeutung des Anschlags« auslieẞ (Stecher, 2002). Auch Hellinger gab seinen Senf dazu: »Ich habe in den USA eine Aufstellung gemacht (...). In meiner Seele war der eine Präsident Bush oder Amerika und der andere bin Laden oder seine Gruppe. (...) Der Vertreter Amerikas hat auf den Boden geschaut, was beim Familienstellen bedeutet, dass er auf einen Toten schaut. Daher habe ich einen Mann dazwischengelegt, der den Toten oder die Toten repräsentierte. Der Vertreter Amerikas ist ganz langsam zu Boden gegangen und hat sich diesem Toten zugewandt. Ab und zu hat er auch auf den Vertreter der Terroristen hinübergeschaut. Der aber hat erst lange in die Ferne geschaut.

Dann ist auch er ganz langsam in die Knie gegangen und hat am Kopf des Toten vorbei seine Hand dem Vertreter Amerikas gereicht« (2002, 92). Dazu als Pastorale: »Plötzlich werden sie sich inne, dass sie alle in der Hand von Kräften sind, die über sie hinausreichen, die Opfer und die Täter. Beide erkennen: Sie standen im Dienst von etwas Größerem, dem sie völlig ausgeliefert sind, jenseits ihrer Absichten oder ihrer Ängste oder ihrer Hoffnungen und Pläne« (ebd. 97).

Bleiben *Herder* und *Carl-Auer-Systeme*, die in der Tat – im Sinne Ulsamers – als einigermaßen seriös einzustufen sind (wenngleich sich bei *Herder*, dem führenden Verleger theologischer Schriften im deutschsprachigen Raum, sujetgemäß nicht nur Unzweifelhaftes im Programm findet, und auch *Carl Auer*, Hausverleger familienpsychologischer und systemischer Grundlagentexte, sein Sortiment nicht nur am Maßstab strenger Wissenschaftlichkeit ausgerichtet hat). Bei beiden Verlagen dürfte sich die Frage, weshalb Hellinger ins Programm aufgenommen wurde, am ehesten betriebswirtschaftlich beantworten lassen: Gedruckt wird, was sich verkauft. Freilich eine riskante Geschäftspolitik: Vor allem der *Carl-Auer-Systeme*-Verlag dürfte sich durch die massenhafte Herausgabe von Hellinger-Produkten – über 70 Buch-, Video- und CD/MC-Titel zuzüglich einer Reihe fremdsprachiger Hellinger-Publikationen stehen im Sortiment – in den Augen eines nicht geringen Teils seiner Klientel, insbesondere aus dem Bereich der seriösen Familientherapie, nach Kräften desavouiert haben. Nicht umsonst sah man sich bei *Carl-Auer* (1999) bemüßigt, eine umfängliche Pressererklärung mit »Informationen zur Aufstellungsarbeit nach Bert Hellinger« ins Internet zu stellen, in der bemüht einigen Kritikpunkten – vor allem dem »Vorwurf,

Bert Hellingers Methoden hätten nichts mit der systemischen Therapie zu tun oder seien per se unwissenschaftlich« – entgegengetreten wird.[*]

Der größte Teil der Hellinger-Literatur ist, selbst für überzeugte Anhänger der Lehre, gänzlich überflüssig – wird aber, vergleichbar mit offenbarungsreligiösen Verlautbarungen, trotzdem gekauft. Von den zahllosen Titeln, die es inzwischen gibt, gleichen viele einander wie ein Ei dem anderen: Fallgeschichten über Fallgeschichten über Fallgeschichten, unterlegt jeweils mit Grafiken der vorgenommenen Aufstellungen. Kleine Quadrate stehen für die männlichen Teilnehmer, kleine Kreise für die weiblichen, je mit einer Einkerbung, um die Blickrichtung anzudeuten, und einem Kürzel, wer im Einzelnen dargestellt ist. Bis zu zwei Dutzend solcher Grafiken reihen sich pro Geschichte aneinander. Sie sind in der Regel genauso wenig nachvollziehbar wie die dazugehörigen Erläuterungen, in denen die Vorgänge der realen Aufstellung wiedergegeben werden.

Zu Beginn repräsentieren nur wenige Kästchen bzw. Kreise die Kernfamilie der aufstellenden Person (z. B.: ○/F=Ehefrau (als Aufstellerin), dazu □/Mn=Ehemann, ○/K1=Kind1/Tochter, □/K2=Kind2/Sohn). Es folgt eine Serie von Darstellungen, bei denen jeweils die »Blickrichtungen« der Kästchen und Kreise sowie deren Positionen bzw. Abstände zueinander verändert sind und gegebenenfalls weitere Kästchen und Kreise hinzukommen (z. B. □/GV=Großvater, ○/GM=Großmutter, ○/+1FGV=verstorbene erste Frau des Großvaters, ○/+GMMn=verstorbene Großmutter des Ehemannes, ○/MMn=Mutter des Ehemannes), hin zu einer abschließenden Grafik, auf der 20 und mehr Kästchen und Kreise, einander »richtig« zugeordnet, das »Lösungsbild« des zur Rede stehenden Problems darstellen.

Zur Verdeutlichung hier ein Ausschnitt aus einer (beliebig herausgegriffenen) Fallgeschichte, in der Gruppenteilnehmerin N. über wiederkehrende Krisen in ihrer Beziehung zu Ehemann A. klagt. N. hat Stellvertreter für sich, ihren Mann und ihre beiden Kinder aufgestellt; Hellinger hat diese bereits mehrfach umplatziert und Stellvertreter weiterer Familienangehöriger dazugruppiert. N. und A. sehen von außen zu (Hellinger, 2002g, 115 f.):

---

[*] Der ursprünglich bei *Carl-Auer* verlegte Hellinger-Superseller *Zweierlei Glück* (1993) ist seit Herbst 2002 auch als Taschenbuch erhältlich: verlegt bei *Arkana*, einer der Esoterikreihen von *Goldmann*.

Bild 9 (◯/F [stellvertretend für N.] und ☐/Mn [stellvertretend für A.]
stehen nebeneinander; in einigem Abstand gegenüber, ebenfalls nebeneinander, ◯/K1 und ☐/K2. Gegenseitiger Blickkontakt von ◯/F und
◯/K1 sowie ☐/Mn und ☐/K2. Schräg dazu, in einiger Entfernung zu
◯/K1 und ☐/K2 und mit Blick auf diese stehen nebeneinander ☐/GV,
◯/+1FGV und ◯/GM)

Hellinger, zur Stellvertreterin von N.: Jetzt schau den Mann an und sag ihm:
»Bitte halte mich, dass ich bleibe.«

Frau: Bitte halte mich, dass ich bleibe.

Hellinger: Sag es mit Liebe.

Frau: Bitte halte mich, dass ich bleibe.

Sie sagt es wieder ziemlich mechanisch.

Hellinger: Schau ihn an.

*Sie schaut ihn lange an. Inzwischen haben die Kinder von hinten die Arme um
sie gelegt.*

Hellinger, zur Gruppe: Die Kinder zeigen, was die Eltern machen müssten.

*Der Großvater und seine erste Frau haben die Arme umeinander gelegt. Als
auch die Großmutter ihren Arm um sie legt, versucht der Großvater, auch sie in
die Umarmung mit einzubeziehen.*

Hellinger, nach einer Weile zur Stellvertreterin von N.: Geh mit der Bewegung
der Seele, ganz langsam. Genau, weiter so.

*Die Stellvertreterin von N. sinkt langsam in die Knie. Sie umfasst die Knie ihres
Mannes und legt den Kopf an sie. Dann lässt sie sich zu Boden sinken.*

*Hellinger führt nun die verstorbene erste Frau des Großvaters vor die Stellver-
treterin der Ehefrau.*

(Es folgen weitere Umstellungen sowie die Hinzunahme weiterer Stellvertreter [◯/+GMMn und ◯/MMn], C. G.)

*Hellinger entlässt nun die Stellvertreter von A. und N. und lässt sie ihren Platz
in der Aufstellung einnehmen. Die Mutter und die Großmutter von A. stellt er
hinter ihn. Sie legen von hinten ihre Hände an ihn. A. und N. legen die Arme
umeinander. Dann stellt Hellinger die Kinder ihren Eltern gegenüber.*

Bild 16 (◯/F, ☐/Mn, ◯/K1 und ☐/K2 stehen wie in Bild 9. Hinter ◯/F
steht, wie in Bild 11, ◯/+1FGV, hinter ☐/Mn steht ◯/MMn und dahinter steht ◯/+GMMn. Etwas abseits stehen nebeneinander ☐/GV und

○/GM, mit Blickrichtung auf ○/K1 und □/K2)

A. und N. umarmen sich innig. Die Kinder halten sich bei der Hand.

Hellinger zur Gruppe: Ich glaube, wir haben es. Wenn es soweit ist, dann haben wir es. *Alle gehen wieder an ihren Platz.*

Derlei Fallgeschichten gibt es zu den unterschiedlichsten Themen – Adoption, Behinderung, Holocaust, Krebs, Macht, Ordnung, Psychose, Religion, Schicksal, Schuld, Sucht, Trauma, Treue, Trotz, Versöhnung etc. – und für jeden Themenbereich gibt es ein eigenes Buch, ein eigenes Video, eine eigene CD. Theorie: Fehlanzeige, Methodologie: Fehlanzeige, Praxeologie: Fehlanzeige. Stattdessen werden zwischendurch ein paar Anekdoten erzählt – und weitere Fallgeschichten zum Besten gegeben: »Ich bring mal ein Beispiel ...«. Überprüfbarkeit der einzelnen Geschichten im Sinne einer klinischen Kasuistik: Fehlanzeige. Wissenschaftliche Brauchbarkeit des Ganzen: gleich null.

Wer auf sich hält in der Aufstellerszene, scheint zur Veröffentlichung eines eigenen Buches zu drängen, unabhängig davon, ob es überhaupt Neues oder Weiterführendes zu sagen gibt oder nicht. Am laufenden Band werden irgendwelche Neuerscheinungen vorgelegt, die sich von vorhergehenden Veröffentlichungen in schlechterdings nichts unterscheiden (zumindest in nichts, was die je weitere Publikation erforderlich erscheinen ließe): eine Fallgeschichte an der nächsten, frei referiert aus der »langjährigen therapeutischen Praxis« des Autors und garniert mit ein paar mehr oder minder tiefschürfenden Kalendersprüchen und Lebensweisheiten. Selbst die Titel klingen alle irgendwie gleich, vor allem gleich angestaubt: *Wie Liebe gelingt* (Neuhauser, 1999), *Die Kraft, die in der Liebe wirkt* (Orban, 2002) oder *Damit die Liebe wieder fließen kann* (Seebacher, 2002); wahlweise auch: *Leiden ist leichter als lösen* (Döring-Meijer, 2000b) oder *Wenn Kinder Schicksal tragen* (Dykstra, 2002). Und wenn es zu einer Buchpublikation bei bestem Willen nicht reicht, schafft vielleicht ein selbst produziertes (Lehr-)Video dem Drang nach Publikation Abhilfe oder ein Beitrag im *IAG*-Verlautbarungsorgan *Praxis der Familienaufstellung*, zumindest aber ein Artikel oder Interview in *Esotera, Connection* oder einem der sonstigen Blättchen der Esoterikszene. Und in jedem Falle: die Einrichtung einer umfänglichen Homepage mit allerlei selbst erstellten oder zumindest selbst zusammengeklauten Texten.

Auch die von Hellinger selbst vorgelegten Publikationen unterscheiden sich in vielerlei Hinsicht in nichts voneinander. Seine Bücher und Buchbeiträge bestehen in der Regel aus Tonbandtranskripten seiner Vorträge oder Workshops, vielfach auch aus Interviews, die er irgendwo gegeben hat. »Eine Flut von Schriften«, so Hellinger-Kritiker Micha Hilgers, »dokumentiert jede auch noch so abwegige Bemerkung des Meisters. Auf dass man nichts Wichtiges übersehe, weil man sich selbst nicht im Stande sieht, zwischen Sinn und Unsinn unterscheiden zu können« (2001a, 25). In der Tat scheint buchstäblich *jede* Äußerung Hellingers seinen Anhängern festhaltens- und publizierenswert zu sein, was die enorme Vielzahl an Hellinger-Büchern erklärt. Wirklich durchdachte und als solche erarbeitete Manuskripte Hellingers gibt es nur vereinzelt. Seine Videos – ebenso wie die Videos seiner Adepten – zeigen erwartungsgemäß nicht viel mehr als je ein paar simpel mitgedrehte Live-Aufstellungen. Hellingers eigene Titel klingen im übrigen nicht nur gleichermaßen altmodisch und verquast – *In der Seele an die Liebe rühren* (1998d) oder *Entlassen werden wir vollendet* (2001a) –, vielfach haben sie zudem einen auffällig untertanengeistigen Beigeschmack: *Anerkennen was ist* (mit tenHövel, 1996), *Wo Schicksal wirkt und Demut heilt* (1998e) oder *Einsicht durch Verzicht* (1999a).

Nun gibt es freilich auch Publikationen – auch in den oben angeführten Verlagen –, die sich wenigstens ansatzweise um theoretische Belange kümmern und dem Familienaufstellen ein tragfähiges Fundament zu verschaffen suchen. Einige Autoren mühen sich insofern durchaus rechtschaffen. Darüber hinaus gibt es noch weitere Verlage mit seriösem Anspruch – Ulsamer vergaß sie in seiner Aufzählung –, die Bücher über den Hellinger'schen Ansatz im Programm führen.

Zu nennen wäre hier der *Junfermann*-Verlag mit drei einschlägigen Titeln. In der (affirmativen) Arbeit von Stresius et al. (2001) geht es um die Verbindung des Hellinger-Ansatzes mit der in Fachkreisen äußerst umstrittenen Manipulationstechnik des Neurolinguistischen Programmierens (vgl. Bördlein, 2001). Die beiden anderen Arbeiten drehen sich um den gleichermaßen höchst fragwürdigen Einsatz des Familienstellens in der Therapie Suchtkranker (Döring-Meijer, 2000b) sowie in sonstigen Feldern der Heil- und Sonderpädagogik (Döring-Meijer, 2000a). Als Co-Autorin des letztgenannten Bandes firmiert u. a. Festhaltetherapeutin Jirina Prekop.

Hinzu kommen zwei im *Profil*-Verlag für Hochschulschriften erschienene Arbeiten. Die eine stammt von der Familienaufstellerin Ursula Franke (1996), die den Entwurf eines hypothetischen Modells zur Wirkung von

Aufstellungen vorlegt. Und die andere ist die viel zitierte Fragebogenstudie von Gert Höppner (2001), die die subjektive Befindlichkeit einer Gruppe von Probanden vor und nach einer Familienaufstellung untersucht und dabei, wenig überraschend, auf ein verändertes »inneres Bild« stößt, das diese sich von ihrer jeweiligen Ursprungsfamilie machen. Ein darüber wesentlich hinausreichender Aussagewert der Studie (die in Zusammenarbeit mit dem *SyST-Ausbildungsinstitut* von *IAG*-Listen-Aufsteller Matthias Varga von Kibéd durchgeführt wurde) ist nicht zu erkennen. Und letztlich gibt es eine Studie zu Hellinger aus dem *Gabal*-Verlag, der sich ansonsten vor allem um das Marketing von Motivations- und Managementtrainern kümmert. Zu den Topsellern des Verlages gehört die mithin in esoterischen Tiefstniederungen herumchangierende Vera F. Birkenbiehl.

Zu einem wissenschaftlicheren Erscheinungsbild können auch die letztgenannten Arbeiten dem Hellinger-Ansatz nicht verhelfen. Was, so Hellinger (1998b, 16 f.), ohnehin nicht möglich – und auch gar nicht wünschenswert – wäre, denn: In seiner Arbeit müsse man »loslassen von der Sicherheit. Oft will man ja in den psychotherapeutischen Methoden eine gewisse Sicherheit haben, ja sogar eine Wiederholbarkeit, um etwas zu erreichen.« Und ebendas sei bei seiner Vorgehensweise unmöglich. Entscheidend für seinen Ansatz sei der »Verzicht auf Wissen und jegliche Sicherheit.« Und: »Dieser Vorgang ist sehr demütig und ist das Gegenteil von Wissenschaft.« Hellinger-Aktivist Wilfried Nelles (2000b) sekundiert: Der nach Hellingers Vorgaben arbeitende Therapeut »unterstellt sich einer nicht näher bestimmten und erkennbaren Wirklichkeit und führt den Klienten dazu, ihm dabei zu folgen. Er führt nicht selbst eine Lösung herbei, sondern überlässt alles dieser größeren (unbegriffenen und unbegreifbaren) Wirklichkeit, als deren Diener er sich versteht.« Und im *IAG*-Organ *Praxis der Systemaufstellung* (Nelles, 2001, 69): »Das Familien-Stellen, wie es von Bert Hellinger gelehrt wird, ist ein Beispiel für die große Wirksamkeit einer nicht-wissenschaftlichen Herangehensweise an die seelische Wirklichkeit. Um es ganz klar zu sagen: Bert Hellinger arbeitet *nicht* wissenschaftlich, und alle Bemühungen, das Familien-Stellen zu verwissenschaftlichen, nehmen ihm die Kraft. Der phänomenologische Ansatz, das Herz des Familien-Stellens, setzt eine dem wissenschaftlichen Vorgehen geradezu entgegengesetzte Haltung voraus.« Nelles lobt Hellingers kraftvolle, weil nicht-wissenschaftliche »Bild-Sprache« und fügt seinen eigenen Auslassungen ein besonders kraftvolles Bild hinzu: »Kein Zweifel: Man kann das Familien-Stellen verwissenschaftlichen, eine wissenschaftliche Methode daraus machen, es empirisch-wissenschaftlich erforschen, lehren und vielfältig anwenden. Man kann auch einen Löwen in einen Zoo stecken, ihn dort aus sicherer Entfernung bewundern und mit ihm viele Zoo-Löwen züchten ...« (2001, 72).

Insofern ist es nur folgerichtig, wenn Publikationen über Hellinger und sein Herangehen auch in Verlagen erscheinen, die *ausdrücklich* nichts mit Wissenschaft zu tun haben wollen, vielmehr ganz gezielt auf Para- bzw. Pseudowissenschaften und Irrationalismus abstellen. Genannt seien die Verlage *Schirner* und *Silberschnur*, die ausschließlich esoterisch konnotierte Schriften im Sortiment führen: über Engel, Orakel, Karmaaufarbeitung etc., und neuerdings eben auch über Hellinger; zudem der Esoterikverlag *Param*, der eine Schrift von *IAG*-Aufsteller Günter »Sarito« Griebl zum Thema herausgebracht hat (*Die Sprache der Liebe*, 1997). Am Rande zu erwähnen sind überdies die Esoterikverlage *Ariston* und *Peter Erd* mit Schriften, in denen es zumindest kapitelweise um Hellinger geht (Hobert, 1997a,b).

Interessant ist vor allem auch das Programm des Kölner *Osho*-Verlages, der dem internationalen Psychokultimperium zugehört, das der indische Guru Bhagwan/Osho Rajneesh der Welt hinterlassen hat.[*] Ausgerechnet in diesem *Osho*-Verlag, genauer: in dessen *Edition Innenwelt*, veröffentlichte nun besagter Wilfried Nelles, langjähriger Vertrauter Hellingers und *IAG*-Listenaufsteller der ersten Stunde, sein neuestes Werk: *Wo die Liebe hinfällt: Gespräche über Paarbeziehungen und Familienbande* (2002b). Nelles, vor Jahren schon als *Esotera*-Autor in Sachen Hellinger in Erscheinung getreten (1997), geriet dieser Nähe zum Rajneesh-Kult wegen innerhalb der *IAG* keineswegs in Verruf, ganz im Gegenteil: Wie andere Rajneesh-nahe AufstellerInnen auch wird er auf der offiziellen *IAG*-Aufstellerliste geführt, selbstverständlich wird für ihn und seine Schriften auf der *IAG*-Website geworben, auf der er – gar als »Lehrtherapeut für Familienaufstellen« – entsprechend verlinkt ist. Für ein anderes seiner Bücher, *Liebe, die löst* (2002a), ließ gar Hellinger höchstpersönlich sich zu einer lobenden Rezension herbei: »Ein tiefes und ein spannendes Buch, auf der Höhe der Entwicklung des Familienstellens, wegweisend und zugleich bescheiden« (Hellinger, 2002m). Nelles, szenebekannt unter seinem Rajneesh-Sektennamen Swami Amano Wilfried und (ehedem?) als Meditationsleiter und Reinkarnationstherapeut zugange, publiziert eifrig im *IAG*-Organ *Praxis der Systemaufstellung* und

---

[*] Der Kult um Osho Rajneesh weist eindeutig sektoide Strukturen auf (vgl. Gross, 1994)

findet sich mithin auf der Referentenliste des Internationalen Hellinger-Symposiums im November 2002 in Freiburg wieder (gleich neben Jirina Prekop oder Rajneesh-Anhängerin Victoria »Sneh« Schnabel). Wie die meisten Figuren des Metiers hat er keine ernst zu nehmende psychotherapeutische Qualifikation und, ganz wie Hellinger selbst, auch keine Approbation.

Braune Aura

Anfang 2002 kam ein weiteres Buch zum Thema auf den Markt, herausgebracht von der österreichischen Psychologin und Familienaufstellerin Anneliese Seebacher, die es, laut Werbetext des Verlages, aus mehr als zehnjähriger Erfahrung mit dem Hellinger'schen Ansatz geschöpft habe. In diesem Buch *Damit die Liebe wieder fließen kann* (Güllesheim, 2002) beschreibt Seebacher, ganz dem reaktionären Weltbild Hellingers verpflichtet, die rechte familiäre Ordnung: »Der Mann schöpft die Kraft, Vater zu sein, aus seiner Liebe zur Frau. Wenn er die Kinder liebt, liebt er in den Kindern auch seine Frau. Die Frau schöpft ihre Kraft, Mutter zu sein, weil sie den Mann an ihrer Seite weiß und von ihm die Kraft nimmt, die dann zu den Kindern fließen kann. (...) Der Strom der Energie fließt vom Mann zur Frau (...) von der Frau zum ersten Kind, dann weiter zum zweiten und so fort« (ebd., 48). Die dargestellte Methode des Familienstellens, so der Klappentext, sei ein »sehr effizientes Instrument (...), um diese Dinge ans Licht zu bringen« und zu erkennen, »was uns gut tut und heilt«.

Veröffentlich wurde das Ganze in dem bei Bonn ansässigen Esoterikverlag *Die Silberschnur.* Dieser Verlag, gegründet Anfang der 1980er-Jahre und bis heute betrieben von einem Tom Hockemeyer (*1939), gilt als Sammelbecken der zweifelhaftesten Autoren, die der rechte Szenerand aufzuweisen hat. Neben einer Reihe vergleichsweise harmlos anmutender Titel zu Astrologie, Handlesen, Hellsehen und Feng-Shui finden sich mehrere Werke der esoterisch komplett abgedrehten Sterbe- und Jenseitsforscherin Elisabeth Kübler-Ross im Angebot, dazu ein paar Bücher des rechtslastigen Esoterik-»Professors« Kurt Tepperwein sowie ein gutes Dutzend Veröffentlichungen von Hockemeyer selbst, der, szenebekannt als Seminarleiter und »Reinkarnationstherapeut«, sich in erster Linie zu Fragen von Wiedergeburt und Karma auslässt; auch die weithin bekannten UFOlogen Michael Hesemann und Eduard »Billy« Meier publizieren bei *Silberschnur.*

Eduard Meier (*1937), der mehrfach von UFOs aus dem Sternbild der Plejaden besucht worden sein will, betreibt in einer Drei-Häuser-Einöde namens Hinterschmidrüti in der Schweiz das so genannte *Semjase Silver Star Center*, über das er die Zeitschrift *Stimme des Wassermannzeitalters* herausgibt. In dieser Schrift sowie einer Vielzahl weiterer Verlautbarungen berichtet er von seinen Gesprächen mit den plejadischen Botschaftern. In seinem bei *Silberschnur* verlegten Buch *Die Wahrheit über die Plejaden* (1996) offenbaren die Raumreisenden u. a. »Fakten aus der Geschichte und Vergangenheit« der Erde. Diese werde seit je sowohl von Erdenmenschen bewohnt als auch von Außerirdischen, die zu verschiedenen Zeiten hier gelandet seien. Beide Gruppen hätten sich in Frieden miteinander vermischt, bis vor rund 25.000 Jahren »Neuankömmlinge aus den Tiefen des Universums« aufgetaucht seien, die »sehr viele Übel wie Irreführung, Streit, falsche Lebensweisen, falsche Philosophien und Ideologien sowie die Abwendung von den schöpferisch-natürlichen Gesetzen und Geboten« auf die Erde gebracht hätten (ebd., 205). Wer genau diese »Urheber allen Übels« gewesen seien, ist Meiers *Prophetien* (1982) zu entnehmen: der »abgestoßene oder ausgestoßene Abschaum (...) der Hebräer« (ebd., 149), sprich: die Juden. Es bestätige sich, so die Botschaft der Plejadier, »was seit altersher gesagt wurde, dass das israelische Volk niemals ein Volk war und sein wird, sondern dass es sich bei dieser Masse Menschen einzig und allein um eine riesenhafte Gruppe ausgearteter und teils verbrecherischer Elemente handelt, die zeit ihres Bestehens auf der Erde nur Unfrieden, Falschheit und Krieg stifteten« (ebd., 117). Und: Es müssten »die Deutschen dann endlich erkennen, dass ihre Wiedergutmachungsbemühungen bis zu jener Stunde völlig falsch waren und dass sie mit Israel ein Schlangengezücht an ihrem Busen genährt haben. Ein Schlangengezücht von ganz besonders giftiger Art, das stets nur darauf aus war, mit Lug, Trug und Intrigen alles an sich zu reißen, wessen sie habhaft werden konnten, wie das seit Jahrtausenden der Fall war« (ebd., 149).

Ende 1996 veröffentlichte Hockemeyer selbst − unter seinem »spirituellen Namen« Trutz Hardo − bei *Silberschnur* einen Roman, der sich unter dem Titel *Jedem das Seine* mit Wiedergeburt und den »Gesetzen des Karma« beschäftigt (Hardo, 1996a). Die mit Absicht als Titel gewählte Inschrift am Lagertor des KZ Buchenwald deutete auf den Inhalt des aufwändig und in Großformat hergestellten Machwerkes hin: Der millionenfache Mord an den Juden wird darin verklärt als »karmischer Ausgleich« für irgendwelche Verfehlungen, deren diese sich in früheren Leben schuldig gemacht hätten

(Hardo, 1996b). Der Holocaust, so Hockemeyer, sei das »Bestmögliche« gewesen, was den Juden habe zustoßen können, er habe ihr »seelisch-spirituelles Wachstum« vorangetrieben. Im Übrigen hätten »viele Menschen sich für ihr erneutes Erdenleben in der ersten Hälfte des 20. Jahrhunderts eine Reinkarnation als Jude ausgesucht, um ihren karmischen Ausgleich vor Beginn des Wassermannzeitalters zu bewirken«. Es erschien ihm an der Zeit, »dass auch in breiterem Umfang diese ewigen Wahrheiten publik gemacht werden«.

Rege Seminar- und Vortragstätigkeit führt ihn deshalb quer durch die Lande, er ist gern gesehener Gast in Radio- und TV-Talkshows. Noch nicht einmal eine Strafanzeige der Jüdischen Gemeinde Hessen und eine darauf folgende Verurteilung Hardo-Hockemeyers im April 1998 wegen antisemitischer Volksverhetzung und Verunglimpfung des Andenkens Verstorbener zu einer Geldstrafe von immerhin 200 Tagessätzen (AG Neuss, Az.: Z 2101 IS 1974/97) tat seinen Aktivitäten größeren Abbruch. Sein Buch *Jedem das Seine* wurde zwar aus dem Verkehr gezogen, er selbst tourt indes nach wie vor weitgehend unbehelligt von einer Veranstaltung zur nächsten. Nur in der Schweiz hat sich der Wind gegen ihn etwas verschärft: Ein für Sommer 2001 geplantes Seminar wurde auf massiven Druck der Öffentlichkeit hin abgesagt. Wie die Zeitschrift *Die Südostschweiz* schrieb, sei »der Reinkarnationstherapeut und verurteilte Volksverhetzer Trutz Hardo alias Tom Hockemeyer als Seminarleiter in der Alpenarena (=regionale Tourismusorganisation, C. G.) nicht mehr erwünscht« (Pajarola, 2001).

Nun sind freilich weder Hellinger noch das Gros seiner Anhänger des Antisemitismus zu zeihen, auch Autorin Seebacher kann solcher Vorwurf (vermutlich) nicht gemacht werden. Der Umstand indes, dass Seebacher mit ihrem Buch noch nicht einmal von einem Verlag wie *Silberschnur* Abstand hält, der *bekanntermaßen* die publizistische Heimat esoterisch-faschistisch durchgeknallter Figuren wie Meier und Hardo-Hockemeyer darstellt, lässt darauf schließen, dass es ihr zumindest gleichgültig ist, in wessen Dunstkreis sie sich da bewegt. Um es zu wiederholen: Verleger des Buches ist der verurteilte Volksverhetzer Tom Hockemeyer.

Und offenbar ist es auch Hellinger egal – oder er nimmt es (phänomenologischerweise?) in Kauf –, dass er und sein Verfahren, wenngleich in diesem Fall indirekt und ohne sein *aktives* Zutun, mit dem braunen Rand der Szene in Berührung kommen. Sehr viel aktiver ist er insofern in seiner rechtsaußen-kompatiblen Apologie der Verbrechen des Dritten Reiches. Die jüdische Schriftstellerin Elisabeth Reuter (1999, 34) schreibt: »In seinen

Büchern (...) und auch auf Videos und Kassetten spricht Hellinger über die Zeit von 1933 bis 1945 und nimmt dabei den Nazis jegliche Verantwortung ihres verbrecherischen Handelns und Mitläufertums ab: ›Das sind gewaltige Kräfte, die plötzlich wirken und die Menschheit ergreifen. Und das, was wir als destruktiv begreifen oder böse oder destruktiv nennen, ist genauso eine gewaltige Kraft, und sie führt zum Guten. Wir wären in Europa weit zurück, wenn das alles nicht geschehen wäre.‹ Der grausame Mord an sechs Millionen Juden gilt als gewaltige Kraft? Europa wäre weit zurück, wenn es die Schoa nicht gegeben hätte?« Ja, und Hellinger wird noch deutlicher (2001, 13): »Bei Hitler ist es schwer zu sehen, was dabei Gutes sein konnte. Es ist aber so, dass Errungenschaften und die Freiheiten, die wir jetzt haben, ohne diese schlimmen Erfahrungen nicht denkbar wären. Ich sehe das alles in einem größeren Zusammenhang«.

Der Versuch Hellingers, die Verbrechen der Nazis von »höherer Warte« her zu entschulden, ihnen gar fördernde Wirkung zuzuschreiben auf den Fortgang der Geschichte, zieht sich wie ein roter Faden durch seine Schriften: »So schlimm das alles war, für diejenigen, die es überlebt haben, hat es eine wohl tuende Wirkung« (Hellinger/TenHövel, 1996, 165). Auch die Wehrmacht versieht er mit höherer Weihe: »Es ist für mich auch ganz klar, wenn man auf unsere Soldaten vom letzten Krieg schaut, dass die Soldaten schon Helden waren. Was sie in diesem Krieg an Heldenmut geleistet in oft verzweifelten Situationen und mit letztem Einsatz, das war schon überragend. Dass das jetzt alles verteufelt wird, schwächt unsere Generation. Wenn man das anerkennt, trotz des Schlimmen, das sie auch angerichtet haben, (...) fließt von ihnen zu uns eine besondere Kraft« (Hellinger, 2001b).

Hellingers Geschichtsverständnis, das sich quer durch seine Bücher, Vorträge, Seminare und Workshops wiederfindet, versieht die esoterische Spinnerei, die die Grundlage seines therapeutischen Ansatzes ausmacht – Stichwort »Wissendes Feld« –, mit einer ausgeprägt braunen Aura [siehe auch: *Der Protofaschist*].

Anthroposophie

Es nimmt insofern nicht wunder, dass auch und vor allem Heil- und Erziehungsberufe anthroposophischer Prägung sich dem Zug der Familienaufsteller angeschlossen haben (vgl. Kleber/Seibert, 2002). In Kliniken, Arztpraxen, Therapiezentren und pädagogischen Einrichtungen der Anthroposophie-Szene gehört »Aufstellen nach Hellinger« mittlerweile zum Regelangebot.

Die Gründe liegen auf der Hand: Alleine schon die verquaste Sprache, deren Hellinger sich mit Vorzug bedient, dürfte Anthroposophen und Waldorfschüler in schieres Entzücken versetzen, gleicht sie doch aufs Frappierendste den metaphysisch durchwaberten Schwadronaden, in denen Rudolf Steiner, Begründer des anthroposophischen Weltbildes und der Waldorf-Pädagogik, sich ausgelassen hatte − und das just zu jenen Fragen, die im Zentrum auch der Hellinger'schen Überlegungen stehen: zu den »Wirkungen des Karmagesetzes im menschlichen Leben« (1906/1990) etwa oder dem »Einfließen geistiger Impulse aus der Welt der Verstorbenen« (1914/1985). Glaubte man an Reinkarnation − wie die Anthroposophen dies tun −, könnte man fast meinen, Steiner, gestorben im März 1925, sei in Hellinger, zur Welt gekommen im selben Jahr just neun Monate später, leibhaftig wiedererstanden.

Steiners Diktum über die Notwendigkeit autoritärer Pädagogik liest sich wie gemacht für Hellingers Familienaufstellen: Von »großer Wichtigkeit« sei es, wie er Anfang der 1920er dekretierte, dass man »abkommt von der Diskutiererei. Die Sache ist doch diese, dass wir so eine Stimmung erzeugen müssen: Der Lehrer hat etwas zu sagen, worüber wir nicht urteilen können und worüber wir nicht diskutieren« (1922/1975, 222). Denn: »Um reif zum Denken zu sein, muss man sich die Achtung vor dem angeeignet haben, was andere gedacht haben. Es gibt kein gesundes Denken, dem nicht ein auf selbstverständlichen Autoritätsglauben gestütztes gesundes Empfinden für die Wahrheit vorausgegangen wäre« (1924/1987, 60). Bei Hellinger (1998a, 116) wird, passend dazu, Kritik an den Altvorderen (= Eltern, Lehrer, Therapeuten) grundsätzlich unter Verdikt gestellt, das wäre »gegen alle Ordnung« und »Anmaßung des Geringeren, der meint, er könne etwas Gutes bewirken (…). Doch das scheitert immer.«

Vor allem aber hat es den Anthroposophen die Hellinger'sche Vorstellung der »Wissenden Felder« angetan. Silke Ewald (2001), Biografieberaterin aus Frankfurt am Main, brachte das Thema erstmalig aufs Tapet des anthroposophischen Zentralorgans *Info3*. Wer eine Familienaufstellung unvoreingenommen beobachte, so die Autorin, begegne »dem Phänomen, dass die ausgewählten Personen innerhalb der Aufstellungen fühlen, ja sogar Symptome beschreiben, die die Familienmitglieder haben, die sie ja nur vertreten, obwohl sie deren Geschichte nicht kennen«. Es entstehe insofern ein »morphogenetisches Feld, ein Energiefeld (...) auch das ›Wissende Feld‹ genannt«. Dieses Feld enthalte ein »umfassendes Gedächtnis des gesamten Familienschicksals, weshalb die Stellvertreter, die in dieses Feld eintreten, eben solche Symptome spüren und vermitteln können«. Zur Erklärung bemüht Frau Ewald zwar anthroposophische Grundideen einer »geistigen Welt«, in der die »Astralleiber« und »Ichs« aller Menschen einander begegneten und sich austauschten – daher die Kenntnis der Stellvertreter über Personen, die ihnen eigentlich unbekannt sind –, so recht scheint sie allerdings selbst nicht zu wissen, was sie da daherredet.

Offenbar bemerkte man auch in der Redaktion von *Info3*, dass der Beitrag Ewalds nicht einmal der seit je mit Blödsinn der Sondergüte eingedeckten LeserInnenschaft zumutbar gewesen war und schob ein eigenes Schwerpunktheft nach, in dem Hellinger (2002h) höchstpersönlich die »Grundbegriffe des Familienstellens« erläuterte. Eingerahmt wurde der Hellinger-Beitrag von Anmerkungen des *IAG*-Vorsitzenden Albrecht Mahr (2002a) über die »grundlegende menschliche Fähigkeit, die Erfahrungen anderer Menschen innerlich nachzuvollziehen und körperlich wie gefühlshaft zu ›wissen‹, ohne zuvor darüber informiert zu sein« sowie einem umfänglichen Aufzug (Kleber/Seiberth, 2002), eben diese Fähigkeit, sprich: die »Wirkungsweise des ›wissenden Feldes‹ aus anthroposophischer Sicht« zu deuten.

Als Autoren zeichneten Eva Kleber und Hermann Seiberth verantwortlich, Leiter der anthroposophienahen *Akademie für Sozial- und Familienkultur* im schwäbischen Vaihingen: »Aufstellungen erfolgen in der Regel mit Hilfe von Stellvertretern. Der oder die Aufstellende wählt unter den Anwesenden jemanden, der gebeten wird, die Rolle der jeweiligen Person zu übernehmen, für die sie aufgestellt wird« (ebd., 13). So weit, so richtig. Die Stellvertreter seien nun in der Lage, »ohne Kenntnis der Familien und Personen, für die sie aufgestellt sind, charakteristische Eigenschaften des Systems oder der Person wahrzunehmen und mitzuteilen«. Kleber und Seiberth setzen dies als gegeben voraus, suchen indes nach neuen Erklärungen zum »Verständnis des rätselhaften und immer wieder erstaunlichen Geschehens«, denn: der »Verweis auf das ›wissende Feld‹ kann nicht befriedigen«. Erklärungsversuche im Sinne Sheldrakes (Stichwort: »Morphogenetische Felder«) seien reine Spekulation, was Hellinger da »vergleichsweise vage« anspreche, könne »möglicherweise mit den präziseren Hinweisen Rudolf Steiners (...) genauer verstanden werden«. Ein Vortrag des Meisters vom 23. Oktober 1905 biete insofern »aufschlussreiche Ansatzpunkte«. O-Ton Steiner (zit. in: Kleber/Seiberth, 2002, 14): »Der Astralkörper, die aurische Hülle, die den Menschen umgibt und durchdringt, ist dasjenige Gebilde, in welchem sich das Gemütsleben, das Instinkt- und Leidenschaftsleben sowie jeder Gedanke Ausdruck verschafft. ...Wenn zwei Menschen sich gegenüberstehen, so sind es zunächst die beiden Astralkörper, die sich gegenüberstehen in Liebe oder Hass, Wohlwollen oder Missfallen, Zorn oder Güte, abstoßend oder anziehend. Das alles sind Erscheinungen, die sich zwischen den Astralkörpern abspielen ... Der Verkehr zwischen den Menschen ist ein fortwährender Austausch von Zuständen und Verhältnissen der Astralkörper«. Und weiter: »Was in einer Familie zwischen den Familienmitgliedern webte und wirkte, ist geprägt durch einen kollektiven Astralkörper. Der Mensch lebt nicht allein als Individuum in der Welt, er gehört auch einer Familie, einem Stamm, einem Volk, also einer Gesamtheit an. Er ist eigentlich nur seinem physischen und seinem Astralkörper nach so abgegrenzt.« Es stehe also, so Kleber und Seiberth (ebd., 14), der »individuelle Astralkörper aller Mitglieder des Familiensystems im Zusammenhang mit dem Kollektiv-Astralkörper der gesamten Familie«, der seinerseits zugänglich sei für die Stellvertreter in den Familienaufstellungen. Diese würden zum »Wahrnehmungsorgan für die in der Sippe bzw. von den betreffenden Familienmitgliedern tradierten ätherisch-astralischen Gewohnheitsgesten. Das in der astralen Welt – in der zugleich die ätherische Welt enthalten ist – Erinnerte wird von den Stellvertretern mit dem eigenen Äther- und Astralleib erlebt. (...) Die Wahrnehmung kommt zustande durch das ›Anstoßen‹ des Stellvertreters mit seinem Ätherleib an den sich ätherisch-astralisch vermittelten Eigenarten des Äther- und Astralleibes der Familie.« Und so weiter und sofort, hin zur Erkenntnis, dass die »Wirkung des wahrgenommenen Ätherischen (...) als Stimmung im Astralleib« aufleuchte, was wiederum der Stellvertreter mit seinem »Lebenssinn« wahrnehmen könne ...

Ganz offenbar hält man innerhalb der anthroposophischen Gesellschaft derlei delirantes Gefasele für ernst zu nehmende (Geistes-)Wissenschaft. Jedenfalls blieben die Darlegungen in *info3* völlig unwidersprochen. Im Übrigen handelt es sich bei den zitierten Aussagen Steiners keineswegs um außergewöhnliche Bizarrerien, vielmehr besteht seine umfängliche Hinterlassenschaft aus nichts wesentlich anderem.[*]

---

[*] Aus heutiger psychiatrischer Sicht muss bei dem Begründer der anthroposophischen Lehre von einer schweren schizoiden Persönlichkeitsstörung ausgegangen werden (vgl. Treher, 1990).

Auch *info3*-Autorin Ewald unternahm einen weiteren Versuch: Anfang 2002 stellte sie einen umfangreichen Text ins Netz (mit dem sie auch auf Vorträgen unterwegs ist), der ihre bisherigen Auslassungen mit denen von Kleber/Seiberth verknüpft. Sie empfinde, wie sie schreibt, »eine Familienaufstellung als einen spirituellen Vorgang – dadurch, dass jeder aufgestellte Vertreter nicht nur in Kontakt mit dem ätherisch-astralischen Leib eines anderen Menschen kommt, sondern sich auch ganz bewusst als Wahrnehmungsorgan zur Verfügung stellt und das, was er da empfindet, äußert und so in das Bewusstsein hebt, kommt man zu Erkenntnissen und Gefühlen, die uns normalerweise verborgen wären« [sic!] (Ewald, 2002).[*]

Um es klarzustellen: Bert Hellinger wurde nicht etwa gegen seinen Willen oder ohne seine Kenntnis von den Anthroposophen vereinnahmt; vielmehr stand und steht er mit diesen in engem und aktivem Bezug: Mithin lieferte er selbst einen ausführlichen Beitrag für das besagte Schwerpunktheft von *info3: Anthroposophie heute*. Irgendwelche Distanznahme zu den Ausführungen der Autoren Ewald oder Kleber/Seiberth ist weder bekannt noch ist sie von Hellinger oder den Seinen zu erwarten.

Ausblick

»An vielen Orten«, wie Hellinger-Mitarbeiter Gunthard Weber schreibt (2000, 10), »kann man inzwischen unerwartet auf Ausschreibungen von Aufstellungsseminaren stoßen, zum Beispiel in Zahnarztpraxen, in Buch- und Bäckerläden, in Frisör- und Kosmetiksalons.« Keineswegs hält Weber den Umstand, dass in Frisör- und Kosmetiksalons Kundschaft für eine psychotherapeutische Methode geworben wird, für hinterfragenswert.

---

[*] Hingewiesen sei an dieser Stelle auf eine Resolution, die Ende 1996 von einer bundesweit tätigen *Initiative zur Anthroposophie-Kritik* verabschiedet wurde. Darin wird u. a. kritisiert, dass die Einrichtungen einer »autoritären Sekte, die an Reinkarnation und Karma, an ›Äther-‹, ›Astral-‹ und andere Leiber glaubt« – in erster Linie richtet sich die *IzAK*-Kritik gegen die Waldorfschulen –, durch höchste Regierungsstellen anerkannt und aus öffentlichen Mitteln gefördert würden (IzAK, 1996). Allein in Deutschland fließen Jahr für Jahr dreistellige Millionenbeträge an Steuergeldern in anthroposophische Kassen (vgl. Jacob/Drewes, 2001, 90 f.). Seit 1998 gibt die Initiative ein in loser Folge erscheinendes Informations- und Thesenpapier *STOP dem Anthroposophen-Kult* heraus, in dem der Wirrsinn der Steiner'schen Lehre anhand originaler Textbeispiele aufgedeckt wird (IzAK, 1998). Auch anderweitig wird seit Jahren eine kritische Auseinandersetzung mit der Anthroposophie und ihren Einrichtungen geführt (z. B. Grandt/Grandt, 1997; Bierl, 1999; Baumann-Bay, 2000).

Ganz im Gegenteil: »Ich bedauere das nicht. Es zeigt, dass der Ansatz in vielen Bevölkerungsschichten Anklang findet und ein großer Bedarf besteht.« Dass auch und vor allem in Esoterikbuchläden, auf den Verkaufsmessen und insbesondere in den zahllosen Magazinen und Anzeigenheftchen der Szene allenthalben für »Familienaufstellungen nach Hellinger« geworben wird, führt er gar nicht groß an – wohl weil man dort ja nicht »unerwartet« darauf stößt.

Es stellt sich die Frage, was von einem *medizinischen* Verfahren zu halten wäre, das in Frisör- und Kosmetiksalons beworben würde; oder auf Esoterikmessen um Kundschaft buhlte. Vermutlich gäbe es große Skepsis solchem Verfahren gegenüber. Vermutlich fiele auch keinem Menschen ein, sich von einem Arzt behandeln zu lassen, der seine Fachkompetenz auf ähnlichem Wege – über ein paar Wochenendseminare oder einfach per Selbstakklamation – erworben hätte, wie das Gros der Familienaufsteller. Man ließe vermutlich nicht einmal sein Auto reparieren von einem Mechaniker, der ähnlich wenig Ahnung hat von Autos wie die Mehrzahl der Hellingerianer von Psychotherapie.

Ob und wie die »Aufstellungsarbeit« nach Bert Hellinger sich weiterentwickeln wird – vor allem in der Zeit »nach Hellinger«, der selbst schon in fortgeschritterem Lebensalter ist –, lässt sich nicht vorhersagen. Insofern lässt sich auch nichts sagen zu der Prognose des »Ganzheitsmediziners« Ingfried Hobert (1997b, 110 f.), die »Systematische [sic!] Familienintegration nach Hellinger« werde mit Sicherheit zu den »Heilweisen für das neue Jahrtausend« zählen (zu denen Hobert allerdings auch Bachblütentherapie, Kinesiologie und Trinkkuren mit dem eigenen Morgenurin rechnet [1997a, 175 f.]).

Wünschenswert wäre – und dies in aller Ernsthaftigkeit –, wenn das vorliegende Buch einen Beitrag dazu leistete, dem zutiefst unwissenschaftlichen und esoterischen Spuk der Familienaufstellerszene, der nichts, aber auch gar nichts zu tun hat mit seriöser Psychotherapie, ein baldiges Ende zu bereiten.

Hugo Stamm

Magisch-mystische Aura

Die Schweiz im Hellinger-Fieber

Systemische Therapien sind keine Erfindungen von Bert Hellinger. Doch es brauchte den ehemaligen Missionar, um das Familienstellen populär zu machen. Sein Erfolgsrezept: Die therapeutische Methode muss gut verständlich und leicht konsumierbar sein. Gleichzeitig soll sie eine geheimnisvolle oder magisch-mystische Aura umgeben und einen großen und individuellen Interpretationsspielraum erlauben. Ist überdies der Hauptvertreter der Methode ein altväterlicher Guru, der sich von den Massen gern feiern lässt, ist der Erfolg programmiert. Und so reagiert denn auch in der Schweiz – gerade in der Schweiz – die Esoterik- und Psychoszene verzückt auf sein so genanntes systemisches Stellen. Die Nachfrage ist inzwischen so groß, dass selbst Therapeuten, die sich sonst lieber auf erprobte Therapiemethoden konzentrieren, in die Arme des ehemaligen Missionars getrieben werden. Das Phänomen Hellinger grassiert wohl in keinem anderen Land – ausgenommen vielleicht Deutschland und Österreich – so sehr wie in der Schweiz.

Hellinger erweist sich für die Schweizer Esoterikszene gar als Glücksfall, denn in jüngster Zeit krebst der Milliarden-Markt des Übersinnlichen deutlich. Jahrelang haben spirituelle Sucher in fiebriger Erwartung des Heils auf Schamanismus, Reiki, Heilsteine, Aura Soma, Channeling, Transmutation, Chakra-Healing, Neurolinguistisches Programmieren, Kinesiologie, Reinkarnationstherapie, Runenmagie usw. gesetzt. Sie lasen unzählige Bücher, besuchten für teures Geld Seminare, absolvierten Workshops und konsultierten Meister und Gurus.

Doch das Resultat war unter dem Strich mager. Die Hoffnungen auf magische Heilkünste, die Erleuchtung oder das höhere Bewusstsein haben sich zerschlagen. Der harte Fall aus den übersinnlichen Höhen auf den Boden der Realität hat viele Esoteriker ernüchtert. Und die Erwartung des kommenden sanften Wassermann-Zeitalters musste spätestens nach dem 11. September 2001 definitiv vertagt werden.

In dieses Sinnvakuum stieß Bert Hellinger mit seinem Familienstellen. Er wurde und wird in der Schweiz gefeiert wie ein neuer Heilsbringer. Nachdem viele Esoteriker jahrelang in kosmischen Nebeln gestochert hatten, zeigte Hellinger ihnen vermeintlich den Weg zurück in die eigene Seele. Der Familiensteller suchte die Ursachen der Blockaden nicht mehr in übersinnlichen Sphären, sondern handfest in der »grobstofflichen Welt«: in der Familie. Die mystisch-magischen Elemente, mit denen er seine Variante systemischer Arbeit umgab, sorgten außerdem dafür, dass die Esoteriker nicht allzu sehr unter Entzug leiden mussten. Die Synthese von psychologischen und archaischen Aspekten elektrisierte die Esoterik- und Psychoszene.

Werfen wir einen Blick in ein Familienstellen, das die Zürcher Esoterik-*Buchhandlung im Licht* veranstaltete. Die Therapeuten Anya und Nicolas Kern – sie Heilpraktikerin, er Sozialarbeiter –, beide seit 1992 von Hawaii aus als Seminarleiter tätig (über ihr so genanntes *Nicolanya-Institut für Inter-Aktion&Inner-Transformation* veranstalten sie therapeutisches Hula-Hoop-Tanzen), begrüßen auf dieser Station ihrer diesjährigen Schweizer Tournee 20 Seminarteilnehmer. Das Therapeutenpaar erläutert kurz die Grundlagen der Hellinger'schen Theorie: Als Missionar habe Hellinger das Grundbedürfnis des Menschen nach Bindung und Zugehörigkeit zur Familie und Sippe bei Volksstämmen in Südafrika beobachtet und erkannt, dass es eine »Familienseele« gebe. Eine »Familienseele«, von der nicht nur segensreiche Impulse ausgingen, denn da gebe es unbewusste Verstrickungen, die oft über Generationen hinweg wirkten und Krankheiten, persönliche Probleme oder gar Selbstmord verursachen könnten. Die geheimnisvolle Kollektivseele steuere auch den Entwicklungsprozess der einzelnen Familienmitglieder. Die jeweiligen Einzelseelen stünden auf einer höheren Ebene in ständigem Kontakt zueinander, auch nach dem Tod. Das Schicksalsprofil aller Familienmitglieder sei über »Energiefelder« in jeder einzelnen Seele eingeprägt.

Wer von den Kursteilnehmern seine Familienkonstellation ergründen möchte, erzählt in wenigen Worten sein Familienschicksal. Die spektakulärste Geschichte hat Yasmine[*] auf Lager. Sie erhält von Anya Kern den Zu-

---

[*] Namen geändert

schlag und darf »stellen«. Was sie erzählt, wühlt die Teilnehmer auf, das Mitgefühl ist ihr sicher. Die Ergriffenheit prägt die Atmosphäre im Saal. Die
»Hauptverstrickung« von Yasmine: Der ältere Halbbruder Peter habe sie vergewaltigt, als sie noch ein Kind war. Das Setting versprach Spannung: Es gab
personelle Verflechtungen zweier Familien und persönliche Verstrickungen
auf der sexuellen Ebene. Yasmine wagte es nicht, mit ihren Eltern darüber
zu sprechen. Sie erhofft sich von einem Familienstellen eine Klärung der be-
lastenden Situation. Vor allem möchte sie mit ihrem Halbbruder die Angelegenheit klären, konnte sie doch noch nie mit ihm über die Übergriffe diskutieren. Sie habe zwar immer wieder Signale ausgesandt, doch Peter sei ihr
stets ausgewichen. Und Yasmine wagte es nicht, ihn direkt anzusprechen.

Jeder seriöse Therapeut oder Psychologe würde Yasmine empfehlen, das
schwer wiegende Problem aktiv anzugehen. Doch Praktiker nach Hellinger
nicht. Für sie ist dies ein Fall für die »Familienseele«. Yasmine darf da nicht
aktiv ins Energiefeld eingreifen, sie ist die jüngere. Sie muss vielmehr darauf
vertrauen, dass die Autorität der Familienseele es schon von selbst richtet
und Peter auf die Sprünge hilft. So will es Hellingers Theorie. Und Yasmine
scheint diese bestens zu kennen und verinnerlicht zu haben. Sie ordnet sich
dem autoritären System unter und wartet auf die heilenden Impulse der Familienseele.

Yasmines Fall ist für die Therapeuten Kern&Kern idealtypisch. Sie können beim Stellen aus dem Vollen schöpfen und eine musterhafte »Therapie«
veranstalten. So musterhaft, dass sich der Beobachter spontan fragt, ob Yasmine nicht Teil der effektvollen Inszenierung ist. Genährt wird der Verdacht durch den Umstand, dass Yasmine die Familienmitglieder auffällig
selbstsicher im Raum verteilt und extreme Konstellationen schafft. Die aufgestellten Familienmitglieder müssen nun auf Geheiß von Anya Kern ihre
Gefühle ausdrücken.

»Ich fühle mich ausgeschlossen«, sagt der »Vater« des Halbbruders und
Ex-Mann der Mutter. Der »Halbbruder« erklärt, er sehe sich als Außenseiter
der Familie. Die Vergewaltigung seiner Halbschwester erwähnt er aber mit
keinem Wort. Yasmine, die das gruppendynamische Spiel aus der Distanz
betrachtet, bricht in Tränen aus. Therapeutin Kern reagiert so, als stehe die
wahre Familie im Raum, als stammten die Aussagen von der echten Mutter,
dem echten Halbbruder. Yasmine sagt denn auch: »Er spricht wie mein Vater, obwohl er ihn noch nie gesehen hat.« Für Außenstehende ein Wunder
der höheren Art. Doch für das Therapeutenpaar ist klar, dass Gefühle und

Verhaltensweisen der echten Familienmitglieder von den gestellten Personen übernommen werden. Nachdem sie ihre Gefühle ausgedrückt haben, geht es allen Akteuren auf wundersame Art besser. Und schon bricht bei der Stellvertreterfamilie die große Harmonie aus. Besprochen werden die Vorgänge nicht, Worte würden die seelischen Schwingungen stören. Denn durch das Stellen soll die Familienseele gereinigt worden sein. Obwohl der Rest der echten Familie Yasmines keine Ahnung vom Hellinger'schen Ritual hat.

Zum Schluss flüstert Therapeutin Kern den gestellten Kursteilnehmern versöhnliche Worte ein, die sie wiederholen müssen. »Ich akzeptiere dich als meinen älteren Bruder«, muss das Opfer dem Täter sagen. Verzeihen darf sie ihm nicht, weil sie sich sonst über ihren älteren Halbbruder stellen würde, was nach Hellinger eine Todsünde wäre. »Wer im Familiensystem zuerst kommt, hat nach dem Prinzip des systemischen Familienverständnisses Vorrang«, ergänzt die Therapeutin. Die Familienseele soll nach einem autoritären Hierarchiesystem funktionieren. »Wenn man den Eltern Ehre erweist, kommt etwas tief in der Seele in Ordnung«, erklärt Hellinger in seltsamer Verklärung. Deshalb wird der sexuelle Missbrauch beim Stellen nicht angesprochen. Die Familienseele sei nun ein Stück weit geheilt, Peter werde wie von einer höheren Macht geleitet von sich aus auf Yasmine zukommen, glauben die Kursteilnehmer. Die Erfahrungen würden zeigen, dass es funktioniert, wird keck behauptet.

Der Beobachter möchte am Schluss der Veranstaltung wissen, wie das Phänomen des Familienstellens funktioniert und erklärt werden kann. Wie kann eine wildfremde Person, die meinen Vater nicht kennt und nur ein paar Sätze über ihn zu hören bekommen hat, diesen angeblich authentisch vertreten? Wieso fühlt und spricht der Stellvertreter wie mein Vater? Ist er ein Hellseher? Verfügen alle Teilnehmer des Familienstellens automatisch über mediale, telepathische oder sonstig übersinnliche Kräfte? Die Teilnehmer reagieren gereizt auf kritische Fragen. Anya Kern quittiert sie mit einem mitleidigen Lächeln. »Das lassen wir so stehen«, antwortet sie und erntet ein zustimmendes Nicken der »eingeweihten« Kursteilnehmer. Die Therapie ist halt nur etwas für Personen mit dem Sinn für »höhere Wahrheiten«.

Die Schweizer Familienstellerin Wiebke Roll pflegt an ihren Seminaren zu sagen: »Sobald diese Stellvertreter auf den ihnen zugewiesenen Plätzen stehen, fließen die Energien der Personen, die sie vertreten, durch sie hindurch. Sie fühlen wie die wirklichen Personen und bekommen zum Teil sogar die Symptome, die diese Familienmitglieder haben, ohne dass sie etwas davon wissen. Die Distanz oder die Nähe sowie der Winkel, in welchem die Stellvertreter zueinander stehen, wecken Gefühle wie Liebe, Hass, Wut, Kälte und Wärme.«

Da es keine standardisierte Ausbildung gibt, kann sich jeder und jede Hellinger-Therapeut bzw. Hellinger-Therapeutin nennen. Da ist auch kein Verband, der Standards setzt oder einen Überblick über die Hellinger-Szene hat. Verlässliche Zahlen sind deshalb nicht erhältlich. Schätzungsweise sind gegenwärtig 300 Hellinger-Anhänger allein in der Deutschschweiz therapeutisch tätig (Stand 10/2002), es könnten aber auch 400 oder 500 sein. Manche haben lediglich ein paar Bücher zum Aufstellen gelesen und an ein paar Demonstrationen teilgenommen. Auf dem Markt tummeln sich viele »Therapeuten«, die keine Ausbildung oder Erfahrung in Psychologie oder therapeutischer Arbeit haben.

Populär gemacht hat das Familienstellen nach Bert Hellinger in der Schweiz die Esoterikszene. Später wurde die Psychoszene erfasst, begünstigt durch die Verflechtungen der Esoterikkreise mit der alternativen Therapeutenszene. Die Nachfrage stieg derart, dass auch gut ausgebildete Therapeuten sich aus ökonomischen Gründen veranlasst sahen, sich mit dem Familienstellen zu befassen und Hellinger-Therapien anzubieten.

Ein Blick in die Liste der Anbieter zeigt aber, dass immer noch die meisten Hellinger-Therapeuten aus der Esoterikszene kommen und ursprünglich als Reiki-Meister, Heiler, Astrologen, Tarot-Berater, Atemtherapeuten, Kinesiologen usw. arbeiteten. Sehr gut vertreten sind auch die Osho-Rajneesh-Therapeuten. Es gibt im ganzen Jahr kaum ein Wochenende, an dem nicht mehrere Seminare im Familienstellen durchgeführt werden. Die meisten Veranstaltungen sind ausgebucht. Oft treffen sich Gruppen von 20, 25 oder mehr Teilnehmern. Da reicht die Zeit nicht immer, dass alle ihre Familiensituation stellen können und Einblick in ihre Verstrickungen bekommen. Sie trösten sich damit, dass sie durch die emotionale Auseinandersetzung mit den Familienkonstellationen anderer angeblich auch Einblick in die eigene Situation erhalten.

Viele Hellinger-Anhänger betrachten das Familienstellen als potente therapeutische Heilmethode. Die unbewussten Familienverstrickungen und generationenalten Prägungen würden vielfach zu psychischen Problemen, oft gar zu psychosomatischen Krankheiten führen.

Problematisch wird die Methode allemal, wenn vorschnell und einseitig

Diagnosen gestellt werden. Manche Therapeuten lassen sich rasch verleiten, selbst bei schweren Krankheiten die Ursache bei der »Familienseele«, respektive den Verstrickungen, zu suchen. Manche Hellinger-Anhänger scheuen sich auch nicht, die Ursache etwa von Krebs schlicht in unverarbeiteter familiärer Prägung zu suchen. Es ist denn auch kein Zufall, dass beispielsweise das *Heilpraxis*-Magazin in seiner Online-Ausgabe zum Thema »Seelische Unterstützung bei Krebs« das Familienstellen nach Hellinger als therapeutisches Mittel preist.

Hellinger selbst stört sich nicht daran, dass sein Familienstellen vor allem in esoterischen Kreisen auf fruchtbaren Boden fällt. Der Meister scheute sich denn auch nicht, auf den *PSI-Tagen* von Basel aufzutreten, auf denen es ausschließlich um paranormale Phänomene geht. Ein Eingeständnis, dass das Familienstellen mehr mit unerklärlichen denn erklärbaren Aspekten zu tun hat?

Hellinger war neben dem umstrittenen australischen »Medium« Ellen Greve, alias Jasmuheen (= »Duft der Ewigkeit«), der Publikumsmagnet. Jasmuheen (*1956), eine frühere Sparkassenangestellte, propagiert den so genannten Lichtnahrungsprozess: Wer diesen abgeschlossen habe – im Wesentlichen handelt es sich um ein 21-tägiges Dauerfasten –, soll befähigt werden, weiterhin ohne Einnahme von Nahrung leben zu können. Prana- bzw. Lichtenergie, wie Jasmuheen wortreich erläutert, sei die »Nahrungsquelle für das kommende Jahrtausend«: Der Lichtnahrungsprozess sei insofern nichts weniger als die Lösung des Welthungerproblems. Im Übrigen bedeute der dreiwöchige Prozess eine Art spiritueller Einweihung, durch die der Teilnehmer telepathisch und obendrein hellsichtig werde. Anfang 2000 wurden zwei enge Mitarbeiter Jasmuheen-Greves wegen Totschlags verurteilt: Sie wurden von einem australischen Gericht für schuldig befunden, den Tod einer 53-jährigen Frau herbeigeführt zu haben, die im Zuge ihres »Lichtnahrungsprozesses« an Nierenversagen gestorben war. Dem Einwand der Beklagten, die Frau sei einer »spirituellen Blockade« erlegen, wurde kein Gewicht zugemessen (vgl. Goldner, 2000, 415 f.). Es passt ins Bild, dass in Jasmuheens Verlautbarungsorgan *ELRAANIS* vor Jahren schon mit einem seitenlangen Artikel für das »Systemische Familienaufstellen nach Hellinger« geworben wurde (Riedel, 1999).

Es gibt aber auch Therapeuten, die das Stellen nach Hellinger »seriös« anzuwenden suchen und sich über »die Esoteriker« als Trittbrettfahrer ärgern (ganz so, als sei das Aufstellen nicht *per se* esoterisch). Sie sind überzeugt, dass die Methode wirksam ist, allerdings keine Wunder bewirkt und große therapeutische Erfahrung und eine breite Ausbildung erfordert. Zu ihnen gehört Georges A. Porret. Der Sozialarbeiter und NLP-Trainer hat zusammen mit Kollegen das *Bert-Hellinger-Forum Schweiz* gegründet. Porret wehrt sich vor allem auch dagegen, dass Heilversprechen gemacht werden. Für ihn ist das Familienstellen lediglich ein Wachstumsimpuls, eine »Möglichkeit, Lösungen zu finden«. Das Forum will die Ausbildung verbessern und sich auf die Qualitätsförderung konzentrieren. Unabdingbare Voraussetzung für ein seriöses Familienstellen ist für Porret eine »breite und große Erfahrung in der fördernden und helfenden Arbeit mit Menschen, die auf einer fundierten und praxisorientierten Grundausbildung in einem sozialen, therapeutischen oder pädagogischen Beruf basiert. ›Ausbildungen‹, die ein auf das ›methodische‹ Familienstellen reduziertes Angebot offerieren sind abzulehnen, da sie der Scharlatanerie Vorschub leisten.«

Viele Schweizer Psychologen und Psychiater begegnen der Hellinger-Methode mit großer Skepsis. Das Setting mit teilweise Dutzenden von Klienten ist für sie fragwürdig. Heikel sei auch, dass private und intime Details über ahnungslose Familienmitglieder der Kursteilnehmer beim Stellen verhandelt werden. Außerdem sei der Interpretationsspielraum des Aufstellers oder Therapeuten sehr groß, was Missbrauch und Abhängigkeit begünstige. Weiter monieren Familientherapeuten die überzogenen Versprechen und das Hauruck-Vorgehen, das schon nach kurzer Zeit viel Erfolg bringen solle. So würden oft auf fahrlässige Weise psychische »Wunder«, aber auch körperliche Heilung als Sekundärfolge versprochen. »Wenn einer vorn steht und angeblich die perfekte Lösung für seelische Probleme verkündet, wird es sektenhaft«, sagt ein Paartherapeut.

Doch es gibt auch Ärzte und Psychologen mit einer konventionellen therapeutischen Ausbildung, die Hellingers Familienstellen praktizieren. Und angesehene Institutionen, die Veranstaltungen nach Hellinger anbieten. Ein Beispiel: Anfang Mai 2002 führte Dr. med. Mario Föppl, (anthroposophienaher) Psychiater und Psychotherapeut, ein viertägiges Familienstellen im Rahmen der Volkshochschule Basel in Riehen durch. Selbst in streng christlichen Kreisen stößt das Stellen auf Interesse. So organisierte etwa der *Christliche Verein Junger Männer* (CVJM) Hasliberg Familienstellen nach Hellinger.

Das Familienstellen wird auch als Mittel zur Problemlösung in Firmen angewendet. Die Firma *Coaching Team* beispielsweise dient sich Unternehmen an. In jedem Betrieb gebe es verborgene Dynamiken, dozieren die beiden Leiterinnen Cäcile Khalil und Marianne Helbling. Das Stellen ermögliche eine neue Form der Analyse von Organisationen. Die Mitarbeiter könnten eine bestimmte Situation mit stellvertretenden Personen stellen. »Es ist ein Phänomen, dass diese Stellvertreter nun spüren, was in diesem System für eine Energie vorhanden ist«, erklären die Kindergärtnerin und die Kauffrau, die auch Rebirthing, Astrologie und NLP praktizieren. Das Stellen soll wichtige Fragen für das Unternehmen klären. Zum Beispiel: wird das Potenzial der Mitarbeiter richtig genutzt, sind sie motiviert, sind Intrigen oder versteckte Spannungen vorhanden, gibt es in einzelnen Abteilungen besondere Probleme, sind die Kunden dem Unternehmen wohl gesonnen? [siehe auch: *Wundersame Hilfe in allen Lebenslagen*].

Stellt sich die Frage, wie lang das Hellinger-Fieber anhält. Der Zenit scheint noch nicht erreicht zu sein. Da der Verschleiß von »unerklärbaren Phänomenen« in der Psycho- und Esoszene beträchtlich ist, wird auch diese Welle verebben. Die ungebrochene Verehrung des Meisters deutet jedoch darauf hin, dass der Trend seine Anhänger noch mehrere Jahre in den Bann zu ziehen vermag.

El Awadalla

Am Puls der Szene

Hellinger in Österreich

Über Österreich schrieb einst der Psychoanalytiker Erwin Ringel: »Dieses Land ist eine Brutstätte der Neurose.«

Zur Vorstellung von der österreichischen Mentalität gehören unter anderem: Unterwürfigkeit und Furcht vor der Obrigkeit. Die Lektüre von esoterischen Zeitschriften und Progammankündigungen bestätigt diese beiden Zuschreibungen drastisch.

So nimmt es nicht wunder, dass Bert Hellinger mit seinen autoritären Methoden gerade in Österreich eine große Schar von NachahmerInnen und AnhängerInnen hat. Dabei fällt auf, dass die Liste der anbietenden Personen und Institutionen weitaus länger ist als jene, die vom *Virtuellen Bert Hellinger Institut* im Internet als »Aufstellerverzeichnis« publiziert wird. Eine Anfrage bei besagtem *Bert Hellinger Institut* blieb ohne Antwort; AnbieterInnen, gefragt, warum sie nicht auf dieser Liste stünden, antworteten ausweichend.

Auf der Suche nach AnbieterInnen von »Familienstellen nach Hellinger« begegnet man/frau einer ganzen Reihe alter Bekannter aus der Esoterikszene (vgl. www.awadalla.at): Neben Leuten, die Mitte der 1990er noch vorwiegend Reiki, Shiatsu, Qi-Gong oder Feng Shui angeboten haben, finden sich da auch Tantra-LehrerInnen, ErdheilerInnen und WünschelrutengängerInnen sowie – höchst bemerkenswert – Mitglieder der Mun-Sekte, die gar ein eigenes Institut gegründet haben. Das so genannte *Shimjung Institut zur Förderung sozialer Kompetenz* mit Hauptsitz im Osttiroler Lienz und weiteren Niederlassungen in Wien und München will »mehr Lebensfreude durch bessere Beziehungen, Förderung der Persönlichkeitsentfaltung, Belebung der Partnerschaft, Unterstützung der Elternschaft, Kindern Lebensfreude durch glückliche Familien bescheren« usw. Zu diesem Zweck bietet das *Shimjung Institut* neben vielem anderen – »Emotional Coaching« etwa oder »Begleitung in Persönlichkeitsentfaltung« – auch »Familienstellen nach B. Hellinger« an, und dies gar im Rahmen einer »Ausbildung« zum zertifizierten »Berater für soziale Kompetenz/BSK« (Shimjung, 2002).

Wortreich wird der Institutsname erläutert: »Bei der Suche nach einem Namen für unser Institut sind wir auf den Begriff SHIMJUNG gestoßen. Es ist der koreanische Ausdruck für Herz, der in seiner Bedeutung umfassender ist als das, was im Deutschen oft mit dem Begriff Herz assoziiert wird. Übersetzen bzw. umschreiben könnte man ihn mit: Ø Die wahre, reine Liebe, die vom Herzen kommt Ø Reifung durch die Erfahrungen als Kind, als Bruder oder Schwester, als Partner, als Eltern, als Großeltern bzw. durch Beziehungen Ø Gemütstiefe; der emotionale Impuls, Freude durch Liebe zu erleben« (ebd.). Laut Selbstdarstellung sei das *Shimjung Institut* »am 9.09.1999 in Frankfurt gegründet (worden). Zweigstellen befinden sich in München und in Wien. Die Gründungsmitglieder sind Siegfried Klammsteiner, Familienberater, Thomas Holger Schuh, Familientherapeut, und Ing. Karl Ebinger, Journalist« (ebd.).

Ebinger und Klammsteiner sind seit Jahren in der Mun-Sekte – offiziell: *Vereinigungskirche e.V.* oder auch *Gesellschaft zur Vereinigung des Weltchristentums* – aktiv: Ebinger u. a. als Chefredakteur des Internetmagazins *Familienperspektiven* – früher bekannt als *Neue Perspektiven* –, das von der Mun-Unterorganisation *Forum Ost* herausgegeben wird; Klammsteiner trat u. a. als »Familienberater FFWF Deutschland« auf (wobei FFWF innerhalb der Mun-Organisation wahlweise »Frauenföderation für den Weltfrieden« oder auch »Familienföderation für den Weltfrieden« bedeuten kann), dazu als eine Art PR-Manager der Sekte in Zusammenhang mit deren Prozess gegen das bundesdeutsche Familienministerium wegen einer kritischen Info-Broschüre über »Die Mun-Bewegung« (vgl. AGPF-Info, 1997). *Shimjung*-Mitbegründer Thomas Holger Schuh leitet des Weiteren eine so genannte *Sokom-Akademie* in München, die gleichfalls und in erster Linie »Familienaufstellungen nach Hellinger« im Programm führt.

Erstaunlich ist, dass die Mun-Sekte, die sich sonst in ihrem ureigensten Gebiet, der Familie, nur selten anderer als der eigenen Methoden bedient, auf Hellingers Praktiken abstellt. Doch offenbar passt Hellinger bestens zur Mun-Sekte. Seine Vorstellungen von Familie finden sich wieder in den Auslassungen von Sektenführer San Myung Mun: »Ihr seid fähig, die Vergangenheit zu lieben, indem ihr euere Eltern liebt, die Gegenwart zu lieben, indem ihr eueren Partner liebt, und die Zukunft zu lieben, indem ihr euere

Kinder liebt. (...) Der konzentrierte Körper dieser drei Arten der Liebe ist die Familie« (zit. in: Ebinger, 2000)

Alles sehr Hellinger-kompatibel. Auch die Erwägungen eines Johannes Stampf (2000) in besagtem Mun-Magazin *Familienperspektiven* passen dazu: »Es ist die Rede davon, dass sich der althergebrachte Familienbegriff im Umbruch befindet und noch niemand sagen kann, wo diese Entwicklung hinführen wird. (...) Möglicherweise steuert das alles neuen Familiensystemen zu wie: Kind mit zwei lesbischen Müttern oder Kind mit zwei homosexuellen Vätern. (...) Glücklicherweise finden sich in unserer Zeit auch (andere) Strömungen. (...) Besonders die Anregungen, die von der auf Initiative von Rev. San Myung Mun und seiner Frau gegründeten ›Familienföderation für Weltfrieden‹ kommen, verdienen höchste Beachtung. Hier wird deutlich gesagt, dass die klassische Familienstruktur (Vater-Mutter-Kinder; Großeltern-Eltern-Kinder) im Grunde richtig ist; sowohl biologisch, weil so der natürliche Weg der Fortpflanzung ist, als auch geistig-moralisch, wo sie ganz klare Richtlinien anbietet.« Autor Stampf weist auf »vier schwer wiegende Schwachstellen« der Familien hin, die über »klare, beständige Werte« ausgeglichen werden müssten: »1. Die unklare Rolle, die Gott, der Schöpfer, im Leben des heutigen Menschen spielt. 2. Die nach wie vor problematische Beziehung zwischen Mann und Frau; sowohl innerhalb der Familie, der Gesellschaft und des Arbeitsmarktes einerseits als auch in der besonders wichtigen Frage nach der Rolle, die Gott in der sexuellen Beziehung zwischen Mann und Frau spielen möchte, andererseits. 3. Das Konfliktpotenzial in der Beziehung zwischen Eltern und Kindern. 4. Die problematische Beziehung der Geschwister untereinander.«

Die »beständigen Werte«, mit denen Mun aufzuwarten weiß − von den männlichen und weiblichen Rollen, vom Gehorsam, mit dem Kinder ihren Eltern zu begegnen hätten, vom Vorrang der Erstgeborenen etc. −, sind weitgehend identisch mit denen Hellingers.

Vorbild für die Familie ist das Ehepaar Mun selbst, das als »Wahre Eltern« von den AnhängerInnen der Sekte weltweit verehrt wird. Die Mun'sche Ideologie hat ihre eigene Logik: War bis zum Fall der Berliner Mauer der Kommunismus das erklärte Feindbild, so ist es seither der Feminismus, vor dem die Welt unbedingt gerettet werden müsse, denn er zerstöre die Familie, die stets als Mutter-Vater-Kinder-Gebilde zu denken ist. Als Über-Eltern fungieren dabei die Muns selbst, die segnend und Ehen zwischen Unbekannten verordnend durch die Welt reisen und überall ihre Statthalter platzieren.

Interessant sind insofern auch die »Gelöbnisse« der Mun-Bewegung, die bei Andachten, besonderen Treffen und an »Heiligen Tagen« gemeinsam rezitiert werden; desgleichen bei Seminaren und Workshops. Von den einzelnen Gelöbnissen existieren je verschiedene Varianten. Bis Mitte der 1990er war ein aus fünf Punkten bestehendes und als »Na ui Mängse« bezeichnetes Gelöbnis in Gebrauch, dessen fünfter Punkt wie folgt lautet: »Ich bin stolz auf die eine Herrschaft, stolz auf das eine Volk, stolz auf die eine Sprache und Kultur, die Gott als Mittelpunkt haben. Ich bin stolz, das Kind des einen Wahren Elternpaares zu werden; stolz auf die Familie, die die eine Tradition ererben wird; stolz darauf, als Arbeiter mitzuwirken bei der Errichtung der einen Welt des Herzens (= Shimjung, E. A.). Ich werde unter Einsatz meines Lebens kämpfen. Ich werde verantwortlich sein, meine Pflicht und meine Mission zu erfüllen. Das gelobe ich und schwöre ich. Das gelobe ich und schwöre ich. Das gelobe ich und schwöre ich« (zit. in: Gandow, 1999).

Kraftorte und Wellness-Hotels

Hellingers krude Erkenntnisse werden überdies auch von den (Pseudo-)SchamanInnen der Esoterikszene für sich reklamiert: »Die wenigsten wissen«, wie es auf einer einschlägigen Website heißt (Roppele, 2001), »dass seine systematische [sic!] Familientherapie vom Verfahren her eine sehr alte schamanische Heiltradition ist, die in den verschiedensten nativen Kulturen bekannt ist – der Schildearbeit. Im schamanischen Verständnis geht man davon aus, dass sich im Energiefeld des Menschen, der Aura, sog. Lichtwirbel, Schaltstellen oder Schilde befinden, über die die Begegnungen mit Menschen, Plätzen, Kräften etc. sowie auch das Erfahren von Glück, Leid, Schmerz gemanagt, kontrolliert und ausbalanciert werden. Bei dem Heilverfahren wird der Klient mit der Kraft seiner Schildepositionen durch eine Aufstellung im Medizinkreis konfrontiert. Teilnehmer repräsentieren dann z. B. das Vater-Schild, Bruder-der-Mutter-Schild (Onkel). Bei einem spirituell ausgerichteten Menschen werden auch immer die Verbündeten-Schilde (KraftTier, PflanzenGeist, EngelSchild usw.) in die Heilarbeit einbezogen.«

Natürlich gibt's dazu auch gleich ein Seminar, natürlich im Waldviertel, dem Tummelplatz der (Pseudo-)SchamanInnen; genauer: im einschlägig bekannten Seminarhaus *Die Lichtung* auf Schloss Rastenberg nahe Krems, das von der Gräfin Christiane von Thurn-Valsassina geleitet wird. Preis für ein Wochenende: 270 €. Das Waldviertel, ein wirtschaftlich schwacher, aber landschaftlich reizvoller Teil Niederösterreichs, wird höchst offiziell von der Landesregierung als »mystisches Waldviertel« beworben. Schon vor der offiziellen Werbung war die Dichte an »Kraftorten« und die Zahl von »SchamanInnen«, die zum Wochenende aus Wien anreisten, enorm. Seit das Waldviertel offiziell als »mystisch« gilt, droht das Ganze völlig auszuufern.

Wer indes genug davon hat, im nebeligen Wald nach Kraftorten zu suchen, kann sich auch in vornehmen Seminarhotels der esoterischen Innenschau widmen: Wie die meisten Esoterikveranstalter bietet auch der Kärntner *Agathenhof* seit einigen Jahren »Familienaufstellung nach Bert Hellinger« an. Hellingers auf ultrakonservative katholische Unterwerfungsrituale basierende »Therapie« passt gut zum *Agathenhof*, einem New-Age-Zentrum, das schon lange vor dem aktuellen Wellness-Boom als eine Art esoterische Gesundheitsfarm alles anbot, was die Szene wünschte, und mit Namen aufwarten konnte wie Arnold Keyserling, Penny McLean (alias: Gertrud Wirschinger), Peter Schellenbaum, Sigrun Freifrau von Schlichting (eigentlich: Sigrun Schleipfer), »Priesterin« des rassistischen, neuheidnischen Armanenordens: Sie alle und noch viele mehr haben hier für das zahlungskräftige, vorzugsweise aus Wien und München anreisende Publikum gewirkt. Doch der *Agathenhof* wurde auch als Kontaktadresse von Andreas Thierry bekannt, einem mehrfach verurteilten Aktivisten der Kärntner Neonazi-Szene (vgl. Pietrich, 1994; Wölflingseder, 1995). Auf Esoterikmessen verkauften die Agathenhofer neben allerlei Esoterischem stapelweise die Machwerke des Jan van Helsing (eigentlich: Jan Udo Holey), der mit seinen beiden Bänden *Geheimgesellschaften* große Bekanntheit in der Szene erlangt hat: Unter ausdrücklich esoterischen Vorzeichen wird in diesen Büchern – mittlerweile stehen sie auf dem Index – rassistische und vor allem antisemitische Hetzpropaganda verbreitet (vgl. Goldner, 2000, 26 f.).

Szenenwechsel: In der Nähe des Salzburger Urlaubsortes Schwarzach in der kleinen Gemeinde Goldegg wird unter anderem Esoterik angeboten. Das aus dem 14. Jahrhundert stammende Goldegger Schloss ist eindrucksvoller Veranstaltungsort. Zu den ReferentInnen bei den jährlichen *Goldegger Dialogen* zählen neben vielen anderen die EsoterikaktivistInnen Rüdiger Dahlke und Barbara Rütting. Dahlke ist Reinkarnationstherapeut und Herausgeber der Szenezeitschrift *Esotera*, Rütting, alias »Ma Anand Taruna«, ist

Anhängerin des Osho-Rajneesh-Kults, hat Kontakte zum *Universellen Leben* und warb 1995 in einem Fernsehspot für die in Deutschland auftretende so genannte *Naturgesetzpartei*, den politischen Arm der Sekte um Maharishi Mahesh Yogi (Transzendentale Meditation). In so einer Gesellschaft darf Hellinger natürlich nicht fehlen. Er trat 1999 in Goldegg auf.

Neben den einschlägig bekannten Esoterikzentren haben auch die Universitäten und Volkshochschulen Gefallen an Hellinger gefunden; denn, wie es in zahllosen Verlautbarungen sinngemäß heißt: »zumindest einmal die eigene Familiensituation aufgestellt und bearbeitet zu haben, gehört heute für jeden ernsthaft Selbsterfahrenden und Vergangenheitsbewältiger zum guten Ton. Man will einfach am Puls der Szene sein, mitreden können« (Mikisch, 2001).

Vielfach wird Familienaufstellung von psychologischen Laien angeboten, als Therapie für schlechthin jedes gesundheitliche Problem, vom Bandscheibenvorfall bis zur Allergie, von Multipler Sklerose bis zum Krebs. Konkrete Fälle, in denen Angehörige bei SeminarteilnehmerInnen Depressionen oder gar Selbstmordabsichten als Folge des Familienstellens bemerkten, sind auch in Österreich bekannt. Dazu passt, was der bereits zitierte Herbert Mikisch (ebd.) zu sagen weiß, der Mitte der 1990er groß für sein *Institut für Reiki und Selbsterfahrung* warb und mittlerweile als Experte fürs Familienstellen auftritt: »Ein erfahrener Berater (…) wird sich nicht anmaßen, für die Lösung des Klienten verantwortlich zu sein.«

Nach Hellinger befragt, geben sich Mitglieder der *Wiener Psychoanalytischen Gesellschaft*, eines ausgesprochen respektablen Berufsverbandes, äußerst kritisch und weisen nachdrücklich darauf hin, dass dieser weder dort noch in einem anderen seriösen Berufsverband in Österreich Mitglied sein könnte. Auch Vertreter der Systemischen Therapie äußern sich sehr kritisch. Der Wiener Psychotherapeut Richard Fellner (2001) beispielsweise bringt auf seiner Website die Kritik auf den Punkt: »Systemische Aufstellungen sind durch die Arbeit von Bert Hellinger während der letzten Jahre zunehmend ins Gerede gekommen: Dieser nennt seine Aufstellungen ebenfalls ›systemisch‹, seine Interventionen und Interpretationen beruhen jedoch kaum auf systemischen (= multifaktorielle Ursachen einbeziehenden) Ansätzen, sondern primär auf durch ihn selbst festgelegte und nur selten erklärte oder begründete Glaubenssätze. Insofern scheint mir hier (…) eine Unterscheidung zwischen ›echt‹ systemischer Aufstellungsarbeit und dem Ansatz Hellingers wichtig.«

Die Kritik von Sektenberatungsstellen und ähnlichen Einrichtungen an Hellinger bleibt verhalten. Unter vier Augen äußert man sich wohl ablehnend, doch in der Öffentlichkeit schweigt man. Allenfalls lässt sich die Wiener *Gesellschaft gegen Sekten- und Kultgefahren* herbei, in ihrem Mitteilungsblatt *GSK-Info* (4/2002) einen Hellinger-kritischen Artikel aus dem deutschen Wochenmagazin *Focus* nachzudrucken. That's it. Mediale Kritik hat ein Hellinger in Österreich – bislang jedenfalls – kaum zu befürchten. Die einzige Zeitung, die bis dato ausführlicher über ihn schrieb – die *Oberösterreichischen Nachrichten* –, erging sich in Jubelberichterstattung: Als »Urgestein der Psychologie« wird er da bezeichnet, als »Guru der systemischen Paartherapie«, gar als »der bekannteste Psychologe im deutschsprachigen Raum«. Ein Werbeartikel für einen Linzer Hellinger-Schüler und Seminarveranstalter samt Hellinger-Veranstaltungskalender runden das Bild ab.

So enthusiastisch wie die *Oberösterreichischen Nachrichten* gehen andere Medien mit Hellinger nicht um, doch Kritik an ihm ist äußerst dünn gesät und findet sich höchstens in Alternativzeitschriften. Da schreibt etwa Waltraud Geier in ihrer Kolumne in der *Prairie* vom März 2000: »Immer wenn etwas länger dauert, als Moden eben dauern, überlege ich mir, welche gesellschaftlichen Rahmenbedingungen es wohl sind, die solche Entwicklungen begünstigen. (...) Auf Dinge bin ich da gestoßen, die lassen einen erschauern! Bert Hellinger zum Beispiel. Ein Priester, der mit seiner (...) Methode der Familienaufstellung auch gleich seine konservativ-reaktionäre Weltsicht verbreitet. Bei Hellinger müssen Männer wieder Männer werden und Frauen wieder Frauen, und zwar nach einem Bild, das ich schon längst überwunden glaubte. Männer beziehen nach Hellinger ihre Lebenskraft von ihrem (biologischen!) Vater und Frauen von ihrer (wieder nur biologischen) Mutter. Und da fiel es mir auch schon wie Schuppen von den Augen! Der ganze Psychomarkt ist, neben einer großen Geschäftemacherei, ein gegenreformistisches Projekt. Dem Zerfall der Kleinfamilie, ausgelöst durch die Liberalisierung und Dynamisierung der Wirtschaft, werden tradierte Konzepte menschlichen Zusammenlebens entgegengestellt, die vorgeben, den Wunsch nach harmonischem Leben und Geborgenheit befriedigen zu können« (Geier, 2000).

Auch aus den eigenen Reihen wird gelegentlich Kritik laut, vermeintliche zumindest. Der oben angeführte Herbert Mikisch (2001) schreibt: »Mit der zunehmenden Breitenwirkung, die diese Methode erfährt, treten aber offenbar auch gehäuft Missverständnisse und Missbräuche auf. (...) Manche Menschen leiten Aufstellungen, ohne zumindest ein Buch darüber gelesen zu haben, andere sagten zu uns: ›Ich habe ein paar Mal zugesehen, das genügt, das braucht man nicht zu lernen.‹ Es erübrigt sich wohl zu betonen, dass die meisten dieser Menschen auch keinerlei therapeutische Qualifikation hatten, welche aber unabdingbare Voraussetzung jeder Ausbildung zur systemischen Aufstellungsarbeit ist.« Wortreich beklagt er, dass »Bachblüten, Karma, Schutzengel, ja sogar Reinkarnationen aufgestellt« würden, einzelne Teilnehmer einander gar unaufgefordert Reiki verabfolgten. »Auf einem anderen Seminar«, so Mikisch, »drückte der Aufstellungsleiter mit dem Fuß auf den Rücken eines Darstellers, der sich in der Rolle vor seiner Mutter hätte verbeugen sollen, mit den Worten: ›Jetzt verneig dich doch endlich!‹«

Was Mikischs eigene Qualifikation betrifft, bleibt indes ebenfalls vieles unklar: Er firmiert als »Lebens- und Sozialberater« mit Ausbildungen u. a. in NLP, Reinkarnationstherapie und Reiki. Zusammen mit seiner Frau Andrea, einer ehemaligen Hostess der *Austrian Airlines* und heutigen Feng-Shui-Beraterin, leitet er das Wiener Institut *Amaté*, laut Werbung die »Erste österreichische Schule für Integrative Kinesiologie«. Hier bieten Mikisch&Mikisch Aufstellungen nach Hellinger in verschiedenen Formaten an, mithin auch im Rahmen einer »Ausbildung zum ›Integrativen Kinesiologen‹«, als Ergänzung sozusagen zu Chakrenlehre, Psychologischem Tarot und Trancearbeit, mit denen sie den pseudotherapeutischen Unsinn der Kinesiologie anreichern (vgl. Walbiner, 1997). Kosten der 38-tägigen »Ausbildung«: 4.940 €, zuzüglich Unterkunft und Verpflegung.

Fritz B. Simon und Arnold Retzer

Zwei Welten

Systemische Psychotherapie und der Ansatz Bert Hellingers

Bert Hellingers Familienaufstellungen vor Hunderten Zuschauern werden häufig mit der Systemischen (Familien-)Therapie in Verbindung gebracht. Das bereitet »Systemikern« seit je und zunehmend Kopfschmerzen. Denn: Bert Hellingers Methoden haben mit der Systemischen Therapie nichts gemeinsam. Wer beide in einem Atemzug nennt, betreibt Etikettenschwindel. Es dauert nun schon einige Jahre, dass Bert Hellinger und seine Arbeit die Gemüter bewegen. Er fährt durch die Lande – neuerdings um die ganze Welt – und »stellt« in Großveranstaltungen vor Hunderten von Zuschauern Familien »auf«.

Nun, warum sollte Hellinger auch keine derartigen Veranstaltungen durchführen, solange diejenigen, die sich ihm anvertrauen, damit einverstanden sind? Schließlich arbeitet er nicht mit unmündigen Kindern oder Personen, von denen man von vornherein annehmen müsste, sie seien nicht ganz bei Sinnen oder wüssten nicht, was sie tun. Es sind Erwachsene, die aus eigenem Antrieb auf die Bühne kommen und sich nicht nur Hellinger stellen, sondern sich von ihm »stellen« lassen. Man mag dies bewerten, wie man will, das Recht dazu sollte ihnen niemand absprechen. Schließlich hat in unserer Gesellschaft auch jeder im Prinzip das Recht, sich im Fernsehen den seelsorgerischen Bemühungen von Talkshow-Gastgebern wie Herrn Fliege oder Frau Kiesbauer auszusetzen.

Trotz solch liberaler Grundüberzeugungen fühlen wir uns veranlasst, in Sachen Hellinger noch einmal das Wort zu ergreifen, nachdem wir das vor Jahren schon einmal getan hatten (vgl. Simon/Retzer, 1995 und 1998). Inzwischen hat die öffentliche Diskussion über ihn und seine Methoden eine Wendung genommen, die es uns nicht mehr erlaubt, uns als eher unbeteiligte Zuschauer zu verstehen, die gleichermaßen fasziniert wie erschreckt das »Hellinger-Phänomen« von außen beobachten. Da in der öffentlichen Darstellung der Ansatz Bert Hellingers nach wie vor und immer wieder mit dem Etikett »systemisch« oder »Systemische Familientherapie« versehen wird, sehen wir uns zu einer erneuten öffentlichen Klarstellung und Abgrenzung veranlasst. Da bekanntlich der Gebrauch der Begriffe ihre Bedeutung bestimmt, sehen wir die Gefahr, dass die Methoden und Konzepte der Systemischen (Familien-)Therapie, wie sie international in den letzten 40 bis 50 Jahren entwickelt worden sind, mit der Arbeit Hellingers identifiziert werden. Wir halten das für unberechtigt und falsch, wie gesagt: für Etikettenschwindel. Dieser Vorwurf richtet sich dabei nicht so sehr gegen Bert Hellinger selbst, der seinen Ansatz unseres Wissens nicht als systemisch bezeichnet, sondern gegen seine Jünger, die – aus welchen Gründen auch immer – versuchen, diese Unterschiede aufzuweichen. Der Titel des ersten, bekanntesten und meistverkauften Buches über den Ansatz Hellingers lautet bezeichnenderweise: *Zweierlei Glück: Die systemische Psychotherapie Bert Hellingers* (Weber, 1993).

Würde man Bert Hellingers Methoden systemisch nennen, so könnte man auch die Traumdeutungen jener »Hexe«, die in einem sternenbestikkten Gewand und mit einem Plüschraben auf der Schulter auf dem Jahrmarkt ihre seherischen Dienste anbietet, als Psychoanalyse bezeichnen. Uns erscheint es als verbraucherschützerische Notwendigkeit, die Unterschiede zwischen der Systemischen Therapie und dem Ansatz Bert Hellingers aufzuzeigen. Es geht uns um die Darstellung der methodischen und theoretischen Unterschiede sowie der ihnen zu Grunde liegenden Werte.

Absolute Wahrheit statt wandelbare Werte

Die Geschichte der Systemischen Therapie ist eng mit der Entwicklung der Kybernetik sowie der System- und Kommunikationstheorie verbunden. In der Zeit nach dem Zweiten Weltkrieg kam es in ganz unterschiedlichen Wissenschaftsgebieten zu einer bemerkenswerten, fachübergreifend parallelen Entwicklung: Der Fokus der Aufmerksamkeit verschob sich von der Untersuchung der Eigenschaften isolierter Objekte hin zur Betrachtung der Wechselbeziehungen miteinander interagierender Objekte, die gemeinsam eine zusammengesetzte übergeordnete Einheit – ein System – bildeten. Es zeigte sich, dass das Verhalten der Elemente solcher Systeme besser durch die Spielregeln der Kommunikation zwischen ihnen als durch ihre individuellen Eigenschaften erklärt werden konnte. Das Forschungsinteresse verschob sich dementsprechend zur Untersuchung der Steuerung und Regelung von Verhalten innerhalb solcher Systeme.

Inzwischen ist dieser Ansatz in vielen Einzelwissenschaften – von der Physik bis zur Soziologie, von der Psychologie bis zur Literaturwissenschaft – zu einem der wichtigsten Paradigmen geworden. In der Öffentlichkeit haben wahrscheinlich die so genannte Chaos- und Komplexitätstheorie den größten Bekanntheitsgrad. Auch sie zeichnen sich – wie alle systemischen Ansätze – durch ihre interdisziplinäre Anwendbarkeit aus.

Im Bereich der Psychotherapie bedeutete dieser Paradigmenwechsel zunächst, dass nicht mehr die Strukturen und Prozesse innerhalb der Psyche des Patienten im Mittelpunkt der Aufmerksamkeit standen, sondern die Kommunikationen, die mit Gefühlen und Gedanken verknüpft waren. Und da die Kommunikation innerhalb der Familie für die meisten Menschen eine besondere Bedeutung für ihr seelisches Wohl- oder Unwohlsein hat, wurden zunächst familientherapeutische Methoden entwickelt. Es wurde nicht nur – wie in anderen psychotherapeutischen Ansätzen – über die Familie, Mutter, Vater, Bruder, Schwester geredet, sondern die gesamte Familie wurde mit dem Therapeuten in einen Raum »gesperrt« und musste mit ihm und miteinander reden. Die Interventionen der Therapeuten richteten sich nicht mehr darauf, Individuen oder ihre Psyche zu verändern, sondern Kommunikationsmuster zu beeinflussen.

In den 1950er- und 1960er-Jahren wurde hier die bahnbrechende Arbeit von der so genannten Palo-Alto-Gruppe unter der Leitung von Gregory Bateson geleistet. Ihr im deutschen Sprachraum bekanntester Vertreter ist Paul Watzlawick, der vor allem auch durch seine populären Bücher diese neue Art der Problemsicht bekannt gemacht hat. Der wichtigste Beitrag zur Entwicklung der Systemischen Therapie der Palo-Alto-Gruppe lag in der radikalen Fokussierung der Aufmerksamkeit auf die tatsächlich ablaufenden Kommunikationen. Dies stellte so etwas wie einen Quantensprung in der therapeutischen Praxis dar: Zum ersten Mal war eine Methode entwickelt worden, die den systemtheoretischen Vorannahmen gerecht wurde.

Was die Entwicklung der System-therapeutischen Theorie betrifft, muss noch ein wichtiger erkenntnistheoretischer Aspekt angeführt werden. Arbeitet man als Therapeut mit Familien, in denen ein oder mehrere Familienmitglieder ein »verrücktes« Weltbild entwickelt haben, so stellt sich aus einer systemischen Perspektive zwangsläufig die Frage, wie solch ein Weltbild in der Kommunikation mit der belebten und unbelebten Umwelt entstehen konnte, wie es aufrechterhalten wird und wie es verändert werden kann. Wer sich diesen Fragen stellt, landet schnell bei der Frage, wie die so genannte »Normalität« entsteht. Ob man will oder nicht, man muss sich mit grundlegenden philosophischen und erkenntnistheoretischen Fragen beschäftigen. Die Antworten, die sich aus der System- und Kommunikationstheorie – und der praktischen therapeutischen Erfahrung – ergeben, werden heute unter dem Namen »radikaler Konstruktivismus« diskutiert: Wir können als Menschen nie feststellen, wie die Welt wirklich geordnet ist, wir können immer nur Modelle von ihr konstruieren, die zu ihr »passen«. An diesen Wirklichkeitskonstruktionen orientiert sich unser individuelles und kollektives Verhalten. Dabei können wir immer nur festellen, wo und wann unser Weltbild nicht zur Welt passt – wenn wir zum Beispiel mit dem Kopf gegen eine Wand rennen, wenn wir eine Tür »sehen«, das zu diesem Konstrukt passende Loch in der Wand sich aber nicht finden lässt. Dies hat zweierlei Konsequenzen: Zum einen gibt es eine Vielzahl möglicher unterschiedlicher Weltbilder, die zur Welt passen und mit deren Hilfe man überleben kann, und zum anderen müssen wir uns klar sein, dass sich die Wahrheit unserer Konstrukte immer nur widerlegen (falsifizieren), nicht aber bestätigen lässt. Jeder Mensch lebt in seiner individuellen, autonomen Welt. Damit sich die Weltbilder mehrerer Menschen ähneln oder gleichen, bedarf es der kommunikativen Abstimmung.

Wer solch eine systemtheoretisch begründete konstruktivistische Position vertritt, kann – das ist eine der logischen Folgen – niemals für sich beanspruchen, er sei im Besitz der Wahrheit. Was als wahr in einem sozialen Kontext behandelt wird, muss daher ausgehandelt werden, und es ist dem Wandel unterworfen. Dasselbe kann über Werte gesagt werden, die unser Handeln leiten. Wenn jeder Mensch sein Weltbild selbst konstruiert, bleibt die Verantwortung für die Werte, denen er sich verpflichtet fühlt, bei ihm selbst. Er kann sich nicht auf eine höhere Autorität berufen (vgl. Mücke, 2000).

Das hat weit reichende Konsequenzen für die alltägliche Praxis, vor allem für die Praxis von Therapeuten. Hier liegt der wesentliche Unterschied zwischen der Welt des Bert Hellinger und der Welt der Systemischen Therapie. Und hier liegt auch der Unterschied zwischen der Ethik des Bert Hellinger und der Ethik der Systemischen Therapie.

Normative Gleichschaltung statt Eröffnung von Optionen

Das Setting, in dem Bert Hellinger arbeitet, ist, wenn man von den 500 Zuschauern einmal absieht, das des klassischen Gruppenverfahrens, wie es im Rahmen von Gruppentherapien sowie Selbsterfahrungs- und Supervisionsgruppen seit langem etabliert ist. Ein Therapeut oder Supervisor arbeitet mit einer Gruppe von Individuen, die vor ihrem Zusammentreffen in der Gruppe keine gemeinsame Geschichte hatten. Hier liegt ein erster gravierender Unterschied zu familientherapeutischen Ansätzen, in denen die Teilnehmer an der Gruppe – die Familienmitglieder – eine längere gemeinsame Geschichte haben. Das hat weit reichende Folgen für den Verlauf der Therapie. Einzeltherapeutische und klassische gruppentherapeutische Settings haben gemeinsam, dass der Patient oder Klient der einzige ist, der seine Familie aus eigener Anschauung kennt. Er ist derjenige, dessen Darstellung der Familie – seine subjektive Wahrheit – zur Grundlage der therapeutischen Interventionen wird. Bei Bert Hellinger heißt dies, dass ein Gruppenmitglied die »Familie stellt«, wie er sie sieht oder erlebt. Er verteilt andere Gruppenmitglieder als Stellvertreter für die Familienmitglieder bedeutungsträchtig im Raum, das heißt, er nutzt den Raum als Metapher für interpersonelle Beziehungen, genauer: als Metapher für die Familienbeziehungen, wie sie von einem Familienmitglied gesehen werden.

Im Prinzip ist gegen die Nutzung solch eines visuellen Darstellungsmediums nichts einzuwenden und auch systemische Therapeuten verwenden dieses Verfahren zu diagnostischen Zwecken. Schließlich ist es kein so großer Unterschied, ob ein Familienmitglied seine Sicht der Familie mit Worten beschreibt oder durch solch eine »Skulptur« darstellt. Der wesentliche methodische Unterschied zur Arbeit Bert Hellingers besteht darin, dass in einer Sitzung, in der noch andere Familienmitglieder anwesend sind, jeder der Beteiligten nicht nur eine Rückmeldung darüber erhält, wie die anderen die Familie sehen (was an sich gelegentlich schon therapeutische Wirkungen hat), sondern auch die Option hat, seine Sichtweise der seiner Angehörigen entgegenzusetzen. Auf diese Weise wird verhindert, dass die Sichtweise eines einzelnen Familienmitglieds stillschweigend zur Wahrheit erhoben wird. Es ist klar, dass weder Therapeut noch Familienmitglieder wissen, wie die Familie und das Familienleben »wirklich« sind. Dementsprechend versucht der Therapeut mit der Familie zu reflektieren, welche ihrer Sichtweisen welche Konsequenzen haben, welche der so gemeinsam hervorgebrachten familiären Spielregeln die Symptombildung eher günstig oder ungünstig beeinflussen und so weiter. Allen Familienmitgliedern wird so eine Mitverantwortung für die tatsächlichen Kommunikationsmuster der Familie und ihre Folgen gegeben. Dabei versucht der Therapeut, zukunftsbezogen den Möglichkeitssinn der Familie zu aktivieren und individuell wie kollektiv alternative Handlungsoptionen zu eröffnen.

Bert Hellinger nutzt die »gestellte« Familie prinzipiell anders. Er bewertet die dargestellte Ordnung normativ als gut oder schlecht. Und dementsprechend interveniert er. Er versucht die Ordnung, die er für richtig und gut befindet, »in die Familie« zu bringen. Dies macht er, indem er die Repräsentanten der Familienmitglieder umstellt, sie in die »richtige« Ordnung bringt und sie symbolische und rituelle Sätze und Akte ausführen lässt. So veranlasst er zum Beispiel diejenigen, die ihre Familie gestellt haben, dazu, den Stellvertretern des Vaters oder der Mutter gegenüber ritualisierte Bekenntnisse abzulegen (»Vater, für dich habe ich es gerne getan!«), die eine veränderte Beziehungsdefinition enthalten.

Ordnungsprinzipien statt Selbstverantwortung

Die Haltung systemischer Therapeuten ihren Klienten und Patienten gegenüber wird im Allgemeinen von der Überzeugung bestimmt, dass es viele unterschiedliche Arten gibt, sein Leben und seine Familie zu organisieren, die mit körperlicher und geistiger Gesundheit zu vereinbaren sind. Auch wenn die Erfahrung zeigt, dass bestimmte Kommunikationsmuster die Wahrscheinlichkeit der Symptombildung erhöhen, heißt dies nicht, dass es nur eine einzige »richtige« Alternative dazu gibt. Das ist es jedoch, was Bert Hellinger suggeriert: Es gebe richtige und falsche Ordnungen, und er sei es, der sie kenne. Damit verbunden ist ein Heilsversprechen: Richtet euch nach der von mir vorgegebenen Ordnung und alles wird gut!

Hellinger bietet sich als Autorität an, die in unsicheren Zeiten für Orientierung sorgt und sagt, wo es langgeht. Die Normen, die er verkündet, sind unseres Erachtens höchst fragwürdig, Ausdruck einer Ordnungstheologie – oft ein Schritt zurück in vergangene Zeiten. So verhilft er zum Beispiel ausgedienten Pathologisierungen zu neuem Leben (»Ich habe den homosexuellen Sohn vor dem Vater niederknien und sagen lassen ›Ich gebe dir die Ehre‹, und zwei Monate später hat er geheiratet und hat jetzt ein Kind«).

Wenn wir davon gesprochen haben, dass systemische Therapeuten den Möglichkeitssinn nutzen, so arbeitet Hellinger mit dem Unmöglichkeitssinn, indem er postuliert, dass bestimmte familiäre Konstellationen (wenn zum Beispiel ein älterer Mann eine jüngere Frau heiratet) nicht gutgehen *können* (»niemals«). Hier sind systemische Therapeuten weit zurückhaltender: Auch sie sehen natürlich, um beim Beispiel des älteren Mannes und der jüngeren Frau zu bleiben, dass solch eine Konstellation mit Schwierigkeiten verbunden sein *kann*: Wer wollte leugnen, dass es in unterschiedlichen Stadien des Lebenszyklus unterschiedliche Erfahrungen, Wünsche, Interessen und Aufgaben gibt, welche das Zusammenleben komplizieren *können*; aber eben nicht *müssen*. Sie würden möglicherweise zukunftsorientiert – und in diesem Fall: paradox – reflektieren, wie beide ganz sicher erreichen könnten, dass ihre Beziehung scheitert. Sie würden aber auch herauszuarbeiten versuchen, welches die Ressourcen und Chancen solch einer Beziehung sind. Kurz gesagt: Sie würden sich in der Frage, ob solch eine Form der Beziehung gut oder schlecht ist, völlig neutral verhalten. Sie würden ihre Aufgabe darin sehen, den Klienten dabei zu helfen, zu einer ihren Werten entsprechenden, das heißt von ihnen selbst verantworteten Entscheidung zu kommen.

Hier geht Bert Hellinger einen gänzlich anderen Weg: Er verkündet in apodiktischer Manier, was richtig ist und was nicht. Er bietet »Wahrheiten«, an denen seine Anhänger sich frag- und kritiklos orientieren können. Er verspricht in Zeiten, in denen der Einzelne mit einem nie dagewesenen Maß an Komplexität konfrontiert ist, die großen Vereinfachungen. Eben darin dürfte einer der wesentlichen Gründe für seine Attraktivität liegen: die »Furcht vor der Freiheit«.

Glaube statt Wissenschaft

Hellinger geht davon aus, einen direkten (»phänomenologischen«) Zugang zur Wahrheit zu haben. Er meint, auf einen Blick die Unordnung einer Familie »sehen« zu können, um sich unverzüglich daran zu machen, Ordnung zu schaffen. Er stellt die »gute Lösung« für die Familie auf, das heißt, er verändert die Positionen der Stellvertreter so, wie er es – mit oder ohne deren Feedback – für richtig hält. In der Regel lässt er die bereits erwähnten rituellen Sätze sprechen. Damit ist die Angelegenheit erledigt, die Protagonisten können sich setzen, der Nächste bitte.

Dass die gesamte Prozedur für denjenigen, der seine Familie aufstellt, durchaus Anregungen bringen kann, soll hier nicht bestritten werden. Größere Mühe haben wir, die Vorstellung zu übernehmen, dass sich durch die Umgruppierung der Stellvertreter zur »richtigen« Ordnung familiäre oder sonstige Probleme des Aufstellers lösen würden. Hellinger liefert hierfür keinerlei plausible Erklärungsmodelle, im Grunde liefert er überhaupt keine Erklärung für seine Behauptungen. Das erschwert natürlich die wissenschaftliche Auseinandersetzung mit seiner Methode und macht ihre Akzeptanz zur reinen Glaubenssache.

Es gehört zu den Spielregeln der Wissenschaften, dass Personen ihre Autorität durch die Qualität ihrer Theorien und Forschungsergebnisse erhalten. Sie müssen von Dritten kritisch überprüft werden können. Für Theorien bedeutet dies, dass sie logisch konsistent und widerspruchsfrei sein müssen. Bei Bert Hellinger haben wir es mit dem umgekehrten Fall zu tun: Seine Theorien und Methoden erhalten ihre Autorität durch die Autorität dessen, der sie verkündet. Dies ist zweifellos nicht der Weg, durch den im Bereich der Wissenschaften kommunikativ festgelegt wird, was als (vorläufige) »Wahrheit«, sprich: Arbeitsgrundlage, zu betrachten ist, sondern der Weg, der in Religionen beschritten wird. Hellingers Konzepte werden daher in systemischen Fachzeitschriften so gut wie gar nicht diskutiert, während seine Massenveranstaltungen immer mehr den Charakter von kirchlichen (bzw. sektiererischen) Kultversammlungen annehmen.

Die Erklärungsmodelle der Systemischen Therapie stehen dagegen im Einklang mit den Prinzipien einer wissenschaftlichen Streitkultur. Ihre therapeutischen Erfolge stellen sich der empirischen Überprüfung und ihre Erklärungsmodelle werden kritisch auf ihre logische Konsistenz und Plausibilität überprüft.

Nachtrag: Nachdem wir 1998 in einem Beitrag für *Psychologie Heute* die Unvereinbarkeit von Systemischer Therapie und den Methoden Bert Hellingers dargestellt hatten (Simon/Retzer, 1998), beeilte man sich innerhalb der eben formal sich konstituierenden Hellinger-Szene, auch selbst auf die Unterschiede hinzuweisen: Im Vorwort der ersten Ausgabe des Verbandsorganes *Praxis der Systemaufstellung* hieß es insofern: »Bert Hellinger bezeichnet seine psychotherapeutische, auf Lösungen bezogene Vorgehensweise als systemisch. Nun wurde der Begriff und die Praxis systemischer Psychotherapie im deutschen Sprachraum vor allem geprägt und bekannt durch die

Heidelberger Schule um Helm Stierlin. Diese systemische Psychotherapie beruht jedoch auf ganz anderen Erfahrungsprämissen und wissenschaftlichen Hintergründen und auf einem ganz anderen methodischen Vorgehen wie die Psychotherapie Bert Hellingers« (DePhilipp et al., 1998). In der Praxis änderte sich dadurch wenig: Nach wie vor werden Systemische Therapie und Hellingers Vorgehen bzw. Vorgehen nach Hellinger von dessen Adepten (werbewirksam) in eins gesetzt.

Frank Gerbert

Wundersame Hilfe in allen Lebenslagen
Organisationsaufstellungen und Ähnliches

Wo die Unordnung die Ordnung umarmt: Wohnaufstellungen

Neun Menschen meist mittleren Alters kauern am Rand des weißen Teppichbodens. Den Vorsitz hat Kristine Alex, vormals Erb, die das Atelier in der Münchener Siegesstraße für ihre Aufstellungen nach Bert Hellinger nutzt. Die Enddreißigerin hat nicht nur die gängige Variante zu Familienthemen im Angebot, sondern auch Organisationsaufstellungen. Über die hat sie sogar ein Buch geschrieben (2001).

Ähnlich wie beim »Familienstellen« positioniert dabei ein Klient, der ein Problem hat, Repräsentanten eines Systems im Raum – nur dass es sich dabei nicht um Mitglieder seiner Familie, sondern (normalerweise) seines beruflichen Umfelds handelt. Manchmal verkörpern Stellvertreter auch abstrakte Phänomene, etwa eine bislang ausgebliebene Gehaltserhöhung. Mit Hilfe des Aufstellungsleiters wird dann so lange umpositioniert, bis angeblich eine Lösung »aufscheint«. Der Begriff der Organisationsaufstellung hat den Vorteil, ziemlich dehnbar zu sein. Kristine Alex versteht darunter zum Beispiel auch »juristische Aufstellungen« (zur Vorbereitung einer Gerichtsverhandlung) und »Wohnaufstellungen«. Eine solche – Teilnahmegebühr 180 € – steht an diesem Tag auf dem Programm. Alex verspricht: »Mit Hilfe systemischer Aufstellungen ist es möglich, Themen rund um Häuser, Wohnungen, Plätze, Grundstücke, Geschäftsgebäude und Büros anzuschauen. In kurzer Zeit lassen sich vielfältige Fragestellungen klären und Entscheidungen absichern.« Möglich sei es, u. a. folgende Themen zu behandeln (vgl. Erb, 2002):

– Das Energiefeld von Häusern und Grundstücken abklären
– Erbschaftsstreit rund ums Haus lösen

- Schwere Verkäufe – wieso?
- Absicherung von Kauf- und Verkaufsentscheidungen
- Nachbarschaftsstreit

Große Versprechungen! Der Verfasser hatte gegenüber der Aufstellungsleiterin offen seine Skepsis gegenüber dem Hellinger-Verfahren eingeräumt und wurde dankenswerterweise dennoch als Teilnehmer zugelassen. Offenbar ist Kristine Alex überzeugt, meine Skepsis überwinden zu können: »Sie werden die Kraft spüren, wenn Sie selbst als Stellvertreter in einem Aufstellungsbild stehen.« Diese mysteriöse Energie beschreibt sie in ihrem Buch wie folgt: »Die Repräsentanten fühlen sich wie die wirklichen Personen, die sie in dem Moment vertreten. Sie nehmen veränderte Körperhaltungen ein und äußern Gefühle, Körperempfindungen, Gedanken bis hin zu den Gesten der vertretenen Person« (Erb, 2001, 38).

Es geht los. Obwohl ich mich bemühe, nicht voreingenommen zu sein, erlebe ich doch in den nächsten Stunden keine wundersame Bekehrung vom rationalistischen Saulus zum aufstellungsgläubigen Paulus, sondern nur ein wunderliches laienpsychologisches Stegreiftheater. Eine Szene daraus: Heike[*] fühlt sich außerstande, ihr neues Zuhause schön einzurichten. »Überall herrscht Unordnung«, klagt sie. Unter Anleitung durch Kristine Alex schiebt sie Gudrun als Stellvertreterin für sich in den Raum, dann Susanne, die »das schöne Zuhause« zu verkörpern hat. Nun wird erstmal kräftig »gespürt«. Bald erblickt Gudrun in ihrer Fantasie einen Nebelball. Peter wird gebeten, in die Aufstellung hineinzutreten und die Rolle des Nebelballs zu übernehmen. Wieder wird »gespürt«. Man kommt auf die Idee, Nebelball-Peter symbolisiere das Chaos im Haus. Gudrun versucht nun, sich mit dem Chaos »auszusöhnen« und sagt zu Peter: »Ich gebe dir den Platz, der dir zusteht.« Doch Kristine Alex geht das zu schnell. Sie sagt: »Der Satz kommt noch nicht überzeugend raus.« Sie beauftragt Marion, ein Phänomen namens »neue Ordnung« zu verkörpern und in die Gruppe hineinzugehen. Bald sagt Nebelball-Unordnungs-Peter zur Neuen-Ordnungs-Marion: »Du gehörst zu mir.« Susanne, das schöne Zuhause, stellt sich in die Mitte hinter die zwei – was, wie Kristine Alex erklärt, heißen soll: Sie akzeptiert beide als Teile ihres Selbst. Nun tritt Heike selbst in die Aufstellung und

---

[*] Namen der Teilnehmer geändert

umarmt Susanne mit den Worten: »Jetzt kann das schöner Wohnen zu uns kommen.« Diese Geste soll bewirken, dass sich die »Lösung« aus der Aufstell-Gruppe auch in die Realität umsetzt. Alle scheinen zufrieden zu sein und kauern sich wieder reihum nieder. Ich bleibe außen vor, werde aber in andere Aufstellungen einbezogen. Dabei bemühe ich mich nach Kräften, das geheimnisvolle Kraftfeld zu erspüren und Auskunft zu erteilen, was ich an den Plätzen, an die mich entschlossene Arme gerückt haben, gerade so fühle. Dass das vor allem ein hoher Anpassungsdruck ist und sonst nichts, sage ich aber nicht, sondern Allerweltssätze wie »Hier stehe ich gut« oder »Hier bin ich weit weg«. Doch selbst meine lapidare Aussage »Ich spüre gar nichts« wird von den Anwesenden sofort in das sich entwickelnde Mysterienspiel integriert. Es wäre also ein Leichtes, folgere ich, durch willkürliche und unauthentische Empfindungen das Resultat dieses Psycho-Gruppenspiels zu beinflussen – was nicht gerade für die Seriosität des Ganzen spricht. Vielleicht sind das ja kleinkrämerische Bedenken angesichts der segensreichen Wirkungen, die Alex' Wohnaufstellungen nach sich ziehen: »Eine Klientin hat Angst, ihrer Schwester zu sagen, dass sie den von ihr bewohnten Wohnraum jetzt für Arbeitszwecke benötigt. Nach der Aufstellung ergibt sich Folgendes: Die Schwester zieht von sich aus weg und der neue Platz für den Büroraum ist da. Die Klientin muss ihren Wunsch, den sie sich nicht getraut hat, ihr gegenüber zu äußern, gar nicht mehr aussprechen. Die Verbalisierung ihres Anliegens und die durchgeführte Aufstellungsarbeit haben eine Veränderung in Gang gesetzt. Sie wirkt auf das beteiligte System, die Familie oder das Arbeitssystem, auch wenn diese Systeme nichts von der Aufstellung wissen« (Erb, 2001, 86).

Keine Angst vor Gläubigern: Wirtschaftsorientierte Aufstellungen

Kein Wunder, dass Kristine Alex solch märchenhafte Erfolge auch Handel und Industrie zugute kommen lassen möchte. Auf einer ihrer Internet-Seiten bietet sie Hilfe an in Sachen »Teamentwicklung, Konfliktbewältigung, Führungsverhalten, Personalentscheidungen, Ziel-/Entscheidungsfindung, Verhandlungsvorbereitung, Kundenverhältnis, Visionen, Leitbilder, Unternehmenskultur, Marketing, Produktgestaltung, Supervision« (www.systeme-in-aktion.de). Nach eigener Darstellung konnte sie schon zahlreichen

Klienten helfen. Zwei Fälle: »Ein vom Konkurs bedrohter Geschäftsmann musste bald über Kredite verhandeln. Vor einem bestimmten Banker hatte er besonders Angst. In der Aufstellung bei mir zeigte sich aber beim Vertreter dieses Mannes, dass der ihm wohl gesonnen war. Mein Klient verlor dadurch die Angst vor ihm. Später erfuhr ich, dass er mit dem Banker jetzt sogar befreundet ist. Ein anderer meiner Klienten hat aufgestellt zur Frage, ob er ein neues Firmengebäude kaufen sollte, obwohl die Banken ihm kein Geld geben wollten. Während der Aufstellung erkannte er, das es besser ist, das Gebäude zu mieten, was er dann auch tat. Kurze Zeit später waren auch die Banken bereit zu investieren. Und drei Monate später war sein Umsatz enorm angestiegen« (in: Gerbert, 2002b).

Nicht alle Teilnehmer ihrer wirtschaftsorientierten Aufstellungen sind jedoch glücklich mit der Arbeit der diplomierten Ernährungswissenschaftlerin. Die Personalberaterin Marlene Theiß von der Firma *Stairs* in Wiesbaden etwa weiß wenig Günstiges über ein Seminar bei Alex/Erb zu berichten. Sie schreibt: »Die Fälle, die bearbeitet wurden, begannen damit, dass sich einer der anwesenden Männer nicht zwischen zwei Frauen entscheiden konnte. (...) Als ich monierte, dass hier der Bezug zu Firmen/Organisationen fehlte, meinte Frau Erb, dass dieser Mann erst dann frei für solche Themen sei, wenn er dieses Thema gelöst habe. Es wurde noch eine Blasenentzündung gestellt (ja, wirklich!) und meine Interventionen wurden abgeschmettert. (...) Ich solle doch mal meine Aggressionen aufstellen. Dann könne ich sehen, wo ich blockiert sei. (...) Ein anderer Fall war, dass eine Teilnehmerin, die ein Haus am Tegernsee bewohnte, uns mitteilte, dass sie nun wisse, woher die negativen Schwingungen dieses Hauses kämen. Es habe dort ein Durchgangslager für jüdische Frauen gegeben und deren Schreie könne man spüren« (Mitteilung an den Verfasser). Für Marlene Theiß der letzte Anstoß, das Seminar zu verlassen: »Ich habe keine Lust, deutsche Geschichte im Rahmen von Scharlatanerie zu reflektieren.« Seit 18 Jahren besuche sie Weiterbildungen, habe aber »so was bisher noch nicht erlebt«. Auf die von ihr verlangte Rückerstattung der Teilnahmegebühr wartet sie heute noch.

Kristine Alex ist keine der zahlreichen Hellinger-Epigonen aus der dritten Reihe; sie hat sich sogar als eine der tonangebenden Organisationsaufstellerinnen positionieren können. Sie ist, samt Link auf ihre persönliche Homepage, auf der offiziellen Aufstellerliste der *Internationalen Arbeitsgemeinschaft Systemische Lösungen nach Bert Hellinger* verzeichnet, in *Praxis der*

Systemaufstellung, dem Zentralblatt der Szene, veröffentlichte sie im Jahr 2000 einen längeren Artikel über den »Einsatz systemischer Aufstellungen in der Wirtschaft«; im Jahr darauf erschien im *Kösel*-Verlag ihr Lehrbuch *Die Ordnungen des Erfolgs. Einführung in die Organisationsaufstellung.* Außerdem glückte es ihr, nicht nur in der Esoterik-Presse positiv porträtiert zu werden, sondern auch in der renommierten *Süddeutschen Zeitung* – und das gleich dreimal!

Die Organisationsaufstellung basiert auf der analogen Anwendung von Bert Hellingers familiärem Hierarchie-Denken auf andere menschliche Gruppen. Gunthard Weber, einer der Chef-Intellektuellen der Szene, gilt auch als Wegbereiter der Organisationsaufstellung. Zwar warnt er in einem Aufsatz von 1998 davor, Organisationen als Familien misszuverstehen. Was er dann aber im Folgenden tut, kommt genau dem recht nahe. Manches hört sich gar nicht schlecht an: Jeder Mitarbeiter einer Organisation, schreiben Weber und seine Co-Autorin Brigitte Gross, habe ein Recht darauf, »gewürdigt« zu werden. Seine Leistung müsse anerkannt werden, er sei aber im Gegenzug verpflichtet Loyalität zu zeigen. Neuankömmlinge hätten die Dienstälteren, neue Chefs die Firmengründer zu respektieren. Kündigungen seien »in gegenseitiger Achtung« zu vollziehen. Dahinter steht nun freilich die fragwürdige hellingerianische Vorstellung, jeglicher Verstoß gegen solche Regeln ziehe gleich eine schwer wiegende und lang dauernde Störung des Gesamtsystems nach sich. Zudem wird das gewagte Versprechen gegeben, solche Störungen durch eine Aufstellung erkennen und beheben zu können.

Für Klienten hat das manchmal Drastisches zu bedeuten, wie Weber und Gross an einem Aufstellungsbeispiel aus ihrer Praxis schildern: »Eine Mitarbeiterin eines großen Unternehmens, die kein gutes Haar an diesem ließ, sich aber zum Beispiel das Seminar von der Firma wie selbstverständlich bezahlen ließ, forderten wir auf, sich vor der Firma zu verneigen und ihr für das, was sie von ihr bekam, zu bedanken. Es fiel ihr schwer, tat ihr gut und ließ sie auf eine gute Weise gehen, wie sie später mitteilte« (2000, 417). Die Nörglerin erkannte also dank der strengen Intervention ihre Undankbarkeit; anscheinend kündigte sie sogar ihre Stelle – darauf deutet der Schluss-Passus hin. Selbstbewusst präsentieren Weber und Gross ihre therapeutische Macht: »Bei den einen stellen wir bestimmte Lösungen kräftig hin (z. B.: ›Du hast keine Wahl, du musst gehen!‹). Anderen muten wir Offenbleibendes zu und beenden die Aufstellung ohne klare Lösung und lösen auf diese Weise Suchprozesse aus« (ebd., 418).

Das klingt allerdings eher nach therapeutischer Willkür. Daneben betonen die Autoren auch die Mitwirkung der Stellvertreter: »Die Aufstellung ist ein gemeinsames Werk. Die Gruppenleiter bzw. Gruppenleiterinnen haben zwar einen besonderen Einfluss auf den Verlauf, sie sind aber ganz auf die Hinweise der Aufgestellten angewiesen« (ebd., 416). Weber und Gross trauen es sich zu, die guten von den weniger guten Stellvertretern zu unterscheiden: »Natürlich kommt es vor, dass einige in den Aufstellungen auch eigene Anteile verstärkt mit einbringen und eigene Muster reinszenieren. Das merkt man aber meist bald daran, dass jemand in unterschiedlichen Aufstellungen stereotyp immer wieder ähnliche und oft etwas dramatisierte Gefühle zeigt« (ebd., 416). Das heißt also: Klienten, die unwissenderweise »ins Eigene verstrickte« Repräsentanten aufs Parkett schickten − deren Ungeeignetheit lässt sich ja leider erst nach mehreren Aufstellungen erkennen −, haben eben Pech gehabt, wenn ihnen auf Grund falscher Stellvertreter-Empfindungen zum Arbeitsplatzwechsel geraten wurde. Wer weiß, vielleicht sind sich Weber und Gross ihrer Verantwortung bewusst, rufen im Nachhinein beim Personalchef an und bitten ihn, die Kündigung von Frau X oder Herrn Y als unwirksam zu betrachten, weil sie auf der Basis einer ungültigen Aufstellung erfolgt sei ...?

Es gibt nichts, was sich nicht aufstellen ließe

Als Entdecker der Organisationsaufstellung gilt der Meister selbst. Jedenfalls behauptet Bert Hellinger, Elemente des Verfahrens bereits während seiner Tätigkeit als Leiter einer Missionsschule in Südafrika eingesetzt zu haben, als er renitente Schüler disziplinierte. Später in Deutschland habe er Beratungen in psychosomatischen Kliniken abgehalten und dort »die Organisationsstruktur aufgestellt«. Hellinger: »Und dann konnte man sehen, dass es in diesen Organisationen eine Hierarchie gibt. Dass z. B. die Verwaltung Vorrang hat, weil sie die Grundlage für die ganze Organisation schafft. In einer psychosomatischen Klinik folgen dann die Ärzte, und danach die Psychologen und dann anderes Personal« (Virtuelles Bert Hellinger Institut, 2002a) Bahnbrechend sind diese Einsichten gewiss nicht.

Zwei andere Wortführer des Organisationsaufstellungsgewerbes − sie heißen Insa Sparrer und Matthias Varga von Kibéd − demonstrieren jedoch, wie sich eine dünne Idee zu einer Möchtegern-Wissenschaft aufblähen lässt.

In einem Aufsatz von 1998 versuchen sie, »Prinzipien der Familienaufstellung« auf »andere Systemkontexte« zu übertragen – und entwickeln dabei gleich ein »Meta-Modell der Aufstellungsarbeit«. Die Familienaufstellungen Hellingers seien lediglich eine Unterkategorie in einem größeren Ganzen, das »Systemische Strukturaufstellungsarbeit« heiße (Sparrer/Varga von Kibéd, 2000 395 f.). Sodann beschreiben sie sage und schreibe 24 unterschiedliche Varianten ein und desselben Verfahrens, u. a.:

- Körperaufstellungen
- Problemaufstellungen
- Politische Aufstellungen
- Funktionskreisaufstellungen
- Syllogistische Aufstellungen
- Arzneimittelbildaufstellungen
- Zielannäherungsaufstellungen
- Glaubenspolaritätenaufstellung
- Patientensymptomaufstellungen
- Mehrperspektivische Aufstellungen
- Core-Transformation-Aufstellungen
- Homöopathische Systemaufstellungen
- Sprachliche Oberflächenstrukturaufstellungen

Das sprachliche Imponiergehabe setzt sich in den jeweiligen Erklärungen fort: »Wir betrachten die PA (= Problemaufstellung, F. G.) als geeignete Tiefenstruktur zum Verständnis der SOA (= Sprachliche Oberflächenstrukturaufstellung; F. G.); die Struktur der Problemaufstellung liefert hier eine Matrix zur Bildung von Hypothesen darüber, welcher Teil des aufgestellten Satzes welchem Teilaspekt eines Problems zuzuordnen ist« (ebd., 397). Wer sich vom pseudowissenschaftlichen Jargon nicht abschrecken lässt, entdeckt allerhand Kurioses: Bei »Körperaufstellungen« beispielsweise repräsentieren die Stellvertreter Körperteile und Organe (was vielleicht zu Dialogen führt, wie sie einst der Komiker Otto Waalkes zum Besten gab: »Großhirn an Faust: Ballen! – Milz an Großhirn: Soll ich mich auch ballen? – Großhirn an Milz: Schnauze!«). In den »Sprachlichen Oberflächenstrukturaufstellungen« werden »Schlüsselzeilen aus Lieblingsmärchen oder -liedern« aufgestellt (spaßig, sich vorzustellen, wie jemand etwa »Marmor, Stein und Eisen bricht, aber unsere Liehiebe nicht« aufstellt). In der »Tetralemmaarbeit«, auch das gibt es, stehen die Repräsentanten für »das eine«, »das andere«, »beides«, »keines von beiden« sowie »all dies nicht – und nicht einmal ich«. Häufig bleibt offen, zu welchen Zwecken all die Varianten eingesetzt werden sollen.

Wie es scheint, geht es längst nicht mehr bloß um Familien- oder Organisationsaufstellungen. Das *Virtuelle Bert Hellinger Institut* im Internet (*www.hellinger.com*) führt im August 2002 bereits eine dritte Kategorie von Aufstellern im Sortiment: solche mit »besonderen Anwendungsgebieten«. Zu diesen speziell aufzustellenden Gebieten zählen u. a.:

- Adoptionen
- Pflegefamilien und Heimerziehung
- Psychosomatik: Unfallhäufigkeit, Selbstmordgefährdung, Sucht, Trauma, Stress
- Psychosen
- Trauma: Holocaust-Überlebende und deren Nachkommen, Täter und deren Nachkommen, Opfer von Krieg, Folter und Vertreibung und deren Nachkommen
- Paartherapie
- Erziehungsberatung und Schule
- Sozialarbeit und psychosoziale Einrichtungen
- Behinderung und Umgang mit behinderten Angehörigen
- Seelsorge
- Sprach- und Stimmstörungen
- Theater und Film.

Zu letzterem Punkt – Theater und Film – gehören mithin »Drehbuchaufstellungen«. Diese sollen – allen Ernstes – dazu nützlich sein, schwache Story-Exposés zu verbessern. Kristine Alex rühmt sich, Angehörige der »Hochschule für Fernsehen und Film (Prof. Doris Dörrie)« beraten zu haben. In ihrem Buch über Organisationsaufstellungen schildert sie ein interessantes Detail: »Trägt sich der Autor gerade mit dem Gedanken, eine Figur zu streichen, kann es schon mal vorkommen, dass die repräsentierende Figur eine Art Todesangst bekommt« (Erb, 2001, 127). Spannende Frage: Streicht der Drehbuchautor die Figur nun endgültig, und das noch während der Aufstellung – fällt dann der Stellvertreter tot um? Und ist der Autor dann ein Mörder? Das wäre jedenfalls eine gute Drehbuch-Idee für einen Mystery-Film!

Warum das Feld weiß, wie Herrn Meiers Chef sich fühlt

In einem Interview mit dem Verfasser äußerte sich Alex mit staunenswertem Mut über jene Kraft, die es den Stellvertretern angeblich ermöglicht, wie die ihnen unbekannten Repräsentierten zu empfinden: »Es gibt Hinweise darauf, dass ein wissendes Feld existiert, in das die Stellvertreter hineinsteigen und aus dem sie Informationen beziehen – etwa wie der Chef von Herrn Meier oder die Oma von Frau Müller sich fühlen. Das Feld bewirkt auch, dass die Inszenierung einer Aufstellung unmittelbar auf das ›Außen‹ zurückwirkt, zum Beispiel ein Aufstellungsbild Wirklichkeit wird. Das klingt sehr magisch. (...) Es ist schwierig, das wissenschaftlich zu erklären. Forscher wie Rupert Sheldrake vermuten, dass Informationen durch ›morphogenetische Felder‹ übertragen werden. Wasser könnte zum Beispiel der Speicher von allumfassender Information beziehungsweise Energie sein. Die unterschiedlichen Informationen sind im Wasser in Form von Wellenlängen gespeichert und können sich bei neuer Ordnungsstruktur jederzeit ändern« (in: Gerbert, 2002b).

Diese eindeutig esoterische Erklärung – Sheldrake ist bestenfalls ein wissenschaftlicher Außenseiter – kontrastiert mit dem Bemühen einiger führender Hellingerianer, das Verfahren als rational begründbar erscheinen zu lassen. Etwa indem sie sich auf »unbewusste Abbildungen« und »affektivkognitive Schemata« berufen, wie zum Beispiel Weber und Gross im oben genannten Aufsatz. Doch selbst bei Bert Hellinger findet sich die These von den »wissenden Feldern«.

Schön wäre es, diese mysteriösen Energiefelder befragen zu können, wie fest sich Organisationsaufstellungen inzwischen auf dem Psycho-Markt etabliert haben. Ohne Hilfe von höherer Seite lässt sich das nämlich nicht feststellen: Auskünfte einzelner Anbieter wären weder repräsentativ noch glaubwürdig, ein seriöser Berufsverband existiert nicht. So muss man Indizien zusammenklauben. Vergleicht man die Liste der Organisationsaufsteller auf den Internet-Seiten des *Virtuellen Bert Hellinger Instituts* mit den dort verzeichneten Familienaufstellern, erhält man eine Relation von etwa eins zu sieben (Stand 8/2002). Nahezu alle in dieser Fraktion der Organisationsaufsteller bieten auch die Familien-Variante an. Obwohl nur ein kleiner Teil der Hellinger-Adepten bei jenem Institut geführt wird, darf man doch mutmaßen, dass berufsbezogene Verfahren immer noch nur eine Art Zubrot von Familienaufstellern sind. Dafür spricht auch, dass sich die Anbieter der

Organisations-Variante schwer tun, in ihren Referenzenlisten bekannte Firmennamen zu nennen. Kristine Alex behilft sich mit der Aussage: »Bei Großkonzernen sind es eher Mitarbeiter, die privat kommen.«

Ob Organisationsaufstellungen künftig florieren? Meine Prognose: Nein. Es ist für mich schwer vorstellbar, dass Menschen, die mit beiden Beinen im Beruf stehen und bislang keine Nähe zur Psychoszene hatten, sich diese besonders gefühlig-esoterische Spielerei mehr als ein einziges Mal antun. Hinzu kommt, dass die schwere Wirtschaftsflaute des Jahres 2002 die finanziellen Spielräume der Weiterbildungs-Verantwortlichen in den Firmen eingeengt hat – und damit ihre Bereitschaft, auf halbseidene Angebote einzugehen.

Organisationsaufstellungen können gespenstisch sein

Zur freien Entfaltung der Persönlichkeit gehört zweifellos auch das Recht des Staatsbürgers, seine Zeit mit Psycho-Humbug zu vertun – wobei das Recht, den Humbug zu verbreiten, dort endet, wo er seelische Schäden anrichtet. Auf den ersten Blick sind Organisationsaufstellungen in dieser Hinsicht unproblematisch. Da es, anders als in den Familienaufstellungen, nicht um den Kernbereich der Persönlichkeit zu gehen scheint, sondern nur um schöner Wohnen, besser Arbeiten, mehr Geld verdienen, verkäuflichere Drehbücher schreiben etc., ist man geneigt zu sagen: Wenn's den Leuten gefällt – lass sie doch machen. So klar ist die Sachlage leider nicht. Offenbar wohnt Organisationsaufstellungen prinzipiell die Tendenz inne, zu Familienaufstellungen zu mutieren – siehe einige Beispiele oben. Denn sowohl Aufsteller als auch Klienten (Letztere zumeist ebenfalls überzeugte Hellingerianer) neigen dazu, in allem und jedem familiäre »Verstrickungen« zu wittern. Oder es kommt auch bei vermeintlich harmlosen Themen Persönliches zur Sprache. In beiden Fällen werden dann sehr schnell Probleme tangiert, deren Behandlung wissenschaftlich arbeitenden Psychotherapeuten vorbehalten bleiben sollte.

Als Beispiel ein weiterer Fall aus den Wohnaufstellungen bei Kristine Alex: Eine etwa 60-jährige Frau, nennen wir sie Magda, hat Gespenster im Haus. Die tauchen mal hier, mal da auf, spielen ihr Streiche – zum Beispiel drehen sie den Wasserhahn auf. Magda ist verzweifelt und stellt auf. Kristine Alex und die Repräsentanten bieten ihr eine Lösung an: Hinter das aufgestellte Gespenst stellen sie eine weitere Person und fragen: Wer kann das sein? Magda wehrt sich heftig gegen die Unterstellung, hinter ihren Quälgeistern verberge sich eine Beziehungsproblematik aus ihrer Vergangenheit. »Nein, nein, nein«, ruft sie und beginnt zu weinen, als man sie dazu drängt, sich mit dem großen Unbekannten zu versöhnen. Dass Magdas Gespenster auch Ausdruck einer Psychose oder einer Gehirnleistungsstörung sein könnten, steht nicht zur Debatte. Die Aufstellung wird abgebrochen, wozu Kristine Alex später sagt: »Manche Klienten können das Bild nicht nehmen.« Bei einem weiteren Treffen einige Tage später meldet sie nachträglichen Erfolg: Magda habe mittlerweile eingesehen: »Das Aufstellungsbild war stimmig.«

Michael Utsch

Hellingers Gnadenlehre

Zur verborgenen »Theologie« der Familienaufstellungen

Die Erwartungen vieler Humanisten, Marxisten, Existenzialisten und Positivisten auf ein baldiges Ende der Religion haben sich nicht erfüllt. Im Gegenteil: Religiöse Grundmotive schimmern heute in vielfältigen Facetten und an überraschenden Orten hindurch. Manche erkennen darin die Ausbreitung eines neureligiösen Zeitalters, das mit dem New-Age-Denken in den 1980er-Jahren begonnen haben soll und gegenwärtig deutlichere Konturen gewinnt. Offensichtlich ist die religiöse Lage zu Beginn des 21. Jahrhunderts durch eine große Ambivalenz geprägt: Dem sinkenden Einfluss der institutionalisierten Religion in Westeuropa steht ein scheinbar »unausrottbares« Bedürfnis nach religiöser Erfahrung und transzendenter Bindung gegenüber, das individuelle Experimente und Suchbewegungen hervorbringt. Unter der Maßgabe der Individualisierung hat sich die offizielle Religion ins Privat-Religiöse verflüchtigt. Sie tritt heute eher maskiert und zerstreut in Erscheinung – in der Werbung, im Sport, im Kino oder in der Popmusik. Angebote der Freizeit- und Erlebnisgesellschaft haben die religiöse Funktion der Selbstvergewisserung übernommen. Auch die unermessliche Anzahl von Selbstverwirklichungskursen der esoterischen Psychoszene gehört dazu. Religion ist heute weniger bei den kirchlichen Organisationen als vielmehr in der Privatsphäre vorzufinden. Kurzlebige Organisationsformen prägen die privatisierte Religion, wie etwa Selbsthilfegruppen, Cliquen oder andere kleine »sinnstiftende« Gemeinschaften.

Hellinger als Exponent der Psychoszene

Der Gesundheitsmarkt stellt einen fruchtbaren Boden für diesbezügliche,

religiös verbrämte Angebote bereit. Woran lässt sich ein Gesundheitsange-
bot der alternativen Psychoszene erkennen? Während es bei einer wissenschaftlich begründeten Psychotherapie um eine präzise eingegrenzte Stö-
rungsbehandlung unter anerkannten Bedingungen geht – dazu zählen eine
überprüfbare Gesundheits- bzw. Krankheitslehre sowie die differenzierte
Diagnose, ein Behandlungsplan und eine Heilungsprognose –, versprechen
Seminaranbieter der Psychoszene schnelle und umfassende Persönlichkeits-
änderungen durch universell wirksame Heilkräfte [siehe auch: *Der Pseudotherapeut*]. Psychotherapeutische Prozesse lassen sich in weiten Bereichen
rational erklären, während alternative Konzepte weltanschaulich begründet werden und zunehmend auch entsprechende Rituale aus verschiedenen Kulturen einsetzen (vgl. Utsch, 2001).

Ein typisches Beispiel für die Psychoszene stellen Bert Hellinger und seine Anhänger dar. Trotz ihres eher lockeren Verbundes bilden sie eine weit
verzweigte Richtung des alternativen Psychomarkts. Reden und Heilungen
des Meisters – heutzutage häufig in audiovisueller Direktheit und Wirk-
kraft – finden dort einen reißenden Absatz. Die geheimnisvolle, neuartige
Lehre und Vorgehensweise hat viele in ihren Bann gezogen. Was früher
noch als ein Geheimtipp galt, wird heute weltweit in Volkshochschulen,
kommerziellen Seminaren und Kirchengemeinden angeboten. Der Anwen-
dungsbereich beschränkt sich längst nicht mehr auf persönliche Konflikte,
sondern wurde auf ethnische und politische Krisenbewältigung ausge-
dehnt. Immer häufiger werden systemische Aufstellungen nach Hellinger
heute auch in der Personal- und Organisationsentwicklung angewandt [sie-
he auch: *Wundersame Hilfe in allen Lebenslagen*].

Auf Neulinge wirkt die Vorgehensweise der Aufstellungsarbeit oft rätsel-
haft und mysteriös. Zu einfach erscheint das Setting, zu karg sind die therapeutischen Handlungsanweisungen, zu umfassend deren angebliche Auswirkungen. Beeindruckende Berichte und die Begeisterung von Teilnehmern übertönen jedoch Zweifel und Skepsis. Manche erzählen von tiefen
religiösen Erfahrungen während einer Aufstellung. Das macht Hellingers
Ansatz interessant, aber auch verdächtig. Die Vertreter dieses Ansatzes bemühen sich deshalb seit kurzer Zeit, die Dynamik der Aufstellungsphäno-
mene wissenschaftlich zu erklären – ein wahrhaftiger Spagat.

Obwohl das Familienstellen in vielerlei Hinsicht ein typisches Angebot
des Psychomarkts verkörpert, unterscheidet es sich in zumindest zweierlei
Hinsicht fundamental von seinen Konkurrenten: Zum einen greift Hellin-

ger ohne Scheu Gedanken und Konzepte seiner katholischen Herkunft auf, allerdings nicht ohne sie zu verfremden. Das bringt seinen Ansatz in die Nähe zu neuen religiösen Bewegungen. Über ein unspezifisches esoterisches Interesse hinaus berichten Gruppen wie die Anthroposophen, die Osho-Rajneesh-Bewegung oder Vertreter des westlichen (Pseudo-)Schamanismus ausdrücklich, dass sie von Hellingers Methode wichtige Anregungen erhalten hätten (z. B. Dalichow, 2000; Schnabel, 2000; Kampenhout, 2001; Kleber/Seiberth, 2002). Zum anderen geht es dem Familienstellen im Unterschied zu vielen anderen alternativen Gesundheitsangeboten um die Wiederherstellung von zerbrochenen Beziehungen anstelle der ewigen Suche nach Selbstverwirklichung, die in diesem Milieu vorherrscht (vgl. Weis, 1998). Damit setzt die Aufstellungsarbeit einen Gegenakzent zur prinzipiell endlosen Jagd nach dem ominösen »wahren Selbst« (vgl. Vitz ,1995; Martin, 1996; Gross, 1999; Remele, 2001).

Das religiöse Format der Aufstellungen

Durch eine eigenwillige Interpretation biblischer Grundbegriffe trägt Hellingers Methode allerdings auch zur Diffusion des Religiösen bei. Die Individualisierung hat nämlich nicht nur Ausdruck und Gestalt der Religion verändert, sondern auch ihre Inhalte umgedeutet. Im folgenden Text wird die These entfaltet, dass sich hinter Hellingers Vorgehen ein verborgener und verfremdeter theologischer Ansatz verbirgt. Ausgangspunkt bildet die Vermutung, dass es Bert Hellinger ähnlich ergangen sein dürfte wie anderen psychotherapeutischen Pionieren und Schulengründern, aber auch religiösen Vordenkern und Richtungsgebern. Sie konnten deshalb so unbeirrbar und erfolgreich etwas Neues schaffen, weil sie mit diesem Ansatz ihre eigene Lebensproblematik und – Lieblingsbegriff Hellingers – innere Verstrickung lösen konnten. Was beispielsweise auf Sigmund Freud, Alfred Adler oder Wilhelm Reich, aber auch schon auf Martin Luther zutraf – die eigene Genesung durch die Entdeckung einer neuen Heilmethode oder Sichtweise –, könnte sich auch als ein Verstehensschlüssel für Hellingers Methode erweisen. Dann hätten Hellingers leidenschaftlicher, zunächst innerer Kampf und später seine zahllosen Workshops, in deren Zentrum stets die Versöhnung mit der Biografie und der eigenen Familiengeschichte stand, letztlich dazu geführt, eine neuartige Heilmethode hervorzubringen.

Leider waren bislang kaum biografische Einzelheiten aus Hellingers Vergangenheit bekannt um diese These zu verifizieren. Hat er beispielsweise jemals die Gelegenheit ergriffen, seine eigene Familie aufzustellen? Er selbst verneint dies mit Vehemenz: »Wozu sollte das gut sein?«

Aber auch ohne nähere Informationen über seine Vorgeschichte, die – aus welchen Gründen auch immer – großteils im Dunkeln gehalten wird, ist der prägende Einfluss einer katholischen Sozialisation und Ausbildung, die fast 20-jährige Priester- und Missionarstätigkeit einschließlich des 15-jährigen Afrika-Aufenthaltes mit engen Kontakten zu Stammeskulturen auf die von ihm entwickelte Therapiemethode unübersehbar.

Aufstellungen: eine Variation der Erbsündenlehre?

Für den ehemaligen Wittenberger Augustinermönch Martin Luther wurde die radikale Beantwortung der ihn aufwühlenden Frage »Wie bekomme ich einen gnädigen Gott?« lebensentscheidend und richtungsweisend. Für den ehemaligen Mariannhiller Priester und Missionar Bert Hellinger hätte dann die maßgebliche Frage gelautet: »Wie kommt meine Familiengeschichte in Ordnung?« Der tiefe Wunsch nach Rückbindung ist wesenhaft religiöser Natur. Die konkrete Anbindung an die eigene Ursprungsfamilie verweist auf die Zugehörigkeit zu einem größeren Ganzen. Die Einbettung im Mikrokosmos der Kleinfamilie macht auf Verflechtungen mit den größeren Kreisen der Menschheit und des Kosmos aufmerksam.

Damit die Verbindung in gleicher Weise zum Kosmos wie zur Familie ungehindert fließen kann, sind Veränderungen der in der Regel mit ihrer Vergangenheit verstrickten Seele nötig. Sowohl Hellinger als auch der christliche Glaube sprechen von der Notwendigkeit einer Umgestaltung des inneren Menschen. Dabei verwenden sie die gleichen Begriffe in unterschiedlicher Auslegung. Beide reden von Schuld und Sühne, von Sünde und Vergebung, von Opfer und Liebe, von Gewissen und Ehrfurcht. In beiden Modellen wird ein untrennbarer Zusammenhang zwischen (Er-)Lösung und Heil(ung) geknüpft. Fast könnte man meinen, Hellingers Aufstellungen brächten die katholische Erbsündenlehre in einer nicht-theistischen, individualisierten Variation neu ins Spiel: Verantwortung übernehmen für die Verstrickungen der Vergangenheit und Lösungen finden durch die Annahme des Schicksals.

An welchen Stellen gleichen sich die beiden Sichtweisen, wo weichen sie voneinander ab? Zu den zentralen Ritualen, die Hellinger während seiner Arbeit immer wieder vorschlägt, gehört neben dem Formulieren einer Liebeserklärung oder einer Segensbitte der körperliche Akt des Verneigens vor den (von Stellvertretern symbolisierten) Eltern. Damit soll gegenüber denjenigen Personen Ehrerbietung und Respekt ausgedrückt werden, denen solches – der »Ursprungsordnung« entsprechend – gebühre. »Anerkennen, was ist«, die »Ordnungen der Liebe«, das »Ich folge dir« sind höchst verdichtete Konzepte, die Wichtiges über Hellingers Gnadenlehre mitteilen. Gnade – was meint dieser antiquiert anmutende Begriff? Das deutsche Wort Gnade ist germanischen Stammes und geht von der Grundbedeutung »sich neigen« aus. Gemeint ist damit die dankbare Geste und Grundhaltung für ein unverdient erhaltenes Geschenk. Hellinger empfindet Dankbarkeit gegenüber und Respekt vor der Wahrheit, die sich seiner Auffassung nach in Aufstellungen zeigt – in religiöser Sprache könnte man auch sagen »offenbart«. Denn auch Hellinger behauptet, nichts anderes zu tun als nur »wahrzunehmen, was ist« – geleitet von der »großen Seele«, inspiriert vom Energiefeld eines »wissenden Systems«. Dabei fühlt er sich in seinem Tun beschenkt und begnadet. »Die Mitte fühlt sich leicht an« – im Stand der Gnade sei es ganz einfach, die Wirklichkeit so anzunehmen, wie sie ist.

Ein magisch-religiöses Weltbild

Was genau im energetischen Raum des »wissenden Feldes« einer Aufstellung geschieht, wird unterschiedlich interpretiert. Manche sehen darin nichts anderes als subtile Gruppendynamik, exaltiertes Psychodrama sowie ein spekulatives oder suggestives Übertragungsgeschehen. Der Psychotherapeut Klaus Ottomeyer (1998, 21) kritisiert: »Hellinger benützt das hypnosefördernde Setting vor einer als Publikum fungierenden Großgruppe, also auch alle Mechanismen der Leiter-Idealisierung und Immunisierung vor Kritik.« Die Hellinger-Szene selbst führt als Erklärung »außergewöhnliche Wahrnehmungen« der Teilnehmenden bei einer derartigen Aufstellung an. Dazu muss allerdings der Glaube an die spezifische Wirksamkeit der besagten »großen Seele« vorausgesetzt werden. Damit meint Hellinger eine Art kollektives Bewusstsein, das nach seiner Auffassung mit einem umfassenden Gedächtnis und einer starken energetischen Kraft versehen ist. Träten nun für diese Erfahrung offene und sensible Menschen in den Energieraum des »wissenden Feldes« ein, würden die heilsamen Lösungen des Systems wahrnehmbar.

Die Vorstellung von geheimnisvollen und einflussreichen Bindungen, die durch eine gelungene Aufstellung in kurzer Zeit aufgelöst werden könnten, offenbart ein magisch-religiöses Weltbild. Dabei wird große Nähe zu esoterischem Gedankengut deutlich: Angeblich können auch nicht beteiligte und/oder gar nicht anwesende Personen durch Aufstellungen verändert und geheilt werden. Neben derlei »Fernheilung« wird Hellingers Vorgehen in Aufsätzen der hauseigenen Zeitschrift *Praxis der Familienaufstellung* zunehmend in Verbindung gebracht mit Reinkarnationstherapie, Schamanismus oder Channeling (Einbeziehung »nicht-inkarnierter Wesenheiten« in die Aufstellungen, wie etwa Tote oder auch Engel und Schutzgeister).

Hellinger und die reformatorische Gnadenlehre

Was nun sind die konkreten Vergleichspunkte, aber auch die Unterschiede zwischen Hellingers Gnadenlehre und der biblischen Sichtweise? Ironisch könnte man vielleicht sagen: Hätte sich Hellinger in seiner Lebens- und Glaubenskrise – nach seiner Rückkehr aus Afrika – intensiver mit der reformatorischen Rechtfertigungslehre beschäftigt, wäre er nicht Psychotherapeut geworden, sondern Protestant. Jedenfalls weisen zentrale Konzepte Hellingers, die in den Aufstellungen durchgängig zur Anwendung kommen, frappierende Ähnlichkeiten zur reformatorischen Gnadenlehre auf. Damit soll nun Hellinger nicht als »Religionsstifter« oder »Kirchengründer« interpretiert werden. Jedoch trägt es zum Verständnis seines unorthodoxen Vorgehens bei, Familienaufstellungen nicht nur aus psychotherapeutischer, sondern auch aus theologischer Perspektive zu sehen. Insofern wäre das Familienstellen nicht als eine therapeutische, sondern als eine seelsorgerliche Methode zu begreifen. Hellinger verfolgt allerdings die »Bewegungen der Seele« nur im zwischenmenschlichen Bereich, er hat den christlichen Glauben und ein personales Gottesbild hinter sich gelassen (Hellinger, 2000, 206f). Man könnte sein Verfahren als eine Art »weltlicher Seelsorge« bezeichnen. Sie hat ihr christliches Ziel, die Aussöhnung mit Gott, auf Grund ihres immanenten Bezugsrahmens aufgegeben.

Im Zentrum des christlichen Glaubens steht die Vorstellung, dass der wegen seiner Verfehlungen zu Recht beschuldigte Mensch von Gott gerechtfertigt werde, also Anerkennung bei Gott finde. Die bedingungslose Liebe Gottes zu den sündigen und gottlosen Menschen reiche so weit, dass er seinen einzigen Sohn, Jesus aus Nazareth, ein für allemal stellvertretend für die Sünden der Welt am Kreuz von Golgatha geopfert habe. Nicht der schuldige Mensch sühne für seine Taten, sondern ein Stellvertreter – dazu noch Gottes eigener Sohn. Mit leeren Händen stehe der Mensch vor Gott, schuldig, ohne sich selber rechtfertigen zu können, ohne sich irgendwie Anerkennung bei Gott verdienen zu können. Seine Rechtfertigung geschehe ohne sein Zutun *sola gratia* – allein aus Gnade, indem er das Geschenk der Vergebung durch den Opfertod Jesu annehme.

Der »säkulare« Entwurf Hellingers weist erstaunliche Ähnlichkeiten zu dieser Kosmologie auf. Auch in der Aufstellungsarbeit ist der Mensch geprägt von den Verstrickungen mit der Vergangenheit, von unvergebener Schuld, ungesühnten Taten, vom aktiven Tätersein. Verschwiegene Totgeburten oder verstorbene Geschwister, übersehene Familienmitglieder oder verstoßene Ehefrauen und Ehemänner fordern Rechtfertigung. Gnade bedeutet bei Hellinger: das »Gewissen« oder die »große Seele«, das »wissende Feld« der Aufstellung biete die Erlösung für Verstrickungen, Fehler und Schuld der Gegenwart und Vergangenheit, indem es durch Positionswechsel der Beteiligten klare Konfliktlösungen aufzeige. Wenn bestimmten Grundregeln gefolgt werde, könne die Liebe wieder fließen, kämen Beziehungen wieder ins Lot.

Hellinger selber spricht aus, dass er seine Arbeit als »Gnadengeschenk« verstehe: »Lösungen, die dauern, sind Fügung und Gnade. Wer sie erfährt, der erlebt, dass er auf einmal im Einklang mit etwas ist, das seine Kraft überragt und dieses Etwas trägt. Was ich in meiner Arbeit versuche, ist, jemand in den Einklang zu bringen mit dieser Kraft. Ich selbst füge mich dieser Kraft, bin mit ihr im Einklang, und so arbeite ich also mit etwas, das durch mich nur hindurchgeht« (2000a, 486).

Eine weitere faszinierende Parallele zeigt sich in der Person des Stellvertreters. Bei Hellingers Arbeit kommt deren Wahrnehmungs- und Ausdrucksfähigkeit eine besondere Bedeutung zu. Durch ein völliges Sich-Einlassen auf die jeweilige Aufstellungskonstellation und die in dieser verschlüsselt enthaltenen Affekte könne die emotionale Verstrickung stellvertretend wahrgenommen und beschrieben werden. Dieser »Gefühlstransfer« besitzt religiöse Qualitäten und erinnert an den »großen Tausch« der christlichen Heilslehre. Auch in den Aufstellungen muss ja nicht der Betroffene selber die Lasten der verstrickenden Vergangenheit oder Gegenwart tragen. Ein(e) Stellvertreter(in) übernimmt diese Position, so wie Jesus nach christlicher Überlieferung stellvertretend für die Sünden der Menschen starb. Das eigentlich Neue an Hellingers Familienaufstellungen besteht darin, dass die Stellvertreter nicht nur bestimmte Aspekte eines Familienmitgliedes repräsentieren (wie in der herkömmlichen Familientherapie), sondern sich mit ihrer Körper-Seele-Geist-Einheit ganzheitlich als (Be-)Deutungsträger zur Verfügung stellen. Damit wird das (seriöse) systemische Vorgehen um eine metaphysische Dimension erweitert, die gleichzeitig dessen eigentümliche Grundlage bildet. Denn das Familienstellen funktioniert nur unter der Voraussetzung des oben skizzierten magisch-religiösen Weltbildes.

Schuld und Vergebung in der Psychotherapie

Dennoch bestehen weitere Ähnlichkeiten zwischen Hellinger und der christlichen Sichtweise des Menschen. Dies wird besonders an dem Umgang mit Schuld und Vergebung deutlich, dem in beiden Auffassungen ein hoher Stellenwert zukommt. Beide Sichtweisen verwenden zum Umgang mit der Schuld Symbole und setzen Rituale ein. Der beabsichtigte Sinneswandel und ein konkreter Neuanfang werden in der Aufstellungsarbeit häufig durch rituelle Sätze oder Aktionen angeregt: eine Verneigung, eine Liebeserklärung, ein Solidaritätserweis. Dieses Vorgehen erinnert an die christliche Beichte und Buße, in der es in ähnlicher Weise um Gewissenserforschung und das offene Bekenntnis zur eigenen Schuldhaftigkeit geht.

Traditionelle moralische Einstellungen und Verhaltensweisen wie Bescheidenheit, Dankbarkeit oder die Bereitschaft, zu vergeben, sind dem allgemeinen Gesundheitszustand gewiss nicht abträglich. Vergebung anzunehmen und zu praktizieren, vielleicht das zentralste Beziehungsgeschehen des christlichen Glaubens, wird in den USA seit mehreren Jahren als psychotherapeutischer Wirkfaktor untersucht (Doyle, 1999; Finsterbusch/Müller, 1999; McCullough/Pargament/Thoresen, 2000; Wolf, 2002). Allerdings wird dort auch vor übertriebenen Erwartungen, vor allem auf schnelle Ergebnisse, gewarnt und empfohlen, den Prozess (!) des Vergebens individuell therapeutisch zu begleiten. Das simple Abspulen einer Aufstellung dürfte keine nachhaltige Wirkung zeitigen und sich, wenn überhaupt, eher schädlich auswirken.

Hellingers Vorgehen widerspricht christlicher Seelsorge

Hellingers Ansatz hat das Sortiment therapeutischer Zugangsweisen zu seelischen Nöten, Konflikten und Erkrankungen erweitert. Der Versuch, seine Variante des Familienstellens als seriöse Therapiemethode zu etablieren, dürfte sich als schwierig erweisen. Vergleiche mit der Transpersonalen Psychologie drängen sich auf, die ebenfalls von besonderen weltanschaulichen Grundannahmen ausgeht und veränderte Bewusstseinszustände in Forschung und Praxis mit einbeziehen will (vgl. Utsch, 2001, 200 f.). Der dortige weltanschauliche Deutungsrahmen ist jedoch von einer asiatisch-monistischen Sichtweise geprägt und zielt in erster Linie auf eine individuelle Bewusstseinserweiterung ab, während Hellinger von hierarchischen Ordnungssystemen ausgeht, die unverkennbar dualistisch angelegt sind.

Im Rahmen der Pastoralpsychologie wurden in den letzten Jahrzehnten intensive Verhandlungen über Möglichkeiten und Grenzen der Zusammenarbeit zwischen Psychotherapie und Seelsorge geführt. Daraus sind nützliche und praktikable Ansätze hervorgegangen, die Einsichten eines hilfreichen therapeutischen Umgangs mit christlichen Grundanliegen verbunden haben (vgl. Utsch, 2002). Zu einer derartigen konstruktiven Integration trägt Hellinger nicht bei.

Als christliche Seelsorgemethode kann das Familienstellen nach Hellinger nicht gelten. Vor diesem Hintergrund sollte auch die Vergabe kirchlicher Räume zum Zwecke von Familienaufstellungen geprüft werden.

Sigrid Vowinckel

Hellinger – eine Backlash-Episode

Kritik aus feministischer Sicht

Alles was mit Menschen zu tun hat, ist nur vor dem Hintergrund eines Weltbildes denkbar. Das gilt für Politik und Wissenschaft, für Psychotherapie und eine feministische Beratungsstelle. Manche TherapeutInnen behaupten, ihr Weltbild fließe nicht in ihre Arbeit ein. Das ist unmöglich und deutet auf einen Mangel an eigener Reflexion hin. KlientInnen haben einen Anspruch darauf, dass das Weltbild ihrer TherapeutInnen sichtbar wird. Sie müssen die Möglichkeit haben, ja oder nein dazu zu sagen. Zu den wichtigsten Begriffen in Hellingers Weltbild gehören »Ordnung« und »Rang«, z. B. Ordnungen der Liebe, Rangordnung, Rangfolge, Vorrang, Ordnung in der Partnerschaft, Gewissen und Ordnung, Störungen der Ordnung und vor allem der Begriff Ursprungsordnung. Diese Ordnungen, sagt Hellinger, seien von ihm beobachtete Gesetzmäßigkeiten in den sozialen Beziehungen zwischen Menschen. Verstöße dagegen bezahlten Menschen mit Problemen, Krankheiten und Tod. Er sagt z. B. »Krebs ist die Sühne für die Verachtung der Eltern«. Oder »Jeder Sucht ist die gleiche Grundsituation eigen. Der Süchtige hat seinen Vater nicht genommen und er nimmt nicht von seinem Vater« (in: Krüll/Nuber, 1995, 25).

Ein weiterer zentraler Wert ist die Ehre. Sie komme vor allem den Eltern zu, ganz unabhängig davon, wie diese sich verhielten. Deutlich wird das z. B. im Titel einer der Hellinger'schen Schriften *Eltern haben keine Schattenseiten*. Er erklärt das so: »Eltern sein ist so etwas Großes, dass alles andere sekundär ist« (ebd., 23). Es gibt hier keine Unterscheidungen, keine Nuancen. Die Aussage gilt für den Vater, der sich um seine Kinder kümmert, und genauso für den Vater, der über Jahre seine Tochter missbraucht. Gerade die missbrauchte Tochter solle um ihrer selbst willen den Vater ehren, es werde ihr dann besser gehen. Umgekehrt, wenn eine Frau den Vater anzeigt, will Hellinger beobachtet haben, dass sie sich später selbst dafür bestrafe.

Hier zeigt sich ein für ihn typischer konservativer Zirkelschluss. Die Argumentation ist: Die Tochter muss auch einen missbrauchenden Vater ehren; ihn anzuzeigen ist damit nicht vereinbar. Beweis: Hinterher geht es ihr schlecht, sie bestraft sich selbst. – Mit anderen Worten, sie hat Schuldgefühle. Dass es aber gerade unsere gesellschaftliche Werteordnung ist, die Frauen Schuld zuweist und damit Schuldgefühle auferlegt: dieser Gedanke ist in Hellingers System nicht möglich. Das würde die Ordnung stören und unerwünschte Veränderungen im Denken und Fühlen herbeiführen.

Ehre und Wertschätzung des Vaters ergeben sich bei Hellinger zwangsläufig aus der rein biologischen Tatsache des Zeugungsaktes. Auf die Frage eines Seminarteilnehmers, weshalb es im Gegensatz zur Menge an Literatur über die Mutter-Kind-Beziehung nur so wenig Literatur zur Vater-Kind-Beziehung gebe, antwortet er: »Es gibt eine Verwirrung der Werte, weil der Anfang, die Zeugung, als das Wichtigste in der Werteskala ganz unten steht statt ganz oben« (in: Weber, 1995,104). Ein weiterer Baustein in der Werteordnung Hellingers ist also die Zeugung. Typisch ist, dass sich dieser Begriff nur auf den Mann bezieht und nicht auf beide Eltern. Das entspricht der üblichen Verwendung dieses Wortes in einer patriarchalen Gesellschaft, die die biologische Tatsache der Zeugung durch Vater *und* Mutter durch diesen Sprachgebrauch unkenntlich macht.

Ein nächster zentraler Aspekt seines Wertesystems betrifft seinen Blick auf die Welt als Ganzes. »Ich stimme der Welt zu, wie sie ist. Ich bin ganz zufrieden damit« (in: Krüll/Nuber, 1995, 26). Zunächst bleibt unklar, was damit gemeint ist, besonders vor dem Hintergrund von Grausamkeiten, Hunger und Diskriminierung für einen großen Teil der Menschen. Deutlicher wird es im Folgenden: »Ich denke, dass in der Welt Kräfte am Werk sind, die lassen sich nicht steuern. Deswegen tun mir Weltverbesserer Leid. Die großen geschichtlichen Bewegungen, der Nationalsozialismus, der Humanismus, die Wende, all das sehe ich als Teil eines gesteuerten Prozesses, bei dem die Opfer sowohl wie die Täter in Dienst genommen sind für etwas, das wir nicht begreifen.« Und weiter: »Denn ich weiß, dass diese Bewegungen sehr viel größer sind als ich und dass ich da nicht eingreifen kann« (ebd.). Das ist eine Aufforderung zu Duldsamkeit und Defätismus. Allerdings richtet er sich selbst nicht danach. Hellinger will sehr wohl die Welt ändern und zwar in Richtung seiner Ordnungen. Dazu unternimmt er große Anstrengungen. Er hält psychotherapeutische Massenveranstaltungen mit mehreren hundert TeilnehmerInnen ab, schreibt Bücher oder autorisiert dazu, bringt seine Videos an die Öffentlichkeit und gibt Presseinterviews – die Weltverbesserer sind die anderen. Im Übrigen wird nicht die Frage gestellt, *wie* die Welt ist und dass es je nach Blickwinkel, Interessen und Lebenszusammenhängen sehr verschiedene Antworten darauf gibt. Dagegen wird deutlich: Zum So-sein der Welt gehört das, was als »Macht von oben« für ihn sichtbar wird, die vermeintlichen »Ordnungen« oder »geschichtliche Bewegungen«, wie er es nennt, etwa der Faschismus. Nicht zum So-sein der Welt gehören Entwicklungen von unten, gehört nicht, dass Menschen in sozialen Bewegungen sich für ihre Interessen einsetzen oder dass Frauen aktiv und bewusst ihr Leben und die Welt zu verändern suchen und damit neue Werte und Normen schaffen.

Der Begriff des »white male system«, des »weißen männlichen Systems«, ist in den USA entstanden und bezeichnet den Blickwinkel von Profiteuren der westlichen Welt. Hier ist Hellingers Welt- und Menschenbild angesiedelt. Als weißer Mitteleuropäer, als Mann und als Theologe zudem eine Art Akademiker, gehört er zu einer weltweit relativ kleinen privilegierten Schicht, die wenig Grund hat, die Welt zu verändern. Seine Moral ist im Kern eine Herrenmoral und für diejenigen bestimmt, die nicht zu den Herren gehören. Sie ist weder neu noch originell. So wundert es auch nicht, diesen Gedanken im Nationalsozialismus zu begegnen. In einem Artikel aus dem Jahr 1942 schreibt Goebbels: »Weit über unser Begriffsvermögen hinaus wird er (der Mensch, S. V.) als geschichtliches Werkzeug tätig, und es kommt dabei gar nicht darauf an, ob er sich dessen ausdrücklich bewusst wird oder nicht« (zit. in: Klemperer, 1997, 308). Der Hintergrund ist bei Goebbels als Anhänger der Blut- und Boden-Ideologie ein anderer als bei Hellinger. Die Botschaft indes ist dieselbe: Denke nicht nach, du wirst es nie erfassen; halte dich stattdessen an die überkommenen Ordnungen und die von der Obrigkeit verordneten Werte.

Ein weiterer zentraler Bereich in Hellingers Wertesystem ist das Verhältnis von Frau und Mann. Hellinger (in: Weber, 1995, 109): »Die Partnerbeziehung gründet auf der Voraussetzung der Ebenbürtigkeit.« Gut!, denkt die Leserin, bis sie erfährt: »Die Beziehung zwischen Mann und Frau gelingt, wenn die Frau dem Mann folgt. Das heißt, sie folgt ihm in seine Familie, an seinen Ort, in seinen Kreis, in seine Sprache, in seine Kultur und sie stimmt zu, dass auch die Kinder ihm dorthin folgen.« Umgekehrt, also wenn der

Mann der Frau folgt, führe das »zu keiner erfüllten Beziehung und geht schief, weil der Mann sich dort nicht entfalten kann« (ebd., 110 f.). Zur Entfaltung der Frau wird nichts gesagt. Das Wort Ebenbürtigkeit hat jetzt einen konkreten Inhalt bekommen. Und dabei zeigt sich wieder, dass eine hierarchische Ordnung gemeint ist. Doch Hellinger hat einen Trost für Frauen: »Allerdings gibt es auch hier einen Ausgleich, ein Gegengewicht: Zur Ordnung der Liebe zwischen Mann und Frau gehört als Ergänzung: Der Mann muss dem Weiblichen dienen« (ebd.). Bei genauem Hinsehen zeigt sich: Die konkrete Frau folgt dem konkreten Mann. Der konkrete Mann aber dient nicht der konkreten Frau, sondern einem Abstraktum, dem »Weiblichen«, was immer das auch sein soll.

Wichtige Aspekte in Hellingers Weltbild:
1. Ganz oben steht die Zeugung durch den Mann.
2. Es gibt eine Ursprungsordnung, die in erster Linie das Verhältnis verwandter Menschen ordnet und regelt – ungeachtet irgendwelcher Unterschiede und Zusammenhänge.
3. Der Welt ist zuzustimmen, wie sie ist. Ziel ist nicht einfach Ordnung, sondern das Aufrechterhalten von Hierarchie. Verstöße dagegen haben Folgen. Seine Sprache ist dabei von religiösem Wortschatz gekennzeichnet: Begriffe wie Demut, Sühne, Strafe, Fluch etc. kommen ständig vor, dazu danken, knien, ehren, sich verneigen, sich einfügen, verzeihen, erretten usw.
4. Die Frau folgt dem Mann. Diese Aussage zeigt am deutlichsten, worum es für Frauen geht: Es geht auf der mehr individuellen Ebene um die Absicherung oder Wiederherstellung der Privilegien des Mannes und auf der politisch-gesellschaftlichen Ebene um die Aufrechterhaltung der von Männern bestimmten patriarchalen Gesellschaftsordnung.

Was bedeutet Hellingers Familienaufstellung für Frauen?

Sexuelle Gewalt
Hellinger erklärt die Entstehung sexueller Gewalt in der Familie aus einem Ungleichgewicht von Geben und Nehmen. Dabei sei es im Falle von Inzest oder sonstigem Kindesmissbrauch nicht die Tochter – in der Regel geht es um die Töchter –, der etwas genommen werde, ihre Unbefangenheit, ihre

Entwicklungschancen, ihre psychische und leibliche Gesundheit usw., vielmehr werde dem Täter etwas genommen. Hellinger (in: Weber, 1995, 89): »Den Tätern, seien es Väter, Großväter, Onkel oder Stiefväter, wurde etwas vorenthalten oder es wird etwas nicht gewürdigt, und der Inzest ist dann der Versuch, dieses Gefälle auszugleichen.«

Ein (von Hellinger selbst angeführtes) Beispiel: Eine Frau heiratet in zweiter Ehe und bringt eine Tochter mit. Diese wird vom Stiefvater missbraucht. Der Grund dafür, so Hellinger: Die Frau würdige nicht, dass er die Tochter versorge und sich um sie kümmere: »Der Mann muss mehr geben, als er bekommt« (ebd.). Kein Thema ist die Frage: Was gibt die Frau? Was trägt sie zur Versorgung bei? Nach konservativem Rollenverständnis versorgt der Mann die Familie, gleichgültig wie die tatsächliche Realität aussieht. Daher wird Männern immer noch quasi uneingeschränkt zugestanden, sich das zu nehmen, was sie wollen oder was sie meinen, dass ihnen zustehe. Ganz besonders gilt das für die Sexualität, die damit zur sexuellen Gewalt wird. − Fatalerweise wird solches Rollenverständnis auch von Frauen selbst weitergetragen: Bei der Hellinger-Adeptin Sara Riedel (1999) liest sich das so: »Die Position des Oberhauptes der Familie, diejenige, die Verantwortung für Schutz und Sicherheit trägt, hat der Mann inne. Die Frau, an zweiter Stelle, hat die Aufgabe der inneren Organisation der Gemeinschaft. Sie muss dem Mann folgen, wird in seine Sippe hineingenommen. (...) An dritter Stelle in der Rangfolge der Familie rangiert das Kind. Es ist immer das Kleine und die Eltern sind immer die Großen. Es kann nur nehmen, nichts vergelten oder ausgleichen, sondern nur annehmen und danken.«

Und so hat es durchaus seine innere Logik, dass nach Hellinger dem Mann und nicht der Frau oder dem Mädchen etwas vorenthalten wird. Die Konsequenz ist, dass der Mann sich holt, was ihm vermeintlich zusteht. In diesem Sinne folgerichtig ist denn auch die »Lösung«, die Hellinger verordnet: Die Ehefrau soll zum missbrauchenden Ehemann sagen: »Ja, das ist so, du gibst und ich nehme, aber ich achte und anerkenne das bei dir« (in: Weber, 1995, 90).

Ein weiterer Grund für sexuelle Gewalt in der Familie ist nach Hellinger ein »Mangel an sexuellem Austausch« des Paares : Es »entsteht in diesem System ein unwiderstehliches Bedürfnis nach Ausgleich, das sich wie eine Triebkraft durchsetzt, und der nahe liegende Ausgleich ist, dass die Tochter sich anbietet oder die Frau dem Mann die Tochter überlässt oder anbietet« (ebd.). Oder noch deutlicher: »In sehr vielen Inzestfällen (ist) die Mutter

(...) die graue Eminenz des Inzests, sie schiebt dem Vater die Tochter zu« (in: Krüll/Nuber, 1995, 23). Nicht erwähnt wird, dass die Täter alles tun – körperliche Gewalt, Drohungen, Versprechungen, Überwachung usw. –, damit die Mädchen schweigen.

Das Wort Gewalt ist für Hellinger in diesem Zusammenhang nicht existent. Es geht ihm nicht um die vielfältige, überall vorhandene Gewalt im System Patriarchat, sondern es geht ihm um die patriarchalen Rechte des Mannes im System Familie.

Während die Mutter in diesem Beispiel dem Täter Anerkennung aussprechen soll, ist für die betroffene Tochter ein anderer Weg vorgesehen. Hellinger (in: Weber, 1995, 91) lässt sie zur Mutter sagen: »Mama, für dich tue ich es gerne.« Sie wird mit diesem Satz veranlasst, die Mutter als Mittäterin – wenn nicht gar als die eigentliche Täterin – zu belasten. Da die Frau für Hellinger ohnehin die »graue Eminenz des Missbrauchs« ist, wird auch nicht weiter nach dem Wahrheitsgehalt dieses Satzes geforscht. In einem zweiten Schritt soll sich die Tochter an den Vater wenden und sagen: »Papa, für die Mama tue ich es gerne« (ebd.), oder auch: »Papa, ich habe es gerne für dich gemacht« (in: Krüll/Nuber,1995, 23).

Solche »Lösungen« kommen direkt aus Hellingers Verständnis einer »systemischen Ordnung« im Verhältnis des Kindes zu den Eltern: Das Kind »ehre« mit diesen Sätzen den Vater, wodurch »tief in seiner Seele etwas in Ordnung« komme. Das Mädchen, das den Vater nicht anklagt, sondern sich nachträglich durchringt, es »gern getan« zu haben, wird belohnt: Es wird ihm verheißen, dass es ihm besser gehen werde. Nicht gefragt wird nach Wut, Enttäuschung, Verletzung, Aggression und schon gar nicht gefragt wird nach dem Recht auf diese Gefühle. Denn es geht nicht um Frauen und Mädchen, sondern um die (Wieder-)Herstellung der männlichen »Ordnung«. Hellinger-Schüler Thomas Schäfer (2000, 108): »Als Erwachsener ist es für das missbrauchte Kind wichtig, dass es seinen ersten Partner (!), d. h. den Elternteil (gemeint ist der missbrauchende Vater, S. V.), würdigt, denn durch die Sexualität entsteht eine Bindung über die Eltern-Kind-Beziehung hinaus.« Spätere Partnerschaften könnten nur gelingen, »wenn der frühere Partner geachtet wird.«

Eine andere Variante, mit der Hellinger aufzuwarten weiß: »Aber das Kind hat in jedem Fall (...) das Recht, auf den Täter böse zu sein, denn Unrecht geschieht ihm in jedem Fall (...) Es braucht ihm aber nicht böse zu sein im Affekt, indem es ihm Vorwüfe macht« (2000a, 281). »Böse« darf das

Kind sein, aber bitte ohne Emotion, ganz abgeklärt, und es soll keine Vorwürfe gegen den Täter erheben. Ein Recht auf diese Gefühle besteht also auch hier nicht.

Wenn das Mädchen sich weigert, diese Sätze zu sagen, wird das als »Widerstand« gewertet. Das ist immer wieder eine beliebte voreilige Erklärung von therapeutischer Seite, wenn die Klientin nicht das einsieht, fühlt oder macht, was der/die TherapeutIn für richtig hält. Hellinger (in: Weber, 1995, 92 f.): »Der Widerstand gegen diese Intervention seitens des Mädchens hängt wahrscheinlich auch damit zusammen, dass es sich jetzt auf eine demütige Position zurückziehen muss. Damit gibt sie die Rivalität mit der Mutter auf, wer die bessere Frau für den Vater ist.« Das Mädchen hat sich also, aus Hellingers Sicht, nicht nur von der Mutter »dem Vater zuschieben« lassen, es werden ihm auch noch eigene (inzestuöse) Wünsche unterstellt. Und nicht nur das: Laut besagtem Hellinger-Schüler Thomas Schäfer (2000, 107) sei es eine »Tatsache, dass der Missbrauch manchmal vom Kind als lustvoll erlebt wird. Dieser Wahrnehmung traut das Kind in der Regel nicht, denn es wird ihm von allen Seiten gesagt, dass etwas Böses und Schlimmes passiert ist. (...) Hilfreich dagegen ist es, wenn das Kind ermutigt wird sich einzugestehen, dass es auch lustvolle Momente gab.« Alles andere, insbesondere feministische Entrüstung, wirke »verschlimmernd«.

TherapeutInnen, so Hellinger, dürfen nicht auf der Seite des Opfers stehen, das wäre »die schlimmste Position« (in: Weber, 1995, 98). Vielmehr müsse sich »systemisch gesehen (...) der Therapeut mit dem verbünden, der verteufelt wird«, also mit dem Täter. Dazu ein genereller Rat des Meisters: »Bei all diesen Sachen nur kein Drama« (ebd., 96).

In welche Situation kommt eine missbrauchte Frau, die sich auf Hellingers Familienstellen einlässt? Sie macht ein weiteres Mal die Erfahrung, dass sie in ihrem Erleben, in ihren Verletzungen nicht ernst genommen wird. Sie erlebt, dass der Therapeut auf der Seite des Täters steht. Sie erfährt einmal mehr, dass sie mitverantwortlich sein soll und dass ihre Mutter die Hauptverantwortliche sei. Wenn sie die von Hellinger vorgesprochenen Sätze nicht nachsprechen will, wird sie für die Fortsetzung ihres Leidens verantwortlich gemacht [siehe auch: *Mitschuld am Missbrauch?*].

Abtreibung

Abtreibung sei ohne Schuld nicht denkbar, sagt Hellinger, denn: »Mann und Frau (sind) auf ein Kind hingeordnet« (Schäfer, 2000, 159). Zunächst sieht er die Verantwortung bei beiden Eltern. Aber wie so oft, wenn er konkret wird und sich von allgemeinen Aussagen entfernt, wird anderes sichtbar. Er sagt z. B. zu einer Frau: »Du musst es auf dich nehmen, denn bei der Abtreibung ist die Verantwortung nicht geteilt. Vor allem die Frau kann sie nicht teilen« (in: Weber, 1995, 140). Ähnlich wie beim sexuellen Missbrauch wird auch hier die Schuldfrage zu Lasten der Frauen entschieden.

Im Weiteren warnt er vor den Konsequenzen: »Eine wichtige Folge der Abtreibung ist, dass die Beziehung in der Regel (...) zu Ende ist« (ebd., 135). Selbst wenn es in manchen Fällen so ist, müsste die Frage gestellt werden, ob das nun eine unausweichliche Notwendigkeit ist oder vielmehr eine Folge von gesellschaftlich erzeugtem und gewolltem Druck. Sichtbar wird solcher Druck z. B. an der für Frauen (in Deutschland) nach der Novellierung des Paragraphen 218 (Regelung der Schwangerschaftsunterbrechung) eingeführten Zwangsberatung.

Wohin die Kinder gehören

Hellinger misst der Frage, zu welchem Elternteil Kinder nach einer Scheidung kommen sollen, große Bedeutung zu. In seinen Veröffentlichungen werden zahllose Aufstellungen zu diesem Thema dargestellt. Drei Beispiele:

- Eine Familie hat ein Adoptivkind, zu dessen Mutter Kontakt besteht, nicht aber zum Vater, der in der Türkei lebt. Hellinger: »Dort (beim Vater, S. V.) ist sein bester Platz. Ist es ein Junge? (...) Dann muss er zum Vater, das ist ganz klar« (2002, 31).
- Eine Frau hat Brustkrebs. Sie lebt mit ihrem Ehemann und zwei Kindern zusammen, das ältere Kind stammt aus einer früheren nicht-ehelichen Beziehung. Hellingers »Lösung«: Die Frau und das ältere Kind müssen zum leiblichen Vater dieses Kindes, d. h., sie muss sich von ihrem Ehemann und ihrem zweiten Kind trennen. Hellingers Urteil: »Du hast sie alle verspielt«, dem »ersten Mann wurde großes Unrecht getan«. Und: »Brustkrebs ist (...) Sühne für Unrecht, das einem Mann angetan wurde« (ebd., 465).
- Ein männlicher Teilnehmer an einem Hellinger-Seminar scheint das Prinzip begriffen zu haben: »Mir ist noch eine Frage gekommen zu meiner Trennung. Mir ist nämlich aufgefallen, wenn ich in einer Familienaufstellung einen Vater vertreten muss, (...) gehörten die Kinder immer zum Vater. Hat das vielleicht eine Bedeutung für mich?« Hellinger: »Nein. Was bei dir ist, wissen wir nicht.« Die dann folgende Aufstellung bringt das üb-

liche Ergebnis: Die Kinder gehören zum Vater. Der Teilnehmer: »Ich bin fassungslos.« Hellinger: »Freue dich einfach daran!« (ebd., 227 f.)
Die familären Hintergründe dieser oder anderer Fälle sind sehr unterschiedlich, genauso wie ihre Bewertungen duch Hellinger. Das Ergebnis aber ist immer das gleiche: Die Kinder müssen zu ihrem Vater.

Wozu dann überhaupt die Aufstellungen? Sie sind der erlebnisbezogene Hintergrund, ein emotionales Event für die TeilnehmerInnen mit dem Ziel der Verbreitung von Hellingers Werten.

Ursachen von Sucht

Hellinger (2002, 130) erklärt sich die Entstehung von Süchten so: »Jemand wird süchtig, wenn ihm die Mutter gesagt hat: ›Was vom Vater kommt, taugt nichts. Nimm nur von mir‹«. Insofern dürfen nach Hellinger »nur Männer Süchtige behandeln. Frauen sind dazu nicht fähig« (ebd., 132). Auf die Frage eines Seminarteilnehmers, ob »die massenhafte Zunahme von Suchtproblemen in der ganzen westlichen Welt damit zusammenhängt«, weiß Hellinger: »Ja. Die Männer sind im Rückzug. Sie werden immer mehr von den Frauen verachtet und damit nehmen die Süchte zu« (ebd., 133).
Hellinger-Schüler Thomas Schäfer (2000, 196 f.): »Nicht selten ist bei Alkohol- oder Drogensucht der Vater früh verstorben. Hellinger schlägt im Falle des Alkoholkranken vor, dass der Patient ein Foto des Vaters vor sich hinstellt und sagt: ›Prost, Papa, bei dir schmeckt's mir.‹ Dann soll er oder sie so viel trinken, wie es schmeckt. (…) Wenn der Kranke die Übung mit Ernst und im Angesicht des Vaters ausführt, hat sie eine tiefe Wirkung.« Welche, teilt Heilpraktiker Schäfer nicht mit.

Zusammenfassung

An den angeführten Beispielen − sexuelle Gewalt, Abtreibung, Kinder und Sucht − zeigt sich ein Grundmuster in Hellingers Arbeit: Es sind die Frauen, die Schuld und Verantwortung tragen oder Benachteiligungen in Kauf nehmen müssen. Es sind die Frauen, die hinter den Taten der Täter stehen. Wenn sie aufhörten, den Männern etwas vorzuenthalten, dann würden die Töchter nicht missbraucht; dann würden sie selbst oder andere nicht krank, den Kindern ginge es gut und die Ehen gelängen.
   Aus Hellingers Sicht kommt das System in Ordnung, wenn eine Frau die Schuldzuweisungen akzeptiert. Dann wird sie belohnt, sozusagen wieder in

das alte System aufgenommen. Dadurch fühlen sich auch heute noch Frauen immer wieder entlastet und sind dankbar. Sie empfinden die zusätzliche Demütigung nicht als solche, im Gegenteil. Dieser Mechanismus, durch zusätzliche Demütigungen positive Empfindungen zu haben, Wiederholungen alt bekannter Verletzungen als befreiend zu erleben, gehört zu den effektivsten Instrumentarien der Unterdrückung von Frauen. Zu diesem Mechanismus gehört auch, »sich einmal ganz vertrauensvoll einem ›guten Vater‹ zuwenden zu können«, wie die Familiensoziologin Marianne Krüll (1995) es formuliert. Sie hat vor vielen Jahren selbst diese Erfahrung bei Hellinger gemacht und schreibt, sie habe es in der Arbeit mit ihm durchaus »genossen, zu regredieren«, in eine Art frühkindlichen Vertrauenszustand zurückzugehen. Sie sagt dazu: »Ich glaube, wir Frauen sind dafür besonders anfällig. Vielleicht ist deshalb auch der Anteil der Frauen in den Hellinger-Workshops extrem hoch.« Regredieren heißt hier: unmündig und für eine alte Ordnung tauglich bleiben.

Zur Arbeitsweise Hellingers und deren Wirkung auf Frauen

Bert Hellinger hat die seit langem praktizierte Methode der Familienaufstellung (z. B. nach Virginia Satir) vereinnahmt und verändert. Zu den Besonderheiten seiner Arbeitsweise gehört u. a.:

– Er beobachtet oder sieht etwas. Daraus macht er umgehend ein Gesetz, gar ein »ehernes Gesetz« (2000a, 463), das er in Form seiner vielen »immer«-Sätze verkündet (z. B. »Kopfschmerzen sind *immer* angestaute Liebe« oder »Hinter der Depression steckt *immer* eine Verachtung der Eltern«).

– Zugleich leugnet er derlei Gesetzmäßigkeiten und kritisiert andere, die danach handeln (vgl. ebd., 285). Seine »Lösungen« gälten immer »nur für den Augenblick« und seien nicht zu verallgemeinern (ebd., 511).

In der Praxis bedeutet dies, dass er nach Belieben auf das eine oder andere Prinzip zurückgreifen und insofern völlig willkürlich vorgehen kann. Damit erklären sich auch seine vielen widersprüchlichen Aussagen.

Es gibt Frauen, denen es nach einer Arbeit mit oder nach Hellinger extrem schlecht geht. Wie viele es sind, ist noch im Dunkeln. Einige wenden sich an unser Therapiezentrum oder melden sich in unseren Vorträgen zu Wort. Hellinger selbst interessiert es nicht, wie es Menschen nach seinen Aufstellungen geht: »Ich brauche zum Beispiel keine Rückmeldung vom

Klienten, denn wenn ich mit ihm gearbeitet habe, habe ich gesehen, ob es wirkt oder nicht. (...) Wenn ich weitere Therapieforschung machen würde, dann würde ich meiner Wahrnehmung misstrauen und mich das nächste Mal vielleicht im Stich lassen« (Krüll/Nuber, 1995, 24). Allerdings bleiben ihm Rückmeldungen nicht immer erspart. Bei einer Aufstellung hatte er dem Ehemann einer Frau »Liebe« attestiert und ihr ein »kaltes Herz«. Wenige Stunden später nahm sie sich das Leben. Aus einem Abschiedsbrief der Frau geht hervor, dass sie eine überzeugte Anhängerin Hellingers war und sich seine Ordnungsvorstellungen zu Eigen gemacht hatte. Sie schreibt: »Vielleicht gibt es Menschen, die so viel Schuld auf sich laden, dass sie kein Recht mehr haben, hier zu bleiben. Und wenn es für die Kinder die Ordnung herstellt, will ich meinen Teil dazutun, auch wenn es nicht das ist, was ich mir wünsche« (Goldner, 1998a; [siehe auch: *Der Todesfall von Leipzig*]).

Auch solch schreckliche Vorfälle veranlassen Hellinger nicht zu Selbstkritik. Er schiebt alle Verantwortung und Schuld der Frau zu, die ihn ja hätte »um etwas bitten« können, bevor sie gegangen sei. Das habe sie aber nicht getan, vielmehr habe sie ganz »unverhältnismäßig« reagiert (vgl. Gerbert, 1998b, 225). Im Übrigen bramarbasiert er daher: »Ich bringe ans Licht. Z. B., dass einer schwer krank ist oder sein Tod nahe bevorsteht ... Wer der erkannten Wirklichkeit zustimmt, der ist groß« (zit. in: ebd., 223).

Das Niveau seiner ethischen Ansprüche an therapeutische Arbeit ist erschreckend. Sie sind mit Arroganz und Verantwortungslosigkeit wohl am besten zu kennzeichnen. Genauso erschreckend ist allerdings der große Zulauf, den er besonders von Therapeutinnen und Therapeuten erhält. Unsere Gesellschaft ist offensichtlich noch weitaus mehr für autoritäre Strukturen und patriarchales Führertum empfänglich, als es auf den ersten Blick erscheint.

Laut Hellinger seien die Männer »im Rückzug« begriffen, da sie von den Frauen immer mehr verachtet würden. Erkennbar sei dies mithin daran, dass Alkoholismus und Drogenabhängigkeit zunähmen. So absurd diese Äußerungen auch sind, so kommt er damit doch zur Sache: Er kann sich offensichtlich nicht damit abfinden, dass Frauen zunehmend Besitz von einer Welt ergreifen, die bislang ausschließlich den Männern vorbehalten war; dass Letztere damit zwangsläufig Privilegien aufgeben müssen und dass sich das Verhältnis von Frau und Mann dadurch grundlegend ändert. Hellinger will, was alle Konservativen wollen: Es soll (für die Männer) alles so bleiben, wie es war.

Wann immer Frauen sich aus Abhängigkeit und Unterdrückung zu befreien suchten, gab es heftige Gegenreaktionen. Als die ersten Frauen sich den Zugang zu Universitäten erstritten, dauerte es nicht lange, bis der Neurologe Paul Möbius im Jahre 1900 die in hoher Auflage erschienene Schrift *Über den physiologischen Schwachsinn des Weibes* veröffentlichte. Heute ist es Hellinger, der mit den Mitteln des psychologischen *Backlash* (Gegenschlag) diese Tradition fortsetzt. Auch das Ende dieses »Schwachsinns« ist indes nur eine Frage der Zeit.

Die Sozialisation von Frauen ist immer noch ausgerichtet auf männliche Autorität. Sie werden ausgerichtet auf Gebrauchtwerden bis hin zum Missbrauchtwerden. Wenn die männlichen Normen nicht erfüllt werden – und sie können gar nicht erfüllt werden –, sind Minderwertigkeits- und Schuldgefühle die häufigsten Reaktionen von Frauen. Bei Hellinger finden sich Frauen genau in diesem altbekannten Muster wieder. Sie erfahren eine Behandlung, die sie in ihren erlernten sozialen Behinderungen bestärkt.

Der Welt zustimmen, wie sie ist, ist Hellingers Philsophie. Doch die Welt »ist« nicht, wie sie ist, und bleibt auch nicht, wie sie ist: Sie verändert sich, ob es Hellinger und den Seinen passt oder nicht.

Zur Attraktivität von Hellingers Familienaufstellungen

Kulturell bzw. gesellschaftlich Bekanntes und Vertrautes wird bei Hellinger wiederentdeckt. Oft sind es konservative Werte, die zwar in unserer Gesellschaft vorherrschen, von denen sich aber immer mehr Menschen – besonders Frauen – abwenden. Viele von ihnen sind in diesem Wertewandel noch unsicher, wegen internalisierter Gebote oder weil sie in ihrem sozialen Umfeld (noch) eine Minderheit sind.

Klientinnen

Hellinger gibt eine für manche (vermeintlich) wohl tuende Orientierung, eine Erlaubnis, zum Bekannten, Alten zurückzukehren, und die Verheißung, Leid, innere Unruhe und Zerrissenheit zu überwinden. Ein konservativer Weg der Entlastung von Schuldgefühlen wird beschritten. Der Preis ist hoch und wird oft nicht registriert: Geistige (Wieder-)Vereinnahmung in altväterlich-reaktionäre Werte.

Es wird denen, die Hellingers Lösungen akzeptieren, die Teilhabe an seinen (vorgeblich) blitzartigen Erkenntnissen verheißen. Mühsame Wachstumsprozesse scheinen nicht nötig. Einige Frauen fühlen sich von Ex-Priester Hellinger auch in einer »spirituellen Dimension« angesprochen. Meistens geht es dabei um ein Schwelgen in Gefühlen, bei dem keine Notwendigkeit gesehen wird, die Frage nach den jeweiligen geistig-ideologischen Inhalten zu stellen.[*]

Therapeutinnen

Für viele Therapeutinnen liegt die Attraktivität in der Einfachheit und Kürze der Arbeit Hellingers (20 Minuten pro Aufstellung und weniger sind die Regel). Welche Therapeutin träumt nicht davon, durch blitzartige Einsichten verblüffende und schnelle Fortschritte zu erzielen? Der therapeutische Narzissmus bekommt hier jedenfalls reichlich Nahrung. Gleichzeitig wird die zumindest latente Sorge, falsch oder ungenügend zu arbeiten, durch die Annahme einer unumstößlichen Ordnung beruhigt.

Ein weiterer Aspekt ist die finanzielle Attraktivität von »Familienaufstellungen nach Hellinger«. Seine Popularität sorgt für die Nachfrage. Vielleicht lässt sich daher die eine oder andere Therapeutin verleiten, nicht so genau nachzudenken, was bei Aufstellungen »nach Hellinger« alles inbegriffen ist. Allerdings ist es in der psychotherapeutischen Szene *insgesamt* noch wenig selbstverständlich, Methoden und Theorien auf ihre mittransportierten Werte und Inhalte zu untersuchen.

---

[*] Auch und gerade in rechtsextremen Kreisen gibt es zahllose »spirituelle Rituale«: Sonnwendfeiern, Jul-Feste, Ostara-Things etc.

Claudia Kierspe-Goldner

»Und bist du nicht willig …«

Wiederkehr der »Schwarzen Pädagogik«

Bezeichnend für Bert Hellingers Affinität zu autoritären Konzepten ist seine Begeisterung für die so genannte »Festhaltetherapie« Jirina Prekops, das mit Abstand brachialste und vergewaltigendste Pseudoheilverfahren, das die Psycho- und Alternativtherapeutenszene bereithält. Schon seit Anfang der 1990er führt Hellinger gemeinsame Veranstaltungen mit Prekop durch.

Festhaltetherapie, so Prekop (*1929), eine aus dem heutigen Tschechien stammende Psychologin, sei die schlichtweg ideale Methode, widerspenstige Kinder, die der Liebe ihrer Eltern mit Aufmüpfigkeit oder Trotz begegneten oder diese gar rund um die Uhr durch ständiges Herumtoben tyrannisierten, ordentlich auf Vordermann zu bringen. Das »psychisch gestörte« Kind müsse einfach so lange in engster Umarmung festgehalten werden, auch und gerade gegen erbittertsten Widerstand, bis es diesen aufgebe und sich nicht mehr zur Wehr setze. Falls die Kräfte des Erwachsenen oder Therapeuten nicht ausreichten, könne ein eigener Festhaltegurt – eine Art Zwangsjacke für zwei – verwendet werden. »Wie heißt sich Handschuh auf Deitsch, wo nicht hat fünf Finger, sondern nur ein Finger? – Richtig, Fäustling!«, mit diesem Standardsatz, der bei praktisch jedem ihrer zahllosen Vorträge vorkommt, suggeriert Prekop die Natürlichkeit der Zwangsjacke (vgl. Herbst, 1993). Das Festhalten – laut Prekop eine »sehr dichte Umarmung, in der das Kind weder über seine Körperlage noch über seine Bewegungen entscheiden darf« – müsse möglichst oft, mindestens aber einmal täglich durchgeführt werden, die Dauer der Prozedur liege bei jeweils etwa zwei bis vier Stunden; im Einzelfalle sei allerdings auch längeres Halten, sechs Stunden und darüber, erforderlich, allemal so lange, bis das Kind all »seine Wut ausgeschrien und seinen Kummer ausgeweint« habe (1999, 114 f.). Und, sehr wichtig: »Das Kind liegt dabei grundsätzlich auf dem Rücken bzw. auf dem Schoß und nimmt die untere Position ein, die Mutter (der Vater) umarmt das Kind von oben. Dies entspricht der systemischen Ordnung ›die Eltern sind groß, die Kinder sind klein‹« (Prekop, 1998, 2). Höre im Übrigen das Schreien urplötzlich auf, dürfe man keineswegs sofort loslassen: »Es kann sein, dass das Kind einen Fluchtweg in Form von Selbststimulation gefunden hat, zum Beispiel (...) beobachtet es hinter dem Rücken der Mutter seine Finger. Hier sollte der Fluchtweg versperrt werden: Das Kind wird in einer anderen Lage gehalten, das Licht wird gelöscht, es wird mit Küssen auf den Mund an seiner oralen Stimulation gehindert. Der erneute Schreiausbruch ist die richtige Interpretation der Beruhigung« (Prekop, 1999, 122). Äußere das Kind den Wunsch, auf die Toilette zu gehen, dürfe dem keinsfalls entsprochen werden: Es könnte sich um einen »Fluchtversuch« handeln. Prekop: »Das Kind darf, wenn es will, ohne weiteres einnässen. Es darf in dieser ›Nestsituation‹ nach Herzenslust regredieren. Es wird trotz der nassen Hose weiter liebevoll gehalten, als wäre nichts geschehen« (ebd., 111). Losgelassen wird erst, »wenn das Kind ohne weitere Aufforderung bereit ist sich innig anzuschmiegen« (ebd., 129).

Prekop beschreibt ihr Verfahren als Allheilmittel gegen jedwede psychische Störung, höchst erfolgreich auch einzusetzen in der Behandlung von geistig Behinderten und Autisten. An theoretischer Begründung hat sie, außer ständigem Verweis auf den Instinktivisten und Konrad-Lorenz-Intimus Nikolaas Tinbergen, nicht viel zu bieten: Das verhaltensauffällige (= psychisch gestörte) Kind, so ihre Behauptung, befinde sich in einem Motivkonflikt zwischen der Angst vor und dem Wunsch nach Kontakt. Durch das Festhalten löse sich dieser Widerspruch auf und das Kind entwickle sich offen für soziale Beziehungen. Keineswegs sei das Festhalten die brutale Vergewaltigung, als die sie vielleicht erscheine (und als die böswillige Kritiker sie hinstellten), vielmehr vermittle sie dem Kind ein Gefühl von Orientierung und absoluter Sicherheit. Wie Prekop selbst ganz unumwunden zugibt, spielen sich in den »Therapie«-Sitzungen fürchterliche Szenen ab. Eine Mutter in einem »Fallbeispiel«, angeführt in einem Prekop-Lehrbuch: »Am Anfang tobte und schrie meine Tochter, sobald ich sie in den Arm nahm. Sie erbrach sich und würgte dabei (...), sie kratzte und biss mich und versuchte verzweifelt, meinen Umarmungen zu entkommen. Dann schrie, weinte und schluchzte sie nur noch völlig verzweifelt« (zit. in: Prekop, 1999, 148). Aber: Nur von außen besehen setze sich das Kind zur Wehr, in Wahrheit, wie sich letztlich in seiner »Entspannung« zeige, wolle und brauche es genau diese Form von Geborgenheit. O-Ton Prekop (1999, 198): »Trotz der scheinbaren Unterdrückung sind die Kinder nicht bedrückt und gehemmt, sondern *fröhlich* – es sei denn, man hat es zu früh losgelassen, als es sich noch wehrte, noch nicht erlöst war.« [sic!] Diese »Erlösung«, so Prekop an anderer Stelle (1999, 137), komme »auf Grund der aufgezwungenen Anpassung an die intensiven Anregungen der körperlich und seelisch verbundenen Mutter« zustande, durch die sich eine »Umordnung der biochemischen Prozesse« innerhalb des kindlichen Organismus bewirke. Im Übrigen eigne sich das Festhalten ganz vorzüglich auch als »Therapie« unbotmäßiger Ehefrauen, wobei bewährtermaßen und »aus Gründen der Beziehungdynamik [...] der Mann oben und die Frau unten liegt« (Prekop, 1998, 2).

Als Vorläuferverfahren der Festhaltetherapie gilt die so genannte Z-Prozess-Beziehungstherapie, auch bekannt als Rage-Reduction-Therapy (= Wutablasstherapie), die, entwickelt in den frühen 1960er-Jahren von dem US-Psychologen Robert Zaslow, vor allem an der Westküste der USA weite Verbreitung fand. Zum (angeblichen) Abbau von Widerstand gegen den therapeutischen Fortschritt wird der Klient von Helfern bewegungslos am Boden festgehalten und zugleich zu Blickkontakt mit dem Therapeuten gezwungen: Die hierdurch erzeugte »totale Wut« des Klienten führe zu einer Klimax, nach deren Überschreitung dieser sich offen für die therapeutische Beziehung zeige. Zaslow, der in seinen theoretischen Auslassungen ausdrücklich auf mittelalterliche Teufelsaustreibungen abstellte, setzte sein Verfahren auch bei »behandlungsrenitenten« Kindern ein (beispielsweise zur Sauberkeitserziehung), sein Schüler Donald Saposnek ab Anfang der 1970er auch bei Autisten (vgl. Zaslow, 1987). Im deutschsprachigen Raum spielte der Z-Prozess zu keinem Zeitpunkt eine nennenswerte Rolle, in den USA gilt das Verfahren mittlerweile als ausgestorben.

Auch die Festhaltetherapie selbst wurde ursprünglich in den USA erprobt – Hauptvertreterin war die New Yorker Psychologin Martha Welch –, konnte sich aber weder dort noch sonst irgendwo richtig durchsetzen (auch nicht in Italien, wo Anfang der 1980er-Jahre ein gewisser Michele Zappella damit Furore machte). Nur im deutschsprachigen Raum fand das Verfahren, Kinder so lange in unnachgiebigem Klammergriff festzuhalten, bis sie in Lethargie verfallen, weite Verbreitung. Wenngleich das »erzwungene Halten« (forced holding) auch unter hiesigen Erziehungswissenschaftlern und Psychotherapeuten als »Wiederkehr der schwarzen Pädagogik« auf teils heftigste Kritik stieß (z. B. Biermann, 1985; Dalferth, 1988; Feuser, 1988;

Störmer, 1989), avancierte Prekops Buch *Der kleine Tyrann* (1988) zum unangefochtenen Familien-Bestseller. Wie viel da seither in Wohnstuben und Kinderzimmern herumexperimentiert und an kaum wieder gutzumachendem Schaden angerichtet wurde – das Buch wurde bis heute mehr als 20 Mal neu aufgelegt! –, lässt sich nicht einmal erahnen. Untersuchungen hierzu gibt es keine.

Am Stuttgarter *Institut für Kindertherapie und Familienberatung* werden eigene »Workshops« für Eltern, Erzieher und Lehrer in »Festhalten« veranstaltet, garniert gelegentlich mit esoterischem Unfug wie »Edu-Kinestetik« und dergleichen mehr (vgl. Walbiner, 1997). Selbst in öffentlichen Gesundheitszentren, wie etwa der *Vestischen Kinderklinik* in Datteln, werden Festhalte-Kurse durchgeführt, auch an der *Deutschen Akademie für Entwicklungs-Rehabilitation* (Theodor Hellbrügge) in München, am *Casriel-Institut* in Hadamar – die »Schreitherapie« nach Dan Casriel bzw. Walther Lechler, auch Bonding genannt, weist große Parallelen zu Prekops Ansatz auf – sowie an verschiedenen Volkshochschulen. Seit geraumer Zeit finden Kurse in therapeutischem Festhalten – nur für Erwachsene freilich – auch am Münchener *SyST-Institut* des Familienaufstellers Mathias Varga von Kibéd statt. Über eine (steuerbegünstigte) *Gesellschaft zur Förderung des Festhaltens als Lebensform und Therapie e.V.* sowie eine eigene Zeitschrift *Holding Times* werden Prekops Ideen weiter verbreitet.

Diese selbst bereist seit Ende der 1980er-Jahre die Lande, um in unzähligen Vorträgen und Seminaren ihre Erkenntnisse zu propagieren. Gänzlich unbeeindruckt von aller Kritik erzählt sie Abend für Abend das Gleiche – pro Jahr absolviert sie bis zu 100 öffentliche Auftritte –, eine »wirre vulgärpsychologische Suada« (Gampert, 1994), die sich über das jeweilige Publikum ergießt: Durch ungehaltene, haltlose Kinder werde die schöpferische Ordnung durcheinander gebracht. Nötig sei daher, dass sie lernten, diese Ordnung zu achten, sprich: ihre Eltern zu ehren und ihnen zu gehorchen, wie es schon das vierte Gebot fordere. Deshalb: Kein Wischiwaschi der Erziehungsberechtigten, eindeutige Vorgaben, Gebote, Verbote: Kinder müssten ans »G'schirrle« (ebd.). Wortreich und unter stetem Rekurs auf vorgeblich christliche Werte – vor allem auf Liebe, Liebe und nochmals Liebe – lässt sie sich über die Notwendigkeit totaler Repression der kindlichen Selbstfreisetzung aus: Das gnadenlose Festhalten nennt sie einen »Schutzmantel der Liebe«, unter dem das Kind »offen seine Angst und seinen Hass ausschreien, seine ›giftige Galle‹ loswerden und seine Trauer ausweinen«

könne, was ein »Zapfen an der Quelle des Urvertrauens, eine Erfahrung der bedingungslosen Liebe« bedeute (1989, 60). Denn: »Im Ausleben der unermesslichen Gefühle, die durch den Widerstand aktualisiert werden, erfährt der Festgehaltene die Unendlichkeit der Liebe des Menschen, der ihn und zu ihm hält. Indem es Widerstand leistet, dehnt das Kind die *Vorbehaltlosigkeit der mütterlichen Liebe* aus. Daran, wie die Mutter seine Boshaftigkeit und seine Trauer erträgt, erkennt das Kind das unfassbar große Ausmaß ihrer Liebe« (1999, 143).

Passenderweise geht eine gewisse Sr. Miriam Brüggemann, katholische Nonne und Prekop-Verehrerin, mit einem Vortrag hausieren, der den Titel trägt: »Das Festhalten als Grundlage: Konkretisierung und Umsetzung christlichen Glaubens in der zwischenmenschlichen Beziehung« (1997). Eine andere Prekop-Verehrerin, Johanna Arlt, lässt sich, bezugnehmend auf die Bibel (»Wer aber von dem Wasser trinken wird, das ich ihm gebe, den wird ewiglich nicht dürsten ...« [Johannes, 4, 14]), über den evangelikalen »Ursinn« des Festhaltens aus (1998, 6 f.): »Der Haltende muss selbst durchlässig sein und Empfänger der göttlichen Quelle, damit das Kind durch ihn hindurch den wirklichen Halt spürt, die Quelle, das wahre Glück. Deswegen lehnen Menschen, die nur im Materiellen, im konventionellen wissenschaftlichen, kausalen Denken zu Hause sind, aus gutem Instinkt das Festhalten ab; es ist für sie und in ihrem Verständnis nur anmaßende therapeutische Technik, Kinder in den Griff zu bekommen. Nur wenn ich davon ausgehe, dass der Mensch mehr ist als ein naturwissenschaftlich erfassbarer Mechanismus, der aus der göttlichen Quelle hervorgekommen ist, und sich daher im tiefsten Innern nach der Verbindung zu dieser Quelle sehnt, erwächst dem Erwachsenen eine neue Aufgabe gegenüber dem Heranwachsenden: Das Kind heranzuführen an diese Quelle, aus der allein die Harmonie und das Gleichgewicht des Lebens kommt. So gesehen ist das Festhalten eine Erfahrung des aus der Quelle-Gespeistseins, was heutige Kinder in der Vielfalt ihrer äußeren Lebenswelt kaum mehr erleben können. Ihre Aggressivität ist der Aufschrei ihres ungenährten inneren Seelenfunkens, der sich nach der Verbindung mit der Quelle sehnt, der eigentlichen Geborgenheit.«

Nahtlos fügt sich ins Bild, dass Prekops Bestseller *Der kleine Tyrann* von Vertretern der katholischen Kirche ausdrücklich als Lektüre für Kindergärtnerinnen empfohlen wurde (und wird). Vertreter der evangelischen Kirche verhielten sich eher ambivalent: Man erlaube sich, so war Anfang 1989 zu hören, als das Buch eben erschienen war, das »Urteil über die Festhaltetherapie in der Schwebe zu lassen« (Hemminger, 1989); zu einer entschiedenen Position fand man sich allerdings auch später nicht herbei.

Gerne werden in den Prekop-Veranstaltungen Gebete oder selbst komponierte Lieder intoniert (besonders gern solche, die Anhänger Prekops als Ehrerbietung an diese geschrieben haben):

Du bist der Weg

Kinder fragen nach dem Weg,
Weg in das Leben,
Augen werden hell und groß,
bitten um Segen.
Jesu Geist, komm in unsere Mitte,
sei mit uns in dieser Zeit:
Du bist der Weg, die Wahrheit und das Leben,
du bist der Weg, die Wahrheit und das Leben.

Text und Musik: Gerhard Blessing (1998)

Auffällig an Prekops Vorträgen ist zudem die bodenlose Geschwätzigkeit, in der sie sich über intimste Details ihrer Klienten – egal ob Kinder oder Erwachsene – auslässt und diese so der Lächerlichkeit preisgibt. Persönlichkeits- oder Datenschutz scheinen Fremdworte für sie. Die *Süddeutsche Zeitung* schrieb über eines ihrer Seminare: »Anstatt strukturiert und mit einem Minimum an Wissenschaftlichkeit zu referieren, äffte Prekop Klienten auf mitunter entwürdigende Weise nach. (...) Sie holte einige Zuhörer auf das Podium, um einen Fall aus ihrer Praxis nachzustellen, dabei titulierte sie die Vaterfigur erst als ›grausamen und cholerischen Sepp‹, dann als ›blöden Sepp‹« (Bierl, 1998). Es ist insofern kaum zu glauben, dass Prekop promovierte Psychologin sein soll (mancherorts firmiert sie auch als »Dr. med. und Dipl. Psych.«): Wo sie studiert und promoviert haben will, teilt sie jedenfalls nicht mit.

Auch auf der »Internationalen Fachkonferenz für Humanistische Medizin«, die, veranstaltet vom oberbayerischen Esoterik-Zentrum *ZIST*, seit Anfang der 1990er alljährlich in Garmisch-Partenkirchen stattfindet, durfte Prekop wiederholt für ihre Festhaltetherapie werben. Wortreich stellte sie jeweils ihr Vorgehen als »zutiefst christlich-ganzheitlich« vor, als »Urform der Nächstenliebe«. Auf den Garmischer *ZIST*-Konferenzen werden unter der Leitung des Alternativonkologen Wolf Büntig seit je völlig beliebige Sammelsurien halb- und parawissenschaftlicher Verfahren präsentiert, unter den Referenten fand und findet sich alles, was Rang und Namen hat in der Szene: von Thorwald Dethlefsen, Stanislav Grof, Rüdiger Dahlke und John Pierrakos hin zu Bachblütenveteranin Mechthild Scheffer, Geistheiler Tom Johanson oder Familienaufsteller Bert Hellinger. Ab Sommer 1993 veranstaltete Jirina Prekop über *ZIST* auch eigene Weiterbildungsprogramme: »Festhalten als Lebensform und Therapie«. Kosten eines dreitägigen Seminars: knapp 300 €. Heute bietet sie ihre Weiterbildungen − Nettokosten: rund 2.300 € pro Teilnehmer − über ein eigens gegründetes »Lehrinstitut« am Bodensee an.

Wie der *Deutsche Kinderschutzbund* feststellte, biete die »Festhaltetherapie« die perfekte Maskerade und Rechtfertigung für Gewalt: Unerträgliche Machtanmaßung, kaschiert als therapeutisch notwendige Maßnahme (vgl. Kischkel/Störmer, 1989, 49). Dies gilt gleichermaßen für das »Festhalten« von Kindern wie für das »Festhalten« erwachsener Teilnehmer in Therapiegruppen (auch wenn diese ihre »Einwilligung« dazu erteilt und extra dafür bezahlt haben). Namhafte Persönlichkeiten wandten sich mit Vehemenz gegen Prekop und ihr Verfahren. Während der Antipädagoge Ekkehard von Braunmühl (1989) noch etwas süffisant schrieb: »Wer eine gewaltsame ›Erneuerung‹ unserer ›Lebensform‹ in Richtung Algolagnie (Sadismus/Masochismus, C. K.) für wünschenswert hält, für den ist das Festhalten nach Prekop das fraglos optimale Patentrezept«, mahnte der Psychologe Heiko Ernst (1989), es werde in der Festhaltetherapie »aus der Geste der Liebe, der Umarmung, Gewalt gegen das ›schwierige‹ Kind. Während dem Kind in dieser Umklammerung Liebe beteuert wird, soll sein Widerstand gebrochen werden.« Der Soziologe Wolfgang Hinte (1989) sprach insofern von einer »eindeutig kriminellen Erziehungsmethode«, gar von »sadistischem Wahnsinn«: Das Festhalten sei »kein Thema für die Wissenschaft sondern ein Fall für die Staatsanwaltschaft«. Der Bremer Erziehungswissenschaftler Georg Feuser bezeichnete die Festhaltetherapie in einer umfänglichen Studie als Vergewaltigung und Folter (»... ich bin der Auffassung, dass das erzwungene Halten Folter ist und seine verhaltensverändernde Wirkung der Kombination psychischer Wirkmechanismen geschuldet ist, die sämtliche in der Folter-Psychologie und -Praxis wiederzufinden sind« [1992, 735]).

Trotz dieser Kritik, die auf Straftatbestände mit dem Charakter von Offizialdelikten hinwies, sah sich bislang keine Staatsanwaltschaft aufgefordert, Prekops Veranstaltungen unter die Lupe zu nehmen. Auch eine vor einigen Jahren erstattete Strafanzeige des Marburger Psychologen Daniel Soll gegen Prekop wegen des Verdachts des »öffentlichen Aufforderns zur Misshandlung von Schutzbefohlenen« verlief im Sande: Da nur direkt Geschädigten ein Klagerecht zusteht, wurde das Verfahren eingestellt (LG Stuttgart Az.: 20 Js 1177/96).

Prekop und Hellinger

Das eigentlich zur »Behandlung schwieriger Kinder« gedachte Verfahren des Festhaltens wurde und wird vielfach auch in der (primär-)therapeutischen Arbeit mit Erwachsenen eingesetzt und dort, sehr passend, mit der Familienaufstellung nach Hellinger verknüpft. Bezeichnenderweise wurde solche Verknüpfung erstmalig innerhalb der Osho-Rajneesh-Szene vorgenommen, die seit je bevorzugt mit autoritären Gruppenverfahren experimentiert. Im Programm beispielsweise des *Padma Wachstums- und Therapiezentrums* in Stuttgart fand sich schon Anfang der 1990er ein Workshop »Entzweiung und Versöhnung in der Familie« [sic!], in dem Festhaltetherapie und Familienstellen nach Hellinger zusammengeführt wurden, ergänzt durch das nicht minder autoritäre Rebirthing. Der Workshop wurde geleitet von Jirina Prekop höchstpersönlich (zusammen mit einem Swami Henner Ritter).

Zu erwähnen sind an dieser Stelle Festhalte-/Primärbehandlungen mit fatalem Ausgang. Prekop (1999, 141) selbst weist auf die »besondere Verwandtschaft« hin, die ihr Ansatz mit der Primärtherapie Arthur Janovs habe (der, ebenso wie diesem, bislang jede stichhaltige Wirksamkeitsuntersuchung und damit das Minimalkriterium fehlt dafür, dass man von einem ernst zu nehmenden Therapieverfahren sprechen kann [vgl. Grawe et al., 1994, 735]).

Im Frühjahr 1993 verstarb ein 31-jähriger Schweizer während einer Primärtherapie an Herzversagen. Er war im Rahmen der Behandlung über längere Zeit mit dem Gesicht nach unten gegen eine Matratze gedrückt worden und hatte einen akuten Sauerstoffmangel mit anschließendem Herzinfarkt erlitten. Die angewandte Primärtherapie wurde von den zuständigen Behörden bis auf weiteres verboten. In Berlin hatte es kurz zuvor einen ähnlich gelagerten Fall gegeben: Im Zuge einer Primärbehandlung war ein Mann in einen Teppich eingerollt worden – eine (ehedem?) recht gebräuchliche Methode, ein »primäres« Gefühl »intrauterinen Eingeengtseins« zu vermitteln. Der Patient erstickte (vgl. Goldner, 1993). Die Szene scheint aus solchen Vorfällen nichts zu lernen: Erst im Mai 2000 starb ein 10-jähriges amerikanisches Mädchen, das der »Therapeut« zur Behebung irgendwelcher »Verhaltensstörungen« den Adoptiveltern gegenüber in dunkle Laken eingewickelt und auf einer Matratze festgehalten hatte; es sollte dies den beengenden Uterus der leiblichen Mutter symbolisieren, aus dem die kleine Patientin sich »herauskämpfen« sollte. Zur Verschärfung des »Primärgefühls« war ihr ein Kissen aufs Gesicht gedrückt worden. Das Mädchen fiel in ein Koma, aus dem es nicht mehr erwachte (vgl. Goldner, 2000, 383).

Ungerührt gibt Prekop (2001, 21) im Hellinger-Magazin *Praxis der Systemaufstellung* die festhaltetherapeutische Anweisung, es solle, falls das Gewicht der auf dem Kind liegenden Mutter oder Therapeutin nicht ausreiche, das festgehaltene Kind samt festhaltender Person »mit dem Gewicht eines Helfers beschwert werden, damit die Wahrnehmung der Enge, des Drucks und der Atemnot dem Geburtsweg ähnlich wird. (...) Es gibt Fälle, zu denen vor allem Frühgeborene und Kaiserschnitt-Kinder zählen, die einen massiven Drang verspüren, endlich einmal den mühseligen Weg durch den Geburtskanal durchzustehen.« Bei erwachsenen Klienten wird analog verfahren. Kritik aus der Hellinger-Szene an derlei kriminellem Irrwitz: Fehlanzeige.

Interessanterweise gibt auch Bert Hellinger an, eine primärtherapeutische »Ausbildung« bei Arthur Janov absolviert zu haben [siehe auch: *»Das geht Sie gar nichts an«*]. Seine diesbezüglichen Kenntnisse schlagen sich nieder in Maßgaben wie: »Wenn es um Traumata geht oder um die Folgen einer frühen unterbrochenen Hinbewegung (zur Mutter, C. K.), sind oft andere Methoden angezeigt als das Familien-Stellen.« Gemeint ist Festhalten: »Wenn ich ihn (= den Klienten, C. K.) festhalte, dann ist es für ihn noch einmal so, als ob er im Mutterschoß ist. (...) Die ursprüngliche Hinbewegung zur Mutter geschieht ja in der Regel nach der Geburt, wenn das Kind an die Brust genommen wird. Durch die Wiederbelebung der Geburt (auf dem Wege des Festhaltens, C. K.) kommt man an diese ursprüngliche Hinbewegung.

(...) Auf diese Weise kann man viele traumatische Kindheitserlebnisse ganz schnell eines nach dem anderen auflösen« (2001d, 102 f.).

Die Festhaltetherapie Prekops wird, trotz der vernichtenden Kritik, die sie in Fachkreisen erfahren hat, bis heute flächendeckend praktiziert, was sich aus den nach wie vor enormen Verkaufszahlen der Prekop-Bücher – weit über 400.000 verkaufte Exemplare – und der ungebrochenen Nachfrage, die nach ihren Seminaren und Vorträgen besteht, zwanglos schließen lässt: Hunderttausende Eltern machen sich, unterstützt durch »professionelle« KinderpflegerInnen, ErzieherInnen, SozialpädagogInnen etc., die sich therapeutische Befähigung und Befugnis anmaßen, nach Prekop-Vorgabe über ihre Kinder her; ganz zu schweigen von den sozial- und heilpädagogischen Einrichtungen selbst, in denen, außerhalb jeder öffentlichen Kontrolle, nach Prekop »therapiert« wird (selbst in der logopädischen Praxis wird Festhalten nach Prekop eingesetzt: zur »Sprachanbahnung und Sprachförderung«). Es gibt mittlerweile eigene Symposien und Kongresse zur Festhaltetherapie, auf denen – vielbeklatscht – auch die Festhaltepioniere Martha Welch und Michele Zappella auftreten dürfen; selbst die längst in der Versenkung verschwunden geglaubte Z-Prozess-Beziehungstherapie wird hier wieder ausgegraben. Und selbstredend wird Festhaltetherapie inzwischen auch verknüpft mit anderen Szeneverfahren angeboten, beispielsweise mit der wissenschaftlich durch nichts fundierten Transaktionsanalyse nach Eric Berne (vgl. Grawe et al., 1994, 735) oder der esoterischen (Pseudo-)Diagnostikmethode des Enneagramms (vgl. Goldner, 2000, 251). Seit geraumer Zeit gibt es auch so genannte »Aussöhnungstherapie nach Prekop«: Mit Hilfe hypnotherapeutischer (und atemmanipulierender) Tranceinduktion werden erwachsene Klienten in ihre frühe Kindheit geführt und dort »als Kind« von einer stellvertretenden »Mutter« festgehalten (vgl. Dammers, 2001).

Besonders durch die Verknüpfung mit dem Familienstellen nach Hellinger hat die Festhaltetherapie einen enormen weiteren Schub erfahren. Auf Hellinger war Prekop durch diesen selbst aufmerksam geworden: Im Gefolge einer scharfen Kritik an der Festhaltetherapie im Fachmagazin *Psychologie Heute* (Kischkel/Störmer, 1989) hatte Hellinger (1989) sich bemüßigt gesehen, einen Leserbrief zu Prekops Verteidigung zu verfassen: »In einem Hotel in Südafrika, nur für Weiße, aber mit schwarzem Personal, meistens Xhosafrauen, kam ein weißes Ehepaar mit einem drei- bis vierjährigen Jungen zum Frühstück. Das Kind schrie aus Leibeskräften, die Eltern schauten verbissen vor sich hin, liefen rot an und wussten sich nicht zu helfen. Als das Spektakel seinen Höhepunkt erreichte, ging eine von den Xhosafrauen zu dem Kind, hob es hoch, drückte es an sich, schüttelte und wiegte es. Das Kind war sofort still, und nach ein bis zwei Minuten gab die schwarze Frau das Kind an seine Mutter zurück. Danach aß es zufrieden sein Frühstück.«

Auch wenn diese Anekdote auf den ersten Blick nicht das Geringste mit der gegen Prekop erhobenen Kritik zu tun hatte, suggerierte Hellinger doch geschickt eine Art »Ursprünglichkeit« oder »Natürlichkeit« des Festhaltens, wie es von »den Schwarzen« offenbar mit Erfolg eingesetzt werde. Jedenfalls passte seine Geschichte gut zu der ständig wiederholten These Prekops, dass »Kinder in primitiven Kulturkreisen« durch engen körperlichen Kontakt zu ihren Müttern vertrauensbildende »Grunderfahrungen« machten, denen »wir uns in der technokratischen Gesellschaft entfremdet haben« (1989, 60 f.); und die insofern über therapeutisches Festhalten nachgeholt werden müssten.

Kurze Zeit darauf fand eine erste persönliche Begegnung Prekops mit Hellinger statt, in der man große Gemeinsamkeiten entdeckte. Prekop: »Dass die beiden Therapien so nah verwandt sind, registrierte ich mit glücklichem Staunen und freue mich über unsere Verbundenheit und unser Eingebundensein in das gleiche schöpferische Kraftfeld (...). Ich glaube, dass dieses höhere Kraftfeld oder die Große Seele, wie Bert Hellinger sagt – ich selbst spreche von Gotteskraft –, in unserer Zeit, die voller Irritationen ist, eine schnelle und wirksame Hilfe zur Stärkung der Liebe ist« (Prekop/Hellinger, 2002, 21 f.). Anfang der 1990er wurde ein erster gemeinsamer Workshop veranstaltet, der für Prekop, wie sie schreibt, »wie eine Offenbarung« gewesen sei (2000, 258): »Die Sichtweise bezüglich der Bedingungen von Bindungsstörungen hat sich verfeinert, das Verständnis für das Verlangen jedes einzelnen Familienmitglieds nach einer ihm gehörenden Stelle, an der es sich selbst, wie auch die anderen, achten kann, an der es auch geachtet wird und, nur durch diese Ordnung bedingt, sich selbst und die anderen lieben und sich frei fühlen kann, aber auch das Verständnis für morphogenetische Ordnungen, eröffnete neue Dimensionen für die ganzheitliche Erfassung des Problems, für die therapeutischen Ziele und für das Setting« (ebd., 259 f.)

In der festhaltetherapeutischen Praxis hat sich, trotz allen Gefaseles von »Offenbarung« und »Quantensprung«, überhaupt nichts geändert. Nach wie vor werden Kinder (bzw. Ehefrauen) in engstem Klammergriff festgehalten, bis sie in Lethargie verfallen. Der einzige Unterschied besteht darin, dass heute vorab eine Aufstellung nach Hellinger inszeniert wird, aus der sich die »Notwendigkeit« des anschließenden Festhaltens herleitet. Prekop: »Dieser emotionale Nachvollzug ergänzt die systemische Therapie etwa so wie eine Frau den Mann ergänzt. Das Systemische ist eher ein patriarchalisches Prinzip, Kopf und Herz. Die Festhaltetherapie ist eher matriarchalisch, Bauch und Herz. Da sie sich im Herzen treffen, runden sie sich zum Ganzen ab« (Prekop/Hellinger, 2002, 22). Heute gebe es kein therapeutisches Festhalten mehr ohne vorherige Aufstellung: »Das Familienstellen gilt als Voraussetzung für die Festhaltetherapie« (Prekop, 2000, 261). In schwülstig-pathetischer Wortwahl spricht Prekop gar von einer »Vermählung« der beiden Ansätze, bei der die Festhaltetherapie die Braut und das Familienstellen der Bräutigam sei: »Kein anderes Wort drückt die außerordentlich nahe Verbindung zwischen den beiden therapeutischen Methoden so treffend aus als eben die Vermählung. Wie Mann und Frau neigen sie zueinander, ehren sich und ergänzen sich gegenseitig, manchmal bis zur Einswerdung« (1998, 1).

Jirina Prekop gilt als eine der profiliertesten Figuren der Hellinger-Szene: Gemeinsam mit Hellinger tritt sie in Workshops auf, publiziert als Mitautorin in Hellinger-Büchern, hat gar ein eigenes Buch zusammen mit Hellinger herausgebracht; sie steht auf der »offiziellen« Aufstellerliste der *Arbeitsgemeinschaft Systemische Lösungen nach Bert Hellinger*, schreibt für das *IAG*-Verlautbarungsorgan *Praxis der Systemaufstellung* und ist auf jedem Hellinger-Groß-Kongress als Referentin vertreten. Distanznahme seitens anderer Hellingerianer gibt es nicht.

Nochmals O-Ton Prekop: »Der eigentliche Sinn der Festhaltetherapie, so wie sie sich Hand in Hand mit dem systemischen Ansatz Hellingers entfaltet, ist das *Einbinden* (›religio‹) des Menschen auf die ihm zugehörende Stelle im Leben, damit er sich selbst und die anderen achten und lieben kann. Es geht also um die ganzheitliche, leib-seelische Menschenwerdung im Bindungsgefüge der jetzigen Familie, auch in den Vernetzungen quer durch die Generationen von gestern und morgen, sowie um die Einbindung in höhere Schöpfungskräfte, von denen die Menschen die Liebe als oberstes Gesetz bekommen haben« (2000, 265). Und dazu müsse man eben festgehalten werden, bis man entweder erstickt oder gedemütigt aufgibt.

Petrus van der Let

Mitschuld am Missbrauch?

Hellingers Umgang mit Inzest

Die Schriftstellerin und Malerin Elisabeth Reuter wurde jahrelang von ihrem Vater, einem Oberstudienrat, missbraucht. In ihren Bildern und Büchern stellt sie eindrucksvoll die Gefühlswelt des missbrauchten Kindes dar. In ihrem (autobiografischen) Roman *Merle ohne Mund* (1996) beschreibt sie als besondere Traumatisierung die väterliche Verletzung des Vertrauensverhältnisses: »Die kleine Merle hat ihren Vater lieb, doch das heißt auch große Schmerzen haben und nicht ›Nein‹ sagen dürfen: ›Du kannst auch bei mir malen‹, sagte der Vater. Schnell sah sie in sein Gesicht. Er stand auf. Nahm sie mit in sein Arbeitszimmer. Sie wäre am liebsten fortgelaufen und gleichzeitig war sie wie gelähmt. Doch Fortlaufen war nicht möglich. Die Hand des Vaters lag wie eine nicht sichtbare Klammer zugleich nachdrücklich und weich auf ihrer Schulter. Konnte sie heute tatsächlich malen? Oder würde nun wieder das passieren, was die Kehle wie mit einem Strick zuschnürte und sie selbst zersplittern ließ? Im Arbeitszimmer stand am Schreibtisch auch ein Stuhl für sie. Dort saß sie oft und zeichnete und malte, ohne dass etwas Unheimliches geschah. Im Arbeitszimmer war auch ein großes, weiches Sofa. Der Vater setzte sich auf das Sofa. ›Komm ein bisschen her zu mir, Merle‹, hörte sie die Stimme sagen. Wie eine aufgezogene Puppe ging sie zum Sofa hin. Und dann sah und fühlte und hörte sie nichts mehr« (ebd., 19 f.).

Als der Vater von Elisabeth Reuter stirbt, ist sie 13 Jahre alt: »Meine Mutter weinte ganz furchtbar am Morgen und sie sagte, ich sollte meinen Brüdern sagen, dass der Vater tot wäre. Und ich bin hingelaufen, hab die Tür aufgerissen und geschrien: ›Jungens aufstehen, Vater ist tot!‹ Das hab ich gemacht und ich hab mich gefreut. Und heute finde ich das ganz schrecklich – was ist das für ein Vater. Oder wenn ich mir vorstelle, mein Kind würde sich freuen, wenn ich tot bin, das wär schrecklich. Und ich hätte ihn gerne lieb gehabt meinen Vater, aber das war nicht möglich« (in: Van der Let, 2000). Nach dem Tod des Vaters beginnt Elisabeth Reuter wahnhaft seine »Stimme zu hören«. Sie gerät an einen Therapeuten aus der »Schule Hellinger«: »In meiner Therapie ist so ziemlich alles schief gegangen. Es war ein sehr schleichender Prozess, es war eine Gewalt, die dadurch entstand, dass der Therapeut mir ganz heftig eine Mitschuld am Missbrauch gab, das heißt: ich war schuldig, nicht etwa der Täter – aber das Schlimmste war einfach, dass er mich gezwungen hat, mich zu bedanken für die Vergewaltigung , die ich durch meinen Vater erlitten hatte, und das hat mich fast bis an den Rand des völligen Zusammenbruchs gebracht« (in: ebd.).

Selbst der Psychoanalytiker Arno Gruen (der auf dem Umweg über Jirina Prekop [siehe auch: *Und bist du nicht willig* ...] dem Hellinger-Verfahren nicht abgeneigt ist) berichtet von Patientinnen, die durch eine derartige »Therapie« gleichsam ein zweites Mal missbraucht wurden: »Ich kenne viele Kollegen, die auf diese Art vorgehen, dass eine Familie unbedingt zusammenhalten muss. Es geht ja nicht darum, dass man Eltern hasst, aber bevor man verstehen kann, was in so einem Vater vor sich geht, da muss man sich zuerst die Destruktivität – man kann sagen: das Böse – bewusst machen, damit man zu seiner berechtigten Aggression findet, um diese dann für sich selbst in konstruktiver Weise für das eigene Leben zu verwenden« (in: ebd.).

Elisabeth Reuter (1999, 33) verurteilt die Hellinger-Methode, das Opfer zum Mit-Täter zu machen, mit Nachdruck. Vor allem in Zusammenhang mit Kindesmissbrauch: »Sexuelle Ausbeutung geschieht nach Hellinger *immer auch im tiefsten Einverständnis mit dem Kind.* Alles das seien nur vorgezogene Erfahrungen, zu denen das Kind stehen solle, es müsse auch die sexuellen Erfahrungen mit dem Vater würdigen, denn nur so sei das Kind später in der Lage, in einer befriedigenden Partnerbeziehung zu leben.« Insofern sei sexuelle Ausbeutung dem Kind keineswegs nur eine schädliche Erfahrung. Hellinger: »Wenn es so propagiert wird, nämlich, dass die Erfahrung nur schädlich ist und schlimme Folgen haben wird, ist es gegenläufig zur Lösung« (zit. in: Reuter, 1999, 34). Denn: »Wenn man, wie manche Therapeuten das tun, entrüstet gegen den Täter vorgehen will, wenn man ihn vor Gericht bringen will, bestraft sich das Kind. Diese Entrüstung ist ganz schlimm für das Kind« (Hellinger, 2002g, 173). Aus welcher Ecke solch sträfliche Propaganda kommt, die Lösungen verhindert und auch ansonsten nichts von Hellingers Methoden hält, ist klar: Hellinger-Aktivist Wilfried Nelles (1997) schreibt (bezeichnenderweise in *Esotera*): »Für Feministinnen ist sie (gemeint ist die Vorgehensweise Hellingers, P. v. d. L.) ein Gräuel, denn die Würdigung des Männlichen und des Mannes und die Bedeutung des Vaters für die Kinder erweisen sich als ganz zentrale Themen (…). Idealisten wie Moralisten aller Art werden mit der, wie es Hellinger spitzbübig [sic!] formuliert, ›Weisheit des Fleisches‹ schockiert.«

Für Hellinger ist konsequenterweise die Frau, sprich: die Mutter, schuld am sexuellen Missbrauch des Kindes. Meistens jedenfalls. Vielfach sei sie die »graue Eminenz des Inzests« (in: Krüll/Nuber, 1995, 23), die dem Vater die Tochter zuschiebe, um diesem selbst nicht gefügig sein zu müssen. Insofern seien die schändlichen Taten des Vaters allemal entschuldbar, denn, so Hellinger: »Die Tochter bietet sich an, oder die Frau überlässt dem Mann die Tochter oder bietet sie ihm an« (zit. in: Reuter, 1999, 33; vgl. Schäfer, 2000, 103 f.; Hellinger, 2002g, 188 f.).

Und von den Tätern weiß Hellinger: »Der Mann ist nur Blitzableiter, er ist in der Dynamik verstrickt, weil die alle gegen ihn zusammenwirken. Er ist sozusagen das arme Schwein … Der Mann muss sich das (Glück) außerhalb bitter erkaufen. Die armen Kerle werden dann Patriarchen genannt. Das tun sie, damit sie wenigstens etwas darstellen« (zit. in: Reuter, 1999, 33 f.). Und: »Den Tätern, seien es Vater, Großvater, Onkel oder Stiefvater, wurde etwas vorenthalten, oder etwas wird nicht gewürdigt und der Inzest ist dann der Versuch, dieses Gefälle auszugleichen« (zit. in: Vowinckel, 1999, 7). In anderen Worten: Es bleibt den Tätern gar nichts anderes übrig, sie *müssen* »das« tun.

Hellinger gibt der als Kind missbrauchten Klientin »Lösungssprüche« vor, über die sie die »Ordnung wiederherstellen« und sich dadurch dauerhaft von den Folgen sexueller Gewalt – sofern sie diese, in mangelndem Verständnis für den Täter, als solche erlebt hat – befreien könne: »Danke, lieber Papa, für die Mama tue ich es gerne.« Und: »Danke, liebe Mama, für dich tue ich es gerne« (vgl. Weber, 1995, 89 f.). Wenn indes die misshandelte Tochter nicht im Stande ist, sich für die Vergewaltigung bei ihren Eltern zu bedanken, auf dass »tief in der Seele etwas in Ordnung« komme, zitiert Hellinger gerne aus dem Goethe-Gedicht *Sah ein Knab ein Röslein stehn*, um seiner Klientin dann säuselnd »ein Geheimnis« zu verraten: »Das Röslein duftet noch« (in: Weber, 1995; zit. in: Reuter, 1999, 34).

Wirkt auch das nicht und widersetzt sich die Klientin den Anweisungen

Hellingers – Würdigung der Eltern, was immer diese getan haben –, wird sie so lange unter Druck gesetzt und vor der gesamten Gruppe gedemütigt, bis sie sich unterwirft – oder den Raum verlässt.

Die Aufstellung endet mit den Worten: »Bei all diesen Sachen nur kein Drama« (in: Weber, 1995; zit. in: Reuter, 1999, 34). Im Zuge einer erfolgreichen Aufstellungsarbeit, so Hellinger, gebe die Klientin »die Rivalität mit der Mutter auf, wer die bessere Frau für den Vater ist« (in: Weber, 1995, 93). Insofern könne sie auch ihren Ödipuskomplex überwinden – ein wegweisendes Stichwort des angeblich psychoanalytisch ausgebildeten Bert Hellinger:

Ödipuskomplex

Schon in der zweiten Hälfte des 19. Jahrhunderts hatte eine wissenschaftliche Auseinandersetzung mit dem Phänomen des Kindesmissbrauchs begonnen. 1886 veröffentlichte Paul Bernard in Paris sein umfangreiches Werk *Des Attentats à la pudeur sur les petites filles*. Tabellen im Anhang weisen für den Zeitraum von 1827 bis 1870 in Frankreich über 36.000 aktenkundig gewordene Fälle von Vergewaltigung und Sittlichkeitsvergehen an Kindern vom 4. bis zum 15. Lebensjahr aus. Dieses Buch befand sich neben zwei anderen wichtigen Veröffentlichungen zum Thema Kindesmissbrauch auch in der Privatbibliothek Sigmund Freuds (vgl. Masson, 1995, 82).

In seiner 1896 publizierten Arbeit *Zur Ätiologie der Hysterie* berichtet Freud, dass in allen von ihm behandelten Fällen hysterischer Erkrankungen während der analytischen Arbeit die Verdrängung eines sexuellen Missbrauchs durch männliche Erwachsene, die ihrerseits als Kinder von Erwachsenen missbraucht worden seien, vorgelegen habe (vgl. Miller, 1981, 138). Als er am 21. April 1896 vor dem *Verein für Psychiatrie und Neurologie* in Wien diese Beobachtung vorträgt – Hysterie, so führt er aus, weise allemal eine »paternelle Ätiologie« auf, sei also verursacht durch frühkindliche Erfahrungen inzestuöser Übergriffe, begangen von Vätern, Großvätern oder Onkeln –, stößt er auf eisige Ablehnung. Richard Freiherr von Krafft-Ebing, Leiter der Psychiatrischen Abteilung an der Wiener Universität und Vorsitzender des Vereins, bezeichnet den Vortrag als »wissenschaftliches Märchen«, Conrad Rieger spricht gar von »furchtbarer Altweibergeschichten-Psychiatrie« (vgl. Goldner, 1994).

Eineinhalb Jahre später revidierte Freud seine Theorie: »Ich musste dann doch erkennen, diese Verführungsszenen seien niemals vorgefallen, seien nur Phantasien, die meine Patienten erdichtet« (zit. in: Masson, 1995, 41). In der Folge interpretierte er die Misshandlungsberichte als Wunschdenken, als »Ödipuskomplex«: Wie der griechische Mythenheld Ödipus seinen Vater erschlägt und dann seine Mutter heiratet, so habe jedes Kind im Zuge seiner psychosexuellen Entwicklung den Wunsch, den gleichgeschlechtlichen Elternteil als Konkurrenz auszuschalten und so die Liebe des anderen Elternteils, einschließlich inzestuöser sexueller Beziehung, total zu besitzen (vgl. Wells, 1989, 182 f.). Freud war hochbeglückt, als er den Ödipuskomplex »entdeckt« (sprich: konstruiert) hatte, der ihm erlaubte, einer, wie er annahm, »allgemein menschlichen Tragik« Ausdruck geben zu können, ohne die je individuellen Eltern (inklusive seines eigenen Vaters) in Verantwortung nehmen zu müssen.

Über diesen »Widerruf« Freuds ist viel geschrieben worden. Der amerikanische Analytiker Jeffrey Masson (1984) warf Freud vor, die Psychoanalyse »verraten« zu haben, Alice Miller (1981) verglich den »Widerruf« mit dem Abschwören Galileis. Und in der Tat gibt es hinreichend Belege dafür, dass Freuds Abkehr von seiner ursprünglichen Inzesttheorie wider besseres Wissen und nur auf Grund deren Zurückweisung durch die Fachwelt erfolgte (DeVries, 1993, 524 f.). Nach einer längeren Italienreise im Sommer 1897 – Freud schreibt über seine Suche nach »Punsch mit Lethe«, dem mythischen Fluss des Vergessens – beugte er sich der Wissenschaftsräson und widerrief.

Mit moderner Forschung zu Freuds Inzest- bzw. Ödipus-Theorien hat Bert Hellinger sich vermutlich nie beschäftigt, ebenso wenig mit modernen (systemischen) Konzepten zur Inzest-Therapie (oder sonstigen Bereichen psychotherapeutischer Arbeit). Er ist insofern über Laienkenntnisse nie hinausgekommen, trägt diese aber mit dem apodiktischen Gestus des Missionars, der er stets geblieben ist, in die Welt hinaus (vgl. Hilgers, 2001b, 101 f.; Müller, 2001). Seine ständig wiederholte Behauptung, er vertrete keinerlei Doktrin, ist nichts anderes als die altbekannte Strategie des Demagogen, sich gegen Kritik zu immunisieren (vgl. Adorno, 1999). Spruchblasen wie diese: »Also für mich ist die Wahrheit immer etwas Augenblickliches, aus dem Dunkel taucht plötzlich eine Einsicht auf, auf die gehe ich zu und sie taucht wieder unter. Und dann taucht später vielleicht etwas anderes, etwas ganz Entgegengesetztes auf. Das nehme ich genauso ernst wie das erste, ganz im Sinne von Heraklit, der sagt: alles fließt« (in: Krüll/Nuber, 1995, 24) deuten bestenfalls auf sein unreflektiertes Denken hin. Tatsache ist, ob Hellinger sich dessen nun bewusst sein will oder nicht: Er vertritt Positionen, die mit einem aufgeklärten, humanistischen, emanzipatorischen Menschenbild nicht vereinbar sind, seine Sicht der Welt ist bestimmt von zutiefst konservativen, um nicht zu sagen: reaktionären Werten (vgl. Kierspe-Goldner, 1999; Wiemann, 2000; Barth, 2003).

Hellingers Verfahren des Familienstellens steht »im Gegensatz zu den Standards jeder anerkannten Psychotherapie« (Hilgers, 2001a, 25): In Zusammenhang mit seiner »Inzest-Therapie« verstärkt er sexistische und überkommene Annahmen über Gewalt und trägt damit »zur Aufrechterhaltung einer Ordnung bei, die selbst Ursache für Machtmissbrauch ist« (Reihl, 2001). Sein Vorgehen zeigt, wie Udo Schuster (2000) in aller Schärfe anmerkt, einen »erschreckenden Mangel an Sensibilität«, gepaart mit »therapeutischer Unfähigkeit, persönlichen Allmachtsphantasien und Missachtung der Menschenwürde«.

Nochmal Elisabeth Reuter (1997, 31): »Wo sind jetzt die Kollegen, die Hellingers soziale Inkompetenz, sein immenses Bedürfnis nach Machtbefriedigung durch abhängige Klienten aufdecken? (...) Der zynische, narzisstische, emotionale Machtmissbrauch eines Bert Hellinger, die emotionale Ausbeutung und Zerstörung von Klienten durch zahlreiche neue Hellinger-Therapeuten, alles das muss unbedingt sichtbar und damit endlich auch anklagbar gemacht werden.«

Nachtrag des Herausgebers: Besonders perfide ist der Versuch des Hellinger-Adepten Franz Ruppert, Professor an der *Katholischen Stiftungsfachhochschule* München, feministische Autorinnen wie etwa die Münchner Soziologin Anita Heiliger zu vereinnahmen zur Bestätigung der These, dass eine Frau, die sich ihrem Mann sexuell verweigere, diesem zum Ausgleich ihre Tochter zuschiebe (Ruppert, 2002a, 9). Nichts liegt den Arbeiten Heiligers ferner, als derlei absurde Annahmen zu stützen (vgl. Heiliger, 2000).

Colin Goldner
Der Todesfall von Leipzig
Verdrängte Risiken und der Umgang mit Kritik

Ein bezeichnendes Licht auf die Risiken der »Familienaufstellung nach Bert Hellinger« wirft ein Fall, der sich Anfang Oktober 1997 ereignete. Auch wenn es sich um einen besonders eklatanten Einzelfall handelte – eine junge Frau nahm sich unmittelbar nach einer Hellinger-Veranstaltung das Leben –, muss er doch angeführt werden: nicht nur des unerträglichen Abwiegelns, Verleugnens und Verdrängens wegen, das den Umgang der Szene mit dem Fall kennzeichnet, sondern vor allem auf Grund des Umstandes, dass – ebenso zynisch wie folgerichtig – keinerlei weitere Sicherheitsvorkehrungen oder sonstige Veränderungen in der Aufstellungsarbeit selbst getroffen wurden. Der Fall kann sich also jederzeit und in jedweder Dimension wiederholen. In der Tat, wie Wolfgang Leiberg (1998) schreibt, erscheine der Suizid von Leipzig »weniger als Betriebsunfall, sondern als systemimmanenter Sprengsatz (der Aufstellerszene, C. G.). Schon der Volksmund weiß: ›Wo gehobelt wird, da fallen auch Späne.‹ Der Wirkung nach zu schließen, scheint bei Bert Hellinger besonders kräftig gehobelt zu werden.« Nachsorge irgendwelcher Art oder Verantwortungsübernahme für Folgeerscheinungen bei den TeilnehmerInnen einer Aufstellung – egal ob von Hellinger selbst angeleitet oder von einem seiner Adepten – ist bis heute nicht vorgesehen: »Die ganzen Vorstellungen von Durcharbeiten und Nachsorge (...) sind fremde Elemente aus anderen Therapien«, die im Familienstellen nichts zu suchen hätten (Hellinger, 2002a). Untersuchungen über womöglich negative Langzeitfolgen gibt es konsequenterweise nicht: »Das nimmt nur Kraft weg« (Hellinger, 2000a, 47). Auch die viel zitierte Fragebogenstudie von Gert Höppner (2001) – erstellt in Zusammenarbeit mit dem *Syst-Ausbildungsinstitut* Matthias Varga von Kibéds, der seit je dem engeren Zirkel um Hellinger zugehört – kann als solche nicht gelten, da sie lediglich die subjektive Befindlichkeit einer Gruppe von Probanden vor und nach der Teilnahme an einer Familienaufstellung erhebt und dabei, wenig überraschend, auf Angaben stößt, die auf ein verändertes »Selbstkonzept« der Befragten hindeuten, bezogen auf das »innere Bild«, das sie sich von ihrer jeweiligen Ursprungsfamilie machen. In Hinblick auf die (Langzeit-)Risiken des Familienstellens sagt die Studie gar nichts. Umso weniger brauchbar ist die »Einjahreskatamnese« von Winfried Häuser et al. (2000), die noch nicht einmal Prä-post-Messungen vornimmt, sondern Teilnehmer einer Aufstellung ein Jahr später per Fragebogen nach ihrer Einschätzung zu »Nutzen, Ästhetik und Ethik der Arbeitsweise B. Hellingers« befragt.

Hellinger führt seine Shows vor Auditorien von 500 und mehr Teilnehmern vor; die Klientel für seine Inszenierungen auf offener Bühne rekrutiert er ad hoc aus eben diesem Teilnehmerkreis. Vom Hintergrund seiner jeweiligen Klienten und Klientinnen hat er nicht die geringste Ahnung, ordentliche Anamnese oder Diagnostik ersetzt er durch »höhere Eingebung«. Auch im Falle der besagten jungen Frau, einer vierfachen Mutter, die er anlässlich eines Großseminars in Leipzig auf die Bühne holte, wusste er *nichts* von ihrer Familiengeschichte, außer dass sie sich von ihrem Mann getrennt hatte und dieser mit der Trennung nur schlecht zurande kam.

Hellinger attackierte die Frau auf massivste Weise: Auf ihren (gleichfalls auf der Bühne anwesenden) Mann zeigend verkündete er: »Dort sitzt die Liebe«, auf sie zeigend: »Und hier sitzt das kalte Herz«; danach ins Publikum gewandt: »Die Kinder sind bei der Frau nicht sicher, die gehören zum Mann« (zit. in: Fincke, 1998, 17). Gleichwohl diese ungeheuerlichen Invektiven gänzlich aus der Luft gegriffen waren, trafen sie doch durch die selbstherrliche Apodiktik, in der Ex-Ordenspriester Hellinger auftritt, wie Giftpfeile in die Seele der jungen Frau. Wortlos verließ sie die Veranstaltung, kritzelte ein paar Worte des Abschieds auf einen Notizblock – und nahm sich das Leben.

Selbst wenn die junge Frau, eine Ärztin, bereits vorher suizidal gefährdet gewesen sein sollte, was Hellinger behauptet, entlastete ihn dies nicht. Ganz im Gegenteil: Es zeigt, wie völlig unverantwortbar es ist, in einer 15- bis 20-minütigen »Therapie-Show« jedwede Ich-Grenze des einzelnen Rat und Hilfe Suchenden einzureißen und ihn von oben herab mit irgendwelchen »höheren Wahrheiten« (ganz unabhängig von deren eventuellem Wahrheitsgehalt) zu konfrontieren. Hellingers Vorgehen, so kritische Beobachter der Szene, stehe im »Gegensatz zu den Standards jeder anerkannten Psychotherapie« (Hilgers, 2001a, 25). Es stelle, geprägt von »patriarchalen Strukturen, fragwürdigen Naturgesetzlichkeiten und antiemanzipatorischen Werthaltungen« (Wiemann, 2000, 1), die Wiederbelebung eines längst überwunden geglaubten Vor-68er-Konservativismus dar: zurück zu »law and order« (Freund, 1997, 118).

Die Psychotherapeutin Sigrid Vowinckel (1999, 14) nennt das ethische Niveau Hellingers »erschreckend«, es sei mit »Arroganz und Verantwortungslosigkeit wohl am besten zu kennzeichnen«. In der Tat bedeutet Hellingers Arbeit streckenweise pure Nötigung, um nicht zu sagen: psychische Vergewaltigung, auch wenn die Teilnehmer sich »freiwillig« der Prozedur aussetzen, gar noch extra dafür bezahlen. Er hat keine Ahnung (und auch kein Interesse daran, zu erfahren), wie diese seine »Eingebungen« verarbeiten. Ausdrücklich betont er, er brauche keine Rückmeldung seitens seiner Klienten (vgl. Krüll/Nuber, 1995, 24). Hellinger kümmerte sich nicht um die junge Frau, als diese wortlos den Saal verließ. Kurz zuvor hatte er dem Publikum noch *über* sie gesagt: »Die Frau geht, die kann keiner mehr aufhalten. (…) Das kann auch sterben bedeuten« (zit. in: Fincke, 1998, 17). Wenige Stunden darauf war sie tot. Auf die spätere Frage, ob er denn nicht hätte erkennen können, dass die Frau sich in einer tiefen Krise befunden habe, meinte er: »Wie denn, ich kannte sie ja nur drei Minuten« (zit. in: Rossbach, 2001a). Im Übrigen beinhalte jede Therapie auch Risiken. In einem der zahlreichen Bücher über den Hellinger'schen Ansatz wird denn auch auf solche Risiken beim Aufstellen ausdrücklich hingewiesen: »Wenn einer der Mitwirkenden aus der Tür will oder aus der Tür geht, heißt das: Er ist selbstmordgefährdet« (in: Weber, 1995, 258).

Bevor die Frau sich das Leben nahm, verabschiedete sie sich schriftlich von ihren Lieben. Ganz in Hellinger'schem Sprachduktus schreibt sie: »Vielleicht gibt es Menschen, die so viel Schuld auf sich laden, dass sie kein Recht mehr haben, hier zu bleiben. Und wenn es für die Kinder die Ordnung herstellt, will ich meinen Teil dazu tun, auch wenn es nicht das ist, was ich mir wünsche.« Von suizidaler Gefährdung vor dem Hellinger-Seminar kann keine Rede sein: Die junge Ärztin hatte für wenige Tage danach einen Umzug geplant und vorbereitet und hatte sich sogar schon für mehrere medizinische Weiterbildungskurse im Folgejahr angemeldet.

In einem Interview mit dem Nachrichtenmagazin *Focus* ein halbes Jahr nach dem Seminar in Leipzig gibt Hellinger erstmalig öffentlich zu, er sei in der Tat hart mit der jungen Frau umgegangen. Ein »gewisses Risiko« sei indes unvermeidbar gewesen, habe er therapeutische Wirksamkeit erzielen wollen. Er bedauert den Fall, sucht zugleich aber der jungen Frau selbst alle Verantwortung zuzuschieben: Sie hätte ihn ja »um etwas bitten« können, bevor sie gegangen sei, was sie aber – selbst schuld! – nicht getan habe; im Übrigen sei ihre Reaktion »unverhältnismäßig« gewesen (Gerbert, 1998b, 225).

Das *Focus*-Gespräch – es handelt sich um das letzte Interview, das Hellinger einem kritischen Journalisten gab – im Wortlaut:

»Ja, ich ging hart mit ihr um«

Focus: Beim Familien-Stellen fordern Sie den Klienten auf, Personen aus seiner Familie oder Sippe in eine Steh-Ordnung zu bringen. Dazu wählt er Darsteller aus dem Publikum aus und platziert sie dann auf einer freien Fläche im Raum.

Hellinger: Ja, meistens ist er überrascht, was er dann dargestellt hat. Durch das Familien-Stellen kommt bisher Unbewusstes ans Licht. Aus dem Familien-Bild lese ich dann ab. Ein Beispiel: Wenn ein Paar sich gegenübersteht, ist das in der Regel auch ein Zeichen, dass die Beziehung auseinander ist.

Focus: Ist das nicht ein bisschen einfach gedacht?

Hellinger: Mehr Informationen bekomme ich von den Stellvertretern selbst. Die fühlen, wenn sie innerlich gesammelt sind, in der Regel wie die von ihnen dargestellten Personen. Ich lasse die Eindrücke auf mich wirken. Und dann kommt mir ein Bild, eine Einsicht in eine gewisse Richtung. Das spreche ich dann aus. Wenn Widerstand dagegen kommt, muss ich etwas anderes versuchen.

Focus: Sie gehen also intuitiv vor?

Hellinger: Intuitiv würde dem nicht ganz gerecht. Ich gehe phänomenologisch vor. Ich habe jahrelang Familienbeziehungen beobachtet und bin auf die Bedeutung des Gewissens gestoßen. Gewissen ist etwas Triebhaftes; die Hauptfunktion des Gewissens ist, jemand an seine Gruppe zu binden. Wenn jemand aus einer Familie ausgeschlossen wird, lässt sie diesen später durch einen anderen vertreten, ohne dass der das merkt. Wenn man durch das Familien-Stellen erkennt, wer ausgeschlossen ist, und den Betreffenden durch eine symbolische Handlung wieder hereinnimmt, dann kommt das System zur Ruhe. Das hat dann heilende Wirkung.

Focus: Am Ende steht eine symbolische Wiedergutmachung?

Hellinger: Ja. Ich habe zum Beispiel einen Sohn, der homosexuell war und den Vater geschlagen hat, vor dem Vater niederknien und sagen lassen:

212

»Ich gebe dir die Ehre.« Und zwei Monate später hat er geheiratet und hat jetzt ein Kind.

Focus: Nach einem Familien-Stellen in Leipzig letzten Oktober hat sich eine Klientin von Ihnen das Leben genommen.

Hellinger: Es war ein Paar-Seminar. Normalerweise stellen dabei beide Partner nacheinander die Familie. Das Paar, von dem Sie sprechen, lebte schon getrennt, aber beide waren anwesend. Es ging darum, bei wem die vier Kinder leben sollten.

Focus: Das Familien-Stellen sollte entscheiden, wer die Kinder bekommt?

Hellinger: Das wollten die beiden daran ablesen.

Focus: Und dann?

Hellinger: Der Mann hat aufgestellt, und es stellte sich heraus, dass sich die Kinder beim Vater sicherer und wohler fühlten.

Focus: Aber der Mann hat doch nur seine eigene Sicht der Familie dargestellt. Verständlich, dass er die Kinder bei sich sehen will.

Hellinger: Aber ich frage ja die Darsteller, wie es ihnen geht. Und als ich die Kinder eher in Richtung der Mutter verschoben habe, bekam ich eine negative Reaktion von den Darstellern.

Focus: Sie verlassen sich auf das Gefühl der Platzhalter, die die Familie gar nicht kennen?

Hellinger: Es kam hinzu, dass sich die Frau – die reale Klientin – so sehr im Recht gefühlt hat. Und wer sich im Recht fühlt, trägt meistens Schuld. Der Mann aber war sehr bewegt, hat geweint, war für eine Lösung bereit. Aber die Frau war wie versteinert. Schon vorher, als ich mit dem Paar gesprochen hatte, merkte ich: Sie würdigt ihren Ex-Mann nicht. Und später habe ich dann eben gesagt: »Da ist ein hartes Herz.«

Focus: Waren Sie da nicht selber sehr hart?

Hellinger: Ja, ich bin hart mit ihr umgegangen. Das ging schon an die Grenze. Aber ein gewisses Risiko muss man in Kauf nehmen. Ich gehe oft bis an die Grenze und an der Grenze gibt es dann oft den Umschwung. In diesem Fall bin ich wohl zu weit gegangen. Was dann passiert ist, hat mich schon sehr betroffen gemacht. Ich bedaure, was geschehen ist. Aber die Reaktion der Frau war unverhältnismäßig. Ich habe nicht erkennen können, dass sie selbstmordgefährdet war.

Focus: Was hätte die Frau denn Ihrer Meinung nach tun sollen?

Hellinger: Sie hätte mich um etwas bitten können, dann hätte ich handeln können – das hat sie aber nicht gemacht.

Focus: Sie sollen in Anwesenheit der Frau gesagt haben: »Die Frau geht, die kann keiner mehr aufhalten. Das kann auch sterben bedeuten.«

Hellinger: Das bezog sich auf das Aufstellungsbild. Dort hat die Stellvertreterin der Frau signalisiert, dass sie weggehen will. Als ich ihr das erlaubt habe, ging sie einige Schritte vorwärts aus der Aufstellung hinaus. Diesen Satz habe ich der Klientin selbst gesagt und sie gefragt, was sie dazu sagt. Doch sie hat mir nicht geantwortet. Daraufhin habe ich ihren Mann gefragt, was er dazu sagt. Er antwortete: »Ich weiß, dass sie sehr massiv ihren Weg geht. Niemand hält sie auf auf ihrem Weg.« Ich sage Sätze wie den von Ihnen zitierten manchmal, wenn jemand bei einer Aufstellung hinaustendiert. Dann kann ich an der Reaktion der Person sehen: Was kann sie retten? Wenn sie dann mit mir zusammenarbeitet, kann ich sehen, was man machen kann. Wenn mir jemand nichts sagt, kann ich aber nichts machen.

Focus: Wenn Sie sagen: »Das kann auch sterben bedeuten«, dann vermuten Sie Selbstmordabsichten?

Hellinger: Ja, und das trifft oft auch zu. Und manchmal ist der Selbstmord wirklich nicht mehr aufzuhalten.

Focus: Sie haben als Therapeut einen bekannten Namen. Wenn Sie jemandem eine Selbstmordabsicht unterstellen, kann das doch verstärkend wirken!

Hellinger: Ich sehe es mehr als einen Schuss vor den Bug. Außerdem sage ich es ja eigentlich nicht, es kommt ja schon durch die Aufstellung ans Licht; und der Stellvertreter fühlt es ja auch.

Focus: Die Frau interpretierte Ihre Worte wohl so, als ob Sie ihr die Kinder absprechen wollten.

Hellinger: Ich habe in der Aufstellung die Stellvertreter der leiblichen Kinder dem Stellvertreter des Mannes gegenübergestellt. Alle drei Kinder haben sich erleichtert und besser gefühlt. Die Aussage, dass die Kinder beim Vater sicherer sind, ergab sich also aus der Aufstellung.

Focus: Was werden Sie in Zukunft anders machen?

Hellinger: Ich werde vorsichtiger sein.

Womit Hellinger vorsichtiger zu sein beabsichtigte, wurde nicht deutlich: vielleicht ja nur in der Auswahl seiner Interviewpartner. Jedenfalls zeigte er sich bereits in dem *Focus*-Gespräch wesentlich zurückhaltender als noch zweieinhalb Jahre zuvor, als er vor den laufenden Kameras des ARD-Nachrichtenmagazins *Panorama* den (Frei-)Tod eines Patienten als Ergebnis familientherapeutischer Behandlung nicht ausschließen wollte und auf die Frage »Würden Sie also Selbstmord als Lösung einer Familienaufstellung, einer Familienkonstellation auch propagieren?« unverblümt antwortete: »Ich habe gesehen, dass es manchmal so ist, ja, und habe dem zugestimmt.« (zit. in: Steinhoff, 1995, 6). Hellingers langjähriger Gefolgsmann Robert Langlotz (1998a, 35) tönte noch Monate *nach* Leipzig, es könne in der Tat beim Aufstellen deutlich werden, »dass jemand, der Klient oder ein Familienmitglied, gehen will«, sprich: beabsichtige, sich das Leben zu nehmen. Der Therapeut könne (und solle) insofern nichts unternehmen, vielmehr sei er gefordert, in »Demut der eigenen Ohnmacht zuzustimmen«. Und in aller Unmissverständlichkeit: »Wir haben es zum Teil mit suizidgefährdeten Patienten zu tun. Wir wissen, dass wir es nicht verhindern können, dass manche ins Leiden oder sogar in den Tod gehen. Der phänomenologische Ansatz verpflichtet uns, ihnen die Wirklichkeit, so wie sie bei der Aufstellung deutlich wird, zuzumuten, ohne Wertung. Je weniger wir jemanden retten wollen, umso größer ist die Wirkung der Arbeit.« (Passenderweise führt Dr. med. R. Langlotz [2002], Neurologe und offiziell aufgelisteter Aufsteller der *Internationalen Arbeitsgemeinschaft Systemische Lösungen nach Bert Hellinger,* auch astrologische Seminare im Sortiment: Er habe »erstaunliche Übereinstimmungen zwischen den Konfliktfeldern im Geburtsbild [= Horoskop, C. G.] und den Verstrickungen, wie sie durch das Familienstellen bewusst gemacht werden können«, entdeckt. Es scheint, dass Langlotz auch aus dem Stand der Sterne die – insofern vorherbestimmte und »in Demut« zu akzeptierende – Suizidalität eines Patienten ablesen kann [siehe auch: *Esoterischer Firlefanz*].) Auch Hellinger bedeutet ein Menschenleben offenbar wenig, den Glauben an die Unersetzlichkeit individuellen Lebens hält er für »philosophisch absurd« (zit. in: Rossbach, 2001b). Es mache »keinen Unterschied (...), was in dem Leben passiert ist, denn am Ende fällt alles gleichermaßen zurück in den Ursprung (...). Das Leben ist das Spiel von einer größeren Kraft. Wenn dieses Spiel aus ist, werden alle Figuren wieder in die gleiche Schachtel gepackt und liegen nach dem Spiel nebeneinander. Wenn man das so sieht, ist das kurze Leben kein Verlust und das lange Leben kein Gewinn« (Hellinger, 2001b). Da also im Tode alle »in die Schachtel« zurückkämen, könne er den Einzelnen nicht so ernst und wichtig nehmen (zit. in: Rossbach, 2001b). Er, Hellinger, gehöre insofern nicht zu jenen Psychologen, die »an jedem Forz riechen« (zit. in: Freund, 1997, 114).

Seit Leipzig indes erscheint er in seinen öffentlichen Äußerungen – zumindest bei den Themen Tod und Suizid – in der Tat etwas vorsichtiger geworden: Der jeweilige Klient sei, wenn er, Hellinger, ihn von der Bühne entlasse, »mit sich in größerem Frieden und er führt sein Schicksal im Einklang zu Ende, wie immer es ist« (Hellinger/TenHövel, 1996, 134) – solche Sprüche hört und liest man seither weniger häufig. Dafür umso mehr Sprüche seines Lieblingselegikers Rainer Maria Rilke: »*Geh in der Verwandlung aus und ein*«, samt nachgeschobener Hellinger-Exegese: » – das heißt bei Rilke eigentlich, stimme dem Sterben zu und wisse, dass dein Leben weiter wirkt, auch wenn du tot bist« (2001d, 12). Rilkes Bereitschaft zur Wandlung wird »Wille zum Schicksal« bei Hellinger [siehe auch: *Beklemmende Töne*].

Andreas Fincke (1998, 17) von der *Evangelischen Zentralstelle für Weltanschauungsfragen* in Berlin fragte nach dem tragischen Todesfall sehr zu Recht: »Verstoßen solche Großveranstaltungen nicht überhaupt gegen die Würde des Hilfe Suchenden? Wer verhindert, dass Hellinger vor 500 begeisterten Zuschauern seiner eigenen Wirkung erliegt und Allmachtsphantasien entwickelt? Ist die Geschichte aus Leipzig ein bedauerlicher Einzelfall oder passiert dergleichen häufiger? Wie lassen sich solche Entgleisungen in Zukunft verhindern?« Mithin zur Klärung dieser Fragen erwogen die Angehörigen des Suizid-Opfers rechtliche Schritte gegen Hellinger (verfolgten diese Erwägung dann aber aus persönlichen Gründen nicht konsequent weiter. Auch die Überlegung, Hellingers mangelnde Befugnis zur Ausübung der Heilkunde staatsanwaltlich überprüfen zu lassen – eine Priesterweihe bedeutet insofern keine Berechtigung, auch nicht die sonstigen »Ausbildungen«, die er stets anführt –, wurde nicht weiterverfolgt). Die Video-Aufzeichnung der Leipziger Veranstaltung wird im Übrigen von Hellinger, der ansonsten jeden seiner Auftritte Gewinn bringend vermarktet, bis heute unter Verschluss gehalten.

Diffamierung der Kritiker

Anfang 1998 berichtete ich in dem Schweizer Psychologiemagazin *intra* über Hellingers Ansatz und den Todesfall in Leipzig. Als Leiter der Beratungstelle für Therapie- und Psychokultgeschädigte des Münchener *Forum Kritische Psychologie* hatte ich die Mutter des Suizid-Opfers betreut und war von daher mit näheren Einzelheiten des Falles vertraut. Auszugsweise schrieb ich (Goldner, 1998a, 16): »Anders als in der etablierten Familientherapie, die seit jeher derlei Techniken einsetzt, erhält der Klient bei Hellinger keine Möglichkeit, seine Gedanken und Gefühle weiter zu erschließen; vielmehr agiert ausschließlich Hellinger: Er verändert die Position der einzelnen ›Familienmitglieder‹ beliebig zu einer von ihm so bestimmten ›Lösungskonstellation‹ und konfrontiert den Klienten mit apodiktisch vorgetragenen Interpretationen und Anweisungen. Diesem bleibt lediglich die Wahl, diese anzunehmen oder nicht. Eine weitere Erörterung oder therapeutische Bearbeitung findet nicht statt. Im Gegenteil: Etwaiges Nach- oder Hinterfragen wird von Hellinger kategorisch unterdrückt.«

Die Reaktion der LeserInnenschaft auf den Beitrag war symptomatisch. Nur selten zuvor gab es bei *intra* eine derartige Flut an Anfragen und Zuschriften, teils anerkennend, dass endlich einmal Klartext gesprochen wurde gegen die Umtriebe der Hellinger'schen »Familienaufstellerszene«, aber auch kritisierend, dass erst ein Mensch zu Tode kommen musste, bevor eine breitere Öffentlichkeit von deren Risiken erfuhr. Die Mehrzahl an Zuschriften und Anrufen beschränkte sich indes darauf, mich zu beschimpfen: Man zieh mich der »totalen Ignoranz«, »ideologisch verblendeter Verbohrtheit«, gar eines »inquisitorischen Fanatismus, schlimmer noch als in der Kirche«. Häufig wurden auch Ferndiagnosen erstellt, die meine »unbewusste oder verdeckte Motivation« zu enthüllen vermeinten: vor allem »grenzenloser Hass auf alles Spirituelle«, aber auch »Konkurrenzneid« oder »krankhaftes Hirnficken« (was immer das sein mag). Dazu kamen (meist anonyme) Schimpftiraden, die zu wiederholen der Anstand verbietet. Ein Anrufer mutmaßte, ich sei »Agent der Mossad« (israelischer Geheimdienst) oder gar Scientologe, ein anderer, ich sei gewiss schwul. Inhaltlich wurde *kein einziges* Argument gegen den Artikel vorgebracht, lediglich die *Weise* wurde bemäkelt, in der Hellinger angegangen worden sei: Der Text sei zu polemisch gewesen, zu wenig ausgewogen; Hellinger habe es »nicht verdient, so behandelt zu werden«, wo er doch »so viel Gutes« bewirkt habe. Auf den Todesfall in Leipzig ging kaum jemand ein und wenn, dann in abwiegelnder Manier: Sowas könne immer mal passieren. Im Übrigen gebe es »keinerlei kausalen Zusammenhang« zwischen Hellingers Invektiven und dem Suizid der Klientin. Es wurde mir vorgehalten, meine Aussagen seien »schlichtweg falsch oder irreführend«. Was genau falsch dargestellt worden sein sollte, wurde nicht gesagt. Des Weiteren wurde mir vorgehalten, Hellinger habe soviel an Leben gerettet und so viel an Lebensqualität geschaffen, da sei es ein Unding, ihm aus einem »Lapsus« (!), wie er schließlich jedem widerfahren könne (und wie ihn, wie es an anderer Stelle hieß, »wohl jeder Therapeut« schon erlebt habe [Langlotz, 1998b]), einen Strick zu drehen. Den schieren Zynismus solchen Rechtfertigungsversuches – es ging um den Tod einer jungen Frau! – merkte man offenbar nicht. »Bert Hellingers Person und Arbeit«, wie der Herausgeber von *intra*, Sandro Looser, im Editorial der Folgeausgabe seines Magazins schrieb, »scheint ganz offensichtlich das psychotherapeutisch interessierte Publikum zu spalten. Von einigen SchreiberInnen haben wir auch Hinweise erhalten, warum das so sein könnte. In einem Brief heißt es sinngemäß, Hellinger spreche in den Menschen den insgeheimen Wunsch an, die Verantwortung für die eigene Identität an eine vorgegebene Ordnung abzugeben. Diese Entlastung führe bei vielen Menschen offenbar zu einer Besserung ihres Befindens. (...) Kein Wunder, dass hier Welten aufeinander prallen: Wer das Bild des emanzipierten Menschen (ob KlientIn oder TherapeutIn) hoch hält, dem muss der Gedanke an jegliche Unterwerfung an eine vorgegebene Ordnung – von der andere zu wissen vorgeben, wie sie aussieht – zuwiderlaufen.« Auch Sandro Looser wurde wüst beschimpft – wie es ungewöhnlich viele und ungewöhnlich erboste Reaktionen gab gegen bislang *jeden* Beitrag, der sich kritisch mit Hellinger und seinem Ansatz befasste (z. B. Fincke, 1998; Wiemann, 2000; Utsch, 2000). Vielfach richteten und richten sich die Zuschriften, Telephonanrufe und *chatroom*-Beiträge in derart diffamierender Weise gegen die Person des jeweiligen Kritikers, dass man sich fatal an die Auseinandersetzung mit Psychosekten und sonstigen Gruppierungen des rechten Szenerandes erinnert fühlt, in denen derlei das Übliche ist. Der Publizist Micha Hilgers (2001a) etwa, der sich in der *Tageszeitung (taz)* kritisch über die wachsende Attraktivität von Hellingers »Psychoreligion« geäußert hatte, wurde in Leserbriefen und im *chatroom* der *taz* aufs Unflätigste attackiert, der Bremer Familienaufsteller Heinz Stark (2001) beispielsweise beschimpfte ihn, nichts als »gehässigen Dreck« abgelassen zu haben. Besonders augenfällig wird die Unfähigkeit der Hellingerianer *en gros* zu argumentativem Diskurs bei Live-Veranstaltungen, bei denen kritische Stimmen regelmäßig niedergebrüllt, gelegentlich auch handgreiflich zum Schweigen gebracht werden. Ich selbst kann ein Lied davon singen, desgleichen Thea Bauriedl und andere AutorInnen des vorliegenden Bandes.

Spiegel-Redakteurin Beate Lakotta (2002, 200 f.), ein weiteres Beispiel für den Umgang mit Kritik in der Szene, wurde in Zusammenhang mit einem

Artikel über Hellinger, in dem sie u. a. dessen nachgerade unglaublichen Zynismus kritisiert hatte – rückblickend auf den Todesfall in Leipzig hatte er lapidar zu Protokoll gegeben, es müsse jedem Teilnehmer an seinen Workshops klar sein, was auf ihn zukomme, er selbst wolle nicht »Mutter spielen für all diese armen Würstchen« –, massivst und auf rein persönlicher Ebene angegriffen: »Uninformiert, halsbrecherisch selektiv und fachlich weit im Abseits« sei ihr Beitrag gewesen, so Albrecht Mahr, Vorsitzender der *Arbeitsgemeinschaft Systemische Lösungen nach Bert Hellinger*, es sei ihr insofern zu wünschen, »geistig nicht auf der Strecke zu bleiben«. Anderweitig wurde sie »widerwärtiger Manier« und »unseriöser Attacken« (Busmann) geziehen, oder, O-Ton: »Schwer verständlich, dass so ein Artikel überhaupt irgendwo gedruckt wird, dass sich aber der *Spiegel* auf dieses Niveau herablässt, ist genauso erstaunlich wie Miss Lakottas Horizont. (...) Offensichtlich nicht Beatchens Sache, das Verstehen« (Racz). Und der bereits erwähnte Dr. med. Robert Langlotz: »Die Hunde kläffen und die Karawane zieht weiter.« Nun wären all diese Diffamien, die sich *in keiner Zeile* inhaltlich mit der Kritik Lakottas auseinander setzen, weiter der Rede nicht wert, wären sie lediglich als Leserbriefe an die *Spiegel*-Redaktion gegangen. Das *Virtuelle Bert Hellinger Institut* (2002) freilich, offizielle Website der Hellinger-Szene, sah sich bemüßigt, sie gesammelt ins Internet zu stellen. (Unnötig zu erwähnen, dass bestätigende Leserbriefe nicht dazugestellt wurden. Nötig allerdings zu erwähnen, dass im *Online-Diskussionsforum* des Instituts Anhänger Hellingers die Möglichkeit erhielten, sich – anonym natürlich – in noch weitaus beleidigenderem Tonfall gegen Lakotta auszutoben, als dies in den – namentlich gezeichneten – Leserbriefen an den *Spiegel* der Fall war.)

Was die Hellinger-Anhänger so sehr in Rage brachte, war Lakottas Bewertung der Aufstellungsarbeit Hellingers als »Mix aus esoterischem Rollenspiel und reaktionärer Ideologie«, mit dem dieser eine weltweit wachsende Schar an Heilpraktikern, Therapeuten, Hausfrauen, Ärzten, Sozialpädagogen, Unternehmensberatern, Allergikern, Krebskranken, Lebenshelfern und Lebensmüden in seinen Bann schlage; dazu ihre detaillierte Beschreibung eines Hellinger-Großseminars, an dem sie selbst unlängst teilgenommen hatte. Über dieses Seminar berichtete sie wie folgt:

»Im Saal (...) gibt der alte Mann seiner Gemeinde noch ein Lehrstück mit. Die Luft ist zum Schneiden dick. Zehn Minuten für die letzte Aufstellung vor dem Mittagessen.
Die Klientin hat einen geschiedenen Mann, zwei Kinder und leidet an

Krebs. Hellinger holt einen großen Holländer auf die Bühne. Der dünne, grauhaarige Mann spielt schon zum drittenmal den Tod. Er trägt einen schwarzen Anzug. ›Die Kinder sind bei deinem Mann richtig‹, sagt Hellinger zu der Kranken. Sie selbst stellt er neben den Tod: ›Dein Platz ist hier.‹ Sie starrt den Holländer an. Sie hat Angst. Sie weint laut, sie kann nicht mehr aufhören. ›Sag: Mein Platz ist hier.‹ Die Frau wimmert. Sie schüttelt den Kopf. ›Das ist die Wahrheit. Sag es ganz klar.‹ – ›Mein Platz ist hier‹, flüstert sie mit niedergeschlagenen Augen. Hellinger: ›Lauter! Schau ihn an!‹ Dann baut er die Stellvertreter für Sohn und Tochter auf. Hellinger verkündet, was sich ihm zeigt: ›Die Tochter wird dir nachfolgen in den Tod. Sie ist nicht mehr zu retten.‹ Die Krebskranke weint noch lauter.

›Aber es gibt eine Lösung‹, wendet sich Hellinger ans Publikum: ›Wenn kein Geheimnis daraus gemacht wird, dass die Mutter sterben will, kann die Tochter leben.‹

Dann lächelt er seine Klientin an: ›Der Tod ist wunderschön. Weißt du das? Die Engel stehen ums Grab.‹ Die Frau wimmert noch. Sie zittert. Sie schluckt. Dann nickt sie und versucht ein Lächeln. Hellinger schaut ihr lange mit einem hypnotisierenden Blick in die Augen, der entfernt an den eines schläfrigen Katers erinnert. ›Sieht sie nicht glücklich aus?‹, fragt Hellinger dann ins Publikum. ›Danke, das wars dann.‹«

Wenige Tage nach Erscheinen des Artikels (im Februar 2002) fand sich eine weitere bemerkenswerte Reaktion im Netz. Lakotta, so heißt es da, habe »mit allen Mitteln eines manipulativen Journalismus« gearbeitet, mit »Unterstellungen und Halbwahrheiten«, um gehässig und verantwortungslos, wie sie als *Spiegel*-Autorin eben sei, »den Leser einer Gehirnwäsche unterziehen und damit Macht über sein Bewusstsein gewinnen« zu können. Derlei hanebüchene Auslassungen stammen nun nicht von irgendjemandem, sondern sind Teil eines zwölfseitigen Pamphlets, das Dr. phil. Franz Ruppert (2002a), seines Zeichens Professor an der *Katholischen Stiftungsfachhochschule* München und langjähriger Hellinger-Adept, an die *Spiegel*-Redaktion geschickt und zeitgleich auf seine Homepage gestellt hat. In Lakottas Artikel war kritisch angemerkt worden, dass in München ein »Psychologieprofessor gar Hellingers wissenschaftlich haltlose Theorien über Psychosen, Suizid oder Depression« lehrt (2002, 201), was Ruppert, der sich (zu Recht) gemeint fühlte, zu seiner Schmähschrift bewog, in der er zugleich seine eigenen Positionen rechtfertigte. Später wurde Rupperts www-Text – als Titelbeitrag! – im Hellinger-Magazin *Praxis der Systemaufstellung*

(1/2002) nachgedruckt. Der Fairness halber muss erwähnt werden, dass ein anderer Dozent der *Katholischen Stiftungsfachhochschule*, der Medienpädagoge Alexander Buck, sich in einem Leserbrief an den *Spiegel* mit Nachdruck von Rupperts Tiraden distanziert und darauf hinweist, dass es bei der Familienaufstellerei »gar nicht so arg um die Menschen – also um die ›armen Würstchen‹ (B. H.) – sondern um Geld« gehe; man könne dies mithin den »diversen Fortbildungsangeboten u. a. von Herrn Ruppert entnehmen. So sind an einem Samstag schon mal 15.000 € abzüglich der Nebenkosten verdient«. Das mag in der Tat Professor Rupperts Eifer erklären.[*]

Angesichts dieser Beispiele erscheint die Hoffnung von *Focus*-Redakteur Frank Gerbert (1998a, 223) wenig berechtigt, es sei durch den Tod der jungen Frau in Leipzig »vielleicht dem einen oder anderen Hellinger-Jünger klar (geworden), wie wissenschaftlich fragwürdig und seelisch riskant die Interventionen des Meisters sind«. Ganz im Gegenteil. Wie Wolfgang Senf, Präsident der *Internationalen Gesellschaft für Psychotherapie*, konstatierte (zit. in. Lakotta, 2002, 201), gehe die Szene der Hellingerianer längst »in Richtung Ideologiegemeinschaft«. Umgangssprachlich: in Richtung Sekte, in der keinerlei Kritik an der Person des Guru oder an der von diesem vorgegebenen Doktrin mehr zugelassen wird (vgl. Kramer/Alstad, 2000; Müller, 2001; Bördlein, 2002). Hellinger selbst, der sich bis Mitte der 1990er durchaus noch der (öffentlichen) Diskussion stellte (vgl. Trenkle, 1997), hat sich inzwischen jeder Auseinandersetzung enthoben: Gespräche mit Andersdenkenden führt er nicht mehr. Im Übrigen ist sein Auftreten autoritär-anmaßend wie seit je: »Wer das nicht verträgt, der kann woanders hingehen. Ich ändere mich nicht, weil einer sagt, das ist hart« (2001d, 26).

Selbst die als seriöse – und insofern viel zitierte – Untersuchung der »Hellinger-Kontroverse« angelegte Arbeit der AutorInnen Stresius, Castella und Grochowiak (2001) läuft letztlich auf platte Affirmation Hellingers und seines Ansatzes hinaus (was weiter nicht verwundert, haben Castella und Grochowiak doch kurz zuvor ein eigenes Lehrbuch *Systemdynamische Organisationsberatung* [2001] herausgebracht, in dem sie den Hellinger'schen Ansatz auf Unternehmen und Organisationen übertragen): »Wir glauben nicht«, so ihre Zusammenfassung, »dass Bert Hellinger auch nur in entferntester Weise an Selbststilisierung, Entrückung und Unantastbarkeit

---

[*] Laut *Spiegel*-Recherchen (Lakotta, 2002, 201) liegen die Einnahmen bei einem von Hellinger selbst geleiteten Wochenendseminar bei bis zu 150.000 €.

interessiert ist. (...) Seine Person (ist) ganz gewiss, aber auch sein Text – gewährt man ihm denn eine hinreichend geduldige und gewissenhafte Lektüre – hier über jeden Zweifel erhaben.«

Stresius und ihre Mitautoren stellen die Frage, wie es denn möglich sei, dass Hellingers »Gegnerschaft sich in so einmütiger Form auf etwas einschießen kann, das sich zu der Karikatur eines suggestionsmächtigen Gurus im Lichtmantel seiner gottverliehenen Allwissenheit aufaddieren lässt. Warum werden in verwandelter Form immer wieder die stereotypen Vorwürfe eines unausgewiesenen Absolutismus gegen ihn laut?« Und sie liefern auch gleich die Antwort: Nicht etwa, weil die Vorwürfe zuträfen, weil Hellinger sich in der Tat als eine Art Überguru geriere, sondern auf Grund eines Missverständnisses: Die »immer gleiche Kritik an Hellingers Rigorismus und Dogmatismus« übersehe die »Punktualität« seiner Arbeit, sprich: den Umstand, dass seine Aussagen »nur auf dem Boden ihrer unmittelbaren situativen Bezogenheit lebensfähig« seien. »So gesehen kann Hellingers Arbeit als eine Form extremer Individualtherapie verstanden werden, die sich ganz der Momenthaftigkeit der Wirklichkeit des Klienten aussetzt. Sie haftet dieser Momenthaftigkeit an und die Augenblicksstruktur der Arbeit unterminiert jede Form des Transfers«. Weshalb Hellinger seine Arbeit dann in Dutzenden von Büchern vorstellt und vorstellen lässt, über die deren angeblich »radikal präsentischer« Charakter notwendigerweise verloren geht – sofern es solchen überhaupt gibt –, und in denen seine Aussagen rigoros und dogmatisch als Lehrmeinungen mit nachgerade sakrosanktem Charakter daherkommen, bleibt sein Geheimnis; ebenso wie das von Stresius et al.

Auch in einem früher schon erschienenen Beitrag der Hellinger-Anhängerin Eva Madelung, inzwischen »Ausbilderin für Familienstellen« im esoterischen *Zentrum für Individual- und Sozialtherapie* in Oberbayern, war die Rede davon, es sei ein »Missverständnis«, zu meinen, Hellingers »Erkenntnisse seien moralische Grundsätze«; dieser selbst verstehe sie als »›lebendige Wahrheiten‹, die sich im Zeit- und Beziehungskontext wandeln« (Madelung, 1997, 107). – Ganz so, als habe Hellinger sich je anders gezeigt als im Gewande des Reaktionärs und Dogmatikers, als habe er sich je auf eine andere als die »Seite des Vergangenen« (Freund, 1997, 114) geschlagen. Und auch Hellinger selbst spricht immer wieder über Verwechslungen und Missverständnisse, denen seine Kritiker aufsäßen. Er vertrete keine Doktrin, am wenigsten eine kritisierbare: »Ich entziehe mich (...) der Diskussion und der Kontroverse. Wenn ein Mensch eine Sache nicht so sehen will wie ich, dann habe ich nichts dagegen« (in: Krüll/Nuber, 1995, 26). Was sich da so ausgesprochen liberal anhört – gepriesen gar als »asiatisches Modell« des Lehrens und Lernens (Stresius et al., 2001) – ist freilich nichts anderes als die altbekannte Strategie des Demagogen, sich gegen Widerspruch zu immunisieren (vgl. Adorno, 1999). Selbstredend findet sich der o. a. Aufsatz von Stresius et al. auch auf der Website des *Virtuellen Bert Hellinger Instituts*, auf der, trotz gegenteiliger Beteuerung, eine kontroverse Debatte nicht geführt wird: Kritische Artikel oder *Online*-Beiträge kommen nicht vor.

Bezeichnend für den Umgang Hellingers und seiner Anhänger mit Kritik ist nicht zuletzt auch folgende Anekdote: Auf dem »2. Weltkongress für Psychotherapie« im Sommer 1999 in Wien, einer an sich seriöser Wissenschaftlichkeit verpflichteten Großveranstaltung mit mehreren tausend Teilnehmern, trat – eineinhalb Jahre nach dem Todesfall von Leipzig – als »Stargast« auch Bert Hellinger auf. Gänzlich ungeniert verbreitete er sich in mehreren Vorträgen und Workshops, in denen er jeweils auch kurz zu Leipzig Stellung nahm: Es gebe keinerlei Hinweis auf einen Kausalzusammenhang zwischen seinem Vorgehen und dem Suizid der jungen Frau, sämtliche Ermittlungen gegen ihn seien eingestellt worden, er habe alles richtig gemacht. Punktum. Kritische Nachfragen bügelte er in gewohnt autoritärer Manier ab, noch nicht einmal Sophie Freud, Enkelin des Gründervaters der Szene und selbst zu deren Säulenheiligen zählend, ließ er zu Wort kommen. Rege Unterstützung erhielt er dabei aus dem Publikum, das jede kritische Wortmeldung niederbuhte. Auf einer von Kongressleiter Alfred Pritz – auf mein Drängen hin – eigens organisierten Sonderveranstaltung mit Hellinger, in der dieser sich kritischen Fragen zu stellen zusagte, fiel mysteriöserweise das Saalmikrofon aus, sodass Fragen aus dem Publikum nicht gestellt werden konnten und das Ganze als peinlichst nichtssagendes »Podiumsgespräch« zwischen Hellinger, Pritz und einer als Alibifigur dazugesetzten Familienpsychologin über die Bühne ging. Protest der dicht gedrängten Zuhörerschaft: Fehlanzeige (vgl. Goldner, 1999).

Der tragische Todesfall von Leipzig unterstreicht nicht nur die Notwendigkeit einer rückhaltlosen Aufklärung über die Machenschaften der Szene, sondern auch deren radikale Eindämmung durch geeignete gesetzliche Maßnahmen. Die bisherigen rechtlichen Grundlagen, die es auch psychologisch völlig unqualifizierten Laien erlauben, »Familienaufstellungen nach Hellinger« und dergleichen durchzuführen, bedürfen dringendst der Überarbeitung [siehe auch: *Rechtspflege ausgetrickst?*].

Ingo Heinemann

Rechtspflege ausgetrickst?

Rechtliche Fragen der Familienaufstellung nach Hellinger

Hellingers Methode ist derzeit der Renner auf dem Psychomarkt. Zum Psychomarkt gehören Lehre, Ausbildung und Ausübung von Psychotherapien. Psychotherapie ist Heilbehandlung. Heilbehandlung ohne Approbation oder Zulassung als Heilpraktiker ist strafbar. Einige damit zusammenhängende Fragen sollen hier behandelt werden.

Psychotherapien oder Teile von solchen werden von unterschiedlichsten Anbietern unter oft irreführenden Bezeichnungen zu verschiedensten Zwecken angeboten. Daran hat auch das Psychotherapeutengesetz – in Kraft getreten zum 1. 1. 1999 – nichts geändert. Dieses und Paragraph 132a des Strafgesetzbuches verbieten nicht approbierten Personen lediglich die Benutzung des *Begriffes* »Psychotherapeut«. (Es geht hier in erster Linie um die Rechtspflege in der Bundesrepublik Deutschland; die rechtlichen Verhältnisse in Österreich und in der Schweiz, soweit davon abweichend, werden gesondert erörtert.)

Millionenfacher Verstoß

Bert Hellinger hat eine Psychotherapie entwickelt und publiziert. Das gehört zur Meinungsfreiheit. Hellinger lehrt diese Psychotherapie. Das gehört zur Freiheit der Lehre. Beide Freiheitsrechte sind im Grundgesetz verankert. Eine falsche oder richtige Meinung, Lehre oder Bezeichnung gibt es deshalb im Sinne dieser Grundrechtsbestimmungen nicht.

Rechtlich bedeutsam ist erst die Vermarktung dieser Psychotherapie. Werbung für Psychotherapie unterliegt dem Gesetz gegen den unlauteren Wettbewerb (UWG), welches irreführende Werbung verbietet. Dazu gehört auch solche Werbung, die erst dadurch irreführend wird, dass gegen ein anderes Gesetz verstoßen wird. Wer zum Beispiel in seiner Werbung eine Psychotherapie anbietet, obwohl er sie nicht ausüben darf, fällt darunter. Im Normalfall können Konkurrenten und Verbraucherschutzorganisationen Unterlassung verlangen, ausnahmsweise kommt auch eine strafrechtliche Verfolgung in Frage.

Hinzu kommt das Heilmittelwerbegesetz (HWG). Dieses betrifft nicht nur Arzneimittel, sondern auch »andere Mittel, Verfahren, Behandlungen und Gegenstände, soweit sich die Werbeaussage auf die Erkennung, Beseitigung oder Linderung von Krankheiten, Leiden, Körperschäden oder krankhaften Beschwerden bei Mensch oder Tier bezieht«. Das Gesetz verbietet zahlreiche Arten der irreführenden Werbung und droht Freiheitsstrafe bis zu einem Jahr an.

Es gibt keine Zulassungsverfahren für Psychotherapien, etwa analog zum Arzneimittelgesetz. Der Sprachgebrauch ist uneinheitlich. Was für den einen eine Methode der Heilbehandlung ist, stellt sich für den anderen als Methode der unzulässigen Beeinflussung dar. Es gibt auch keine brauchbare sprachliche Abgrenzung für die Benutzung einer Psychotherapie zu Zwecken der Freizeitgestaltung. Oft wird die Meinung vertreten, eine Psychotherapie solle dann nicht als Psychotherapie bezeichnet werden, wenn sie für andere Zwecke verwendet wird. Das würde jedoch Transparenz verhindern, ohne die kein Verbraucherschutz möglich ist. Viele Anbieter pflegen wohl auch deshalb eine Phantasiebezeichnung in den Vordergrund zu stellen, oft als Markenzeichen geschützt. Im Übrigen käme wohl kaum jemand auf die Idee, zu verlangen, dass ein Medikament oder ein Wirkstoff mit einer anderen Bezeichnung zu belegen ist, wenn diese für andere Zwecke gebraucht oder missbraucht werden.

Zur Vermarktung gehört insbesondere die Ausübung der Therapie. Psychotherapie ist Heilbehandlung. Heilbehandlung ohne Zulassung als Arzt, Psychologischer Psychotherapeut beziehungsweise Kinder- und Jugendlichenpsychotherapeut oder als Heilpraktiker wird nach dem Heilpraktikergesetz mit Freiheitsstrafe bis zu einem Jahr bedroht. Das Gesetz definiert: »Ausübung der Heilkunde im Sinne des Gesetzes ist jede berufsmäßig vorgenommene Tätigkeit zur Feststellung, Heilung oder Linderung von Krankheiten, Leiden oder Körperschäden bei Menschen.«

Gegen dieses Verbot wird jedes Jahr millionenfach verstoßen. Strafverfahren sind allerdings selten. Kein Wunder, denn Zeugen sind meist keine anwesend und die Widerstandskraft der Betroffenen ist nicht selten geschwächt. Wie viele Strafurteile es gibt, ist unbekannt, da eine gesonderte Erfassung dieses Delikts in der jährlich vom Statistischen Bundesamt herausgegebenen Strafverfolgungsstatistik nicht erfolgt. Aber die Branche kennt das Risiko. Der Mitte der 1990er begründete *Dachverband Geistiges Heilen* (DGH) etwa fordert deshalb die Legalisierung, sprich: die Abschaffung der Strafandrohung des Heilpraktikergesetzes (vgl. Wiesendanger, 1999). Der Verein gibt in einem auch im Internet veröffentlichten »Rechtshandbuch für Heiler« Ratschläge, was man bis dahin zu tun hat, wenn der Staatsanwalt kommt: »Entfernen Sie medizinisches Inventar aus Ihrem Behandlungszimmer. Hängen Sie die Dankschreiben Ihrer Patienten und Ihre falschen Titel von der Wand. Stellen Sie Ihre Bach-Blüten ins Bad oder die Küche.« Dazu gibt es exakte Verhaltensmaßgaben für den Umgang mit Gesundheits-, Ordnungs- und Finanzamt sowie vorformulierte Musterbriefe für den Fall, eine der genannten Behörden sei hellhörig geworden (Firgau, 1997).

Da strafbare Handlungen risikobehaftet sind, werden sie nach außen hin meist getarnt. Etwa als Ausbildung. Oder als Unterhaltung und Freizeitgestaltung. Gerne auch als seelsorgerische oder religiöse Tätigkeit (Meditation, Bewusstseinserweiterung o. Ä.). Strafbar sind nur Handlungen und in manchen Strafvorschriften auch Unterlassungen, etwa bei der unterlassenen Hilfeleistung. Jede einzelne Handlung muss nach »Zeit und Ort ihrer Begehung« beschrieben werden, vage Angaben genügen also nicht. »Strafbare Handlung« ist hier die Ausübung der Heilkunde ohne Zulassung. Besitzt der Betreffende keine Zulassung, ist deshalb in jedem Einzelfall zu prüfen, ob seine Tätigkeit als Ausübung der Heilkunde einzustufen ist.

»Ausübung der Heilkunde« ist ein Rechtsbegriff, den die Rechtsprechung zu definieren hat. Der Bundesgerichtshof hat dafür die »Eindruckstheorie« entwickelt. Demnach ist Ausübung der Heilkunde jedes Handeln, welches bei dem Behandelten den *Eindruck* erweckt, dass ihm Heilung oder Linderung von Schmerzen, Krankheiten oder Leiden verschafft werden soll. Auf die Methode oder deren Bezeichnung kommt es somit nicht an. Auch darauf nicht, wie der Handelnde selbst sich bezeichnet. Auch die Tätigkeit des Wunderheilers kann somit Ausübung der Heilkunde sein. Es kommt auch nicht darauf an, ob die Tätigkeit wirksam oder ungeeignet oder auch nur vorgetäuscht ist.

Es ist also zwecklos, den Gerichten in solchen Fällen fachliche Inkompetenz vorzuhalten und zu verlangen, das müssten Fachleute für das jeweilige Tätigkeitsgebiet beurteilen. Denn nach vorliegender Rechtsprechung kommt es lediglich darauf an, welchen *Eindruck der Behandelte* gehabt hat.

Das Heilpraktikerwesen

Für die Zulassung als Heilpraktiker gelten andere Grundsätze. Das Heilpraktikergesetz von 1939 besagt lediglich, dass auch der Nicht-Arzt eine Zulassung erhalten kann. »Kann« bedeutete damals, dass die Entscheidung ins Ermessen der Behörde gestellt war. Nach Inkrafttreten des Grundgesetzes und damit des Grundrechts der Berufsfreiheit wurde aus der Kann-Bestimmung eine Muss-Bestimmung: Wer die Voraussetzungen erfüllt, *muss* die Zulassung erhalten. Diese Voraussetzungen entwickelte die Rechtsprechung aus der Durchführungsverordnung, wonach eine Zulassung zu versagen ist, »wenn sich aus einer Überprüfung der Kenntnisse und Fähigkeiten des Antragstellers durch das Gesundheitsamt ergibt, dass die Ausübung der Heilkunde durch den Betreffenden eine Gefahr für die Volksgesundheit bedeuten würde«.

Dazu haben die Gerichte eine »objektive Theorie« entwickelt. Das ist eine Selbstverständlichkeit, da es letztlich um Gefahrenabwehr geht. Subjektive Kriterien, also solche, die in der Person des Heilpraktiker-Anwärters liegen, stehen zusätzlich in den Durchführungsverordnungen.

Wegen des verfassungsrechtlichen Grundsatzes der Verhältnismäßigkeit können diese Kenntnisse und Fähigkeiten nur in dem Umfange verlangt werden, wie es zur Gefahrenabwehr erforderlich ist. Daraus hat das Bundesverwaltungsgericht geschlossen, dass auch eine eingeschränkte Überprüfung zulässig ist. Wer Psychotherapie ausüben will, muss demnach keine Kenntnisse und Fähigkeiten der allgemeinen Medizin nachweisen. Die dadurch eingeleitete Spezialisierung verdeutlicht die Notwendigkeit einer Reform des Gesetzes, denn die »Kenntnisse und Fähigkeiten« müssen ohnehin nur »nachgewiesen« werden, soweit dies zur Gefahrenabwehr erforderlich ist. Deshalb wird nach wie vor auch *keine Ausbildung* [!] der Heilpraktiker verlangt, die Prüfung ist keine Prüfung (in schulischem/akademischem Sinne), sondern eine »Überprüfung«, ob eine Gefahr für die Volksgesundheit vorliegen könne, im Wesentlichen: ob der angehende Heilpraktiker weiß, was er als solcher nicht darf (Ausübung von Zahnheilkunde, Gynäkologie u. Ä.). Die Kombination von Begriffen aus dem Bildungswesen mit solchen aus der Gefahrenabwehr sorgt für wachsendes Durcheinander, zudem obliegt die Anwendung den einzelnen Gesundheitsämtern vor Ort.

Überprüft werden müsste also (zumindest), ob die Ausübung von Psychotherapie durch den Heilpraktiker-Anwärter eine Gefahr für die möglichen Kunden, sprich: Klienten oder Patienten, beinhalten kann. Also müssten die speziellen Gefahren und Anforderungen der Psychotherapie bei der »Überprüfung« angemessen berücksichtigt werden. Es mag sein, dass dies in einzelnen Gesundheitsbehörden geschieht. Ob und wo das der Fall ist, ist derzeit jedoch wegen mangelnder Transparenz kaum herauszufinden.

Um es nochmal in aller Deutlichkeit zu wiederholen: Für die Zulassung als (Psycho-)Heilpraktiker ist eine fachliche Ausbildung *nicht* erforderlich.

»Verstrickungen«

Immer wieder lassen sich die Behörden auf die Prüfung der Frage ein, ob eine bestimmte Tätigkeit überhaupt Heilbehandlung im Sinne des Gesetzes ist. Dabei werden dann Sachverständige eingeschaltet. Wonach deren Auswahl erfolgt, bleibt unerfindlich.

In Ermittlungs- oder Strafverfahren wird zunehmend von den Beschuldigten auf eine Auskunft oder einen Bescheid einer Behörde verwiesen, wonach die geplante Tätigkeit keine Heilbehandlung sei.

Dabei ist die Beurteilungsgrundlage jeweils eine völlig andere:

– Staatsanwaltschaft und Strafgericht prüfen *nachträglich* die jeweils konkrete Handlung

– Verwaltungsbehörden und Verwaltungsgerichte prüfen *vorab* und *abstrakt* die angeblich geplanten Handlungen und sind damit auf deren Beschreibung durch den Interessenten angewiesen, dessen etwaige Täuschungsabsicht kaum erkannt werden kann.

Trotz dieser sehr unterschiedlichen Beurteilungsgrundlagen neigen offenbar immer mehr Staatsanwälte und Strafgerichte dazu, in derartigen Fällen das Verfahren wegen »geringer Schuld« einzustellen, weil der Beschuldigte sich auf die Auskunft der Behörde verlassen habe.

Es ist durchaus möglich, dass hier inzwischen planmäßig die Rechtspflege ausgetrickst wird.

Das gilt auch dann, wenn Heilbehandlung durch täuschende oder verharmlosende Bezeichnungen getarnt wird; wenn zum Beispiel in einer Anzeige in einem kostenlos an alle Haushalte verteilten Anzeigenblatt in zentimeterhohen Lettern DIE FAMILIE AUFSTELLEN angeboten wird: *Wer immer wieder vor unlösbar scheinenden Konflikten steht oder immer wieder mit Verlusten, Trauer und Krankheit belastet ist, ist nicht selten unbewusst in Familienbindungen verstrickt. Die Methode der Familienaufstellung nach Bert Hellinger bietet die Möglichkeit, diese Verstrickungen sichtbar zu machen.* Tatsache ist: Wer »immer wieder mit Krankheit belastet ist«, ist möglicherweise krank und sucht beziehungsweise braucht eine Heilbehandlung.

Vor diesem Hintergrund ist es zu sehen, wenn auf dem Psychomarkt immer häufiger Krankheiten oder Leiden in intrapsychische »Konflikte« umgedeutet werden und – zumindest in den Werbeverlautbarungen – die Bewältigung dieser Konflikte angeboten wird. Hellinger-Anhänger benutzen insofern gern den Begriff »Verstrickungen«. Derlei Begriffe haben zudem den Vorteil, dass der Kunde dadurch seine üblichen Rechte bei unzureichender Leistung verliert, weil er nicht beweisen kann, was der Anbieter nun eigentlich geschuldet hat.

Es ist im Übrigen anzunehmen, dass ein erheblicher Teil der Kunden tatsächlich Heilbehandlung erwartet und (unabhängig von der Frage nach Indikation und Qualität) auch erhält. Dasselbe gilt für die Teilnehmer an angeblichen Ausbildungen der unterschiedlichsten Art.

Wer sich (ohne approbierter Arzt, Psychologischer Psychotherapeut oder Heilpraktiker zu sein) in Hellingers Methode ausbilden lässt und nicht beabsichtigt, die formale Zulassung als Heilpraktiker zu erwerben (bzw. wer ohne formalrechtliche Zulassung zur Ausübung der Heilkunde Hellinger-Aufstellungen anbietet), sollte wissen: Der Versuch der Umgehung von Strafgesetzen ist immer riskant. Jeder nachträgliche Versuch der Umdeutung der Tätigkeit – etwa: »War ja nur Beratung« oder »War ja nur ein Selbsterfahrungskurs« – kann vom Gericht auch als Uneinsichtigkeit in die Strafbarkeit des Handelns gedeutet werden. Das kann strafverschärfend wirken.

Schweiz

Derzeit gibt es noch kein schweizerisches Bundesgesetz für die Zulassung von Nicht-Ärzten zur Heilbehandlung. Diese ist kantonal geregelt. »Heilpraktiker und ähnlich bezeichnete Berufe sind je nach Kanton zugelassen, verboten oder geduldet«, so die *Naturärzte-Vereinigung der Schweiz* (NVS), die unter www.naturaerzte.ch einen Überblick bietet.

Österreich

Heilbehandlung ist nach dem Ärztegesetz ausschließlich Ärzten vorbehalten und anderen Personen verboten. Es gibt also keine Heilpraktiker. Darüber ist die Ausbildung zu den Gesundheitsberufen ausschließlich den nach den Bundesgesetzen dafür vorgesehenen Einrichtungen vorbehalten. Das Anbieten oder Vermitteln solcher Ausbildungen durch andere Personen oder Einrichtungen ist verboten. Der Versuch ist strafbar. Die Werbung gilt als Versuch. Nach den »Erläuternden Bemerkungen« bezweckte der Gesetzgeber mit diesem Gesetz von 1996 auch, den Aktivitäten jener Firmen aus Deutschland entgegenzutreten, welche »Heilpraktikerausbildungen« intensiv bewerben und anbieten. Dort wird insbesondere auch auf konsumentenschutzpolitische Gründe für den dringenden Handlungsbedarf des Gesetzgebers hingewiesen.

Hellinger und der Psycho-Schwarzmarkt

Hellingers Methode wird in wachsendem Maße auf dem Psycho-Schwarzmarkt verkauft, auf dem Psychotherapien oder Teile von solchen – oft unter anderen und irreführenden Bezeichnungen – von illegalen Heilern angeboten werden. Es ist zu befürchten, dass die Zahl der illegalen Therapeuten sprunghaft anwachsen wird, weil nicht nur Hellingers Methode als nachahmenswert angesehen wird, sondern auch sein Umgang mit den Gesetzen. Offenbar betreibt Hellinger seit vielen Jahren strafbare Heilbehandlung ohne Zulassung, getarnt als Lehre oder als Bühnen-Shows.

Am 13. 2. 2002 trat Hellinger in der *ARD*-Talkshow des Jürgen Fliege auf und demonstrierte seine Behandlungsmethode an mutmaßlich echten Patienten mit offenkundigem Leidensdruck. Soweit bekannt, ist Hellinger weder Arzt noch approbierter Psychotherapeut noch zugelassener Heilpraktiker. Bleibt somit die Prüfung, ob die Tätigkeit Hellingers auf der Bühne als Heilbehandlung einzustufen ist.

Jeder Fernsehzuschauer hätte Strafanzeige wegen des Verdachts der verbotenen Heilbehandlung erstatten können. Eine Strafanzeige ist die Mitteilung eines Sachverhaltes an die Staatsanwaltschaft, der nach Meinung des Anzeigenden Anlass für eine Strafverfolgung bietet. Es handelt sich also um eine Anregung des Verletzten oder einer anderen Person, einen Verdacht zu prüfen. Zuständig ist die Staatsanwaltschaft beim Landgericht am

Ort der Handlung. Die Staatsanwaltschaft teilt alsbald das Aktenzeichen mit. Hinweise für die Erstattung einer solchen Strafanzeige sind zu finden unter www.AGPF.de/Strafanzeigen.htm.

Die Fernsehsendung zeigte dem Zuschauer, dass Bert Hellinger und Jürgen Fliege auf der Studiobühne den Patienten den Eindruck vermittelt haben, man wolle ihrer psychischen Krankheit oder ihrem psychischen Leiden Heilung oder Linderung verschaffen. Ob die Betroffenen möglicherweise Darsteller waren, war nicht erkennbar. Eine Münchner Tageszeitung mit bundesweitem Bekanntheitsgrad berichtete allerdings schon am Tag vor der Sendung, die Sendung sei bereits zuvor aufgezeichnet worden, und deutete die Gefahren solcher Bühnen-Therapie an: »Bei Fliege wird, von diesem wohlwollend begleitet, ein freundlicher Verlauf zu sehen sein; ein anderer, hochdramatischer Ablauf bei der Aufzeichnung letzte Woche wird nicht gezeigt« (Urban, 2002). Ein »hochdramatischer Ablauf« deutet auf Hilfe Suchende hin und nicht auf Schauspieler.

Der *Bundesverband Sekten- und Psychomarktberatung* hat Strafanzeige gegen Hellinger und Fliege erstattet (vgl. www.AGPF.de/Hellinger.htm). Jetzt ermittelt die Staatsanwaltschaft München unter dem Aktenzeichen 123 Js 10556/02 wegen des Verdachts unerlaubter Heilbehandlung. Ein Ergebnis der Ermittlungen liegt bisher nicht vor [Stand 10/2002]. Falls die Staatsanwaltschaft das Ermittlungsverfahren ohne Erhebung der Anklage einstellen sollte, kann das zahlreiche Gründe haben, denn eine strafbare Handlung besteht aus einem objektiven und aus einem subjektiven Tatbestand. Ob der subjektive Tatbestand erfüllt ist, kann der Zuschauer nicht beurteilen. Der objektive Tatbestand aber ist eindeutig (sofern Hellingers Bühnenshow als Heilbehandlung zu werten ist): Heilbehandlung ohne Zulassung. Hellinger hat keine Zulassung.

Der Psycho-Markt muss geregelt werden

Der Psychomarkt ist ein Schwarzmarkt für illegale Psychotherapien. Es gibt wohl kaum eine Psychotherapie, die nicht von Personen ohne Zulassung für undurchsichtige Zwecke angewandt wird. Dieser Psycho-Schwarzmarkt wird kaum überwacht, obwohl es meist nicht nur um verbotene Heilbehandlung geht, sondern vielfach auch um Betrug und nicht selten um Körperverletzung.

Verantwortlich dafür ist in erster Linie die unzureichende und versteckte gesetzliche Regelung. Es ist kein Grund ersichtlich, weshalb die verbotene Heilbehandlung nicht im Strafgesetzbuch steht. Vielleicht ist so die geringe Zahl der Strafverfahren zu erklären.

Verantwortlich ist dafür in zweiter Linie, dass der gesamte Psychomarkt völlig unzureichend geregelt ist und dementsprechend kaum überwacht wird. Obwohl es fast immer um gesundheitsbezogene Angebote geht. Wann immer die Gesundheit des Einzelnen durch Waren gefährdet sein könnte, greifen zahllose Gesetze ein, beispielsweise das Lebensmittelgesetz, das Gaststättengesetz, die Arzneimittelgesetze. Die seinerzeitige Bundestagsabgeordnete Renate Rennebach (SPD) am 28. 1. 2000 im Bundestag: »Sie können in Deutschland keinen Liter Milch kaufen, ohne dass draufsteht, was drin ist. Aber es gibt Seminare, die die Psyche des Menschen elementar verändern, ohne dass die Anbieter sagen müssen, welche Ausbildung sie haben, welche Methoden sie anwenden, welches Ziel ein Seminar hat und wie viele Seminare ich brauche, um das Ziel erreichen zu können. Auch die Fragen der tatsächlichen Kosten, des Rücktrittsrechts oder der Regressmöglichkeiten sind ungeklärt« (Rennebach, 2000).

Kein Wunder, denn es gibt eine große Zahl von Behörden und Instituten, die sich mit Arznei- und Lebensmitteln befassen, so zum Beispiel auch eine »Bundesanstalt für Milchforschung«. Eine entsprechende Einrichtung für Psychotherapieforschung gibt es im Rahmen des *Bundesinstituts für gesundheitlichen Verbraucherschutz* nicht.

Die Zahl der illegalen Heilbehandlungen war schon immer hoch. Unter den Heilern gab es auch immer solche, die körperliche Krankheiten durch Einwirkung auf die Psyche heilen wollten, etwa als Handaufleger oder Gesundbeter. Ihre Zahl wächst dramatisch. Dazu heißt es im Bericht der *Enquete-Kommission »So genannte Sekten und Psychogruppen«* des Deutschen Bundestages vom 9. 6. 1998: »In den vergangenen 20 Jahren hat sich in der Bundesrepublik Deutschland ein mittlerweile vollkommen unübersichtlicher ›Psychomarkt‹ gebildet, dessen Expansion immer weiter fortgeschritten ist. Nach Erkenntnissen der Enquete-Kommission sind mittlerweile ca. tausend Ansätze, Methoden, Techniken und Verfahren auf diesem Markt zu erkennen. Die Angebote zielen auf Heilung bei psychischen oder psychosomatischen Störungen, Bewältigung von Lebenskrisen, Veränderung der Lebenssituation, Verbesserung der geistig-seelischen Fähigkeiten, Steigerung der Durchsetzungsfähigkeit oder Konfliktbewältigung und

Selbstbehauptung. Auch Seminare für Persönlichkeitstraining, die im Rahmen der betrieblichen Personalentwicklungsarbeit sehr geschätzt werden, zählen zu diesem Psychomarkt. Für diese Angebote wird mittlerweile in der Verkehrssprache der Begriff Lebensbewältigungshilfe benutzt« (Enquete-Kommission, 1998, 145 f.).

Die *Enquete-Kommission* hatte in ihrem Endbericht dringend die Verabschiedung des Lebensbewältigungshilfegesetzes empfohlen, welches sich damals bereits im Bundestag befand. Kurz nach Verabschiedung des Berichts war indes die 13. Legislaturperiode zu Ende, das Gesetzesvorhaben war noch nicht behandelt worden und fiel der Diskontinuität zum Opfer. In der 14. Legislaturperiode bildeten SPD und die Grünen die Regierung. Der Gesetzentwurf wurde indes nicht erneut eingebracht, obwohl die SPD ihn zuvor selbst initiiert hatte. Was war geschehen und wie geht es weiter?

Neu war die Problematik damals schon längst nicht mehr. Der *Enquete*-Bericht datiert das Entstehen des Psychomarktes etwa auf Mitte der 1970er-Jahre. Gut zehn Jahre später schrieb Szenekritiker Hansjörg Hemminger (1987, 57 f.): »Es ist erstaunlich, dass gerade diejenigen Personenkreise, die der industriellen Technik gegenüber sehr kritisch eingestellt sind, sich gläubig allen möglichen Psychotechniken ausliefern und nicht auf die Idee kommen, diese Techniken könnten unvorhersehbare Schäden anrichten. Die Technikfolgeabschätzung, die für die industrielle Produktion mit Recht gefordert wird, wäre im Psycho-Bereich ebenso notwendig. Und der Umweltverträglichkeitsprüfung technischer Produkte müsste schon längst eine Innenwelt-Verträglichkeitsprüfung psychotechnischer Produkte an die Seite gestellt werden. Das Dogma der Ökologie-Bewegung, dass ein komplexes und vernetztes natürliches System auf menschliche Eingriffe unerwartet reagiert und dass dabei bleibende Schäden entstehen können, lässt sich ohne weiteres auf die Ökologie der menschlichen Seele übertragen. Auch in dieser Ökologie lassen sich die Folgen grober Eingriffe nur schwer vorhersehen, und häufig entwickelt sich eine Eigendynamik der Schäden, die stark an den Zusammenbruch natürlicher Ökosysteme erinnert. Trotzdem gilt in der alternativen Psychoszene das Dogma der Macher, dass alles Durchführbare durchgeführt und alles Erlebbare erlebt werden sollte.«

Ende 1991 machte Hemminger den *Bundestagsausschuss für Frauen und Jugend* auf die Mängel der geltenden Gesetze aufmerksam: »Dabei werden zum Teil hochwirksame Psychotechniken wie Hypnose, kathartische Techniken, meditative Bewusstseinsveränderungen, tiefenpsychologische Deutung verwendet. Diese Techniken werden verwendet, ohne dass die Anbieter irgendwelche Qualifikationen nachweisen müssen oder gar die Unschädlichkeit ihrer Methoden beweisen müssten, was zumindest theoretisch in Bezug auf jede Pille bei uns geschehen muss. Es fehlt hier natürlich – das ist eine Endlosklage – an einem Psychotherapeutengesetz, wobei allerdings wichtig wäre, dass ein solches Gesetz nicht nur eine Regelung in Bezug auf die Schulen, die Ausbildungsgänge und so weiter enthält, sondern auch in der Handhabung als problematisch bekannter Techniken. Im Moment ist es lächerlich einfach, der Kontrolle zu entgehen, da das Heilpraktikergesetz so gut wie gar nichts hergibt. Man kann irgendeine Methode verwenden, zum Beispiel hypnotische Rückführung in der Reinkarnationstherapie. Wenn man das Selbstfindungshilfe anstatt Therapie nennt, dann kann man mit dieser Technik machen, was man will. Das ist im Grunde ein nicht zu verantwortender Zustand den Hilfe Suchenden gegenüber, wenn man bedenkt, mit welcher Akribie wir sonstige Risiken im Dienstleistungs- und Verbraucherschutzbereich regeln. Hier in diesem sehr intimen Bereich kann im Grund jeder tun und lassen, was er will. Jeder, der das bezweifelt, kann von mir das Programm einer esoterischen Akademie beziehen und sehen, was dort eigentlich getan wird. Auch das scientologische Auditing stellt im Grunde ein quasitiefenpsychologisches Lebens- und Biografiedeutungsverfahren dar, allerdings quacksalberischer Art. Jeder Fachmann weiß, dass solche Lebensdeutungen in emotional aufgeladenen Situationen ein sehr wirksames und effektives psychologisches Mittel sind. Ich glaube, eine gesetzliche Regelung ist seit langem überfällig« (Hemminger, 1991).

Es fehlt aber nicht nur die staatliche Überwachung, es fehlt auch ein spezifisches Vertragsgesetz, mit dem die zahlenden Kunden sich selbst zur Wehr setzen können, wenn sie sich geschädigt fühlen. Das Reisevertragsgesetz ist ein solches Gesetz, mit dem die gröbsten Missstände auf dem Gebiet der Pauschalreisen inzwischen beseitigt wurden. Ein solches Gesetz trifft die Anbieter bei den Finanzen und ist deshalb schnell wirksam.

Das geplante Lebensbewältigungshilfegesetz ist ein solches Vertragsgesetz. Der vollständige Titel lautet »Entwurf eines Gesetzes über Verträge auf dem Gebiet der gewerblichen Lebensbewältigungshilfe«. Es enthält kaum mehr als die üblichen Zutaten für ein Verbraucherschutzgesetz, wie zum Beispiel Schriftform und Widerrufsrecht. Es gehört zum Zivilrecht, bei dem es um Geld geht. Andererseits kann ein Vertragsgesetz natürlich nicht die Lücken füllen, die im Heilpraktikerrecht bestehen.

Derzeit herrscht also ein heilloses Durcheinander von Gesetzen, Verordnungen und Rechtsprechungen, die kaum ein Jurist überblickt. Genau das wünschen sich auch viele, die sich nicht der Überprüfung nach dem Heilpraktikergesetz unterziehen wollen oder diese nicht bestanden haben, und die deshalb nicht als Heilpraktiker zugelassen sind.

Die *Enquete-Kommission* (1998, 134): »Unter diesen Umständen ist der Handlungsspielraum für den Staat, in diesem Bereich einen effizienten Verbraucherschutz sicherzustellen, insbesondere den Kunden vor Kurpfuscherei und Scharlatanerie zu schützen, eng.« Das besagt wenig. Grundrechte gelten nicht isoliert. Wenn andere betroffen sind, muss immer eine Abwägung erfolgen. Hier ist also dem Grundrecht auf Berufsfreiheit (des Heilers) beispielsweise das Grundrechte auf körperliche Unversehrtheit (des Patienten) gegenüberzustellen. Spätestens nach den diversen Lebensmittelskandalen und der daraufhin erfolgten Einrichtung eines Bundesverbraucherschutzministeriums dürfte deutlich geworden sein, dass die Berufsfreiheit (hier: des Lebensmittelerzeugers) nicht zu Lasten der Gesundheit (des Konsumenten) gehen darf.

Die Grünen wurden in der *Enquete-Kommission* von der Bundestagsabgeordneten Angelika Köster-Loßack vertreten. Ihr Widerstand gegen das geplante Lebensbewältigungshilfegesetz und eine Änderung weiterer Gesetze dieses Kontexts wurde ihr und den Grünen als Klientelschutz ausgelegt. Dies entspräche im Übrigen durchaus den Feststellungen, die Hemminger bereits 1987 getroffen hat. Unter Bezugnahme auf O-Ton Köster-Loßacks heißt es hierzu in der *Braunschweiger Zeitung* vom 3. 1. 2002: »›Das ist völlig absurd. Was heißt hier die Klientel der Grünen?‹ Es gehe darum, von der Verfassung zugesicherte Rechte einzuhalten. Die Grünen setzten bezüglich Psychogruppen auf Aufklärung. Im Übrigen greife ›die Verantwortung des mündigen Bürgers oder des Verbrauchers‹ (...). Spezielle Maßnahmen seien mithin nicht nötig.« Köster-Loßack begründet also fehlenden gesetzlichen und staatlichen Verbraucherschutz nach wie vor mit den Grundrechten der Anbieter. Ohne ausreichende Gesetze und ohne darauf beruhende Transparenz der Märkte und der Angebote bleibt indes der mündige Bürger und Verbraucher ein bloßes Schlagwort.

Ungeachtet des Umstandes, dass das Vorhaben eines Lebensbewältigungshilfegesetzes ursprünglich aus Kreisen der SPD initiiert worden war, ließ die rot-grüne Bundesregierung nach ihrer Amtsübernahme 1998 zu keinem Zeitpunkt ernsthafte Absichten erkennen, dieses erneut aufzugreifen. Den entscheidenden Grund für diese Lethargie sehen Kritiker in der Tat bei den Grünen, in deren Reihen ausgesprochene LobbyistInnen des Psycho- und Esoterikmarktes zu finden sind: Nicht wenige der führenden Grünen hatten und haben keinerlei Scheu, ihre Affinität zu esoterischen Denkmodellen in aller Öffentlichkeit zu bekennen (vergleichbar dem demonstrativen Bekenntnis zu einer der christlichen Großreligionen bei Unions-Politikern). Konsequenterweise passierte während der ersten rot-grünen Legislaturperiode in Hinblick auf verbesserten Verbraucherschutz auf dem Psychomarkt *gar nichts*.

Zusammenfassung

– Das Heilpraktikergesetz verbietet lediglich Heilbehandlung ohne Zulassung, regelt aber nicht die Berufsausübung selbst.
– Eine gesetzliche Regelung über den Zugang (und die inhaltliche Qualifikation) zum Beruf des (Psycho-)Heilpraktikers fehlt.
– Das Psychotherapeutengesetz schützt den Beruf (bzw. den Begriff) des Psychotherapeuten, enthält aber keine Missbrauchsregelung.
– Es fehlt ein Psychovertragsgesetz.
– Es fehlt ein Psychotherapiengesetz als Entsprechung zum Arzneimittelgesetz.

Im Entwurf des o. a. Lebensbewältigungshilfegesetzes war vorgeschlagen worden, dass Anbieter von Lebensbewältigungshilfe – also alle Helfer und Helfergruppen, die einer anderen Person gegenüber zur »Feststellung oder Verbesserung der seelischen Befindlichkeit oder der geistig-seelischen Fähigkeiten« irgendwelche Dienstleistungen erbringen, sei es durch »Gespräch, Unterricht, mentales und/oder körperliches Training in so genannten Selbsterfahrungsgruppen, Kursen, Workshops oder im Selbststudium und Selbsttraining unter Verwendung schriftlicher und/oder audiovisueller Unterrichtsmittel und/oder interaktiver Maschinen« – mit der jeweils Hilfe suchenden Person einen *schriftlichen* Vertrag abschließen müssen. Dieser Vertrag, der das Angebot für die Hilfe suchende Person durchschaubar und kalkulierbar machen soll, müsse Angaben enthalten:

1. über die genaue Bezeichnung und Anschrift der anbietenden Person,
2. zur genauen Beschreibung der Leistung und des angestrebten Ziels ein-

schließlich einer kurzen Beschreibung der angewandten Methode und der theoretischen Grundlage,

3. über die berufliche Qualifikation der Helferin oder des Helfers,
4. über die Art sowie die voraussichtliche Anzahl und Dauer der Veranstaltungen,
5. darüber, ob die Veranstaltungen in Gruppen oder einzeln durchgeführt werden sollen,
6. über den Gesamtpreis sowie den Einzelpreis je Veranstaltung,
7. darüber, ob Begleitmaterial erworben werden muss und welche Kosten hierdurch entstehen,
8. darüber, ob der Vertragsgegenstand Teil eines Gesamtkonzepts ist, und über den Preis der hierzu gehörenden Leistungen.

Diese zwingenden Angaben, so die Begründung des Gesetzentwurfes, sollen für die Hilfe suchende Person eine Warnfunktion erfüllen und ihr eine Beurteilung des Angebotes unter rationalen Gesichtspunkten – Qualität und Preis des Angebots – ermöglichen.

Bis zur Verabschiedung des vorgeschlagenen Gesetzes – ob und wann dies der Fall sein wird, ist noch völlig offen – ist Rat und Hilfe Suchenden, die sich unbedingt eines Angebots der Psychoszene, einschließlich des Familienstellens nach Bert Hellinger, bedienen wollen, dringlich anzuraten, mit dem jeweiligen Anbieter einen *schriftlich* abgefassten Vertrag nach obigem Muster auf privatrechtlicher Grundlage abzuschließen (der auch in Hinblick auf etwaige Regress- oder Schadensersatzforderungen von großer Bedeutung ist). Verweigert ein Anbieter solchen Vertrag beziehungsweise die darin enthaltenen Angaben, so diskreditiert er sich selbst und sollte *unter keinen Umständen* in Anspruch genommen werden.

Fritz R. Glunk

Der Protofaschist

Das Weltbild des Bert Hellinger

Harmlos wäre er, wenn er nur heilen würde. Aber immer wieder drängt es ihn auffällig ins Allgemeine – und hinab in das verworrene Dunkel seiner politischen Mystik.

Man sollte, andererseits, Hellinger auch nicht überschätzen. Mit der wachsenden Zahl seiner Imitatoren geht jene therapeutische »Bewegung«, wie sie sich nennt, in die Breite, verwässert und verläuft sich. Selbst beim Meister persönlich verfließt allmählich die Definition eines überhaupt noch beschreibbaren »Familien-Stellens«. Es sind ja beileibe nicht mehr bloß Familien, die Hellinger auf die Bühne schickt; vielmehr hat er nach eigenem Bekunden in den letzten Jahren sogar Gott und Yahwe aufgestellt, außerdem Abraham, »das Geheimnis«, »die große Seele«, »das Schicksal«, »die Nation«, Urururururgroßväter, abgetriebene Kinder, eine Krankheit und einmal auch einen Hund. Bei so viel Flexibilität ist keine Grenze mehr zu erkennen, absehbar jedoch ein lasches Ende in Beliebigkeit.

Hellinger möchte ja auch gar nicht, dass seine Tätigkeit in irgendeinem vernünftigen Sinn definiert wird. Zwar nimmt der Autodidakt, der nähere Informationen über seine Ausbildung verweigert, für seine idiosynkratische »Methode« gern die Bezeichnung »phänomenologisch« in Anspruch – die dreiste Usurpierung eines wohlbeschriebenen philosophischen Terminus. Aber er achtet darauf, sich niemals festzulegen: Er stelle, sagt er, lediglich anheim, was er sehe, und wer eine andere Meinung habe, sei ihm ebenso willkommen; selbst seine »Feinde« sind ihm Gewinn, denn sie »stärken auch die Gefolgschaft jener, gegen die sie sich stemmen« (Hellinger 2002c). Mit einem Lächeln und nachgerade akrobatischen Verbiegungen windet er sich aus jeder unangenehmen Frage heraus. Und doch lassen sich in seiner umrisslosen Scheinmilde einige ideologische Konstanten entdecken.

Die Ordnung

Für Hellinger ist der Mensch in einer vorzivilisatorischen Welt gefangen, er ist nichts als reine, geistlose Natur, ihren Gesetzen oder auch, so lautet der Schlüsselbegriff, »der Ordnung« unterworfen. Hellinger hat diesen Gedanken gern am Beispiel des Baumes dargestellt: »Das Wort Ordnung ist belastet. Aber ein Baum, wenn er wächst, wächst nach einer vorgegebenen Ordnung. Er kann davon nicht abweichen. Gerade weil er mit dem Vorgegebenen in Übereinstimmung ist, entfaltet er sich. Aber er ist immer in eine andere Umgebung gegeben. Jeder Baum ist anders und kein Baum ist gleich. Dennoch folgen sie alle der gleichen Ordnung, nach der sie sich entwickeln können. Ähnliches ist beim Menschen.« (Hellinger, 1999d). Oder auch: »Ordnung ist etwas Vorgegebenes. Zum Beispiel ein Baum entfaltet sich nach einer Ordnung. Die ist ihm vorgegeben. Er kann aus dieser Ordnung überhaupt nicht herausfallen, sonst ist es kein Baum mehr. Und ein Mensch entwickelt sich auch, entwickelt sich auch nach einer gewissen Ordnung. Und menschliche Systeme entwickeln sich auch nach einer gewissen Ordnung. Die ist vorgegeben« (Hellinger, 1995).

Diese Reduktion des Menschen und seiner Lebenswelt auf eine nur noch vegetabile Daseinsform scheint Hellinger nicht zu stören, solange er damit nur sein Konzept »der Ordnung« absichern kann. Hellingers Biologismus nimmt gelegentlich sogar rassistische Züge an, wenn er einer »typisch abendländischen« Verletzung »der Ordnung« ein afrikanisches Volk als Vorbild entgegenhält: »Ich habe bei den Zulus zum Beispiel niemals gesehen, dass irgend jemand abfällig über seine Eltern gesprochen hat. Das war undenkbar. Die konnten noch sehen, was das heißt, das Leben von den Eltern zu nehmen« (Hellinger, 1999d). Offensichtlich hat für Hellinger bei so freundlichen Zulukindern die ansonsten überwundene Bezeichnung »Naturvolk« noch immer ihre abgeschmackte Geltung.

In abgeschwächter Form lautet der Grundsatz, kundgetan in einer TV-Talkshow: »Ich hab mal so'n Aphorismus geschrieben, der heißt: Eltern haben keine Fehler« (Hellinger, 2002i). Als der Moderator zu erwidern versuchte, das könne doch nicht in allen Fällen richtig sein, wurde er von Hellinger mit einer charakteristischen Verschiebung auf eine andere Diskursebene zurechtgewiesen: »Als Eltern in der Weitergabe des Lebens sind alle Eltern gleich, gleich gut im Dienst einer größeren Kraft, und als solche sind sie – sozusagen vollkommen.«

An anderer Stelle wiederum (Hellinger, 1998a, 116) wird der autoritäre Imperativ eingeführt, Kinder hätten sich nicht darum zu kümmern, was ihre Eltern in der Nazizeit getrieben haben, das sei »gegen alle Ordnung«: »... das ist die Hybris, die zu Tragödien führt. Das ist die Anmaßung des Geringeren, der meint, er könne etwas Gutes bewirken, auch wenn es gegen die Ordnung ist. Doch das scheitert immer.«

Es wurde schon oft beschrieben, wie in Hellingers vorgegebener »Ordnung« nicht nur die Kinder den Eltern »nachgeordnet« sind, sondern ebenso die Frau dem Mann. Die Frau, zitierte Jürgen Fliege in der erwähnten Talkshow seinen Gast, solle dem Manne folgen, und schloss daran die Frage, ob so etwas im Jahr 2002 noch zeitgemäß sei. Hellinger vollzog auch hier eins seiner Ausweichmanöver, das er in die Bitte kleidete, den Satz vollständig zu zitieren, die zweite Hälfte laute nämlich: »... der Mann muss dem Weiblichen dienen.« Dass im ersten Halbsatz greifbar von »Mann« und »Frau« die Rede ist und im zweiten nur noch vage von einer Idee des »Weiblichen«, verwischt Hellinger mit seinem pastoralen Singsang. Dieses »dem Weiblichen dienen« will er natürlich nie als konkretes Handeln verstanden wissen. So dürfe, bringt er als Beispiel, ein Mann niemals die Firma oder das Geschäft seiner Frau übernehmen: »Er wird es ruinieren. Beobachten Sie's mal!« Als Fliege ihn auf Claus von Arnsberg und das stabile holländische Königshaus hinweist, da triumphiert Hellinger, menschenverachtend, themafremd, aber breit griened: »Sehen Sie ihn doch mal! Wie sieht denn der aus?« Und hat das lachende Publikum auf seiner Seite.*

Da fällt es kaum noch ins Gewicht, dass er im Vorbeigehen auch noch die Homosexuellen diskriminiert. Seine selbst gerühmte Toleranz findet hier eine klare Grenze: Homosexualität sei ein »schweres Schicksal«: »Homosexuell wird einer unter anderem, wenn er ausgeschlossene Böse repräsentieren muss« (Hilgers 2001c, 106). Kein Wunder, dass Hellinger stolz darauf ist, wenigstens einen dieser Kranken geheilt zu haben, der habe sogar »zwei Monate später geheiratet und hat jetzt ein Kind« (Gerbert, 1998b, 224).

In Hellingers Welt haben Leiden wie Krebs, Multiple Sklerose oder auch Drogenabhängigkeit ganz selbstverständlich ihre Ursache in der immer gleichen Verletzung »der Ordnung.« In einem Interview mit dem Fachmagazin *Psychologie Heute* (Krüll/Nuber, 1995, 25) wurde ihm die Schematik die-

---

* Claus von Arnsberg verstarb wenige Monate später. Er hatte lange Jahre an der Parkinsonschen Krankheit gelitten.

ses Verfahrens folgendermaßen vorgehalten: »In Ihren Büchern stehen nun mal Sätze wie ›Krebs ist die Sühne für die Verachtung der Eltern‹ oder ›Jeder Sucht ist die gleiche Grundsituation eigen. Der Süchtige hat seinen Vater nicht genommen und er nimmt nicht von seinem Vater.‹« Es sind dies Sätze von unüberbietbarer Allgemeingültigkeit. Auf Nachfrage jedoch führt Hellinger abermals seine gallertartigen Ausweichbewegungen vor:

Hellinger: Manchmal ist das so.
Psychologie Heute: In den Büchern steht meist nicht »manchmal« als Einschränkung dabei.
Hellinger: Diese Sätze entstehen immer aus einer konkreten Situation heraus. Man darf sie daher nicht verallgemeinern.

Eine Handlung jedoch, die in der Zivilisation heute durchgehend als Verbrechen markiert ist, stellt für Hellinger nicht einmal eine »Ordnungswidrigkeit« dar: der sexuelle Missbrauch einer Tochter durch ihren Vater. Ginge es nach Hellinger, so dürfte dieses kaum heilbare Trauma innerhalb »der Ordnung« straflos zugefügt werden (wobei er, sicher ist sicher, zunächst darauf hinweist, dass »wir eine Rechtsordnung [haben], die muss Kinder schützen. [...] Die Rechtsordnung darf nicht durch die Psychotherapie aus den Angeln gehoben werden« [Krüll/Nuber, 1995, 23]). Man muss sich das so vorstellen: Der Mann hat ein unbefragtes Recht auf Sex, und wenn er ihn nicht von seiner Frau bekommt, holt er ihn sich eben bei der Tochter; was schon deshalb richtig ist, weil die Tochter ihn ja liebt und der Inzest überdies mit dem Wissen, ja auf Wunsch der Mutter stattfindet. Die »Ordnung« ist also mit sich im Reinen. Ein Problem hat allenfalls die Umgebung, nicht das Kind; in Hellingers eigenen Worten »hat [es] keine Schwierigkeiten, auch hier den Vater zu ehren und zu lieben. Die Umgebung hat Schwierigkeiten, ihn zu ehren. Die Umgebung entrüstet sich in so einem Fall. Wehe, wenn das Kind in ihrem Beisein seinem Vater nicht böse ist! Bei den Familienaufstellungen kommt ans Licht, dass das Kind seinen Vater dennoch liebt. (...) Häufig kommt es zum Inzest, weil die Mutter sich dem Mann entzog. Dann tritt die Tochter an ihre Stelle um das System zu retten. Das Kind ist da vor allem im Dienst der Mutter« (Hellinger, 2002f, 16). Da ist es denn nur folgerichtig, dass das Kind sich vor den Vater hinknien, den Kopf auf den Boden legen und in dieser Demutshaltung zu ihm sagen muss: »Papa, ich habe es gerne für dich gemacht.« Desgleichen gegenüber der Mutter (Krüll/Nuber, 1995, 23). Das missbrauchte Kind darf ehren und lieben, nur jemandem ernsthaft »böse sein« darf es nicht, aber auch nicht verzeihen, denn ein Untergeordneter verzeiht keinem Übergeordneten, das würde dessen Autorität mindern und damit wieder »die Ordnung« verletzen So dient selbst der Tochter-Vergewaltiger »dem Weiblichen« [siehe auch: *Mitschuld am Missbrauch?*].

Die Verehrung für diese Weiblichkeit, die sich beim konkreten Inzest-Fall gern zu verabschieden scheint, ist für Hellinger auch bei anderen Gelegenheiten keine Pflicht mehr, ja er scheint jenem »Weiblichen« auf psychoanalytisch enthüllende Weise zu misstrauen, es zu fürchten, etwa wenn er sich über »die Spirituellen« so auslässt: »Für mich hat das Weibliche etwas Fülligeres als das Männliche. (...) Wenn man Erleuchtung sucht oder die Sammlung oder diese Leere, dann ist das sozusagen eine Hinwendung zum Weiblichen. Auflösung ist weiblich. Im Schoß aufgelöst, sozusagen. Das Nirwana ist weiblich. Das sind alles weibliche Metaphern. Deshalb sind diese Bilder auch für das eigentlich Spirituelle gefährlich. Denn da bleibt man sozusagen innerhalb des Irdischen, der Bilder. Das eigentlich Spirituelle müsste etwas drüber hinaus sein, jenseits des Weiblichen. Also: die Spirituellen bewegen sich oft innerhalb des Weiblichen« (Hellinger, 2001d, 42).

Und dort, auf diesem gefahrvollen Gelände, möchte Hellinger offenbar auf keinen Fall gesehen werden. Man kennte ihn aber schlecht, wenn man meinte, er halte stattdessen nun »das Männliche« hoch; so leicht ist er nicht zu fassen. Nein, vielmehr hat »das Männliche« für ihn »nicht die gleiche Kraft und Tiefe wie das Weibliche«, und, wie sehr auch im Widerspruch zu den eben behaupteten Gefahren: »Über die Achtung vor dem Weiblichen bekommt der Mann Zugang zur Tiefe der Seele« (ebd., 61). Es dürfte dem Wendigen jedoch mühelos gelingen, das Gefährliche des Weiblichen und die Achtung vor ihm auf einen neuen, nicht minder vagen Nenner zu bringen. Was sich aus diesem rhetorischen Nebel jedoch als Denkfigur deutlich heraushebt, ist Hellingers singuläre, naturhaft-urwüchsige Hack-»Ordnung« samt ihren hierarchischen Über- und Unterordnungen.

Die Sippe

Noch einmal: Wäre Hellinger bei seinem wie auch immer angemaßten Leisten geblieben, bei seinem »therapeutischen« Familien-Stellen, er wäre nur einer von vielen tönenden Scharlatanen. Aber das simple Heilsversprechen reicht ihm seit einiger Zeit nicht mehr. Er will mehr. Während er vor einigen Jahren noch vorgab: »Ich will keine politischen Akzente setzen, sondern ich bleibe bei dem, was ich überschaue« (Krüll/Nuber, 1995, 26), gehen seine Ambitionen inzwischen weit darüber hinaus. Von einem Verehrer lässt sich der »Eroberer der inneren Welt« Folgendes in ein Buch-Vorwort schreiben: »Zu den Themen solcher Aufstellungen gehören in Deutschland das Dritte Reich, die Schuld der Deutschen und die Beziehung von Deutschen und Juden. Aber auch in anderen Kulturen stellt sich Hellinger in Aufstellungen den kollektiven Verstrickungen wie dem Bürgerkrieg in Spanien oder den Diktaturen mit ihren Tätern und Opfern in Argentinien und Chile« (Hellinger 2001d, 9 f.). Obschon an dieser Darstellung noch die Eierschalen einer wie auch immer gearteten Therapie hängen, so überschreiten die »Themen« klar die Grenzen jeder therapeutischen Schonzone, begeben sich auf das freie Feld der politischen Ideen und setzen sich damit der öffentlichen Kritik aus.

Hellingers Augenmerk gilt in den genannten Konfliktthemen vor allem den Beziehungen zwischen zwei Personengruppen, »Tätern« und »Opfern«. Beiden wird nun das angeblich vorgegebene Ordnungsschema übergestülpt, ein Verfahren, bei dem – wie schon beim Inzest – vor allem die Täter profitieren. Ihnen bescheinigt Hellinger, dass sie sich doch in keinem Fall aus ihrer »Gruppe« lösen konnten und schon deshalb jetzt nicht anzuklagen sind. Wo sein Interviewer zwischen Aggressoren und Überfallenen einen Unterschied zu sehen meint, wird er von Hellinger belehrt: »Wenn ich auf der Ebene der Phänomene bleibe, kann ich nur sagen: Jeder in seiner Gruppe ist gerechtfertigt. Jeder gehört seiner Gruppe an und kann dem, was passiert, nicht entgehen. (...) Keiner der deutschen Soldaten konnte seine Gruppe verlassen« (ebd., 52). Die Tausenden Kriegsdienstverweigerer werden von ihm also bewusst unterschlagen. Ebenso ungerührt verwendet er das schiefe Freispruch-Argument Ernst Noltes aus dem Historikerstreit: »Die Angst vor dem Bolschewismus war in Deutschland sehr groß. Der Kampf gegen Russland hatte für viele Deutsche einen ähnlichen Charakter wie für die Amerikaner, als sie angetreten sind, um die Deutschen zu besiegen. Wenn ich auf dieser Ebene bleibe: In der Haltung und in der Überzeugung gab es da wahrscheinlich keinen großen Unterschied« (ebd., 53). Eine Beurteilung, die immer nur den »Tätern« zugute kommt: Da sie ihre »Gruppe« nicht verlassen konnten und darin ohnehin jeder »gerechtfertigt« ist, fallen alle Vorwürfe und Anklagen in sich zusammen.

Aber ganz so gleich sind sich Täter und Opfer nun auch wieder nicht. Hellinger wird von einer nur selten eingestandenen Vorliebe für die Täter bewegt. Denn sie haben, mit den gewohnten Kautelen abgepolstert, für ihn etwas imponierend Kraftvolles, und daneben kommt ihm alles »Weiche« (möglicherweise auch »das Weibliche« mit seinem alles auflösenden Schoß) verdächtig vor: »Ja, die Täterkraft ist eine besondere, das darf man nicht übersehen. Das hat etwas Kriegerisches. Es kommt nur darauf an, wie diese Kraft eingesetzt wird. Wenn sie umgewandelt wird, dann ist sie wirklich wertvoll. Das Weiche, das Milde, das Liebevolle, deckt oft etwas anderes zu. Oft deckt es etwas Aggressives zu. Hier jedoch kommt das Aggressive in seiner Kraft zum Ausdruck« (Hellinger, 2001b).

Und nun wird endlich »das Männliche« in sein urtümliches Recht eingesetzt, und zwar in der mythischen Figur des Kämpfers, dem zur Zeit leider – wie den Frauen die Mehrfachgeburten – die Bewährung im Krieg fehlt. Mit gewohnter Wendigkeit relativiert er dieses »Krieger«-Bild ein wenig. Im Vordergrund aber steht die Faszination durch die »Bereitschaft zum Kriegerischen«: »So wie die Frauen heute nicht mehr so viel Kinder haben können, können die Männer ihren Krieg nicht mehr haben, in dem sie sich bewähren. Weder die Frau muss sich an vielen Kindern bewähren, noch muss der Mann sich im Kampf bewähren. Bei den Germanen war der Heldentod der normale Tod. Wer den nicht erlitten hatte, galt nicht ganz als Mann. Das kam von den merkwürdigen Bildern, die sie hatten. Ich finde das nicht erstrebenswert. Aber die männliche Kraft ist eine kriegerische in dem Sinn, dass sie die Familie verteidigt. Das ist das Ursprüngliche. Die Männer stehen zusammen wie bei der Jagd, die früher etwas Kriegerisches hatte. Das ist Männerhandwerk und hat etwas Gutes in sich. (...) Diese Bereitschaft zum Kriegerischen, wo es angebracht ist, steht einem Mann gut« (Hellinger, 2001d, 44).

Dieses kriegerische Zusammenstehen der Männer ist in Hellingers Welt offensichtlich kein »merkwürdiges Bild«. Ganz im Gegenteil: Es ist ihm eine Art Jung'scher Archetyp, den er auch bei anderer Gelegenheit gern als Beweis heranzieht, zum Beispiel wenn es um »Treue« und »Einsatz« geht. Da kommt Hellinger dann umstandslos von den Kindern zu den Soldaten und von der »Sippe« zum »Volk«. Im Originalton des politischen Predigers klingt das dann so: »Da, wo wir herkommen, lieben wir auch am meisten. Und daher richtet sich die Urliebe in erster Linie auf die eigenen Eltern, dann aber auch auf die eigene Heimat und das eigene Volk. Aus dieser Liebe heraus ist ein Kind bereit, alles dranzugeben, selbst das eigene Leben und Glück, wenn es nur den Eltern und der Sippe dadurch besser geht. Diese Liebe ist bei denen am stärksten, die auch am abhängigsten sind. In der Familie sind es die Kinder, in einem Betrieb die Arbeitnehmer, in einer Armee die gemeinen Soldaten und in einer Kirche das einfache Volk. Bei ihnen sehen wir deshalb auch die größte Treue und den selbstlosesten Einsatz« (Hellinger, 2000d).

Selbstaufopferung, Treue, Einsatz, Sippe, Volk: Wir haben diese Sprache schon einmal gehört. Die Ideale, die Hellinger hier rühmt, sind Leitbilder der Nationalsozialisten. Sie lassen in ihrer Deutlichkeit keinen Deutungswunsch offen. Dass sie in diesem Text so offenherzig zur Sprache kommen, liegt daran, dass der Redner unter Zeitnot stand und seine Schlussgedanken nur in gedrängter, aufs Wesentliche verknappter Form vortragen konnte. Sie legen die unabweisliche Interpretation nahe, dass Hellinger an dieser und an vielen anderen Stellen seinen andächtig lauschenden Zuhörern ein Gedankengut bietet, das weitgehend deckungsgleich ist mit einer faschistischen Ideologie.

In diesen Zusammenhang gehören auch seine wiederholten Versuche, die nationalsozialistischen »Täter« zu rehabilitieren, auf seine eigene privatsprachliche Weise. In der erwähnten Fliege-Talkshow etwa sagte er dazu: »Ich bring mal ein ganz krasses Beispiel, was in Deutschland ja sehr aktuell ist. Also wir haben in Deutschland, ja?, die Täter des Dritten Reiches ausgeschlossen. Wir wollen nichts von ihnen wissen, ja? Also wir haben ihnen sogar das Menschsein abgesprochen. (...) Und jetzt also – wenn's also – wenn man eine Familie zu tun hat, in der es also Nazi-Täter gab, ja?, und die werden also ausgeschlossen, dann muss jemand später den Ausgeschlossenen vertreten« (Hellinger, 2002i).

So fließt ihm alles in ein und dasselbe trübe Ideengebräu zusammen: dysfunktionale Familien, Identitätsprobleme der Nazi-Kinder, die »Bewältigung« der Vergangenheit, der gesellschaftliche Konsens, Nazis und Juden, die Erinnerungskultur und das kollektive Gedächtnis – immer hat er die gleiche »Lösung« parat. Es ist bei ihm Methode, auch das Unzusammenhängendste zu vermengen. Am deutlichsten spricht er es selbst aus, wieder beim Thema der angeblich »ausgeschlossenen« Nazi-Täter. Hier wäre es ihm am liebsten, man machte zwischen Tätern und Opfern überhaupt keinen Unterschied mehr. Auf eine nur ihm begreifliche Weise sind beide gleich gewaltbereit, gleich schuldig oder unschuldig. Genauso sieht er auch den Staatsstreich Pinochets gegen Allende: Man dürfe jetzt von den Putschisten kein Schuldbekenntnis verlangen, »weil die anderen eben auch nicht unschuldig sind« (Hellinger, 2001d, 157). Denn man muss bedenken, »dass viele dieser Ermordeten ja selber Täter waren oder auch die Bereitschaft hatten zu morden« (ebd., 162). Er sieht, dass es sich hier »um gesellschaftliche Bewegungen, um politische Bewegungen mit einem hohen Ziel« handelt: »Und um dieses Zieles willen sind alle Beteiligten bereit Gewalt anzuwenden« (ebd., 159). Offenbar auch die Mütter der Plaza de Mayo, die für ihn, weil es ihm in die Gleichmacherei passt, »eine kämpferische Gegenbewegung« sind. Einmal abgesehen von der Absurdität all dieser Behauptungen: In Hellingers Reich dürfen offenbar nur Engel und Heilige einen Mörder anklagen.

Aus diesem Grund ist ihm auch jede Parteinahme für die Opfer politischer Gewalt zuwider. Er sieht darin durchgehend nur theologisch Negatives: Überheblichkeit, Selbsttäuschung, Egomanie. Der realitätsferne Begriff, den er sich dabei zurechtlegt, heißt »Entrüstung«: »Die Widerstände gegen diese andere, hintergründige Sicht von Entrüstung über die Täter und diese andere Betrachtungsweise des Gedenkens hängen oft damit zusammen, dass die Identifizierung mit der vermeintlichen Sache des Opfers es dem Einzelnen ermöglicht, sich besser und überlegen und anspruchsvoll zu fühlen, jedoch ohne die Erfahrung eigenen Leids und ohne den Blick auf die eigenen Tiefen, ohne das eigene Versucht-Sein und ohne eigenes erlebtes Versagen. Dann werden die Entrüsteten böse, maßen sich an, sie hätten größere Rechte als andere, und fühlen sich überlegen, wie früher die Täter« (Hellinger, 1998a, 130 f.).

Mit dieser scholastischen Volte ist er wieder bei seinem Einheitsthema: Auch die Fürsprecher der Opfer sind nicht besser als die Täter. Die »Lösung«, die er uns für den Umgang mit einem besiegten Verbrecherregime gibt, heißt folgerichtig: gar nichts tun. Am besten ist es, »man wartet, bis die Täter tot sind und sieht sie dann mit ihren toten Opfern vereint. Das bringt Frieden sowohl für die Täter als auch für die Opfer« (Hellinger, 2001d, 147). In bekannter Schlussstrich-Mentalität verlangt er, auch von den Opfern, das öffentliche Vergessen der Untaten. Selbst die Geschichtsschreibung hat ihm zufolge nur einen Zweck: »die Fortpflanzung des Bösen« (Hellinger, 1998a, 115). Die Vergangenheit aber, so der wiederholte Nachhall Noltes aus dem Historikerstreit, hat »das Recht, dass auch ihr Schlimmes nach einiger Zeit vorbei sein darf. Dann dürfen wir auch mit ihrer Vergangenheit umgehen wie Lot, als er Sodom, ohne noch einmal rückwärts zu blicken, hinter sich ließ« (ebd., 325).

Es gibt einen Grund für Hellingers beschönigende Nomenklatur (»ihr Schlimmes«). Mit wünschenswerter Deutlichkeit hat er ihn im Fall des Hitler-Regimes offen gelegt − und damit eine jede Vernunft beleidigende Geschichtsauffassung. Der Nationalsozialismus nämlich gehört in seinen Augen, ebenso wie »der Humanismus, die Wende«, zu den »großen geschichtlichen Bewegungen« (Krüll/Nuber,1995, 26). Diese unwiderleglich positive Wertung bringt ihn nun dazu, all diese »Bewegungen« als etwas so übermenschlich Mächtiges hinzustellen, dass der Einzelne sich ihnen nur blind unterwerfen kann. Widerstand dagegen ist in jedem Fall, da der praktische Misserfolg zu erwarten ist, sinnlos. Diese ethikfreie Erfolgsmoral predigt der frühere Katholik bei jeder Gelegenheit. Die Widerstandskämpfer beispielsweise im Dritten Reich hätten wissen müssen, dass sie gegen die nationalsozialistische »Bewegung« nichts unternehmen können. Schon die mangelnde Aussicht auf Erfolg hätte sie abhalten müssen. Es kommt Hellinger dabei deutlich nicht auf eine Entscheidung des Gewissens an, sondern allein auf das Resultat: »Wir müssen das Ergebnis sehen. Was war das Ergebnis des Widerstandes? Es war gleich null. Das zeigt, dass die Widerstandskämpfer nicht im Einklang waren. Das waren Leute, die gemeint haben, sie könnten das Rad der Geschichte aufhalten. Das geht nicht« (ebd.).

Dass wir also der Geschwister Scholl gedenken, ist für Hellinger der reine Humbug; damit wollen wir bloß kindlich eine längst verlorene Unschuld festhalten. Ehren kann man sie schon deshalb nicht, weil schließlich »viele Widerstandskämpfer in Deutschland (...) die gleiche Mord-Bereitschaft [hatten] wie die Nazis auch, nur für einen anderen Inhalt« (Hellinger, 2001d, 163). Graf Stauffenberg oder Adolf Hitler − da dreht Hellinger die Hand nicht um, einer ist ihm so gut oder schlecht wie der andere, nur hatte der eine Erfolg, wenigstens zwölf Jahre lang, und dem anderen ging sofort alles schief. Widerstandskämpfer fallen aus der gemeinsamen Geschichte, wie er sie versteht, überhaupt ganz heraus. Denn aus eigenem Fronterlebnis weiß er noch, sie »hätten in der Truppe keine Chancen gehabt« − offenbar ein besonders schwer wiegender Einwand gegen ihre Pläne.

Aber der schlimmste Vorwurf kommt erst jetzt: Diese Leute »waren nicht mit dem (...) verbunden«, womit sie sich Hellingers Erfolgssegen gesichert hätten, »dem Volk«. Sie hatten offenbar wieder nur ichsüchtige Ziele im Auge, jedenfalls keine Ahnung davon, »was eigentlich lief«. Was das gewesen sein soll, legt Hellinger nicht dar. Es wird geheimnisvoll, wenn auch tautologisch, der überpersönliche »Fluss des Geschehens« genannt (ebd., 55 f.).

Die Macht des Schicksals

Hellinger mag Rilke. Aus einem der *Sonette an Orpheus* (Zweiter Teil, XXIX,
An einen Freund Weras) holt er sich die Zeile »Geh in der Verwandlung ein
und aus« und leitet daraus ohne Begründung die halsbrecherische Interpretation ab: »Der Wille zur Wandlung ist bei Rilke immer ein Wille zum
Schicksal« (ebd., 12). Damit liegt nach »der Ordnung«, der »Sippe« und dem
»eigenen Volk« der letzte Kernbegriff Hellingers auf dem Tisch: das Schicksal. Jenes dunkle Verhängnis – es tritt wiederum nur im Singular auf – ist in
Hellingers Weltbild, außer einfach zu geschehen, vor allem damit beschäftigt, Menschen »in den Dienst« zu nehmen. Etwa die Soldaten zweier kämp-
fender Armeen: »Sie tragen dann ein gemeinsames Schicksal. Da sind ja
zwei Gruppen in den Dienst genommen und in eine Bewegung hineinge-
zwungen, aus der sie nicht aussteigen können« (ebd., 164). Ähnlich muss
man das, fährt er fort, auch bei innenpolitischen Konflikten sehen.

Manchmal ist es nicht das Schicksal, das Menschen dienstverpflichtet,
sondern »die Evolution«: »Wegen der Überbevölkerung müssen immer
mehr Singles bleiben. Diese Singles werden sozusagen von der Evolution in
den Dienst genommen, obwohl sie meinen, sie seien frei« (Hellinger, 2002 f.,
18). Die Wortwahl erinnert wiederum an Hitler, für den ebenfalls die Natur
die große Schicksalsmacht war, »die grausame Königin aller Weisheit« (1934,
144). Auch für ihn hat nur »die natürliche Entwicklung (...) endlich doch
den Besten auf d i e Stelle gebracht, auf die er gehörte« (ebd., 573).

An ein so ausweglos Schicksal sind also wir Menschen gekettet, vor allem diejenigen, die – so die entschuldigende Formel – »in Kriegsverbrechen
verwickelt« waren, und endlich auch ganze Völker, wie der Seher weiß:
»Und ich erkenne jedes Volk in einer bestimmten Weise eingebunden in ein
Schicksal ...« (Hellinger, 2001d, 124). Das hier einzig noch erlaubte Verhalten ist die Kapitulation des freien Willens, womit sich jede Verantwortung
für das eigene Handeln in nichts auflöst. Hellinger kategorisch: »[Ich bin]
mit der schicksalhaften Ohnmacht meiner Schuld oder Unschuld konfrontiert. Als einziger Ausweg bleibt mir dann nur die Unterwerfung, das willi-
ge Sich-Einfügen in einen undurchschaubaren, übermächtigen Zusammenhang – sei es zu meinem Glück oder auch zu meinem Unglück.« Eine solche
»Demut« bedeute, »dass nicht ich das Schicksal bestimme, sondern das
Schicksal mich. Dass es mich aufnimmt, trägt und fallen lässt nach Gesetzen, deren Geheimnis ich nicht lüften kann und darf« (Hellinger, 2000d).

Offenbar ist für Hellinger überhaupt nichts von Menschen gemacht, sondern alles von jenem übermenschlichen Schicksal: Auch »der Krieg zum Beispiel ist etwas, was die Familie oder ein Volk sozusagen überfällt, und dennoch ist es nichts, was aus diesen selbst entsteht, sondern es wird von einer anderen Macht gesteuert« (Hellinger, 2001d, 121). Mit dem gelähmten Blick auf diese Macht fällt sogar die Frage weg, was der 11. September 2001 zu bedeuten hat. Hellinger deutet den Hergang folgendermaßen: Die Terroristen sind »genauso als Eingebundene in ihr System« zu sehen wie wir in unseres; darüber hinaus sind sie »auf ihre Weise religiös, zutiefst religiös«; und nicht nur das: Da sowohl sie wie ihre Gegner derart eingebunden sind, sind sogar beide »in dem, was sie anstreben, religiös«; schließlich muss man nur noch »anerkennen, dass die einen wie die anderen, obwohl sie vordergründig ganz Entgegengesetztes wollen und tun, von einer sie übergreifenden größeren Macht gesteuert werden, vor der beide sich verneigen müssen, weil sie für sie nur Werkzeuge für andere Ziele sind« (Hellinger, 2001c). Wenn alle Menschen nur Werkzeuge sind, hat jedes Urteil zu schweigen. Wer sich gegen jene Unterwerfung sträubt, ist nach Hellinger aufsässig. Eine derartige Verweigerung sieht er insbesondere bei Menschen, die er abschätzig »Weltverbesserer« nennt, weil sie sich nicht abfinden mit der Welt, wie sie ist: » ... manche sagen: Es muss so sein, weil sie sich das wünschen. Die Weltverbesserer, die wünschen sich eine andere Welt als die, die sie vorfinden. Und dann machen sie eine künstliche Ordnung. Sie achten nicht, was die wirkliche Ordnung ist. Die wirkliche Ordnung ist etwas Verborgenes. Die kann ich eben nicht so herausholen« (Hellinger, 1995).

Solche Widerspenstigkeit ist Hellinger schon deshalb unverständlich, weil sein blindes Schicksalswalten doch nur unser Bestes will: »Der Einzelne sieht, wenn er auf sein Leben zurückblickt, wie immer es war, dass er in Situationen gestellt war, denen er nicht ausweichen konnte. Im Rückblick merkt er, wenn er ihnen zustimmt, dass darin etwas Kraftvolles wirkte. Die meisten fühlen sich geführt, wenn sie zurückblicken. Wenn man auf sein Leben zurückblickt, wird einem in vielen Situationen bewusst: Ich habe eine gute Führung gehabt, eine gute Führung oder einen guten Führer. Er fühlt, dass da etwas gesteuert hat« (Hellinger, 2001d, 131).

Und da wir nun beim »Führer« angekommen sind: Hitler immerhin hat sich vorbildlich zu seinem Schicksal verhalten, und das genau ist es, was ihn zu einem »Großen« macht. Hellingers Gedankengang beginnt damit, dass wir erst einmal anerkennen müssen, »auch Hitler war in den Dienst genommen«, also jenseits von kleinlicher Schuld und Unschuld, denn »auch die Bösen sind berufen« (Hellinger, 1998a, 83). Alle Verbrechen, die Hitler beging, waren für ihn ohnehin vorherbestimmt von einer höheren Macht.

Aber seltsam: Derselbe Hitler, der eine Welt, die ihm nicht gefiel, in Brand setzte, wird von Hellinger als geduldiger Annehmer seiner gesteuerten Berufung gesehen. Das Bisherige richtig verstanden, erkenne man bei dem Diktator »eine viel tiefere [Grundhaltung] – und eine, die Zeit hat. Sie wartet auf die Gelegenheit. Wenn dann die Gelegenheit kommt oder der Aufruf und jemand ist im Einklang mit diesem Strom, dann hat er ungeheure Kraft. So schrecklich es klingt, einer, der darauf warten konnte und es ergriffen hat, war Hitler« (Hellinger, 2001d, 12 f.).

Allerdings ist bei ihm wie bei allen historischen Heroen dafür gesorgt, dass ihre Bäume nicht in den Himmel wachsen: »Erst wenn einer durch besondere Umstände zu Großem berufen ist, dann wird er auch zur rechten Zeit handeln. Das Merkwürdige ist, dass die, die so groß in der Weltgeschichte handeln, nur für eine kurze Zeit wirken können, dann fallen sie wieder. Also, die Größe bis zum Ende durchhalten – das kann kaum einer, auch wenn er groß beginnt. Das zeigt noch einmal, wie begrenzt unsere Wirkungsmöglichkeiten sind und wie wenig davon in den Willen des Einzelnen gelegt ist. Mir fallen da ein paar Namen ein, Martin Luther zum Beispiel. Er hat groß angefangen und nachher kam der Fall, bei den Bauernkriegen zum Beispiel. Oder Napoleon. Es war unglaublich, was er geleistet hat – und dann kam auch der Sturz. Und bei Hitler natürlich auch. Durchhalten kann am Ende keiner« (ebd., 13).

Es darf fraglich bleiben, ob die Geschichtswissenschaft durch derartig konstruierte Vergleiche bereichert wird. Sie verraten allerdings wieder einmal Hellingers fatale Tendenz zur Verharmlosung des NS-Regimes und seiner Verbrechen. Wenn alle »eingebunden« sind und alles, was sie tun, nur »geschieht«, wenn die persönliche Verantwortung eingeschmolzen wird in ein waltendes »Schicksal«, dann verabschiedet sich Hellinger mit dieser Selbstaufgabe des Humanen aus jedem rationalen Diskurs.

Bei näherer Betrachtung verstärkt sich noch der Verdacht, dass er mit seinen Absonderlichkeiten nicht mehr auf dem Boden einer kommunikationsfähigen Vernunft steht. Wenn wir seine Versuche betrachten, jene geheimnisvolle, alles steuernde Macht genauer zu fassen, stoßen wir auf recht abnorme Gedankenkonstrukte.

Im Grunde nämlich ist für Hellinger ein Menschenleben überhaupt irrelevant, denn »es macht keinen Unterschied – das ist jetzt ein radikales Bild – , was in dem Leben passiert, denn am Ende fällt alles gleichermaßen zurück in den Ursprung, in dem gewissermaßen schon alles vorhanden ist. Das Leben ist ein Spiel von einer größeren Kraft. Wenn dieses Spiel aus ist, werden alle Figuren wieder in die gleiche Schachtel gepackt und liegen nach dem Spiel nebeneinander. Wenn man das so sieht, ist das kurze Leben kein Verlust und das lange Leben kein Gewinn« (Hellinger, 2001b).

Das menschliche Leben als schützenswertes, hohes Gut ist dem Ex-Priester nicht mehr zugänglich. Er hat diese Grundüberzeugung unserer Gesellschaft von sich abgetan. Der Einzelne ist ihm nur noch Spiel- und Verbrauchsmaterial – Hauptsache, die Sippe, das Volk bleiben intakt, »die Ordnung« und die ergriffene Macht des Schicksals. Hellingers Desinteresse am Leben eines Menschen ist das deutlichste Merkmal seines totalitären Weltbildes.

In bemerkenswertem Gegensatz dazu steht seine Vorliebe für Tote: Man muss, sagt er unaufhörlich, den Toten ins Gesicht schauen, sie annehmen, zu ihnen gehen, sich bei ihnen umsehen, sich zu ihnen legen und da »ganz klein« werden. Bei Hellinger beginnt jede Aufstellung mit der Ausgrabung der Familien-Toten, am liebsten hat er dabei Ermordete und Selbstmörder. Die manische Aufmerksamkeit, die er ihnen zuwendet, die Bedeutung, die er dem »Reich der Toten« zuschreibt, trägt auffallend nekrophile Züge.

In unbedachten Augenblicken begibt sich diese Neigung in eine düstere Nähe zum Satanismus. Hellinger sucht über seine ideologischen Fixpunkte hinaus einen allerletzten Grund und findet ihn – in der Idee des Bösen. Vor einigen Jahren führte er seine Zuhörer einmal behutsam an diesen Punkt heran, indem er zuerst die sonst üblichen Wortbedeutungen souverän verwischte. So wird etwa »das Gute« bei ihm »das Leichte« und »das Böse« handkehrum »das Schwere«. Dann schieben sich ihm die Begriffe erst recht durcheinander, indem »das Negative«, »das Sündige« und »das Kämpferische« miteinander identifiziert werden, aus dem aber all das erst entstehen soll, was bei der Unterwerfung unter die waltende Macht scheinbar geopfert wurde: »Die Kraft, die die Welt voranbringt, gründet in dem, was schwer ist oder was wir böse nennen oder schlimm. Die Herausforderung, die zu Neuem zwingt, kommt aus dem Negativen, aus dem, was ich lieber weghaben oder ausklammern möchte. Wenn ich mich daher vor dem Negativen oder dem Sündigen oder dem Kämpferischen drücke, verliere ich vielleicht gerade das, was ich behalten will, nämlich mein Leben, meine Freiheit, meine Größe, meine Würde. Nur wer sich auch mit den dunklen Kräften verbündet und sich ihnen stellt und ihnen zustimmt, der ist verbunden mit den Wurzeln und den Quellen seiner Kraft. Solche Menschen sind mehr als gut oder böse. Sie sind im Einklang mit dem Kosmos und dem Ganzen. Sie wissen, dass das Schlimme mehr ist als nur zum Licht der Schatten. Es ist der Grund, aus dem das Große wächst. Das Gute ist erst seine Frucht« (Hellinger, 2001b).

Im Klartext: Erst wenn wir negativ, sündig, kämpferisch, böse sind, werden wir groß und stark und frei und gut. Man fragt sich, warum seine Zuhörer sich derartigen Unappetitlichkeiten so hingebungsvoll aussetzen. Allein mit der bequemen Regression ins Kindliche ist diese Lust an morbidem Unfug nicht erklärt. Es steht zu befürchten, dass Hellinger hier eine postmoderne, freiheitsmüde Sehnsucht nach verantwortungsloser »Ordnung« bedient, und wäre diese das finstere Konstrukt eines Wahnsinnigen. Der Prediger im Demutspelz hat noch immer Zulauf: »Ungehemmt liefert er sein Eso-Raunen, seine Menschenverachtung, seine politischen Obszönitäten an Tausende von Gläubigen. Widersprochen wird allenfalls dem Therapeuten, und das nur selten. Und ungestört in diesem Helfergewand geht ein politischer Giftmischer um« (Rossbach, 2001b).

Klaus Weber

Verhöhnung der Opfer durch Versöhnung mit den Tätern

Bert Hellingers Unterwerfungsprojekt

Am Schluss seines Buchs über Familienaufstellungen mit Nachkommen von Tätern und Opfern des deutschen Faschismus verabschiedet sich Hellinger »von den Toten und von den Tätern« (1998a, 370), weil sie das Recht hätten, dass »auch ihr Schlimmes nach einiger Zeit vorbei sein darf« (ebd.). Sie seien zu vergleichen mit den alttestamentarischen Figuren Lot und Jakob. Lot habe Sodom verlassen, ohne noch einmal nach hinten zu schauen, und Jakob habe den Ringkampf mit einem Engel nicht beenden können, bevor dieser ihn gesegnet habe. Es sei heute unsere Aufgabe, so Hellinger, die Vergangenheit vergangen sein zu lassen, indem wir die Täter und die Toten »würdigen und segnen«.

Hellinger versucht mit Rekurs auf die genannten Bibelstellen seine Ansicht von Erinnerungspolitik zu untermauern: »In Deutschland sagen uns viele, wir sollten nicht vergessen – wir sollten erinnern, was damals geschah. (…) Das hat in den Seelen eine schlimme Wirkung« (ebd., 150). Nur das demütige Trauern mit den Toten – egal ob Opfer oder Täter – sei eine »gemäße Erinnerung: Es hat heilende und versöhnende Wirkung« (ebd.). Zu diesem Trauern gehört auch, dass die Kinder vergessen, was ihre Eltern gemacht haben: »Die Schuld der Eltern geht die Kinder nichts an. (…) Die Lösung für das Kind ist das Vergessen« (ebd., 116). Was Hellinger als Lösung für innerfamiliale Konflikte empfiehlt, soll ebenfalls für ein erinnerndes Nachdenken über die Vergangenheit – wobei sich Hellinger stets auf den deutschen Faschismus bezieht – Geltung haben: »Okay, ich glaube, ich habe gezeigt, was Versöhnung wirklich ist, dass die Versöhnung nur über den Schmerz kommt. Über keine Gedenkfeiern und keine Ermahnungen und keine Anklagen« (ebd., 128).

Für diejenigen, die Erinnerung nicht als Versöhnungsgeste für Täter und Opfer, sondern als Befreiungsprojekt verstehen, hat Hellinger kein Verständnis. Ihre Anstrengungen, die dem faschistischen System zu Grunde liegenden gesellschaftlichen Strukturen und die Motive der Akteure zu analysieren, um Faschisierungsprozesse der heutigen Gesellschaften besser verstehen und bekämpfen zu können, werden pathologisiert und mit Motiven faschistischer Täter auf eine Stufe gestellt: »Immer, wenn einer meint, er müsse die Welt verbessern, hat er ein übernommenes Gefühl. Immer, wo einer sich gerecht fühlt oder für eine gerechte Sache streitet, hat er ein übernommenes Gefühl. (...) Dann werden die Entrüsteten böse, maßen sich an, sie hätten größere Rechte als andere, und fühlen sich überlegen wie früher die Täter« (ebd., 130 f.). Für Hellinger, der sich damit brüstet, von Politik nichts zu verstehen (Hellinger, 2001d, 55), sind Widerstandskämpfer demgemäß dasselbe wie deutsche Besatzungssoldaten. Er bezeichnet sie alle als Mörder: »In einer Gruppe war eine Frau, deren Onkel im Dritten Reich zu den Partisanen nach Jugoslawien gegangen ist – als Kommunist. Für mich ist er ein Mörder. Denn was hat er dort anderes gemacht, als deutsche Soldaten abzuknallen?« (ebd., 53). Der richtige Widerstandskämpfer sei einer, der »auf die gute Gelegenheit, auf die rechte Zeit« (ebd.) warte und der sich sicher sein müsse, dass seine Aktion »Erfolg« habe. Stauffenberg, die Geschwister Scholl und alle anderen »Erfolglosen« werden von Hellinger als unkluge Menschen und »Selbstmörder« verunglimpft, während er Konrad Adenauer bescheinigt, der rechte Mann des Widerstands gewesen zu sein: »Er war klug und zur rechten Zeit stand er zur Verfügung. (...) Wer wartet, ist eher im Einklang. Er wartet, bis die richtige Zeit zu handeln da ist« (ebd., 55 f.). Die erinnernde Ehrung von Widerstandskämpfern ist Hellinger insgesamt ein Dorn im Auge. Denn die Erinnerung an den antifaschistischen Widerstand betrieben doch nur die, »die selbst zu feige wären, so etwas zu tun. Sie blasen sich dann auf, indem sie sich mit ihnen identifizieren. (...) Sie sind sozusagen wie Vampire an den Widerstandskämpfern« (ebd., 56).

Das therapeutische Projekt Hellingers besteht darin, Analyse von, Erinnerung an und Nachdenken über Vergangenes als Formen »kollektiven Geschichtsbewusstseins, aber auch als individuelles Vermögen« (Haug, 1997, 720) zu denunzieren und an deren Stelle das Vergessen als einzig mögliche Form der Versöhnung sowohl mit der Geschichte als auch mit ihren Akteuren (Täter wie Opfer) zu setzen. Geschichtsschreibung sei »eine Art Fortpflanzung des Bösen« (Hellinger, 1998a, 115), Einsicht in die wirklichen Zusammenhänge könne der Einzelne nur teilweise gewinnen, »denn Leben und Tod und Unschuld und Schuld sind in den Händen von Mächten, die sich nicht nach unseren Maßstäben richten« (ebd., 9). Hellinger selbst, so schreibt einer seiner Adepten, genüge es nicht, »sich an die Auffassungen zu halten, die weit verbreitet sind und den allgemeinen gesellschaftlichen Konsens bestimmen«. Er sei »in seinen Meinungen und Urteilen zu einer großen inneren Unabhängigkeit gekommen« (Ulsamer, 2001b, 10). Der Trick, mit dem hier gearbeitet wird, ist nicht neu: Emanzipatorisches und kritisches Denken wird zum gesellschaftlichen Konsens erklärt, um die eigene Position als Außenseiterstandpunkt, der hart erkämpft und gesichert werden müsse, darzustellen. Dass Hellinger, was die deutsche Erinnerungspolitik betrifft, das hegemoniale Muster des Vergessens als die geeignete Form individuellen Umgangs mit der Vergangenheit postuliert und so mitten im Konsens liegt, wird damit geleugnet.

Im Folgenden soll gezeigt werden, dass Hellinger jedoch nicht nur daran arbeitet, geschichtliches Denken als kritische Auseinandersetzung mit Vergangenheit, Gegenwart und Zukunft zu negieren und zu denunzieren, sondern darüber hinaus begrifflich-theoretisch sowie psychologisch-praktisch auf eine Art und Weise tätig ist, die einer Faschisierung von Subjekt und Gesellschaft dienlich ist.

Ordnung als Instanz subjektiver Unterstellung

Für die Propaganda im faschistischen Deutschland war der Begriff der *Ordnung* zentral: Mit ihm wurden die Individuen an den Staat und seine Instanzen (Recht, Militär, Arbeitsdienst etc.) sowie an die symbolischen Mächte des Faschismus (Familie, Volksgemeinschaft, Nation, Reich etc.) gebunden. Man rief die Subjekte zur Ordnung mit Bezug auf die je gültigen Normen und Regeln dieser staatlichen und ideologischen Mächte. Zur Ordnung gerufen zu werden, ohne die Grundlagen der jeweiligen Ordnung hinterfragen zu können, ist ein entscheidendes Kennzeichen für faschistische Strukturen und die damit verbundene Entmündigung von Subjekten.

Der Appell an den Ordnungssinn und die Notwendigkeit von Ein- und Unterordnung beziehen ihre Anziehungskraft daraus, dass die jeweiligen gesellschaftlichen Verhältnisse und ihre Ordnungen als Produkte einer übermenschlich wirkenden Kraft (Natur, Schicksal etc.) erklärt werden, auf welche die Subjekte keinen Einfluss haben, somit auch nicht verantwortlich für ihre Handlungen gemacht werden können. Individuelle Stärke und Kraft (bei Hellinger: Gesundheit) gewinnen die Einzelnen lediglich dadurch, dass sie sich den Verhältnissen anpassen und die Ordnungen akzeptieren. Die Richtigkeit des Ordnungsdiskurses wird für die Subjekte zusätzlich dadurch bestätigt, dass er die aus der Ordnung ausscherenden bzw. sie ablehnenden Subjekte zu Gegen-Menschen macht, deren Aussehen, Gesinnung, Gesundheitszustand etc. zeige, dass man selbst der richtigen Seite zugehöre. Im deutschen Faschismus waren es die Marxisten, die Juden, die Erbkranken, die Gemeinschaftsunfähigen, die Widerständigen etc., welche die gesellschaftliche Ordnung »zersetzten« und deshalb als gefährlich bezeichnet wurden.

Hellinger spricht ebenfalls von Ordnungen, deren Vorhandensein nicht weiter zu hinterfragen ist. Bei ihnen gehe es darum, sich an diese »rechten Ordnungen« zu halten, nicht aus ihnen auszuscheren. Krankheiten, Störungen und subjektives Leid seien Strafen dafür, wenn Menschen ihre Ordnungen verlassen hätten. Kommen Kinder von faschistischen Tätern beispielsweise auf die Idee, die Taten ihrer Eltern als Unrecht zu bezeichnen, so ziehe das eine schreckliche Strafe nach sich: »Das ist gegen alle Ordnung. Das geht Kinder nichts an. Die Schuld der Eltern geht Kinder nichts an« (Hellinger, 1998a, 116). Alle Hellinger'schen Ordnungssysteme sind hierarchisch gegliedert, was zur Folge hat, dass die niedrigeren Personen sich an die Verlautbarungen, Appelle und Wünsche der höheren zu halten haben: »Rivalität zwischen Kindern entsteht, wenn einem Kind der ihm gebührende Rang streitig gemacht wird. Es ist daher wichtig, dass Eltern dem älteren Kind sagen, dass es das erstgeborene ist und dass es daher auch zuerst kommt und gewisse Vorrechte genießt« (Hellinger, zit. n. Hilgers, 2000, 5).

Überlegungen von Kindern und Eltern oder Schülern und Lehrern, wie sie beispielsweise gemeinsam und solidarisch gegen ungerechte Strukturen oder unsinnige Lehrpläne angehen könnten, denunziert Hellinger mit dem Begriff des »perversen Dreiecks«: »Wenn ein Lehrer sich mit den Schülern verbündet, dann gibt es ein perverses Dreieck zwischen ihm, den Schülern und den anderen Lehrern. Immer wenn diese Grenze von übergeordnet und untergeordnet überschritten wird, gibt es das« (2001d, 15).

Ein weiteres natürliches Ordnungssystem ist die Familie. Ziel der »Versöhnungstherapie« Hellingers ist es, den Menschen wieder eine Idee davon zu vermitteln, was in Familien »die rechte Ordnung (ist), dass sich viele danach richten und sehen, dass es eine gute Wirkung hat« (ebd., 17). Hellingers Vorstellung, wie Männer und Frauen Produktions- und Reproduktionsaufgaben aushandeln und regeln, ist an ein striktes, konservatives Geschlechterbild gebunden: Frauen sollen Kinder erziehen und Männer sollen arbeiten gehen, ein Rollentausch ist nur als Notlösung in Krisenzeiten denkbar: »Wenn es aus Not geschieht, ist es in Ordnung. Aber als Rollentausch – nein. Die Hausmänner, die ich bisher gesehen habe, haben keinen guten Eindruck gemacht« (ebd., 64). Den schlechten Eindruck von Hausmännern erklärt Hellinger damit, dass den Männern eine kriegerische Kraft eigen sei »in dem Sinn, dass sie die Familie verteidigt. (...) Diese Bereitschaft zum Kriegerischen, wo es angebracht ist, steht einem Mann gut« (ebd., 44). Das Weibliche dagegen zeichne sich dadurch aus, dass es etwas »Fülligeres (hat) als das Männliche. (...) Wenn man Erleuchtung sucht oder die Sammlung oder diese Leere, dann ist das sozusagen eine Hinwendung zum Weiblichen. Auflösung ist weiblich. Im Schoß aufgelöst, sozusagen. Das Nirwana ist weiblich« (ebd., 42). Die Männer sollen dem Weiblichen und Mütterlichen Achtung entgegenbringen, um einen Zugang zum Leben zu erreichen. Diese Überhöhung der Frauen zu einer metaphysischen Instanz bei gleichzeitiger Zuweisung eines gesellschaftlichen Orts, an dem diese ohne Lohn das Geschäft der Fürsorge und der sozialen Dienste zu übernehmen haben, entspricht den diskursiven Praktiken faschistischer Familien- und Frauenpolitik: Die Reproduktion der Menschen wird nicht als gesellschaftliche Aufgabe definiert, sondern fällt in den Tätigkeitsbereich der Familie. Diese wiederum ist durch die »richtige Ordnung« so organisiert, dass den Frauen die Kinderaufzucht zugewiesen wird und den Männern die außerhäusige Lohnarbeit: »Eine Frau als Mutter mit Kindern hat natürlich eine Menge Arbeit. Das ist eine erfüllende Arbeit für die Frau« (ebd., 60). Als symbolischen Lohn für ihre nicht bezahlten Tätigkeiten erhalten die Mütter symbolische Anerkennung und Achtung, indem das Weibliche und Mütterliche an ihnen verehrt wird. Sexualität wird in Hellingers Schriften dabei – ebenso wie bei den Nazis – als ent-erotisierte Handlung zur Zeugung von Nachwuchs betrachtet, bei der Schleim, Blut und Fleisch ebenso wenig vorkommen wie Lust und Begierde. Für jemanden wie Hellinger, der das »eigentlich Spirituelle« (ebd.) sucht, ist alles Weibliche »gefährlich«. Denn es liegt »innerhalb des Irdischen« (ebd.) und erinnert damit zu sehr an die Tatsache, dass Sexualität an Körperlichkeit gekoppelt ist.

Was die Zugehörigkeit von Menschen zu Volks- und Schicksalsgemeinschaften betrifft, knüpft Hellinger ebenfalls bedenkenlos an Kategorien der völkischen Ideologie an: Das eigene Volk und die Heimat seien Ordnungen, außerhalb derer man krank werde. So weiß er von MigrantInnen, die ihrer Heimat den Rücken kehrten und krank geworden sind, »dass die nur gesund werden können, wenn sie in ihre Heimat zurückgehen und wenn sie bereit sind, das Schicksal ihres Volkes zu teilen. Manche fliehen davor und sie drängen sich einer anderen Heimat auf, die ihnen gar nicht gehört und sie auch gar nicht braucht oder will« (ebd., 109). Hier wird das Konzept eines kulturellen Rassismus bedient, das davon ausgeht, dass es sowohl für kulturelle Einheiten wie Völker als auch für deren Subjekte krank machend ist, wenn sie sich vermischen. Seine Wurzeln hat diese rassistische Logik in den Theorien der französischen »Neuen Rechten« um Alain Benoist (vgl. Christadler, 1983), die unter dem Vorwand der Reinhaltung der Ethnien eine neue, nicht-biologistische Trennung der Völker und Kulturen propagieren und deshalb für eine radikale Remigration der so genannten »Gastarbeiter« eintreten.

Die Volksgemeinschaft artikuliert Hellinger als »Schicksalsgemeinschaft«, in die jeder auf Grund seiner Abstammung hineingehöre. Jeder Einzelne stehe für diese Schicksalsgemeinschaft mit Ausnahme derjenigen, die als Widerstandskämpfer gegen den vom Schicksal auferlegten Weg Deutschlands abgewichen seien: »Und die Widerstandskämpfer (...) stehen für sich, aber nicht für das deutsche Volk« (2001d, 57). In den Ordnungsplänen Hellingers ist auch die Zugehörigkeit zu einer Religionsgemeinschaft nicht durch die Individuen aufzulösen. Machen sie das trotzdem, so habe das krank machende Folgen. In einer seiner Familienaufstellungen, die in Hamburg vor 600 Menschen stattfand, berichtet eine Jüdin, sie stamme aus einer Familie, deren Mitglieder deshalb überlebt hätten, weil sie sich hatten christlich taufen lassen. Diesen sinnvollen Überlebensakt das Vaters und der Großeltern der Frau sieht Hellinger lediglich unter dem Aspekt des Verlassens der jüdischen Schicksalsgemeinschaft: »Die Großeltern und der Vater haben sich taufen lassen, waren dann besonders gute Christen und haben damit die Schicksalsgemeinschaft, aus der sie kommen, verlassen. Das hat eine schlimme Wirkung« (Hellinger, 1998a, 238). Die Tatsache, dass Juden von den Nazis verfolgt, verschleppt und ermordet wurden, wird als geschichtlicher Fakt erst gar nicht erwähnt, weil dahinter für Hellinger keine menschlichen Akteure, keine sozialen und politischen Strukturen stehen, sondern »etwas Größeres« (ebd., 271), das die Schicksalsgemeinschaften und die Schicksale zu verantworten habe. Nicht nur, dass Hellinger in dieser Familienaufstellung alleine die überlebenden Juden dafür verantwortlich macht, dass sie »Schlimmes« erlebten; mit der von ihm propagierten Unmöglichkeit, seine Religionsgemeinschaft zu verlassen, knüpft er an die faschistische Rhetorik an, die deutsches Christentum und hebräisches Judentum unvermischt wissen wollten. Hellingers Empfehlung an religiös, rassisch oder politisch Verfolgte lautet, sie sollten sich ihrem Schicksal fügen und es anerkennen, weil sie sich nur so in Einklang mit dem Strom der Zeit und dem Leben befänden; letztlich trügen auch die schlimmsten Erfahrungen zu etwas Gutem und Großem bei. Entscheidend sei lediglich, die »Ordnungen der Liebe«, wie Hellinger seine Instanzen subjektiver Unterwerfung nennt, einzuhalten. Mit dieser ideologischen Anordnung werden jüdische Opfer des deutschen Faschismus einerseits für ihr Leiden und ihren Tod selbst verantwortlich gemacht, denn die Tatsache, dass sie leiden mussten oder starben, ist in Hellingers Denksystem ein Hinweis darauf, dass sie aus einer vorgegebenen Ordnung ausgebrochen sein müssen. Andererseits werden die Täter und die Taten verharmlost und gerechtfertigt, da sie innerhalb eines größeren Rahmens geschahen, dessen guten und großen Sinn wir erst in Zukunft erkennen können. Hitler selbst wird aus dieser Rechtfertigung von Hellinger nicht ausgenommen. Es sei zwar schwer zu sehen, was am Faschismus und an Hitler »Gutes sein konnte. Es ist aber so, dass Errungenschaften und Freiheiten, die wir jetzt haben, ohne diese schlimmen Erfahrungen nicht denkbar wären. Ich sehe das alles in einem größeren Zusammenhang« (ebd., 13).

Prinzip Verantwortungslosigkeit: Handeln und Schicksal

Da übermenschliche Kräfte und Mächte festlegen, was mit den Menschen auf dieser Welt passiert, hat es für Hellinger lediglich Sinn, sich zu fragen, für welchen *Dienst* man durch das Schicksal vorbestimmt sei. Anders formuliert: Durch die Einfügung der Subjekte »in ein größeres Ganzes« (2001d, 144), durch das sie sich führen lassen sollten, seien sie in der Lage, diese Führung als »Berufung für eine ganz bestimmte Aufgabe« (ebd.) zu erleben. Die Vorstellung Hellingers, wie sich die Subjekte in unfreien Gesellschaften als frei erleben, indem sie sich willentlich dem Gesollten unterordnen, ist eine »weit über den Faschismus hinausreichende ideologische Funktion« (Haug, 1986, 92). Das Spezifische im deutschen Faschismus war die Verknüpfung der »freiwilligen« Zustimmung der Individuen zum staatlich Gesollten mit Techniken von Gewalt und Zwang. Hellinger formuliert diese für die faschistische Herrschaft spezifische Form der Selbstunterwerfung als Aufgabe an die Einzelnen, nur das zu wollen, was »im Einklang ist« (2001d, 136), weil man so am besten vorankomme. Greife das Subjekt willentlich in Zusammenhänge ein, die es nichts angehen, werde es »von dem, in das es eingreifen will, auch gestoppt« (ebd.). Übersetzt in alltägliche Handlungssituationen wird damit jedes Handeln, das subjektiv Vorteile bringt und im Einklang mit den herrschenden Anforderungen ist, befürwortet. Ein Handeln aber, das Verhältnisse verändern will oder sich widerständig in ihnen positioniert, macht einerseits krank und andererseits wird es durch Mächte der Hellinger'schen Ordnungssysteme »gestoppt«. Diese Mächte werden nicht genauer bestimmt. Gerade darin liegt nun der ideologische Trick Hellingers: Glückt beispielsweise ein Staatsstreich und die Verhältnisse verändern sich, so sei es im Willen dieser Mächte gelegen. Glückt er nicht, so hätten diese ihn eben verhindert.

Am Beispiel des Krieges verdeutlicht Hellinger, wie er sein Projekt der Ent-Verantwortung konkret denkt. Einerseits gebe es dafür, dass Kriege stattfänden, weder verantwortliche Personen noch verantwortliche Staaten: »Der Krieg zum Beispiel ist etwas, was die Familie oder ein Volk sozusagen überfällt, und dennoch ist es nichts, was aus diesen selbst entsteht, sondern es wird von einer anderen Macht gesteuert« (ebd., 121). Auf der anderen Seite wird jegliches Handeln des Einzelnen im Kriegsfalle, sei es das Töten von Zivilisten, sei es das Abwerfen einer Atombombe, im Sinne einer nachträglichen Vorhersage als unausweichlich und notwendig gerechtfertigt. Denn was immer Menschen tun, »ob sie Gutes tun oder Schlimmes, auch das trägt zum Ganzen bei und ist notwendig. (...) Der Einzelne sieht, wenn er auf sein Leben zurückblickt, (...) dass er in Situationen gestellt war, denen er nicht ausweichen konnte. (...) Er fühlt, dass da etwas gesteuert hat« (ebd., 131).

Diejenigen, die sich diesem Gesteuert- und Geführtwerden ausliefern und ihm willentlich zustimmen, sind nach Hellinger im Einklang mit dem Strom, d. h. mit den gesellschaftlich herrschenden Normen und Werten. Subjektive Freiheit könne in dieser Anordnung erst dann erlebt werden, wenn »man seinem eigenen Leben zustimmt und zwar in der besonderen Weise, in der es gegeben ist. Das bedeutet für mich den Eltern zuzustim-

260

men, die ich habe, der Kultur zuzustimmen, in die ich hineingeboren bin, der Sprache zuzustimmen, in die ich hineingeboren bin. (...) Und es bedeutet auch den Grenzen zuzustimmen, die es mir setzt« (ebd., 14).

Ein Menschenbild, das Mensch-Sein mit der Möglichkeit verbunden sieht, die Grundlagen und Bedingungen des Lebens kooperativ und bewusst planend in die eigenen Hände zu nehmen, ist Hellinger fremd. Befreiendes subjektives Handeln in ungerechten gesellschaftlichen Verhältnissen oder gar gegen diese Verhältnisse erscheint ihm als abweichend oder krankhaft. Die einzig gesunde und richtige Form des Lebens sieht er in der freiwilligen Zustimmung der Subjekte zu den Verhältnissen, in denen sie leben, und Unterordnung unter diese. Wer diesem Plan nicht folgt, wird diffamiert: »Wer das nicht leisten kann, der kann natürlich auch nicht dem Leben im Allgemeinen zustimmen. Manche haben ja in ihrer unmittelbaren Umgebung ein ziemliches Chaos, wollen aber die Welt verbessern« (ebd.).

Hellinger propagiert einen Menschentyp, der funktional für jedes totalitäre und faschistische System wäre. Weder individuelles verantwortliches Handeln noch kooperatives Gestalten von Gesellschaft sind Eigenschaften der von ihm als Vorbild entworfenen ein-willigenden Untertanen.

Hitler und die Juden

Untertanen und Knechte sind für Hellinger keinesfalls negativ besetzte Begriffe. Denn der Dienst für eine große Sache ist die Berufung jedes Menschen, der er sich nicht entziehen dürfe. Wer »in Dienst genommen« (Hellinger, 1998a, 83) sei, trage auch keine Verantwortung für sein Handeln. Jeder Mensch müsse das nehmen, was ihm durch seine Dienerschaft zukomme: »Das kann auch etwas Böses sein. Auch die Bösen sind berufen« (ebd.). Für einen dieser »Bösewichte« hat Hellinger besonderes und tiefes Verständnis: für Adolf Hitler: »Auch Hitler war in den Dienst genommen« (ebd.). Als Beleg für diese Indienstnahme argumentiert Hellinger mit dem, was ihm ein Freund erzählt habe, der wiederum ein Buch gelesen habe, das »Mein Freund Hitler« heiße und von einem Jugendfreund Hitlers geschrieben sei: »Er erzählt in dem Buch, dass Hitler in Linz in die Oper ›Rienzi, der letzte der Tribunen‹ von Wagner ging und nach der Oper die ganze Nacht durch Linz geirrt ist und laut gesagt hat: ›Das ist mein Schicksal.‹ Es war für ihn unausweichlich« (ebd.). Davon abgesehen, dass das Buch von Hitlers

Freund August Kubizek erst im Jahr 1953 geschrieben wurde und von ernsthaften Historikern als nachträgliche Montage Kubizeks zu Hitlers Wahnvorstellungen betrachtet wird (vgl. Kershaw, 1998, 765), übernimmt Bert Hellinger die ideologischen Inhalte der Hitler'schen Selbstdarstellung, die von frühen Visionen und Schicksalsfügungen erzählt, welche seinen Weg vorherbestimmt hätten.

An anderer Stelle beschreibt Hellinger bewundernd die »Grundhaltung« Hitlers, welche auf die Gelegenheit warten könne: »Wenn dann die Gelegenheit kommt oder der Aufruf und jemand ist im Einklang mit diesem Strom, dann hat er ungeheure Kraft. So schrecklich es klingt, einer, der darauf warten konnte und es dann ergriffen hat, war Hitler« (2001d, 12 f.). Wie die NS-Propaganda ist Hellingers Darstellung historischer Entwicklungen und Ereignisse auf die Verbindung des »Schicksalhaften« mit dem Genius des Führers reduziert. Ökonomische, soziale, kulturelle und politische Verhältnisse als mögliche Erklärungsansätze für den Erfolg der NS-Bewegung werden ignoriert, um die Einzigartigkeit von Hitler zu unterstreichen.

Doch auch die politischen Ergebnisse faschistischer Politik und Hitler'scher Entscheidungen werden von Hellinger gewürdigt. Die Judenvernichtung, der Eroberungsfeldzug gegen Osteuropa, die Euthanasieprogramme: Nach Hellinger haben hier Menschen »schlimmste Sachen angerichtet« (ebd., 138); doch gleichzeitig rechtfertigt er alle Ergebnisse faschistischer Politik mit dem Hinweis auf einen übergeordneten »Zwang«: »Wir müssen zugeben, dass auch das Böse in den Händen von größeren Mächten ist und in einem größeren Ganzen einen Sinn hat« (ebd.).

Da Täter und Opfer versöhnt werden müssen und Versöhnung nur stattfinden kann, wenn sich die Opfer vor ihren Tätern verneigen und sie würdigen, kommt Hellinger die Idee, das »jüdische Volk« würde »erst dann seinen Frieden mit sich selbst, mit seinen arabischen Nachbarn und mit der Welt (finden), wenn auch der letzte Jude für Hitler das Totengebet gesprochen hat« (ebd., 50).

Der Verehrung Adolf Hitlers und dem Wunsch Hellingers einer christlichen sowie jüdischen Versöhnung mit ihm korrespondiert ein kaum verhüllter Antisemitismus. So bezeichnet Hellinger Kinder jüdischer Eltern (Mütter wie Väter) als »Halbjuden« (Hellinger, 1998a, 209/306) und verwendet damit jenen Begriff, den die Nazis 1935 durch die 1. Verordnung zum Reichsbürgergesetz allen »Mischlingen ersten Grades« (Lekebusch, 1997, 586) gaben. In Hellingers Kommentaren zu Familienaufstellungen wird zwar behauptet, den jüdischen Opfern werde eine »ganz tiefe Achtung« (Hellinger, 1998a, 164) entgegengebracht, die diese auch verdient hätten. Diese postulierte Achtung wird jedoch durch die Aufstellungen selbst entlarvt. So wird ein deutscher »Großvater« entlastet, indem der Tod der von ihm erschossenen zehn jüdischen Kinder als etwas Unpersönliches verkündet wird, hinter dem »etwas Größeres ist« (ebd., 271), das man würdigen müsse. Eine ebenfalls an Hellingers Veranstaltungen teilnehmenden Frau, die unter der Kapitelüberschrift »Der Vater von Elisabeth war Halbjude« (ebd., 195) vorgestellt wird, nötigt Hellinger dazu, folgenden an ihren Ehemann gerichteten Satz nachzusprechen: »Ich würdige, dass du mich geheiratet hast, obwohl ich eine Jüdin bin« (ebd., 209).

Dieser offene Antisemitismus Hellingers wird ergänzt durch subtile Anspielungen auf den Gegensatz germanisch-christlicher Kultur zur jüdischen. So wird der Freud'sche Begriff des Todestriebes als »kraftlos« bezeichnet und der an Heidegger anklingenden Formulierung von der »Sehnsucht nach dem Urgrund« gegenübergestellt (2001d, 41). Ähnlich wie C. G. Jung, der der Freud'schen Psychoanalyse vorwarf, sie habe jüdische Kategorien entwickelt, die nicht auf christliche Germanen angewendet werden könnten (vgl. Lockot, 1985, 95 f.), spielt Hellinger auf den Gegensatz indogermanischer »Wurzelworte« und analytischer Begrifflichkeiten an. Würde und Würdigung, Bitten und Versöhnung sowie Verneigen und Barmherzigkeit sind im indogermanischen Glossar Hellingers zu finden. Die Kraft, die in diesen Worten enthalten sei, könne heilen. Als Beispiel dieser Kraft erwähnt Hellinger eine Jüdin, die seit 40 Jahren ihre Mutter, die das KZ überlebte, pflegt. Während einer therapeutischen Veranstaltung sei es durch das Aussprechen des germanischen Wortes »Barmherzigkeit« gelungen, dass sich die Tochter »für alles entschädigt« gefühlt habe.

Schluss

An Hitler und am deutschen Faschismus findet Hellinger – um mit Ernst Bloch zu sprechen – »so viele gute Kerne, dass diese fast wie Sonnenblumen aussehen« (Bloch, 1962, 346). Hellinger »heilt« die Teilnehmer seiner Familienaufstellungen, indem er ihnen Bilder und emotional konstruierte Erfahrungen anbietet, die Sicherheit und Klarheit versprechen. Voraussetzung ist jedoch die »Unterwerfung unter unbegriffene Vorgänge« (Schlee, 2002, 51) und unter Hellinger selbst. Die Kritik des Oldenburger Psychologen Jörg Schlee, Hellinger arbeite insofern mit »Gaukeleien und Täuschungsversuchen« (ebd., 50), ist wohl richtig, greift hier indes zu wenig tief. Hellinger benutzt in seiner »theoretischen« Arbeit ideologische Figuren, die direkt an Ordnungs- und Subjektvorstellungen faschistischer Ideologie anknüpfen; und er arbeitet praktisch-therapeutisch an der »freiwilligen« Zustimmung kranker, leidender Menschen zu ihrem »Schicksal« und damit an ihrer Selbstunterwerfung. Seine explizite Anerkennung der Grundhaltung Adolf Hitlers und seine antisemitischen Anspielungen zeigen, dass Hellinger ein politisches Projekt verfolgt, das kritiziert und bekämpft werden muss.

Die alttestamentarischen Figuren Lot und Jakob benutzt Hellinger beispielhaft, um zu zeigen, dass das Vergessen der Geschichte und das Würdigen der Täter der einzig sinnvolle Umgang mit dem Faschismus seien. Doch Hellingers Darstellungen Jakobs und Lots sind – merkwürdig für einen Ex-Priester – unvollständig und falsch. So kämpft Jakob keineswegs mit einem Engel und *kann* den Ringkampf nicht beenden, bis dieser ihn segnet. Vielmehr ist es so, dass Jakob mit Gott kämpft und den Kampf nicht beenden *will*, bis er dessen Segen erhält; er hält Gott so lange fest, bis dieser einer Segnung schließlich zustimmt: »Und er (Gott) sprach: Lass mich gehen, denn die Morgenröte bricht an. Aber Jakob antwortete: Ich lasse dich nicht, du segnest mich denn« (1. Mose 32, 27). Lot dagegen wird durch zwei Engel nahe gelegt, er solle die dem Untergang geweihte Stadt Sodom verlassen und sich ins Gebirge flüchten: »Rette dein Leben und sieh nicht hinter dich, bleib auch nicht stehen in dieser ganzen Gegend. Auf das Gebirge rette dich, damit du nicht umkommst.« Lot erwidert, in den Bergen könnte ihn ein Unheil ereilen, er wolle daher lieber in eine kleine benachbarte Stadt fliehen; woraufhin einer der Engel antwortet: »Siehe, ich habe auch darin dich angesehen, dass ich die Stadt nicht zerstöre, von der du geredet hast. Eile und rette dich dahin« (1. Mose 19, 17–22 [EHBG, 1965, 27 f./vgl. auch: Neue Jerusalemer Bibel, 1985, 36 f.]).

So wenig, wie Hellinger den aktiven und kämpferischen Anteil in Jakobs Handeln anerkennen will, so wenig ist er willens und in der Lage, das widerspenstige und schlitzohrige Verhalten Lots zu sehen. Als ihr Leben und ihre Pläne bestimmende Subjekte passen Jakob und Lot nicht in Hellingers Konzept der schicksalhaften Selbstunterwerfung. Also werden sie einfach verfälscht und umgedeutet.

Heiner Keupp

Gebrauchswertversprechen eines postmodernen Fundamentalisten

Was Anhängerschaft sichert

Soll ich mir das antun? Soll ich mich in der knappen Zeit, über die ich mich gerade auch wieder beklage, an diesem Buchprojekt zum Hellingerismus beteiligen? Dafür spricht, dass ich es wichtig finde, eine offensive Auseinandersetzung mit einem Phänomen zu führen, das uns Psychologen immer wieder begegnet, das eine Stellungnahme herausfordert. Oft habe ich mich schon darüber geärgert, dass kompetente Kollegen im Gespräch heftige Kritik am Hellingerismus übten, aber zu einer öffentlichen Positionierung nicht bereit waren. Sie winken ab, weil sie sich den Ärger mit Fans von Bert Hellinger ersparen wollen, die mit dessen Kritikern ja nicht gerade zimperlich umgehen. Als ich dann dem *Virtuellen Bert Hellinger Institut* (*www.hellinger.com*) in der Vorbereitung auf diesen Beitrag einen Besuch abstattete und auf Texte wie »Das Judentum in unserer Seele. Was Juden und Christen versöhnt« (Hellinger, 2002l) stieß, waren meine negativen Gegenübertragungsgefühle so stark, dass ich mich zunächst einmal dazu entschloss, mich an dem Buch nicht zu beteiligen. Lohnt sich die Auseinandersetzung mit einem Mann, der den jüdischen Überlebenden des Holocaust in Israel die unglaubliche »Diagnose« stellt, dass sie in ihrem Handeln gegenüber den Palästinensern die »nationalsozialistische Täterenergie unbewusst übernommen« hätten (ebd., 10)? Meine Antwort war zunächst klar: Die Auseinandersetzungen mit Martin Walser, mit Jürgen Möllemann oder Norbert Blüm, die auf ähnliche Weise mit dem *ticket* des Antisemitismus gefahren sind, hat deren Positionen nicht verändert. Gleichwohl war es notwendig, diesen gefährlichen Kurs öffentlich zu kritisieren. Dann las ich den Beitrag von Klaus Weber zu diesem Buch [siehe auch: *Verhöhnung der Opfer durch Versöhnung mit den Tätern*] und ich war froh, dass hier die Kritik treffend auf den Punkt gebracht wurde und ich mich wirklich endgültig für den vollen Genuss der gerade laufenden Leichtathletik-Europameisterschaft (August 2002 in München) entscheiden könnte.

Nun habe ich diese Entscheidung noch einmal überschlafen und sie revidiert: Ich werde den Artikel schreiben, aber ich werde ihn weniger zu Hellinger schreiben, sondern mich mit der Frage auseinander setzen, warum es ihm gelingen konnte, eine so große Anhängerschaft zu rekrutieren. Vor allem beschäftigt mich die Frage, warum diese Zustimmung gerade auch in Kenntnis von Hellinger'schen Aussagen erfolgt, die aufgeklärtem Bewusstsein nicht zumutbar sind. Warum protestieren Psychotherapeuten nicht, wenn die Antiaufklärung ungefiltert in Massenveranstaltungen ihre Stimme erhebt? Im Blick habe ich bei dieser Frage vor allem Kolleginnen und Kollegen meiner Generation, die durch die Lernprozesse der Studenten-, Frauen- und Friedensbewegung gegangen sind; die sich vielleicht sogar mit Kritischer Theorie und Ideologiekritik auseinander gesetzt haben und die konstruktivistische und dekonstruktivistische Analysen gelernt haben. Was begründet bei diesen Angehörigen meiner Generation diese kollektive Amnesie gegenüber den eigenen kritischen Lernprozessen?

Am leichtesten tue ich mich bei dieser Suche nach Antworten noch bei einigen ehemaligen Mitgliedern politsektiererischer Kadergruppen, die schon im Ausgang der Studentenbewegung den antiautoritären Ausgangsimpuls verraten hatten und lieber Mitglieder eines machtvollen Politbüros einer 11-köpfigen kommunistischen Partei wurden. Dem mühsamen Weg, das »Handwerk der Freiheit« (um den schönen Titel von Peter Bieri [2002] aufzugreifen) zu erlernen, wurde eine schlechte Aufhebung des autoritären Charakters vorgezogen. Diese »Abkürzung« von der proletarischen Revolution zum Gemeindemitglied der Hellinger'schen Volkskirche (denn Tatbestandsmerkmale eines elitären Geheimordens liegen nicht vor!) erklärt nur Spurenelemente des Phänomens. Obwohl ich um die Hellinger'schen Texte eher einen Bogen machen wollte, ganz kommt man an ihnen nicht vorbei. Sie machen offensichtlich ein »Gebrauchswertversprechen« (Haug, 1971). Sie liefern Erzählungen, die vielen Zuhörern und Lesern die Hoffnung auf Lösung von überkomplexen Problemen, die Hoffnung auf Antworten auf schwierige Sinnfragen oder die Hoffnung auf Überwindung von Ohnmacht geben. Aber es sind »Versprechen« mit einem hohen Potenzial, Abhängigkeit zu fördern, die nicht zuletzt aus dem Mangel an wirklicher Erfüllung resultiert. Dieses Versprechen und die Bereitschaft, sich ihm auszuliefern, ist nur zu begreifen, wenn es in den aktuellen gesellschaftlichen Kontext eingeordnet wird. Zunächst soll das Hellinger'sche Angebot kurz beleuchtet werden und danach wird gefragt werden, auf welchem soziokulturellen Hintergrund es als Gebrauchswertversprechen wirksam werden kann.

Die Ordnung der Dinge

Was treibt Tausende von Psychofachleuten in die großen Hörsäle von Universitäten und in die Kongresszentren, um einem ehemaligen katholischen Ordenspriester bei seinen familientherapeutischen Schnellschüssen von 15 bis 20 Minuten zu lauschen und zuzusehen? Welche faszinierende Erzählung hat Bert Hellinger zu bieten? Es ist die von unerschütterlicher Gewissheit getragene Erzählung von der unverrückbaren Ordnung der Dinge. Da gibt jemand eindeutige Antworten und er strahlt in unbeirrbarer Sicherheit einen Habitus aus, den man in einem einfachen und klaren Satz unterbringt: »Ich weiß, dass es so ist« (vgl. Krüll/Nuber, 1995). Er spricht von der »Wahrheit« und dem »Richtigen« und immer wieder davon, dass er Wahrheit »herausgefunden« hätte. Er sieht »Ordnungen, die heilend in der Seele wirken«. Eine dieser Ordnungen ist die von Ehre und Liebe, die Kinder ihren Eltern entgegenzubringen haben, auch wenn sie von ihnen misshandelt und missbraucht worden sein sollten. »Wenn man den Eltern Ehre erweist, kommt etwas tief in der Seele in Ordnung.« Die »Ursprungsordnung« in den Familien muss anerkannt werden: »Wer oder was zuerst in einem System da war, hat Vorrang vor allem, was später kommt«, und natürlich hat auch das Geschlechterverhältnis seine Urform: »Der Mann muss Mann bleiben, die Frau muss Frau bleiben. Denn wenn der Mann das Weibliche in sich zu entwickeln sucht, dann ist das nicht richtig, und umgekehrt.« Was für eine Botschaft in einer Welt, in der in den letzten Jahren traditionelle Geschlechterrollen »dekonstruiert« werden: Strampelt euch an dieser Front nicht ab, die Ordnung der Dinge könnt ihr doch nicht verändern; und lasst euch keine Emanzipationsflausen einreden, sie machen euch nur unglücklich. Hellinger sieht auch gar keine Veranlassung für grundlegende Revisionen der bestehenden Welt: »Ich stimme der Welt zu, wie sie ist. Ich bin ganz zufrieden damit. Ich denke, dass in der Welt Kräfte am Werk sind, die lassen sich nicht steuern.«

Leid tun Bert Hellinger alle, die die Welt verändern wollen. Widerstand gegen diese Kräfte ist sinnlos. Das exemplifiziert er am antifaschistischen Widerstand: »Was war das Ergebnis des Widerstandes? Er war gleich null. Das zeigt, dass Widerstandskämpfer nicht im Einklang waren. Das waren Leute, die gemeint haben, sie könnten das Rad der Geschichte aufhalten. Das geht nicht.« Diese Formulierungen aus dem Jahre 1995 sind möglicherweise längst überholt, denn Hellinger betont ja die permanente Revolution: »... die Theoriebildung (ist) immer neu im Gang, denn es zeigt sich, dass vieles, was vor einigen Jahren noch wichtig erschien, durch anderes überholt wurde« (Hellinger, 2002a). Das klingt ja fast wie bei dem aufregenden Theoriebildungsprozess bei Freud, der seine Konzepte immer wieder überdacht und revidiert hat und seine Leser an diesem Prozess teilhaben lässt. Er formuliert Konzepte wie seine Triebtheorie, und es ist ein Suchen und Tasten nach der stimmigen Passung. Davon ist bei Bert Hellinger – außer dem Versprechen – aber auch wirklich gar nichts zu spüren. In seinen neuesten Verlautbarungen begegnen einem die gleichen Grundmuster, die einen schon in den 1990er-Jahren daran zweifeln ließen, ob man der eigenen Lektüre trauen darf: Das kann doch nicht ernsthaft jemand vertreten, der auch ernst genommen werden will! Aber genau das, was einen am eigenen Verstand zweifeln lässt, enthält das »Gebrauchswertversprechen«: Da hat einer in die »Tiefe« geblickt und dabei mehr als einen Zipfel der »Wahrheit« zu fassen bekommen: »Es gibt eine Tiefe, in der alles zusammenfließt. Sie liegt außerhalb der Zeit. Ich sehe das Leben wie eine Pyramide. Oben auf der ganz kleinen Spitze läuft das ab, was wir Fortschritt nennen. In der Tiefe sind Zukunft und Vergangenheit identisch. Dort gibt es nur Raum, ohne Zeit. Manchmal gibt es Situationen, in denen man mit der Tiefe in Verbindung kommt. Dann erkennt man z. B. Ordnungen, verborgene Ordnungen, und kann in der Seele an Größeres rühren« (Hellinger/tenHövel, 1996, 82). Auch das eher ein älterer Text, aber klingen denn die Formulierungen aus dem Jahr 2002 anders? Auch aktuell präsentiert sich da jemand, der im »Dienste der Wirklichkeit« und im »Dienst der Wahrheit« steht, was bei Hellinger zu einer zusammenfließenden Einheit wird – nicht angekränkelt von philosophischen Zweifeln von Kant bis zum zeitgenössischen Konstruktivismus: »Der Familienaufsteller weiß, dass er im Dienst einer Wirklichkeit steht, die ans Licht drängt«, er soll ermöglichen, »dass Verborgenes ans Licht drängt«, er »verhält sich als einer, der im Dienst einer großen Sache steht«. Seine Aufgabe besteht darin, »... etwas größeres Ganzes in den Blick zu bekommen« (2002a).

Der gleiche Gedanke taucht dann auch in selbsterfahrungsgesicherten Bekenntnissen seiner Anhängerschaft auf: »Wer sich intensiv mit Hellinger und seinen Gedanken beschäftigt, findet viele Antworten auf anfangs völlig Unverständliches. Auch große Wahrheiten, die zum Teil sehr schwer anzunehmen, noch schwerer zu leben sind. Ich spreche da aus eigener und der Erfahrung einer ganzen Reihe von Aufstellungen« (Krause, 2002, 4). Unverändert ist Hellinger auch in seiner Verachtung für Menschen, die an eine Veränderung der bestehenden Ordnung glauben und an ihr arbeiten. Die Hoffnung auf eine »bessere Welt«, eine »Revolution«, die die entfremdete »alte Welt« durch einen qualitativen Sprung hinter sich lässt, wird nicht bedient. Das ist ja auch gar nicht notwendig, weil ohnehin alles in Ordnung ist: »Ich gehe davon aus, dass die Welt gut ist. Das ist sozusagen meine Ausgangsposition. Und dass jeder Versuch sie zu verbessern, eigentlich zum Scheitern verurteilt ist. Umgekehrt: Wenn ich sie so nehme, wie sie ist, und dem zustimme, wie sie ist, dann kann ich in diesem Zustand etwas ändern« (Krause, 2002, 8).

Jede große »Bewegung« hat und braucht ihre Feinde. Aus der Massenpsychologie wissen wir, wie wichtig sie für den inneren Zusammenhalt einer Anhängerschaft sind. Auf sie kann all die Wut und Enttäuschung projiziert werden, die im Binnenverhältnis der Eigengruppe nicht artikuliert werden kann. Wenn es sie nicht gäbe, müssten Feinde erfunden werden. Aber Hellinger braucht sich da ja nicht zu beklagen. Es gibt die Gegnerschaft und er weiß auch, was er ihr verdankt. Entsprechend großzügig ist er bei ihrer Bewertung. Er spricht von der »Kraft der Feinde«, denn auch sie dienten dem »größeren Ganzen«. Er steht (zumindest nach außen hin) gelassen und souverän der Kritik gegenüber, denn: »Wer sein Eigenes gefunden hat, der ist mit allen anderen gelassen verbunden. Zugleich ist er auch der Feindschaft anderer ihm gegenüber duldsam. Er wartet, bis auch deren Feindschaft sich in der Beziehung auf das je Eigene löst.« Hellinger kennt die gruppendynamischen Basisprozesse, die aus der Gruppenkonkurrenz entstehen und die ihm nach dem Motto »Viel Feind, viel Ehr« im Binnenverhältnis zu der überzeugten Anhängerschaft nur nützen können: »Die Feindschaft braucht in der Regel Gefährten. Sie gewinnt an Kraft durch die Anzahl und die Treue derer, die sich in ihr gegen etwas verbünden. Doch dadurch stärken sie auch die Gefolgschaft jener, gegen die sie sich stemmen. Wenn die Gefolgschaft bröckelt, bröckelt auch die Kraft, sowohl auf der Seite derer, die man bekämpft, als auch auf der eigenen Seite. Ohne Gefolgschaft bleiben die Führer beider Seiten ganz auf sich gestellt. Dann erst zeigt sich die größere Kraft« (alle Zitate: Hellinger, 2002c).

Ein treuer und profilierter Anhänger Hellingers ist Bertold Ulsamer, Leiter des Freiburger *Bert Hellinger Instituts*. Für ihn wird sich das Thema der Gegnerschaft zu seinem großen Meister vor allem biologisch erledigen. Er glaubt an die Durchsetzungskraft des »revolutionären Gedankenguts« und es ist für ihn normal, dass Repräsentanten der alten Denkordnung das »radikal Neue« ablehnen und bekämpfen: »Wenn so etwas total Neues kommt, dann ist es klar, dass es Widerstand gibt, das ist immer so. Alles radikal Neue hat sich nicht dadurch durchgesetzt, dass man Leute überzeugt, sondern dadurch, dass die junge Generation die Ideen angenommen hat und die alten Gegner langsam ›ausgestorben‹ sind. So wird das beim Familienaufstellen auch sein« (zit. in: Krause, 2002, 8).

Es soll mich im Weiteren nicht beschäftigen, was das »radikal Neue« sein könnte, das Hellinger und seine Anhängerschaft da für sich reklamieren. Inhaltlich wirkt es ja eher wie ein *revival* eines reaktionären Tribalismus, in dem Subjekte in ihrem widersprüchlichen Verhältnis von Autonomie und Gebundenheit gegenüber ihrer Herkunft auf ihre »Sippenzugehörigkeit« reduziert werden. Ein handelndes und sein Handeln individuell verantwortendes Subjekt gibt es in der »Theorie« des Hellingerismus nicht und damit wird nicht nur eine Gegen-Moderne zelebriert, sondern vor allem all das »durchgestrichen«, was wir über die Ambivalenzen des modernen Subjekts und auch seine Reflexionspotenz wissen. Der Subjektbegriff der Moderne impliziert ja einerseits ein aktives Bild des Individuums, das zielgerichtet auf die natürliche und soziale Umwelt einwirkt und sein Leben autonom zu bestimmen bemüht ist. Andererseits drückt der Begriff schon vom Wortstamm her das Scheitern dieses Souveränitätsanspruchs aus: Das Subjekt (subjectus) ist das sich »unterwerfende« Individuum, das sich in eine immer schon gegebene und machtstrukturierte Welt einzugliedern hat – und dies somit notwendigerweise als Einschränkung seiner Selbstwirksamkeit erlebt. Insofern ist die Dialektik von Autonomie und Herrschaft im Subjektbegriff und seiner Geschichte aufgehoben. Genau diese Dialektik, in der sowohl die modernen Erfahrungen von Selbstwirksamkeit und produktiver Selbstgestaltung der eigenen Identität, aber auch das Leiden, das Scheitern und die Beschädigung der eigenen Subjektivität enthalten sind, wird im Hellingerismus nicht einmal in Spurenelementen erkennbar. Im Gegenteil: Die angebotenen »Ordnungen« sind traditionale »Ligaturen«, also unaufhebbare Einbindungen, die den Anspruch auf individuelle Lebensoptionen als illusionären Selbstbetrug entlarven. Aber ist nicht genau das das »Gebrauchswertversprechen« einer tief verorteten Ordnung oder »Schicksalsgemeinschaft« (Hellinger, 1996, 136)? Dikta wie: Akzeptiert diese schicksalhafte Ordnung der Dinge, sie gibt euch Lebenssicherheit! Erspart euch die Mühsal des Emanzipationsprozesses – der ohnehin nur ein illusionärer Aufbruch sein kann – und »es kommt etwas tief in der Seele in Ordnung«?

Welche gesellschaftlichen Grunderfahrungen können dieses Angebot überhaupt attraktiv machen?

Der globalisierte neue Kapitalismus

Die großen Gesellschaftsdiagnostiker der Gegenwart sind sich in ihrem Urteil relativ einig: Die aktuellen gesellschaftlichen Umbrüche gehen ans »Eingemachte« in der Ökonomie, in der Gesellschaft, in der Kultur, in den privaten Welten und auch an die Identität der Subjekte. In Frage stehen zentrale Grundprämissen der hinter uns liegenden gesellschaftlichen Epoche, die Burkart Lutz schon 1984 als den »kurzen Traum immerwährender Prosperität« bezeichnet hatte. Diese Grundannahmen hatten sich zu Selbstverständlichkeiten in unseren Köpfen verdichtet. An den aktuellen Gesellschaftsdiagnosen hätte Heraklit seine Freude, der ja alles im Fließen sah. Heute wird uns ein »fluide Gesellschaft« oder die »liquid modernity« (Bauman, 2000) zur Kenntnis gebracht, in der alles Statische und Stabile zu verabschieden ist. Welche gesellschaftlichen Entwicklungstendenzen prägen heute die gesellschaftlichen Lebensformen der Menschen? Sie lassen sich einerseits als tief greifende Individualisierung und als explosive Pluralisierung andererseits beschreiben. Diese Trends hängen natürlich zusammen. In dem Maße, in dem Menschen sich herauslösen aus vorgegebenen Schnittmustern der Lebensgestaltung und eher ein Stück eigenes Leben gestalten können, aber auch müssen, wächst die Zahl möglicher Lebensformen und damit die möglichen Vorstellungen von Normalität und Identität. Peter Berger (1994, 83) spricht von einem »explosiven Pluralismus«, ja von einem »Quantensprung«. Seine Konsequenzen benennt er so: »Die Moderne bedeutet für das Leben des Menschen einen riesigen Schritt weg vom Schicksal hin zur freien Entscheidung. (...) Aufs Ganze gesehen gilt (...), dass das Individuum unter den Bedingungen des modernen Pluralismus nicht nur auswählen kann, sondern dass es auswählen muss. Da es immer weniger Selbstverständlichkeiten gibt, kann der Einzelne nicht mehr auf fest etablierte Verhaltens- und Denkmuster zurückgreifen, sondern muss sich nolens volens für die eine oder andere Möglichkeit entscheiden. (...) Sein Leben wird ebenso zu einem Projekt – genauer, zu einer Serie von Projekten – wie seine Weltanschauung und seine Identität« (1994, 95).

Individualisierung und Pluralisierung der Lebensformen lassen sich sehr gut an der Entwicklung privater Haushalte aufzeigen (vgl. Glatzer, 2001). Wir können eine stetige Verkleinerung der Haushalte und eine ungebremste Zunahme von Einpersonenhaushalten beobachten. Von 12 Millionen Haushalten um 1900 sind wir 100 Jahre später bei 31 Millionen Haushalten angelangt. Die Verkleinerung der durchschnittlichen Haushaltsgröße ist neben der Bevölkerungszunahme dafür vor allem verantwortlich, ein Prozess, der als Singularisierung der Lebensformen beschrieben werden kann. Um 1900 bestand ein Haushalt durchschnittlich aus 4,5 Personen, heute besteht er aus 2,2 Personen, und die Fachleute halten diesen Trend für nicht gebremst. Vor allem die Anzahl der bewusst oder erzwungenermaßen allein lebenden Personen nimmt weiter zu: 38 % aller Haushalte sind Einpersonenhaushalte. Unsere Vorstellungen vom »guten Leben«, also unsere zentralen normativen Bezugspunkte für unsere Lebensführung, haben sich in den letzten 30 Jahren grundlegend verändert. Es wird von einer »kopernikanischen Wende« grundlegender Werthaltungen gesprochen: »Dieser Wertewandel«, so Thomas Gensicke (1994, 47), »musste sich in Form der Abwertung des Wertekorsetts einer (von der Entwicklung längst ad acta gelegten) religiös gestützten, traditionellen Gehorsams- und Verzichtsgesellschaft vollziehen: Abgewertet und fast bedeutungslos geworden sind ›Tugenden‹ wie ›Gehorsam und Unterordnung‹, ›Bescheidenheit und Zurückhaltung‹, ›Einfühlung und Anpassung‹ und ›Fester Glauben an Gott‹.«

Von diesem Wertewandel sind zentrale Bereiche unseres Lebens betroffen. Ich möchte das exemplarisch an Familie und Identität aufzeigen. Wenn Familie zum Thema wird, dann scheinen alle zu wissen, wovon die Rede ist, und doch kann das nicht mehr ein gemeinsam geteilter Bestand sein. Das haben wir ja schon an der Pluralisierung der Lebensformen gesehen. Auch die Werte, Wünsche und Bedürfnisse, die mit Familie verkoppelt sind, haben sich im Zuge des Wertewandels deutlich verändert. Familie ist am besten als prozesshaftes Geschehen zu sehen zur Herstellung von alltäglichem Vertrauen, von Sicherheit, Verlässlichkeit und Intimität. Es ist ein aktiver

Herstellungsprozess, der im Ergebnis zu höchst unterschiedlichen Lösungen führen kann, und er ist permanent, das heißt: immer wieder erneuer- und veränderbar. Familie ist kein Besitz, sondern ein gemeinsames Handlungssystem der beteiligten Personen, das sich permanent neu organisieren muss, sozusagen ein permanenter »Balanceakt«. Der beschriebene Wertewandel vollzieht sich nicht als eine kollektive Formierung, sondern er findet in einer chaotischen Vielfalt einfach statt, wird teilweise als große Chance zur Selbstgestaltung begriffen, kann aber auch Widerstände auslösen, die sich in einem starren Festhalten am immer schon Gehabtem ausdrücken kann. Insofern verstärkt der Wertewandel auch die Pluralisierung bzw. ist in seiner »Ungleichzeitigkeit« auch Ausdruck der Pluralisierung. Die empirisch erhobene Milieuvielfalt zeigt anschaulich, was mit dem Schlagwort von der Pluralisierung eigentlich gemeint ist. Eine schier unübersichtliche Vielfalt von Vorstellungen vom guten und richtigen Leben und der zwangsläufigen Folge, dass es die Wächter allgemein verbindlicher Normen für die individuelle Lebensgestaltung nicht mehr schaffen, Gehör zu finden. Es scheint so, als habe eine Botschaft der Aufklärung ihr Ziel erreicht: Das »Ideal der Authentizität«, das von Herder in klassischer Weise so formuliert wurde: »Jeder Mensch hat ein eigenes Maß«, also »seine eigene Weise des Menschseins« (Taylor, 1995, 38). Jeder nach seiner Façon!

Der globalisierte Kapitalismus entfaltet sich als »Netzwerkgesellschaft«, die sich als Verknüpfung von technologischen und ökonomischen Prozessen erweist. Dies zeigt vor allem Manuel Castells auf, den ich für den interessantesten Analytiker der Gegenwartsgesellschaft halte. Er hat in einer groß angelegten Analyse die gesellschaftlichen Transformationen der Weltgesellschaft in den Blick genommen (Castells, 2001). Er rückt die elektronischen Kommunikationsmöglichkeiten ins Zentrum seiner Globalisierungstheorie. Sie hätten zum Entstehen einer *Network Society* (so der Titel des ersten Bandes der Castells'schen Trilogie) geführt, die nicht nur weltweit gespannte Kapitalverflechtungen und Produktionsprozesse ermöglichen würde, sondern auch kulturelle *codes* und Werte globalisierte. Für Castells bedeutet diese Netzwerkgesellschaft einen qualitativen Wandel in der menschlichen Erfahrung: Ihre Konsequenzen »breiten sich über den gesamten Bereich der menschlichen Aktivität aus, und transformieren die Art, wie wir produzieren, konsumieren, managen, organisieren, leben und sterben« (Castells, 1991, 138). Dieser mächtige neue Kapitalismus, der die Containergestalt des Nationalstaates demontiert hat, greift unmittelbar auch in

die Lebensgestaltung der Subjekte ein. Auch die biografischen Ordnungs-
muster erfahren eine reale Dekonstruktion. Am deutlichsten wird das in
Erfahrungen der Arbeitswelt. Einer von drei Beschäftigten in den USA hat
mit seiner gegenwärtigen Beschäftigung weniger als ein Jahr in seiner aktuellen Firma verbracht. Zwei von drei Beschäftigten sind in ihren aktuellen
Jobs weniger als fünf Jahre zugange. Vor 20 Jahren waren in Großbritannien
80 Prozent der beruflichen Tätigkeiten vom 40-zu-40-Typus (eine 40-Stun-
den-Woche über 40 Berufsjahre hinweg). Heute gehören gerade noch einmal
30 Prozent zu diesem Typus und ihr Anteil geht weiter zurück.

Kenneth J. Gergen sieht ohne erkennbare Trauer durch die neue Arbeitswelt den »Tod des Selbst« heraufdämmern, jedenfalls jenes Selbst, das sich
der heute allenthalben geforderten »Plastizität« nicht zu fügen vermag. Er
sagt: »Es gibt wenig Bedarf für das inngeleitete, *one-style-for-all*-Individu-
um. Solch eine Person ist beschränkt, engstirnig, unflexibel. (...) Wir feiern
jetzt das proteische Sein. (...) Man muss in Bewegung sein, das Netzwerk ist
riesig, die Verpflichtungen sind viele, Erwartungen sind endlos, Optionen
allüberall und die Zeit ist eine knappe Ware« (2000, 104).

Der flexible Mensch

In seinem viel beachteten Buch *Der flexible Mensch* liefert Richard Sennett
(1998) eine weniger positiv gestimmte Analyse der gegenwärtigen Veränderungen in der Arbeitswelt. Der »Neue Kapitalismus« überschreitet alle
Grenzen, demontiert institutionelle Strukturen, in denen sich für die Beschäftigten Berechenbarkeit, Arbeitsplatzsicherheit und Berufserfahrung
sedimentieren konnten. Es ist stattdessen Folgendes zu beobachten:

1. Die Erfahrung einer »Drift«: von einer »langfristigen Ordnung« zu einem
   »neuen Regime kurzfristiger Zeit« (ebd., 26). Und die Frage stellt sich in
   diesem Zusammenhang, wie dann überhaupt noch Identifikationen, Loy-
   alitäten und Verpflichtungen auf bestimmte Ziele entstehen sollen.
2. Fortschreitende Deregulierung: Anstelle fester institutioneller Muster
   treten netzwerkartige Strukturen. Der flexible Kapitalismus baut Strukturen ab, die auf Langfristigkeit und Dauer angelegt sind. »Netzwerkartige Strukturen sind weniger schwerfällig.« An Bedeutung gewinnt die
   »Stärke schwacher Bindungen«, womit zum einen gemeint ist, »dass flüch-
   tige Formen von Gemeinsamkeit den Menschen nützlicher seien als lang-

fristige Verbindungen, zum anderen, dass starke soziale Bindungen wie Loyalität ihre Bedeutung verloren hätten« (ebd., 28).

3. Die permanent geforderte Flexibilität entzieht »festen Charaktereigenschaften« den Boden und erfordert von den Subjekten die Bereitschaft zum »Vermeiden langfristiger Bindungen« und zur »Hinnahme von Fragmentierung«. Diesem Prozess geht nach Sennett immer mehr ein begreifbarer Zusammenhang verloren.

4. Die Subjekte erfahren das als Deutungsverlust: »Im flexiblen Regime ist das, was zu tun ist, unlesbar geworden« (ebd., 81).

5. So entsteht der Typ des »flexiblen Menschen«: ein »nachgiebiges Ich, eine Collage von Fragmenten, die sich ständig wandelt, sich immer neuen Erfahrungen öffnet – das sind die psychologischen Bedingungen, die der kurzfristigen, ungesicherten Arbeitserfahrung, flexiblen Institutionen, ständigen Risiken entsprechen« (ebd., 182). Lebenskohärenz ist auf dieser Basis kaum mehr zu gewinnen. Sennett hat erhebliche Zweifel, ob der flexible Mensch menschenmöglich ist.

6. Die wachsende Gemeinschaftssehnsucht interpretiert er als regressive Bewegung, eine »Mauer gegen eine feindliche Wirtschaftsordnung« hochzuziehen (ebd., 190). »Eine der unbeabsichtigten Folgen des modernen Kapitalismus ist die Stärkung des Ortes, die Sehnsucht der Menschen nach Verwurzelung in einer Gemeinde. All die emotionalen Bedingungen modernen Arbeitens beleben und verstärken diese Sehnsucht: die Ungewissheiten der Flexibilität; das Fehlen von Vertrauen und Verpflichtung; die Oberflächlichkeit des Teamworks; und vor allem die allgegenwärtige Drohung, ins Nichts zu fallen, nichts ›aus sich machen zu können‹, das Scheitern daran, durch Arbeit eine Identität zu erlangen. All diese Bedingungen treiben die Menschen dazu, woanders nach Bindung und Tiefe zu suchen« (ebd., 189 f.).

Was uns Sennett mit besorgter Grundhaltung vermittelt, wird von anderen Gegenwartsdeutern sehr viel lockerer genommen und als Chance für die »fitten Subjekte« gewertet. Die Fitness-Verordnung, die uns überall begegnet, scheint allerdings wenig zur Förderung von Lebenssouveränität beizutragen, sondern eher den Typus der flexiblen Anpassung an äußere Standardisierungen zu fördern, die immer häufiger wechseln und sich nicht mehr in einem fixen Typus kristallisieren. In diese Richtung entstehen neue normative Modelle, an deren Etablierung sich auch SozialwissenschaftlerInnen längst beteiligen. Ernest Gellner (1995) hat diesen »neuen Menschen« als den »modularen Menschen« beschrieben. Er greift damit auf eine Metapher aus der Möbelindustrie zurück, in der sich die Entwicklung von einem massiven Holzschrank immer mehr hin zu einem modularen Einrichtungssystem bewegt, in dem beliebig Teile angebaut und ausgetauscht werden können. Der modulare Mensch mit seiner IKEA-Identität ist kein stabiler, fertiger Charakter, sondern stellt ein »Wesen mit mobilen, disponiblen und austauschbaren Qualitäten dar« (Bauman, 1999, 158). Hier zeichnet sich jener Menschentypus ab, der in einer »Netzwerk-Gesellschaft« funktional ist. Eines scheint jedenfalls klar: Die beschriebenen gesellschaftlichen Veränderungen greifen in unser Leben ein und sie verändern auch unsere Vorstellungen von Normalität und das darauf bezogene psychosoziale Handeln. Der nordamerikanische Psychotherapeut H. B. Gelatt, der sich in der 1960er- und 1970er-Jahren mit seinem kognitiv-behavioralen Handlungskonzept auf einem sicheren Boden wähnte, beschreibt, wie wenig von dieser Sicherheit für ihn heute übrig geblieben ist: »Vor einem Vierteljahrhundert war die Vergangenheit bekannt, die Zukunft vorhersagbar und die Gegenwart veränderte sich in einem Schrittmaß, das verstanden werden konnte. (...) Heute ist die Vergangenheit nicht immer das, was man von ihr angenommen hatte, die Zukunft ist nicht mehr vorhersehbar und die Gegenwart ändert sich wie nie zuvor« (Gelatt, 1989, 252).

Das Ende der Meta-Erzählungen

Diese zentrale Veränderungsdynamik hat auch Auswirkungen auf Menschenbilder und ihre orientierende Kraft für die Subjekte, aber auch für die Psychotherapie und ihre Vorstellungen vom Menschen. Der diagnostizierte Verlust der Glaubwürdigkeit der großen alteuropäischen »Meta-Erzählungen« (Lyotard, 1986) hat nicht zu einer *Tabula rasa* geführt, sondern es gibt eine Fülle von Ersatzerzählungen. Identität könnte man als erzählende Antworten auf die Frage »Wer bin ich?« verstehen. In diesen Antworten wird subjektiver Sinn in Bezug auf die eigene Person konstruiert. Doch wir sind nicht nur Autoren unserer Erzählungen, sondern wir finden kulturelle Texte immer schon vor, Lebensskripte, in die wir unsere persönlichen Erzählungen einschreiben.
Der »gesellschaftliche Baumarkt« liefert uns eine Reihe von vorgefertigten »Identitätsbausätzen«, die die individuelle Aufgabe der persönlichen Sinn-

produktion »erleichtern«. Man könnte fünf Typen von Identitätserzählungen unterscheiden, die sich auch in psychotherapeutisch-psychosozialen Konzeptionen wiederfinden lassen und die in ihrer jeweiligen Spezifik auf die Krise der Moderne antworten (vgl. Keupp, 2002):

1. Der »proteische Typus« sieht in der Erosion moderner Lebensgehäuse die große Chance für den Einzelnen, sich flexibel, kreativ, geschmeidig und mobil in immer neuen Gestalten verwirklichen zu können. Er vertritt einen neoliberalen Freiheitsmythos.

2. Der »fundamentalistische Typus« lehnt all das ab, was für den ersten Typus als »Freiheitsgewinn« des Subjekts verbucht wird, und verspricht die unverrückbaren Behausungen, in denen man sein gesichertes Identitätsfundament finden könne. Hier wird in Gestalt des Angebots von »unverrückbaren Ordnungen« ein Skript geboten, das sich jeder historisch-kulturellen Reflexivität entzieht.

3. Der »reflexiv-kommunitäre Typus«, für den der gegenwärtig wirksame Individualisierungsschub und der fortschreitende Prozess der »Entbettung« (*disembedding*) Anlass für die Suche nach und die Förderung von posttraditionalen Ligaturen darstellt, in denen Menschen sich selbstbestimmt vernetzen und darüber kollektive Handlungs- und Gestaltungsressourcen schaffen.

4. Der »Typus Selbstsorge«, der sich den heimlichen Fesseln der allgegenwärtigen »Pastoralmächte« entzieht und in Empowermentprozessen Eigensinn und Selbstbemächtigung zu entwickeln versucht.

5. Der »Typus ›beschädigtes Leben‹«, der gegenüber allen anderen Typen, die auf positive Veränderungsmöglichkeiten setzen, auf der provokanten Gegenposition beharrt: »Es gibt kein richtiges Leben im falschen.«

Hellinger repräsentiert für mich den Typus des »fundamentalistischen Selbst«, aber zugleich ist er keine Kopie vergangener Zeiten. Er stellt für mich den C. G. Jung der Postmoderne dar. Wie dieser formuliert er unhintergehbare »Wahrheiten«, die durch keine historischen Dynamiken relativiert werden können. Doch er liefert sie in einer schnell konsumierbaren Nescafé-Version: In wenigen Minuten ist das Lösungsmuster entwickelt. Bei C. G. Jung ist das alles noch viel aufwändiger. Die Gefährlichkeit der Unterstellung solch ewiger »Wahrheiten« hat schon sehr früh John Rittmeister kritisiert. Er war Mitglied der Widerstandsgruppe »Rote Kapelle«, stand als einziger Psychoanalytiker im aktiven Widerstand gegen das NS-Regime und verlor dabei sein Leben. Zunächst war er Schüler von C. G. Jung. Doch in seinem politischen Engagement gegen ein menschenfeindliches Regime sah er die gefährlichen Mystizismen des Jung'schen Ideenhimmels immer deutlicher. 1936 spricht er von »dem Hochmut (...) esoterischer Ideenschau« auf die »eigenmächtig-präexistenten, idealen Wesenheiten« (1936, 940 f.). Der Patient der Jung'schen Therapie sei nach Rittmeister »gewöhnlich ganz vollgesaugt und aufgebläht mit mythologischen Fantasiegestalten, aber am Ende (wird er) doch ganz klein vor den Allgewalten der kollektiv-unbewussten Sphäre, um schließlich vor der Archäologie ganzer Jahrtausende auf die Knie zu sinken« (ebd., 938). Bei Jung wie bei Hellinger wird das »leere Selbst« mit »Wahrheiten« abgefüllt, die sich nicht in der komplizierten realen Welt zu bewähren brauchen; und die auch nicht ermutigen, sich mit dieser auseinander zu setzen und dabei je eigene Geschichten zu erzählen.

Petrus van der Let und Colin Goldner

Beklemmende Töne

Hellinger und Rilke

In einem Vorwort zu dem Buch *Der späte Rilke* von Dieter Bassermann – das ursprünglich 1947 erschienene und längst vergriffene Werk wurde von Gunthard Weber, einem der engsten Vertrauten und Schüler Hellingers, als Ehrerbietung an diesen im Jahre 2000 neu herausgegeben – schreibt Hellinger über Rilkes *Duineser Elegien* und die *Sonette an Orpheus*: »Die großartigen Visionen dieser Gedichte haben sich in der intensiven Begegnung mit menschlichen Schicksalen als wegweisend und hilfreich erwiesen. Ich denke zum Beispiel an den Hinweis, dass die früh Verstorbenen oder, wie Rilke sie nennt, die Früheentrückten, durch lange Trauer von uns gehindert werden, sich des Lebens sanft zu entwöhnen und Schritt für Schritt jenen Übergang zu leisten, der ihr Sterben vollendet; oder dass der Abschied von ihnen in der Tiefe jene Verwandlung vorbereitet, in der das Äußere und Hiesige sich ins Unsichtbare fortsetzt und weitet« (p. VII). Rilkes Gedichte, so Hellinger, hätten ihn »über viele Jahre begleitet«. Oft habe er sie »einfach hintereinander gelesen« und sich danach »wohl tuend geerdet« gefühlt und »im Einklang mit mir und der Welt, wie sie ist, auch mit ihren furchtbaren und fordernden Seiten« (2000b).

Hellingers Begeisterung für den Neoromantiker Rainer Maria Rilke (1875–1926) kommt nicht von ungefähr. Dessen mystisch-apokryphe Ergüsse könnten gleichsam als Überschrift stehen zu der von diesem vertretenen Sicht der Welt und dem Willen zu deren Überstehen – Lieblingsbegriff Rilkes – durch Anbindung an das über den Einzelnen Hinausreichende, Numinose. Selbst dann, wenn seine, Hellingers, bemühten Exegesen noch nicht einmal ansatzweise treffen, was jener sagt. O-Ton Rilke:

Schließlich brauchen sie uns nicht mehr, die Früheentrückten,
man entwöhnt sich des Irdischen sanft, wie man den Brüsten
milde der Mutter entwächst. Aber wir, die so große
Geheimnisse brauchen, denen aus Trauer so oft
seliger Fortschritt entspringt —: *könnten* wir sein ohne sie?
Ist die Sage umsonst, dass einst in der Klage um Linos
wagende erste Musik dürre Erstarrung durchdrang;
dass erst im erschrockenen Raum, dem ein beinah göttlicher Jüngling
plötzlich für immer enttrat, das Leere in jene
Schwingung geriet, die uns jetzt hinreißt und tröstet und hilft.

Duineser Elegien, 1922 (Erste Elegie, letzter Absatz)

Rilkes wie Hellingers Ethos ist das der Leistung: immer wieder und vor allem im »Überstehen« – ein Begriff, der in Variationen ähnlich oft vorkommt
bei beiden wie der des »Sich-Fügens« in »Anerkenntnis dessen, was ist«. Zu
Rilkes *Duineser Elegien* schreibt Hellinger, es handle sich um »Klagelieder,
und zwar von jener seltsamen Art, die den Verlust, den sie beklagen am Ende als Fortschritt und Vollendung erscheinen lassen«. Rilke stelle sich darin
»den letzten Wirklichkeiten: dem Tod, der Verwandlung und dem Sinn und
fügt sich ihnen; doch so, dass er dennoch das uns verbleibende Hiesige
feiert und preist« (1999).

Beflissen sucht Hellinger Rilkes symbolhafte Sprachverdichtung zu ko-
pieren: Die *Sonette an Orpheus*, so psalmodiert er etwa daher, »atmen die ge-
löste Klarheit der Vollendung« (was immer das heißen soll). Was Rilke in seinen *Duineser Elegien* »erst nach langem inneren Ringen« gelungen sei, werde
hier »ohne Bedauern bejaht und gefeiert: das Ganze des Daseins, wie es sich
wandelt im Entstehn und Vergehn und Lebende und Tote gleichermaßen
umfasst« (2000b). Letztlich indes bleibt bei Hellinger nur müdes Zitat. Als
ob er dies ahnte, verlegt er sich aufs Rezitativ: Ende 1999 nahm er in zwei
öffentlichen Großveranstaltungen (an der *Pädagogischen Akademie* der Diözese Linz und im *Kardinal-König-Haus* der Diözese Wien) die kompletten
Elegien und Sonette auf CD auf.

Über Rilkes »familiäre Verstrickungen« erfährt man, erstaunlicherweise,
von Hellinger nichts (wie man auch von dessen Beziehung zu *seinen* Eltern
nie etwas erfährt). Tatsache ist: Rilke war lebenslang bestimmt gewesen von
traumatischen Kindheits- und Jugenderlebnissen: Seine Mutter hatte ihn

280

fünf Jahre lang als Mädchen erzogen (nachdem ihr erstes Kind, eine Tochter, verstorben war), von seinem Vater, einem österreichischen Beamten und verhinderten Militär, wurde er, als Ausgleich sozusagen, ab dem 11. bis zum 16. Lebensjahr in eine Kadettenschule gesteckt. Trotz unsteten Wanderlebens durch halb Europa entkam er seinen Eltern, seiner Mutter vor allem, die ihn um mehrere Jahre überlebte, zeitlebens nie. Eine beabsichtigte Psychoanalyse – die Rede ist von den »Dickichten des Lebens«, die es zu lichten gelte – zögert er immer wieder hinaus, nimmt letztlich (nach dem Besuch eines psychoanalytischen Kongresses in München im Herbst 1913) ganz davon Abstand: Er werde hinfort, so teilt er dem Psychoanalytiker Emil von Gebsattel mit, seine schriftstellerische Arbeit als Selbstanalyse und Selbstbehandlung betrachten.

Offenbar war ihm damit nur wenig Erfolg beschieden: Sein letztes größeres Werk – die 55 *Sonette an Orpheus* (von 1923) – legte Rilke jedenfalls pflichtgemäß wieder zuerst seiner Mutter vor (die selbst auch Gedichte verfasste): »Sie werden beim ersten Einblick verstehen, wieso Sie die erste sein müssen, sie zu besitzen. Denn so aufgelöst der Bezug auch ist ... er beherrscht und bewegt den Gang des Ganzen und durchdrang immer mehr – wenn auch so heimlich, dass ich ihn nach und nach erst erkannte – diese unaufhaltsame, mich erschütternde Entstehung« (zit. in: Bassermann, 2000, 179).

Möglicherweise, so ließe sich spekulieren, sind Rilkes Gedichte nichts anderes als codierte Mitteilungen an (oder Anklagen gegen) seine Mutter? Die nur als solche – in psychoanalytischer oder systemischer Hermeneutik sozusagen – entschlüsselbar wären und Sinn gewännen?

> Liebte sein Inneres, seines Inneren Wildnis,
> diesen Urwald in ihm, auf dessen stummem Gestürztsein
> lichtgrün sein Herz stand. Liebte. Verließ es, ging die
> eigenen Wurzeln hinaus in gewaltigen Ursprung,
> wo seine kleine Geburt schon überlebt war. Liebend
> stieg er hinab in das ältere Blut, in die Schluchten,
> wo das Furchtbare lag, noch satt von den Vätern. Und jedes
> Schreckliche kannte ihn, blinzelte, war wie verständigt.
> Ja, das Entsetzliche lächelte. ... Selten
> hast du so zärtlich gelächelt, Mutter. Wie sollte
> er es nicht lieben, da es ihm lächelte.

Duineser Elegien, 1922 (Dritte Elegie, dritter Absatz)

Erstaunlich, dass gerade Hellinger, der ansonsten alles und jedes familien-psychologisiert, auf solche Idee nicht kommt. Aber auch auf anderer Ebene – literarischer etwa oder lyrischer – erschließt sich dem an Rilkes Gedichten Interessierten in deren Hellinger'scher Deklamation überhaupt nichts. Wenn man Hellinger die Verse Rilkes auf CD lesen hört – laut Klappentext »einfühlsam und gesammelt, so dass ihr Sinn sich der Seele erschließt« (tatsächlich aber nur in der bemühten Intonierung eines mäßig talentierten Laienschauspielers) – möchte man mit Klaus Theweleit (1988, 944) sagen: »Höre ich eine halbe Stunde, höre ich länger, sage ich: Wie hält man ihn aus … wie wird man ihn wieder los, den Ton, der beklemmt und einengt und den Schädel besetzt wie ein Meer aus *Marsh Mallows*«.

Wolle die Wandlung. O sei für die Flamme begeistert,
drin sich ein Ding dir entzieht, das mit Verwandlungen prunkt;
jener entwerfende Geist, welcher das Irdische meistert,
liebt in dem Schwung der Figur nichts wie den wendenden Punkt.

Was sich im Bleiben verschließt, schon ist's das Erstarrte;
wähnt es sich sicher im Schutz des unscheinbaren Grau's?
Warte, ein Härtestes warnt aus der Ferne das Harte.
Wehe –: abwesender Hammer holt aus!

Wer sich als Quelle ergießt, den erkennt die Erkennung;
und sie führt ihn entzückt durch das heiter Geschaffne,
das mit Anfang oft schließt und mit Ende beginnt.

Jeder glückliche Raum ist Kind oder Enkel von Trennung,
den sie staunend durchgehn. Und die verwandelte Daphne
will, seit sie lorbeern fühlt, dass du dich wandelst im Wind.

Sonette an Orpheus, 1923 (Zweiter Teil, XII)

Rilke, so Hellinger, habe enormen Einfluss ausgeübt auf die Entwicklung seiner Arbeit. Und, wie könnte es anders sein: »Andererseits hat das Familienstellen viele der gewagten Aussagen Rilkes als gültige Erfahrungen und Einsichten bestätigt« (1999b). Vielleicht sind damit ja tiefschürfende Sentenzen wie diese gemeint (aus: *M. L. Brigge* von 1910): »Das Schicksal liebt es, Muster und Figuren zu erfinden. Seine Schwierigkeit beruht im Komplizierten. Das Leben selbst aber ist schwer aus Einfachheit« (1962, 140).

Literatur- und Quellenverzeichnis

Adamaszek, R. (1999): Die Unterschiede zwischen den Kulturen gründen sich auf Unterschiede im Umgang der Lebenden mit ihren Toten. In: *Praxis der Systemaufstellung*, 2/1999, 10–15.

Adorno, T.W. (1999): Die psychologische Technik in Martin Luther Thomas' Rundfunkreden. In: ders.: Studien zum autoritären Charakter. Frankfurt/Main: Suhrkamp (3. Aufl./Reprint von 1950), 360–479.

AGPF-Info (1997): Moon: Prozesse gegen BRD. In: www.agpf.de/inf97-14.htm [30. 8. 2002].

Arlt, J. (1998): Im Namen der Liebe: Was es bedeutet, ein(e) Festhaltetherapeut(in) zu sein. In: *Holding Times*, 1/1998, 6–7.

Baitinger, H. (2000): Systemorientierte Familienaufstellungen nach Bert Hellinger und die Homöopathie: Zwei Ansätze phänomenologischer Heilkunst und ihre therapeutische Haltung. In: Weber, G. (Hrsg.): Praxis des Familien-Stellens. Beiträge zu Systemischen Lösungen nach Bert Hellinger. Heidelberg: Carl-Auer-Systeme (3. überarb. Aufl.), 430–442.

Baitinger, H. (x2000a): Ist nach dem Familien-Stellen eine Nacharbeit notwendig? In: Weber, G. (Hrsg.): Praxis des Familien-Stellens. Beiträge zu Systemischen Lösungen nach Bert Hellinger. Heidelberg: Carl-Auer-Systeme (3. überarb. Aufl.), 203–207.

Baitinger, H. (x2000b): Auslösen eines psychischen Ausnahmezustandes durch eine Familienaufstellung und seine Auflösung durch psychotherapeutische und klassisch-homöopathische Hilfe. In: Weber, G. (Hrsg.): Praxis des Familien-Stellens. Beiträge zu Systemischen Lösungen nach Bert Hellinger. Heidelberg: Carl-Auer-Systeme (3. überarb. Aufl.), 443–445.

Baitinger, H. (2002): »In der Seele sind immer alle dabei«. In: *Blickpunkt EFL-Beratung: Zeitschrift des Bundesverbandes für katholische Ehe-, Familien- und Lebensberaterinnen und -berater*, 4/2002.

Barth, C. (2003): »Systemische Familientherapie« nach Bert Hellinger. In: dies.: Über alles in der Welt – Esoterik und »Leitkultur«: Eine Einführung in die Kritik irrationaler Welterklärungsmodelle. Aschaffenburg: Alibri.

Bassermann, D. (2000): Der späte Rilke: Der Weg zu den Elegien und Sonetten. Heidelberg: Carl-Auer-Systeme (Reprint von 1947).

Bassols, L. (1997): Tibetan Pulsing: Tibetische Transformationsmethode unserer Zeit (Veranstaltungsprogramm). München, E.i.S.

Bauman, Z. (1999): In search of politics. Stanford: Stanford California Press.

Bauman, Z. (2000): Liquid modernity. Cambridge: Polity Press.

Baumann-Bay, A./Baumann-Bay, L. (2000): Achtung Anthroposophie: Ein kritischer Insiderbericht. Zürich: Kreuz.

Baur, D. (2001): 30 Monate Haft wegen Kindesmißbrauchs: 42-Jähriger aus dem Umfeld einer Füssener Sekte verurteilt. In: *Süddeutsche Zeitung* vom 23. 1. 2001, 10.

Bauriedl, Th. (1980): Beziehungsanalyse: Das dialektisch-emanzipatorische Prinzip der Psychoanalyse und seine Konsequenzen für die Familientherapie. Frankfurt/Main: Suhrkamp.

Bauriedl, Th. (1994): Auch ohne Couch: Psychoanalyse als Beziehungstheorie und ihre Anwendungen. Stuttgart: Klett-Cotta.

Bauriedl, Th. (1997): Die innere Welt des Psychoanalytikers. In: Herberth, F./Maurer, J. (Hrsg.): Die Veränderung beginnt im Therapeuten: Anwendungen der Beziehungsanalyse in der psychoanalytischen Theorie und Praxis. Frankfurt/Main: Brandes&Apsel, 11–40.

Bauriedl, Th. (2002): Der psychotherapeutische Prozeß in der psychoanalytischen Paar- und Familientherapie [mit Cierpka, M./Neraal, T./Reich, G.]. In: Wirsching, M./Scheib, P. (Hrsg.): Paar- und Familientherapie. Berlin: Springer, 87–104.

Beaumont, H. (1999): Ordnungen der Liebe: Bert Hellingers Systemische Therapie und die Gestalttherapie (Interview). In: *Gestaltkritik*, 2/1999 (www.gestaltkritik.de/beaumont_interview_teil2.html [23. 3. 2002]).

Beaumont, H. (2000): Morphische Resonanz und Familien-Stellen (Interview mit Rupert Sheldrake): In: *Praxis der Systemaufstellung*, 2/2000, 23–31.

Becker, B. (2002): Systemische Aufstellungen und Schwitzhüttenzeremonie. In: www.bringfried-becker.de/maennergruppen.html [12. 9. 2002].

Berger, P. (1994): Sehnsucht nach Sinn: Glauben in einer Zeit der Leichtgläubigkeit. Frankfurt/Main: Campus.

Bieri, P. (2002): Das Handwerk der Freiheit: Über die Entdeckung des eigenen Willens. München: Carl Hanser.

Bierl, P.: (1998): »Ich liebe dich, auch wenn du in die Hose machst«. In: *Süddeutsche Zeitung* (FFB) vom 3. 7. 1998.

Bierl, P. (1999): Wurzelrassen, Erzengel und Volksgeister: Die Anthroposophie Rudolf Steiners und die Waldorfpädagogik. Konkret Literatur: Hamburg.

Biermann, G. (1985): Stellungnahme eines Kinderpsychiaters zur Festhaltetherapie. In: *Praxis Kinderpsychologie/Kinderpsychiatrie*. Nr. 34, 2/1985, 73–75.

Blessing, G. (1998): »Du bist der Weg«. In: *Holding Times*, 1/1998, 8.

Bloch, E. (1962): Erbschaft dieser Zeit. Frankfurt/Main: Suhrkamp.

Böning, R./Neuwald, B. (1999) (Hrsg.): Handbuch für ganzheitliche Therapie und Lebenshilfe. Gschwend: rbn.

Bördlein, C. (2001): Die NLP-Seite. In: paedpsych.jk.uni-linz.ac.at/internet/arbeitsblaetter/lehrtechnikord/BoerdleinNLP.html [30. 7. 2002].

Bördlein, C. (2002): Hellingers Ordnung. In: ders.: Das sockenfressende Monster in der Waschmaschine: Eine Einführung ins kritische Denken. Aschaffenburg: Alibri, 40–43 (www.sgipt.org/kritik/helling/helling1.htm vom 4. 10. 2000 [30. 3. 2002]).

Braun, D. (2002): Erfahrungsberichte. In: www.infaor.de/erfahrungsberichte.htm [10. 9. 2002].

Braunmühl, v., E. (1989): Festhalten: Ja oder Nein? (Leserbrief). In: *Psychologie heute*, 5/1989, 61–62.

Brüggemann, M (1997): »Dass du mich liebst, macht mich mir wert« – das Festhalten als Grundlage: Konkretisierung und Umsetzung christlichen Glaubens in der zwischenmenschlichen Beziehung aus der Sicht einer Franziskanerin. In: Gesellschaft zur Förderung des Festhaltens (Hrsg.) (1997): Dokumentation: 1. Internationaler Kongreß »Festhalten« in Regensburg. Aitrach: E.i.S.

Carl-Auer-Verlag (1999): Informationen zur Aufstellungsarbeit nach Bert Hellinger. In: www.carl-auer.de/service/presse/informationen.html [23. 5. 2002].

Castells, M. (1991): Informatisierte Stadt und soziale Bewegungen. In: Wentz, M. (Hrsg.): Die Zukunft des Städtischen. Frankfurt/Main: Campus, 137–147.

Castells, M. (2001): Das Informationszeitalter (3 Bände). Leverkusen: Leske+Budrich.

Christadler, M. (1983): Die »Nouvelle Droite« in Frankreich. In: Fetcher, I. (Hrsg.): Neokonservative und »Neue Rechte«: Der Angriff gegen Sozialstaat und liberale Demokratie in der BRD, Westeuropa und den Vereinigten Staaten. München: C.H. Beck, 163–215.

Dalferth, M. (1988): Festhalten im Heim: Zur Legitimation und Effektivität eines umstrittenen Verfahrens. In: *Behindertenpädagogik*. Nr. 27, 206–218.

Dalichow, I. (2000): Blick zurück in Liebe. In: *Esotera* 10/2000, 28–33.

Dammers, M. (2001): Systemaufstellung und Aussöhnungstherapie: eine gelungene Synthese. In: *Praxis der Systemaufstellung*, 2/2001, 23–25.

DePhilipp, W./Madelung, E./Langlotz, R./Schneider, J. (1998): Phänomenologie. In: *Praxis der Systemaufstellung*, 1/1998, 10.

DeVries, P. (1993): A Draft of Lethe: A Neglected Statement from the Works of Sigmund Freud. In: *Psychotherapy*, Vol. 30/3, Fall 1993, 524–530.

Dicke, H.-D. (1999): »... esoteriknaher Tonfall ...« In: *Praxis der Systemaufstellung*, 2/1999, 82.

Die Tageszeitung (2002): TV-Pfaffe Fliege im Sturzflug (epd-Meldung). In: *Die Tageszeitung* vom 17. 6. 2002, 17.

Dill, A. (1991): Zahlengefühl? Glückssache. In: *Skeptiker*, 3/1991, 59.

Döring-Meier, H. (Hrsg.) (2000a): Die entdeckte Wirklichkeit. Paderborn: Junfermann.

Döring-Meier, H. (Hrsg.) (2000b): Leiden ist leichter als lösen. Paderborn: Junfermann.

Doyle, G. (1999): Forgiveness as an intrapsychic process. In: *Psychotherapy*, Nr. 36, 2/1999, 190–198.

Dykstra, I. (2002): Wenn Kinder Schicksal tragen: Kindliches Verhalten aus systemischer Sicht verstehen. München: Kösel.

Ebinger, K. (2000): Urlaub als Fragestunde: Eine Reise in die Ferne und nach innen. In: *Familienperspektiven: Das Internetmagazin für Familie, Spiritualität und Lebensgestaltung*, 11/2000 (www.familienperspektiven.at/11/frame-setebi.html [29. 8. 2002]).

EHBG (1965): Die Bibel oder die ganze Heilige Schrift des Alten und Neuen Testaments. Berlin: Evangelische Haupt-Bibelgesellschaft.

Ellis, A. (1979): Praxis der Rational-Emotiven Therapie. München: Urban&Schwarzenberg.

Enquete-Kommission (1998): Endbericht der Enquete-Kommission »So genannte Sekten und Psychogruppen«. Bundestags-Drucksache 13/10950 vom 9. 6. 1998.

Erb, K. (2001): Die Ordnungen des Erfolgs: Einführung in die Organisationsaufstellung. München: Kösel.

Erb, K. (2002): Lösungen rund ums Wohnen mit systemischen Aufstellungen (Informationsbroschüre). München: E.i.S.

Ernst, H. (1989): (Editorial): In: *Psychologie Heute*, 2/1989, 3.

Ernst, H. (1996): Psychotrends: Das Ich im 21. Jahrhundert. München: Piper.

Esotera (1998): Hellinger-Arbeitskreis gegründet. In: *Esotera*, 6/1998, 11.

Ewald, S. (2001): Anthroposophische Biographiearbeit und Familienaufstellung: Gegensatz oder Ergänzung? In: *Info3: Anthroposophie heute*, 4/2001 (www. info3.de/archiv/info3/archiv.html [20. 6. 2002]).

Ewald, S. (2002): Familienaufstellungen nach Bert Hellinger aus anthroposophischer Sicht. In: www.biographie-arbeit.de vom 5.4.2002 [30. 6. 2002].

Fellner, R. (2001): Systemische Therapie und Beratung: Eine Einführung. In: www.psycho-therapiepraxis.at/pt-art_sft.phtml [29. 8. 2002].

Feuser, G. (1988): Aspekte einer Kritik des Verfahrens des »erzwungenen Haltens« bei autistisch und anders behinderten Kindern. In: *Behindertenpädagogik*, Nr. 27, 1988, 115–155 (bidok.uibk.ac.at/texte/bhp2-88-festhalten.html [14. 8. 2002]).

Feuser, G. (1992): Festhaltetherapie im Widerspruch. In: *Zeitschrift für Heilpädagogik*, 11/1992, 722–738.

Fincke, A. (1998): Wie gefährlich ist Bert Hellingers Therapie? In: *Psychologie Heute*, 4/1998, 16–17.

Finsterbusch, K./Müller, H. (Hrsg.) (1999): Das kann ich dir nie verzeihen!? Theologisches und Psychologisches zu Schuld und Vergebung. Göttingen: Vandenhoeck&Ruprecht.

Firgau, B. (1997): Rechtshandbuch für Heiler. Weinheim, E.i.S. (3. Aufl.).

Fischer, G./Riedesser, P. (1998): Lehrbuch der Psychotraumatologie. München: Ernst Reinhardt.

Fliege, J. (1995): Es geht um Ihre Gesundheit. Stuttgart: Kreuz.

Fliege, J. (Hrsg.) (2001): Sanfte Medizin bei Fliege. Braunschweig: Immenroth.

Franke, U. (1996): Systemische Familienaufstellung: Eine Studie zur systemischen Verstrickung und unterbrochener Hinbewegung unter besonderer Berücksichtigung von Angstpatienten. München: Profil.

Freud, S. (1914): Weitere Ratschläge zur Technik der Psychoanalyse: II. Erinnern, Wiederholen und Durcharbeiten. Gesammelte Werke (Band X). Frankfurt/Main: Fischer, 125–136.

Freud, S. (1921): Massenpsychologie und Ichanalyse. Gesammelte Werke (Band XIII). Frankfurt/Main: Fischer, 71–161.

Freud, S. (1928): Kurzer Abriß der Psychoanalyse. Gesammelte Werke (Band XIII). Frankfurt/Main: Fischer, 403–427.

Freund, U. (1997): Konservative Ordnungen als therapeutisches Sicherheitssystem: Kritische Überlegungen zu Hellingers Implikationen. In: *Hypnose und Kognition*, Band 14, 1,2/1997, 113–118.

Fuchs, T. (2000): Familienaufstellungen aus phänomenologischer Sicht. In: *Praxis der Systemaufstellung*, 1/2000, 13–16.

Gampert, C. (1994): Halt mich fest! In: *Schwäbisches Tagblatt* vom 5. 3. 1994.

Gandow, T. (1999): Handel und Wandel in der Mun-Bewegung. In: *Berliner Dialog*, Nr. 17, 2/1999, 13–23 (www.religio.de/299/17_13-16.htm [30. 8. 2002]).

Gehrmann, J. (2000): Mit Achtung, mit Liebe. In: *Connection spezial* (Liebe heilt), Nr. 49, 8–9/2000.

Gelatt, H.B. (1989): Positive uncertainty: A new decision-making framework for counseling. In: *Journal of Counseling Psychology*, 36/1989, 252–256.

Geier, W. (2000): Briefe von Waltraud Geier (Kolumne). In: *Prairie*, 3/2000 (www.prairie.at/kolumnen/geier/artikel/20010411192024 [29. 8. 2002]).

Gellner, E. (1995): Bedingungen der Freiheit: Die Zivilgesellschaft und ihre Rivalen. Stuttgart: Klett-Cotta.

Gensicke, T. (1994): Wertewandel und Familie: Auf dem Weg zu »egoistischem« oder »kooperativem« Individualismus? In: *Aus Politik und Zeitgeschichte*, B 29–30/1994, 36–47.

Gerbert, F. (1998a): Psycho-Szene: Wenn Therapeuten Gott spielen. In: *Focus*, 13/1998, 222–223.

Gerbert, F. (1998b): »Ja, ich ging hart mit ihr um«: Therapeut Bert Hellinger spricht über die seltsamen Psycho-Spiele, die dem Tod einer seiner Klientinnen vorausgingen (Interview mit Hellinger). In: *Focus*, 13/1998, 224–225.

Gerbert, F. (2002a): Die Stand-by-Therapie: Plagt dich ein Problem, geh damit zum »Aufstellen«: Ein kurioses Psycho-Laientheater findet immer mehr Zulauf. In: *Focus*, 26/2002, 142–146.

Gerbert, F (2002b): »Wissen ist in Wasser gespeichert« (Interview mit Kristine Alex). In: *Focus*, 26/2002, 146.

Gergen, K. J. (2000): The self: death by technology. In: Fee, D. (Ed.): Pathology and the Postmodern: Mental illness as discourse and experience. London: Sage, 100–115.

Gesellschaft gegen Sekten und Kultgefahren (2002): Die Stand-by-Therapie. In: *GSK-Info*, 4/2002, 4–8. (Orig.: Gerbert, F.: Die Stand-by-Therapie. In: *Focus*, 26/2002, 142–146).

Giddens, A. (1997): Jenseits von Links und Rechts: Die Zukunft radikaler Demokratie. Frankfurt/Main: Suhrkamp.

Glatzer, W. (2001): Neue Wohnformen für Junge und Alte. In: Schader-Stiftung (Hrsg.): Wohnwandel: Szenarien, Prognosen, Optionen zur Zukunft des Wohnens. Darmstadt: Schader-Stiftung, 216–227.

Glöckner, A. (1998): Mystifizierung des Familien-Stellens? Ein Plädoyer wider die überzogene Verheißung. In: *Praxis der Systemaufstellung*, 2/1998, 43–45.

Glöckner, A. (2000): »Es kann ein Leben lang dauern, bis die Augen geöffnet sind, doch es genügt ein Blitz um zu sehen«. In: Weber, G. (Hrsg.): Praxis des Familien-Stellens. Beiträge zu Systemischen Lösungen nach Bert Hellinger. Heidelberg: Carl-Auer-Systeme (3. überarb. Aufl.), 462–466.

Goldner, C. (1992): Rebirthing: Mißgeburt des New Age. In: *Skeptiker*, 4/1992, 88–93.

Goldner, C. (1993): Tod beim Urschrei. In: *Psychologie Heute*, 6/1993, 14.

Goldner, C. (1994): Caput Nili: Freud, der Inzest und die Hysterie. In: *Psychologie Heute*, 9/1994, 50.

Goldner, C. (1997): Familienaufstellung nach Hellinger. In: ders.: Psycho: Therapien zwischen Seriosität und Scharlatanerie. Augsburg: Pattloch, 194–195 (Aktualisierte Neuauflage [2000]: Die Psychoszene. Alibri: Aschaffenburg, 271–276).

Goldner, C. (1998a): Bert Hellinger: Systemfehler? In: *Intra*, 35, 1/1998, 14–19.

Goldner, C. (1998b): Wege zum Glück? Bedeutende Psychotherapieverfahren im 20. Jahrhundert. In: *Der Spiegel*, 53/1998, 100–101.

Goldner, C. (1999): Mega-Event mit 1000 Workshops. In: *Intra*, 41, 3/1999, 10.

Goldner, C. (2000): Die Psychoszene. Aschaffenburg: Alibri.

Goldner, C. (2001): Goldfarbene Phalli in der hohlen Hand. In: *Die Tageszeitung* vom 8. 12. 2001.

Grandt, G./Grandt, M. (1997): Waldorf Connection. Aschaffenburg: Alibri.

Grawe, K./Donati, R./Bernauer, F. (1994): Psychotherapie im Wandel: Von der Konfession zur Profession. Göttingen: Hogrefe.

Griebl, G. (1997): Die Sprache der Liebe. Ahlerstedt: Param.

Grochowiak, K./Castella, J. (2001): Systemdynamische Organisationsberatung: Handlungsanleitung für Unternehmensberater und Trainer. Heidelberg: Carl-Auer-Systeme.

Groeben, N./Wahl, D./Schlee, J./Scheele, B. (1988): Forschungsprogramm Subjektive Theorien. Tübingen: Francke.

Gross, B. (1999): Opfer und Täter (Gespräch mit Bert Hellinger anläßlich einer Aufstellung zur Opfer-Täter-Thematik in Bern, Ende Februar 1999). In: *Praxis der Systemaufstellung*, 2/1999, 15–21.

Gross, P. (1999): Ich-Jagd: Im Unabhängigkeitsjahrhundert. Frankfurt/Main: Suhrkamp.

Gross, W. (1994): Was eine alternativ-spirituelle Gruppe zur Sekte macht: Kriterien zur Beurteilung von destruktiven Kulten. In: ders. (Hrsg.): Psychomarkt, Sekten, Destruktive Kulte. Bonn: Deutscher Psychologen Verlag, 27–50.

Häuser, W./Klein, R./Schmitt-Keller, B. (2000): Familienaufstellen mit Bert Hellinger aus der Sicht teilnehmender KlientInnen und ihrer TherapeutInnen: Eine Einjahreskatamnese. In: Weber, G. (Hrsg.): Praxis des Familien-Stellens. Beiträge zu Systemischen Lösungen nach Bert Hellinger. Heidelberg: Carl-Auer-Systeme (3. überarb. Aufl.), 478–487.

Hardo, T. (1996a): Jedem das Seine. Neuwied: Die Silberschnur.

Hardo, T. (1996b): Das Karma macht keine Ausnahme (Interview). In: *Die Andere Realität*, 3/1996, 31.

Haug, F. (1971): Kritik der Warenästhetik. Frankfurt/Main: Suhrkamp.

Haug, F. (1986): Die Faschisierung des bürgerlichen Subjekts: Die Ideologie der gesunden Normalität und die Ausrottungspolitiken im deutschen Faschismus. Hamburg: Argument.

Haug, F. (1997): Erinnerung. In: ders. (Hrsg.): Historisch-Kritisches Wörterbuch des Marxismus. Bd. 3. Hamburg: Argument, 720–733.

Hauskrecht, W. (2001): Sektenverdacht: Tantra-Tage im Gasteig gekippt. In: *Münchner Merkur* vom 2. 2. 2001, 12.

Heiliger, A. (2000): Täterstrategien und Prävention. München: Frauenoffensive.

Hellinger, B. (1989): Festhalten: Ja oder Nein? (Leserbrief). In: *Psychologie heute*, 5/1989, 64.

Hellinger, B. (1995): Berliner Veranstaltung (Interview). In: www.erickson_institut_berlin.de/frames/community/whc/texte/i_hellinger.htm [15. 8. 2002].

Hellinger, B. (1996): Die Mitte fühlt sich leicht an. München: Kösel.

Hellinger, B. (1997): Finden, was wirkt: Therapeutische Briefe. München: Kösel (8. erw. Aufl.).

Hellinger, B. (1998a): Der Abschied: Nachkommen von Tätern und Opfern stellen ihre Familie, Heidelberg: Carl-Auer-Systeme.

Hellinger, B. (1998b): Einsicht durch Verzicht: Der phänomenologische Erkenntnisweg in der Psychotherapie. In: *Praxis der Systemaufstellungen*, 1/1998, 16–17.

Hellinger, B. (1998c): Ein weggegebenes Kind stellt seine Familie. In: G. Weber (Hrsg.): Praxis des Familien-Stellens. Beiträge zu Systemischen Lösungen nach Bert Hellinger. Heidelberg: Carl-Auer-Systeme, 320–334.

Hellinger, B. (1998d): In der Seele an die Liebe rühren. Heidelberg: Carl-Auer-Systeme.

Hellinger, B. (1998e): Wo Schicksal wirkt und Demut heilt: Ein Kurs für Kranke. Heidelberg: Carl-Auer-Systeme.

Hellinger, B. (1998f): Zur Phänomenologie: Erkenntnis dient dem Leben (Interview von Brigitte Zawieja, Wolfgang Lenk, Johannes Schmidt mit Bert Hellinger am 26. 6. 1995 in Berlin). In: *Praxis der Systemaufstellung*, 2/1998, 10–17.

Hellinger, B. (1999a): Einsicht durch Verzicht: Der phänomenologische Erkenntnisweg in der Psychotherapie am Beispiel des Familien-Stellens (Audio-Cassette). Heidelberg: Carl-Auer-Systeme.

Hellinger, B. (1999b): Rainer Maria Rilke: Duineser Elegien. (2CDs) Heidelberg: Carl-Auer-Systeme.

Hellinger, B. (1999c): Systemisches Familienstellen. In: Böning, R./Neuwald, B. (Hrsg.): Handbuch für ganzheitliche Therapie und Lebenshilfe. Gschwend: rbn, 84–86.

Hellinger, B. (1999d): Wie Liebe gelingt (Interview von Johannes Kaup mit Bert Hellinger). ORF vom 6. 7. 1999 (www.hellinger.com/deutsch/virtuelles_institut/grundlagen_voraussetzungen/mann_und_frau.shtml [15. 8. 2002]).

Hellinger, B. (2000a): Ordnungen der Liebe. Heidelberg: Carl-Auer-Systeme (6. überarb. Aufl.)

Hellinger, B. (2000b): Rainer Maria Rilke: Die Sonette an Orpheus. (2CDs) Heidelberg: Carl-Auer-Systeme.

Hellinger, B. (2000c): Religion, Psychotherapie, Seelsorge. München: Kösel.

Hellinger, B. (2000d): Warum ich? Den Betroffenen des Unglücks von Kaprun kann kein Psychologe helfen – nur die Familie, sagt der Psychologe Bert Hellinger. Ein Gespräch über die Würde eines schweren Schicksals. In: *Die Zeit*, 48/2000, 2 (www.hellinger.de /deutsch/virtuelles_institut/grundlagen_voraussetzungen/texte_ trauer_und_versoehnung/2000_11_23_interview_kaprun_die_zeit.shtml [15. 8. 2002]).

Hellinger, B. (2001a): Entlassen werden wir vollendet: Späte Texte. München: Kösel.

Hellinger, B. (2001b): Erfahrungen aus letzter Zeit: Ein Interview von Harald Hohnen mit Bert Hellinger am 26. 6. 2001 in Berlin. In: www.hellinger.de/deutsch/virtuelles_institut/bert_hellinger/interviews/2001_06 _26_interview_hohnen.shtml [10. 7. 2002].

Hellinger, B. (2001c): Fragen an Bert Hellinger zum Anschlag auf das World Trade Center und das Pentagon am 11. September 2001 und seine Folgen. Ein Interview am 31. 10. 2001 von Hans-Joachim Reinecke. In: http://www.hellinger.com/deutsch/ virtuelles_institut/grundlagen_voraussetzungen/texte_trauer_und_versoehnung/2001_11_31 _interview_11_september_reinecke.shtml [15. 8. 2002].

Hellinger, B. (2001d): Mit der Seele gehen: Gespräche mit Bert Hellinger (hrsg.von H. Hohnen/B. Ulsamer). Freiburg: Herder.

Hellinger, B. (2001e): Wer sich an zu viele bindet, bleibt am Ende doch allein (Interview). In: *Weltbild*, 2/2001, 40–43.

Hellinger, B. (2002a): Das Familien-Stellen in Bewegung (Vortrag auf der Arbeitstagung der IAG). Würzburg, 5. 4. 2002. In: www.hellinger.com/deutsch/ virtuelles_institut/ grundlagen_voraussetzungen/fa milien_stellen_in_bewegung.shtml [6. 7. 2002].

Hellinger, B. (2002b): Die Quelle braucht nicht nach dem Weg zu fragen. Heidelberg: Carl-Auer-Systeme.

Hellinger, B. (2002c): Die Kraft der Feinde. In: http://www.hellinger.com/deutsch/virtuelles_institut/kontroversen/kraft_der_feinde.sht ml [15. 8. 2002].

Hellinger, B. (2002d): Die Zukunft des Familien-Stellen – eine Standortbestimmung. In: *Praxis der Systemaufstellung*, 1/2002, 16–17.

Hellinger, B. (2002e): Ehren der Eltern ist Ehren der Erde (Interview). In: *Connection*, 3–4/2002, 36.

Hellinger, B. (2002f): »Ich stehe vor dem Dasein still und es zeigt sich« (Interview). In: *Connection spezial* (System Mensch), Nr. 59, 4–5/2002, 14–18 (www.connection_medien.de/special/spec59/hellinger.htm [15. 8. 2002]).

Hellinger, B. (2002g): Liebe auf den zweiten Blick: Lösungen für Paare. Freiburg: Herder.

Hellinger, B. (2002h): Ordnungen des Gewissens und Bewegungen der Seele: Bert Hellinger über Grundbegriffe des Familienstellens. In: *Info3: Anthroposophie heute*, 4/2002, 9–11 (www.info3.de/archiv/info3/archiv.html [20. 6. 2002]).

Hellinger, B. (2002i): Talkshow-Auftritt bei Jürgen Fliege (ARD) vom 13. 3. 2002.

Hellinger, B. (2002j): Untangling Love and Resolving Family Entanglements: The Power of Family Constellations with Dr. Bert Hellinger (Psychology Conference). Santa Barbara City College, July, 27, 2002 (www.sbcc.ca.us/rt/ce/psychology.htm [2. 7. 2002]).

Hellinger, B. (2002k): Versöhnung in der Seele (Interview von H.-J. Reinecke zu den Anschlägen [...] am 11. September 2001 und deren Folgen). In: Stecher, C. (Hrsg.): Der Tag, an dem die Türme fielen. München: Knaur, 87–97.

Hellinger, B. (2002k): Was Juden und Christen versöhnt: Das Judentum in unserer Seele. In: www.hellinger.com/deutsch/virtuelles_instutut/bert_hellinger [20. 8. 2002].

Hellinger, B. (2002m): Wilfried Nelles: Liebe, die löst: Einsichten aus dem Familienstellen (Rezension). In: *Praxis der Systemaufstellung*, 1/2002, 92–93.

Hellinger, B./Prekop, J. (2002): Wenn ihr wüsstet, wie ich euch liebe: Wie schwierigen Kindern durch Familien-Stellen und Festhalten geholfen werden kann. München: Kösel (3. Aufl.).

Hellinger, B./tenHövel, G. (1996): Anerkennen, was ist: Gespräche über Verstrickung und Lösung. München: Kösel.

Hemminger, H. (1987): Psychotherapie – Der Weg zum Glück? Zur Orientierung auf dem Psychomarkt. München: Evangelischer Presseverband für Bayern.

Hemminger, H. (1989): Festhalten: Ja oder Nein? (Leserbrief). In: *Psychologie heute*, 5/1989, 63.

Hemminger, H. (1991): Debatte im Ausschuss für Frauen und Jugend (Redebeitrag). Bundestagsausschuss für Frauen und Jugend: Protokoll Nr. 13 vom 9. 10. 1991.

Herbst, L. (1993): (Leserbrief) In: *Skeptiker*, 4/1993, 111 (vgl. auch: ders. [1988]: Wider die Zwänge des »Autisten«: Anmerkungen zur Mutter-Kind-Haltetherapie bei beziehungsauffälligen Kindern. In: *Behindertenpädagogik*, Nr. 27, 1988, 197–206).

Hilgers, M. (2000a): Alte Ordnungen. In: *Deutsches Allgemeines Sonntagsblatt*, Nr. 40, vom 6. 10. 2000, 28–29 (www.sonntagsblatt.de/artikel/2000/40/40-s4.htm [20. 6. 2002]).

Hilgers, M. (2000b): Deutsche Vertriebene. In: *Frankfurter Rundschau* vom 8. 7. 2000, 5.

Hilgers, M. (2001a): Die Ordnung achten. In: *Die Tageszeitung* vom 18. 5. 2001, 25 (www.taz.de/pt/2001/05/18/a0162.nf/text [20. 6. 2002]).

Hilgers, M. (2001b): »Ich stelle gleich die Ordnung auf«: Einfache Werturteile bei komplexen Problemen begünstigen die massenhafte Flucht zum Familienheiler Bert Hellinger. In: ders.: Leidenschaft, Lust und Liebe: Psychoanalytische Ausflüge zu Minne und Mißklang. Göttingen: Vandenhoeck&Ruprecht, 97–110.

Hilgers, M. (2001c): »Ich stelle gleich die Ordnung auf«: Neue Heilslehren und alte Ordnungen: Die autoritären Methoden des Familienaufstellers Bert Hellinger. In: *Psychoanalytische Familientherapie*, 3/2001, 99–109.

Hinte, W. (1989): Festhalten: Ja oder Nein? (Leserbrief). In: *Psychologie heute*, 5/1989, 62.

Hobert, I. (1997a): Das Handbuch der natürlichen Medizin: Kreuzlingen: Ariston.

Hobert, I. (1997b): Die Systematische Familienintegration nach Hellinger. In: ders.: Das Heilbuch für das neue Jahrtausend. München: Peter Erd, 110–112.

Höppner, G. (2001): Heilt Demut – wo Schicksal wirkt? Eine Studie zu Effekten des Familien-Stellens nach Bert Hellinger. München: Profil.

Hoffmann, S. (1999): Aufstellen-Erkennen-Auflösen: Familienstellen nach Bert Hellinger macht Familienkarma sicht- und lösbar. In: *Grenzenlos*, 6/1999 (http://www.grenzenlos-verlag.de/archiv_new/arc_fam_aufstellen.htm [23. 5. 2002]).

Holbe, R. (1990): Warum passiert mir das? Karma und wie es funktioniert. München: Knaur.

Horn, K. (2001): Hellingermania. In: *Connection*, 7–8/2001.

IzAK (1996): Die Bielefelder Resolution an nationale und internationale Gremien, Parlamente und Institutionen. Bielefeld vom 30. 11. 1996 (members.aol.com/Wiechoczek /IzAK.htm [20. 6. 2002].)

IzAK (Hrsg.) (1998): Stop dem Anthroposophen-Kult. Paderborn, Nr.1, vom 1. 12. 1998 (members.aol.com/Wiechoczek/IzAK.htm [20. 6. 2002]).

Jacob, S.-C./Dreves, D. (2001): Aus der Waldorfschule geplaudert: Warum die Steiner-Pädagogik keine Alternative ist. Aschaffenburg: Alibri.

Jacobs, C. (2001): Sekten: Wer mit wem schläft. In: *Focus*, 6/2001, 60–61.

Jellouschek, H. (1999): Was geschieht eigentlich in Aufstellungen? In: *Praxis der Systemaufstellung*, 2/1999, 17–18.

Kampenhout, D., v. (2001): Die Heilung kommt von außerhalb: Schamanismus und Familienstellen. Weinheim: Beltz.

Keller, H. (1990): Der Fall Holbe bei RTL plus. In: *Die Tageszeitung* vom 28. 3. 1990, 20.

Kelly, G. (1955): The Psychology of Personal Constructs. New York: Norton.

Kerckhoff, E. (2000): Menschen, Tiere, Telepathie (Gespräch mit R. Sheldrake und Lama Tengyal). In: *Lotosblätter*, 2/2000, 41–43.

Kershaw, I. (1998): Hitler: 1889–1936. Stuttgart: dtv.

Keupp, H. (2002): Braucht eine Gesellschaft der Ichlinge Psychotherapie? Das Subjekt im globalisierten Netzwerkkapitalismus zwischen Selbstsorge und Pastoralmacht. In: *Verhaltenstherapie und psychosoziale Praxis*, 34/2002, i.E.

Kierspe-Goldner, C. (1999): Bert Hellingers Größenwahn. In: Lehrerinnen- und Lehrerkalender 1999/2000. Frankfurt/Main: Anabas, 198–199.

Kierspe-Goldner, C. (2001): Erdknöpfe und Denkmützen: Dubiose Angebote auf dem Nachhilfe- und Lernförderungsmarkt. In: Ribolits, E./Zuber, E. (Hrsg.): Karma und Aura statt Tafel und Kreide: Der Vormarsch der Esoterik im Bildungsbereich. Wien: Schulhefte, 65–73.

Kischkel, W./Störmer, N. (1989): Tatkräftige Liebe. In: *Psychologie Heute*, 2/1989, 46–51.

Kleber, E./Seiberth, H. (2002): Das »wissende Feld«? Versuch einer Annäherung. In: *Info3: Anthroposophie heute*. 4/2002, 12–16 (www.info3.de/archiv/info3/archiv.html [20. 6. 2002]). (Quellen für das Steiner-Zitat: *Rudolf Steiner: Die Beziehung der okkulten Erkenntnisse zum alltäglichen Leben. Vortrag vom 23. Oktober 1905, abends, in GA 93*, 252 f.).

Klemperer, V. (1997): Ich will Zeugnis ablegen bis zum letzten (Band 2). Berlin: Aufbau.

Knipschild, P. (1989): Irisdiagnose unter der Lupe. In: *Skeptiker*, 3/1989, 4–6.

Knorr, M. (2002): Weiterbildung – als Lehrzeit. In: *Praxis der Systemaufstellung*, 1/2002, 72–74.

Koch, L. (1990): Esoterisches Osterei auf Lanzarote. In: *Die Tageszeitung* vom 5. 4. 1990, 5.

Kopp, R. (2001): Das Geheimnis schöner Haare: Mehr Ausstrahlung durch innere Harmonie. München: Kösel.

Kramer, J./Alstad, D. (2000): Die Fallen des Gurudaseins. In: dies.: Masken der Macht: Die

Guru-Papers: Warum Menschen bereit sind, sich einem Guru zu unterwerfen. Frankfurt/Main: Zweitausendeins (3. Aufl.), 142–150.

Krause, K. (2002): Ich stelle meine Familie – in mein Herz. In: *Venus: Das Frauenmagazin für Lebenslust & mehr*, 5/2002 (www.hellinger.com/deutsch/oeffentlich/medienecho/venus_mai_2002.shtml [2. 7. 2002]).

Krüll, M. (1995): »Unreflektiertes patriarchales Denken«: Ein Gespräch mit der Familiensoziologin Marianne Krüll (Interview). In: *Psychologie Heute*, 6/1995, 27.

Krüll, M./Nuber, U. (1995): »Wenn man den Eltern Ehre erweist, kommt etwas tief in der Seele in Ordnung« (Interview mit Hellinger). In: *Psychologie Heute*, 6/1995, 22–26.

Lakotta, B. (2002): »Danke lieber Papi«. In: *Der Spiegel*, 7/2002, 200–202 (www.spiegel.de /spiegel/0,1518,182683,00.html [20. 6. 2002]).

Lange, C. (1999): Psychotherapie zu Pferde: In: *Esotera*, 3/1999, 14–18.

Langlotz, R. (1998a): Wann kann systemische Familientherapie schaden? In: *Praxis der Systemaufstellung: Zur Praxis des Familienstellens*, 1/1998, 35–39.

Langlotz, R. (1998b): (Leserbrief). In: *Psychologie Heute*, 7/1998, 6.

Langlotz, R. (1999): Aufstellung nach Bert Hellinger: Familiensystemische Integration. in: *ISNESS*, 2/1999, 38.

Langlotz, R. (2000): Die Aufgaben des Therapeuten beim Familien-Stellen. In: Weber, G. (Hrsg.): Praxis des Familien-Stellens. Beiträge zu Systemischen Lösungen nach Bert Hellinger. Heidelberg: Carl-Auer-Systeme (3. überarb. Aufl.), 93–101.

Langlotz, R. (2002): Astrologie und Familienstellen (Seminarangebot) München (www.e-r-langlotz.de/Index.Index.htm [25. 6. 2002]).

Leiberg, W. (1997): »Wo gehobelt wird ...« (Leserbrief). In: *Psychologie Heute*, 7/1998, 7.

Lekebusch, S. (1997): Mischlinge. In: Benz, W./Graml, H./Weiß, H. (Hrsg.): Enzyklopädie des Nationalsozialismus. München: dtv, 586–587.

Lessing, L. (1993): New Age&Co: Einkauf im spirituellen Supermarkt. München: Knesebeck.

Lier, R. (1993): Abtreibung und Reinkarnation. Peiting: Michaels.

Linz, N. (2000): Der Schaffensprozess: Blick in die Werkstatt – Zum 75. Geburtstag von Bert Hellinger (Interview mit Hellinger). In: *Praxis der Systemaufstellung*, 2/2000, 11–18.

Lockot, R. (1985): Erinnern und Durcharbeiten: Zur Geschichte der Psychoanalyse und Psychotherapie im Nationalsozialismus. Frankfurt/Main: Fischer.

Looser, S. (1998): Emanzipierte Opfer der Familie. In: *Intra*, 36, 2/1998, 3.

Lyotard, J.-F. (1986): Das postmoderne Wissen: Ein Bericht. Wien: Böhlau.

Madelung, E. (1997): Beitrag zur Diskussion über Bert Hellinger. In: *Hypnose und Kognition*. Band 14. 1,2/1997, 107–112.

Madelung, E. (1999): Wie ist das mit den Toten? In: *Praxis der Systemaufstellung*, 2/1999, 21–25.

Madelung, E. (2001): Theoriebildung? In: *Praxis der Systemaufstellung*, 1/2001, 63–65.

Mahr, A. (1999a): Das Antwortschreiben von Dr. Albrecht Mahr (auf einen Beitrag von H. Jellouschek). In: *Praxis der Systemaufstellung*, 2/1999, 19–21.

Mahr, A. (1999b): Das »wissende Feld«: Familienaufstellungen als geistig-energetisches Heilen. In: Wiesendanger, H. (1999): Geistiges Heilen für eine neue Zeit: Vom »Wunderheilen« zur ganzheitlichen Medizin. München: Kösel, 225–242.

Mahr, A. (1999c): Wie Lebende und Tote einander heilen können. In: *Praxis der Systemaufstellung*, 1/1999, 8–14.

Mahr, A. (2000): Die Weisheit kommt nicht zu den Faulen: Vom Geführtwerden und von der Technik in Familienaufstellungen. In: Weber, G. (Hrsg.): Praxis des Familien-Stellens. Beiträge zu Systemischen Lösungen nach Bert Hellinger. Heidelberg: Carl-Auer-Systeme (3. überarb. Aufl.), 30–39.

Mahr, A. (2002a): Grundlagen für die Arbeit mit Aufstellungen: Vier Aspekte des Familienstellens. In: *Info3: Anthroposophie heute*, 4/2002, 11 (www.info3.de/archiv/info3/archiv.html [20. 6. 2002]).

Mahr, A.: (2002b): Überlegungen zur Weiterbildung im Familien-Stellen und die Rolle der IAG. In: In: *Praxis der Systemaufstellung*, 1/2002, 79–81.

Mahr, A./Beaumont, H. (1999): Verwandte Denkweisen (Podiumsgespräch vom 14. 4. 1999 in Wiesloch, mit R. Sheldrake, A. Schützenberger und B. Hellinger). In: www.hellinger.com/deutsch/virtuelle_institut/grundfragen_voraussetzungen/verwandte_denkweisen.shtml [10. 9. 2002].

Mariannhiller Mission (1957): Eine Hilfsquelle für die Armen Seelen. E.Nr. 245/57. Würzburg: E.i.S.

Martin, J. (Hrsg.) (1996): PsychoManie: Der Deutschen Seelenlage. Leipzig: Reclam.

Masson, J. (1984): The Assault on Truth. New York: Harper&Collins.

Masson, J. (1995): Was hat man dir, du armes Kind, getan? Freiburg: Kore.

McCullough, M. E./Pargament, K./Thoresen, C. (Hrsg.) (2000): Forgiveness: Theory, Research, Practice. New York: Guilford Press.

Meier, B. (1982): Billy: Prophetien und Voraussagen der kommenden Geschehen auf der Erde seit 1976. Hinterschmidrüti: E.i.S. (Vgl. auch: Gugenberger, E./Schweidlenka, R. [1987]: Mutter Erde, Magie und Politik: Zwischen Faschismus und neuer Gesellschaft. Wien: Verlag für Gesellschaftskritik [2. Aufl.] 160 f.).

Meier, B. (1996): Die Wahrheit über die Plejaden (mit Vorwort von M. Hesemann). Neuwied: Die Silberschnur.

Mikisch, H. (2001): Familienstellen. In: *Wege*, 3/2001 (www.homeopathy.at/diverses/familienstellen_div.htm [29. 8. 2002]).

Miller, A. (1981): Du sollst nicht merken. Frankfurt/Main: Suhrkamp.

Minhoff, C./Lösch, H. (1988): Sun Myung Moon und die Vereinigungskirche. In: dies.: Neureligiöse Bewegungen: Strukturen, Ziele, Wirkungen. München: Bayerische Landeszentrale für politische Bildungsarbeit, 43–111.

Mücke, K. (2000): Bert Hellinger oder: Wer verfügt über die Wahrheit: Systemische Betrachtungen. In: *Zeitschrift für systemische Therapie*, 3/2000, 171–182.

Müller, G. (2001): Von der Profession zur Konfession: Faszination eines magischen Erkenntnisweges am Beispiel des Familienstellens nach Hellinger. In: http://www.sekten-info-essen.de/texte/familienstellen.htm [2. 6. 2002].

Nelles, W. (1997): Das Richtige lässt uns keine Wahl. In: *Esotera*, 7/1997 (www.wilfried-nelles.de/informationen/veroeffentlichungen/richtige.php [24. 7. 2002]).

Nelles, W. (2000a): »Ich bin ein Getriebener«: Interview mit Bert Hellinger (vom 12. 4. 1997). In: Weber, G. (Hrsg.) (2000): Praxis des Familien-Stellens: Beiträge zu Systemischen Lösungen nach Bert Hellinger. Heidelberg: Carl-Auer-Systeme (3. überarb. Aufl.) 514–522 (www.wilfriednelles.de/informationen/veroeffentlichungen/lch.php [24. 7. 2002]).

Nelles, W. (2000b): Wie wissenschaftlich muss Therapie sein: Zum phänomenologischen Ansatz Bert Helligers. In: *Zeitschrift für systemische Therapie*, 7/2000, 183–187 (www.wilfried-nelles.de/informationen/veroeffentlichungen/wissenschaftlich.php [24. 7. 2002]).

Nelles, W. (2001): Phänomenologie und Wissenschaft beim Familienstellen. In: *Praxis der Systemaufstellungen*, 1/2001, 69–72.

Nelles, W. (2002a): Liebe, die löst: Einsichten aus dem Familienstellen. Heidelberg: Carl-Auer-Systeme.

Nelles, W. (2002b): Wo die Liebe hinfällt: Gespräche über Paarbeziehungen und Familienbande. Köln: Edition Innenwelt.

Neue Jerusalemer Bibel (1985): Einheitsübersetzung mit dem Kommentar der Jerusalemer Bibel. Freiburg: Herder.

Neuhauser, J. (1999): Wie Liebe gelingt: Die Paartherapie Bert Hellingers. Heidelberg: Carl-Auer-Systeme.

Neumann, C. (1996): Behörden stehen Sekte machtlos gegenüber. In: *Süddeutsche Zeitung* vom 10./11. 2. 1996, 11.

Nordhausen, F./Billerbeck, L. v. (1997): Psycho-Sekten: Die Praktiken der Seelenfänger. Berlin: Ch. Links.

Oesterle, L./Linhard, G. (1990): Männer zwischen Chaos und Ordnung (Programmankündigung für die Münchner Gestalt-Tage '90). In: Maack, N. et al. (Hrsg.): Chaos und Ordnung im schöpferischen Prozeß (Diskussion). Eurasburg: G.F.E., 118–143.

Offergeld, R. (1997): Mama, ich hab's für dich getan: Bert Hellingers wundersame Heilungen. In: *Lutherische Monatshefte*, Heft 36, 1997, 23–26.

Orban, P. (2002): Die Kraft, die in der Liebe wirkt: Verstrickungen in Partnerschaften und ihre Lösung. München: Kösel.

Ottomeyer, K. (1998): Psychotherapie, Religion und New Age. In: *Journal für Psychologie* Nr. 6, 4/1998, 16–29.

Pajarola, J. (2001): Trutz Hardo wird nicht in Laax referieren. In: *Die Südostschweiz* vom 24. 7. 2001, 6 (Vgl auch: Informationsdienst gegen Rechtsextremismus: www.idgr.de/Lexikon/bio/h/hardo-trutz/hardo.htm [20. 6. 2002]).

Pietrich, M. (1994): Die braunen Schatten des Agathenhofes. In: *Antifa-Info*, 3/1994, 17–18.

Prekop, J. (1988): Der kleine Tyrann: Welchen Halt brauchen Kinder? München: Kösel.

Prekop, J. (1989): Festhalten: Ja oder Nein? (Leserbrief). In: *Psychologie heute*, 5/1989, 60–61.

Prekop, J. (1998): Von der geglückten Vermählung des systembezogenen Ansatzes Hellingers mit der Festhaltetherapie Prekops. In: *Holding Times*, 1/1998, 1–4.

Prekop, J. (1999): Hättest du mich festgehalten ...: Grundlagen und Anwendungen der Festhalte-Therapie. München: Goldmann (Mosaik).

Prekop, J. (2000): Von der geglückten Verbindung des systembezogenen Ansatzes mit der Festhaltetherapie. In: Weber, G. (Hrsg.): Praxis des Familien-Stellens. Beiträge zu Systemischen Lösungen nach Bert Hellinger. Heidelberg: Carl-Auer-Systeme (3. überarb. Aufl.), 257–265.

Prekop, J. (2001): Der besondere Weg der Hinbewegung zur Mutter »durch den Bauch«. In: *Praxis der Systemaufstellung*, 2/2001, 19–22.

Prekop, J. (2002): »Das Ich ohne das Du ist wie eine leere Luftblase« (Interview). In: *Connection spezial* (System Mensch), Nr. 59, 4–5/2002.

Prokop, O. (1995): Homöopathie: Was leistet sie wirklich? Frankfurt/Main: Ullstein.

Raba, P. (2000): Thuja Occidentalis: der abendländische Lebensbaum. In: ders.: Göttliche

Homöopathie: Vom notwendigen Erwachen im 3. Jahrtausend. Murnau-Hechendorf: Andromeda. Zit. in: *Paracelsus-Report*, 3/2000, 32–36.

Remele, K. (2001): Tanz um das goldene Selbst? Therapiegesellschaft, Selbstverwirklichung und Gemeinwohl. Graz: Styria

Reihl, H. (2001): Gefährliche »Therapie«: Was bedeutet Hellingers »Familienstellen« für Frauen, die Gewalt erlebt haben? In: *Gegenwind*, Nr. 133, 8/2001, 10–11 (Auch in: *frauennews: das frauen-e-zine*. www.frauennews.de/ archiv/texte01/zweifelhaftetherapie.htm [10. 7. 2002] sowie: frauennotrufe.de/aktuell07/html [10. 7. 2002]).

Rennebach: R. (2000): Debatte im Bundestag zu den Empfehlungen der Enquetekommission: Protokoll der Bundestagssitzung vom 28. 1. 2000 (Redebeitrag). In: www.AGPF.de/enque05.htm [20. 8. 2002].

Reuter, E. (1996): Merle ohne Mund. München: Ellermann.

Reuter, E. (1997): Der Familientherapeut Bert Hellinger. In: *MPS-Infobrief für TherapeutInnen*, 1997, 29–31.

Reuter, E. (1999): Mißbrauch: Über den Psychotherapeuten Hellinger und seine Gefolgschaft: Tat ohne Täter? In: *Gegenwind*, Nr. 127, 4/1999, 33–35 (Vgl. auch: Grandt, G./Grandt, M./Let, v.d.P. [1999]: Ware Kind. Aschaffenburg: Alibri, 13 f.).

Riedel, S. (1999): Die systemische Familienaufstellung nach Bert Hellinger. In: *Elraanis*, 11/1999 (www.elraanis.de/frontend/newspaper [6. 10. 2002]).

Rilke, R.M. (1962): Die Aufzeichnungen des Malte Laurids Brigge. München, dtv.

Rilke, R.M. (1997): Duineser Elegien (Erste Druckausgabe 1923). München, dtv (www.blackink.de/literatur/texte/duineser_elegien/1.html [10. 7. 2002]).

Rilke, R.M. (1999): Die Sonette an Orpheus (Erste Druckausgabe 1923). Frankfurt/Main: Insel (www.kalliope.org/vaerktoc.pl?fhandle=rilke&vhandle=1923s [10. 7. 2002]).

Ringel, E. (2001): Die österreichische Seele: Zehn Reden über Medizin, Politik, Kunst und Religion (hrsg. von F. Reiter). München: Europa.

Rittmeister, J.F. (1936): Die psychotherapeutische Aufgabe und der neue Humanismus. In: *Psychiatrische en Neurologische Bladen*, 5/1936, 777–796 (Nachdruck in: *Psyche*, 22/1968, 934–953).

Rodenbücher, C. (2001a): Eine Sekte bemächtigt sich der Stadt Füssen: Der Jesus vom Forggensee. In: *Sonntagsblatt*, Nr. 5, 4. 2. 2001, 4–5.

Rodenbücher, C. (2001b): Seit vielen Jahren verfasst der Stamm der Likatier Dossiers über Bürger der Lech-Stadt: Füssen fürchtet Wankmillers Geheimdienst. In: *Sonntagsblatt*, Nr. 8, 25. 2. 2001, 8.

Roppele, S. (2001): Die Kraft der schamanischen Schildarbeit. In: members.vol.at/sonia.emilia/seminare/schildarbeit2.html [30. 8. 2002].

Rossbach, L. (2001a): Konkreter Anfangsverdacht. In: *Die Gazette* (Internetmagazin), 3/2001 (www.gazette.de/Archiv/Gazette-Maerz2001/Hellinger1.html [30. 5. 2001]).

Rossbach, L. (2001b): Die unheilige Vorsehung. In: *Die Gazette* (Internetmagazin), 4/2001 (www.gazette.de/Archiv/Gazette-April2001/Hellinger3.html [30. 5. 2001]).

Rothe, A. (1999): Sexualtherapie und Tantra (Ann.). In: Böning, R./Neuwald, B. (Hrsg.): Handbuch für Ganzheitliche Therapie und Lebenshilfe. Gschwend: Drei Sterne, 267.

Rückerl, H. (1994): Sai Baba: eine Inkarnation Gottes? In: Beckers, H.-J./Kohle, H. (Hrsg.): Kulte, Sekten, Religionen. Augsburg: Pattloch, 291–292.

Ruppert, F. (2002a): »Danke, lieber Spiegel«. In: *Praxis der Systemaufstellung*, 1/2002, 7–15 (www.franz-ruppert.de/Antwort_auf_Spiegelartikel.doc [4. 4. 2002]).

Ruppert, F. (2002b): Stellungnahme zum Focusartikel über Aufstellungen. In: www.franz-ruppert.de/Antwort_auf_Focusartikel.doc [24. 8. 2002].

Ruppert, F. (2002c): Verwirrte Seelen: Der verborgene Sinn von Psychosen. München: Kösel.

Sai Baba (2001): Prashanthi Nilayam. Puttaparthi (India): Sri Sathya Sai Books&Publikations Trust (7th Reprint).

Schäfer, T. (2002): Was die Seele krank macht und was sie heilt: Die psychotherapeutische Arbeit Bert Hellingers. München: Droemer-Knaur.

Sheldrake, R. (1999): Morphische Felder. In: ders.: Der siebte Sinn der Tiere. Bern: Scherz, 354–373 (www.sheldrake.org/deutsche/morfeld.html [2. 9. 2002]).

Schilling, M. (2001): Das lebendige Feld. In: *Connection*, 11–12/2001.

Schnabel, V.: Bärenmut: Familienstellen mit Indianern. In: *Osho Times*, 2000 (www.victoria-schnabel.com/article1.html [30. 8. 2002]).

Shimjung (2001): Shimjung Institut zur Förderung sozialer Kompetenz. In: www.familien-perspektiven.at/ecke/shiminstneu.htm [29. 8. 2002].

Schlee, J. (2002): Veränderungswirksamkeit unter ethischer Perspektive: Zur Umkonstruktion Subjektiver Theorien in Familien- und Organisationsaufstellungen nach Bert Hellinger. In: Mutzeck, W./Schlee, J./Wahl, D.: Psychologie der Veränderung: Subjektive Theorien als Zentrum nachhaltiger Modifikationsprozesse. Weinheim: Beltz, 39–52.

Schleicher, S. (1989): Er-wachsener Mann oder Frosch? Er-wachsene Frau oder Prinzessin? Selbst-Verständnis als Mann und Frau. In: Maack, N. et al. (Hrsg.): Das Selbst-Verständnis in Gestalt-Theorie und Gestalt-Praxis. Eurasburg: G.F.E., 46–55.

Schlittenbauer, M. (2002): Steht der Wankmiller-Clan hinter »INFAOR«, dem neuen Institut für Familien- und Organisationsaufstellung? (Bericht der Selbsthilfegruppe Sektenausstieg Allgäu vom 4. 8. 2002). In: www.sektenausstieg-allgaeu.de [10. 9. 2002].

Schneider, J.-R. (2000): Von den Ordnungen der Liebe: Der Psychotherapie ihre Seele wiedergeben: Die schulbildende Methode des »Familienstellers« Bert Hellinger. In: *Süddeutsche Zeitung* vom 16. 12. 2000.

Schuh, T. (2002): Sokom-Akademie (Seminarprogramm). In: www.sokom-akademie.de/akademie.html (2. 9. 2002).

Schulz von Thun, F. (1981): Miteinander reden (1): Reinbek: Rowohlt.

Schuster, U. (2000): Familienaufstellung nach Bert Hellinger. In: www.religio.de/therapie/hellinger/hellinger/hell.html [18. 7. 2002].

Seebacher, A. (2002): Damit die Liebe wieder fließen kann: Neue Harmonie in der Familie. Güllesheim: Die Silberschnur.

Sennett, R. (1995): Fleisch und Stein: Der Körper und die Stadt in der westlichen Zivilisation. Berlin: Berlin Verlag.

Sennett, R: (1998): Der flexible Mensch: Die Kultur des neuen Kapitalismus. Berlin: Berlin Verlag.

Siefer, T. (2000): Systemische Aufstellungen im beruflichen Feld. In: *Frankfurter Ring*, 1/2000 (www.frankfurter-ring.org/magazin.htm [30. 7. 2002]).

Simon, F./Retzer, A. (1995): Das Hellinger-Phänomen. In: *Psychologie Heute*, 6/1995, 28–31.

Simon, F./Retzer, A. (1998): Bert Hellinger und die systemische Psychotherapie: Zwei Welten. In: *Psychologie Heute*, 7/1998, 64–69.

Sparrer, I./Varga von Kibéd, M. (2000): Vom Familien-Stellen zur Systemischen Struktur-aufstellungsarbeit. In: Weber, G. (Hrsg.): Praxis des Familien-Stellens. Beiträge zu Syste-mischen Lösungen nach Bert Hellinger. Heidelberg: Carl-Auer-Systeme (3. überarb. Aufl.), 394–404.

Stampf, J. (2000): Evolution der Familie? In: *Familienperspektiven: Das Internetmagazin für Familie, Spiritualität und Lebensgestaltung*, 1/2000 (www.familienperspektiven.at/53/txt07.htm [30. 8. 2002]).

Stark, H. (2000a): Die heilsame Rückkehr der Ahnen. In: *Connection spezial* (Comeback der Schamanen), Nr. 48, 6–7/2000.

Stark, H. (2000b): Die wirk-lichen Toten. In: *Praxis der Systemaufstellung*, 1/2000, 18–23.

Stark, H. (2001): Der Seelsorger schlägt zu wie nie (Leserbrief). In: *Die Tageszeitung* vom 2. 6. 2001, 12.

Stark, H. (2002): Familien-Stellen ist eine Kunst: Konzeptionelle Überlegungen zu an-spruchsvollen Ausbildungen. In: *Praxis der Systemaufstellung*, 1/2002, 65–71.

Stecher, C. (2002) (Hrsg.): Der Tag, an dem die Türme fielen. München: Knaur.

Steiner, R. (1975): Konferenzen mit den Lehrern der Freien Waldorfschule. 1919–1924 (GA 300, Band II) Dornach: Rudolf-Steiner-Verlag.

Steiner, R. (1985): Wie erwirbt man sich Verständnis für die geistige Welt? Vorträge 1914 (GA 154) Dornach: Rudolf-Steiner-Verlag (2. Aufl.).

Steiner, R. (1987): Die Erziehung des Kindes vom Gesichtspunkte der Geisteswissenschaft: Die Methodik des Lehrens und die Lebensbedingungen des Erziehens. Vorträge 1924 (aus GA 34/36). Dornach: Rudolf-Steiner-Verlag.

Steiner, R. (1990): Vor dem Tore der Theosophie. Vorträge 1906 (GA 95) Dornach: Rudolf-Steiner-Verlag (4. Aufl.).

Steinhoff, V. (1995): Familientherapeut Hellinger predigt alte Werte. In: *Panorama*, Nr. 518 vom 6. 7. 1995 (NDR-Sendemanuskript).

Störmer, N. (1989): Trivialisierungen und Irrationalismen in der pädagogisch-therapeuti-schen Praxis. In: *Behindertenpädagogik*, 2/1989, 157–176 (www.uni-koblenz.de~proed-ler/trivia.htm [20. 8. 2002]).

Stresius, K./Castella, J./Grochowiak, K. (2001): Die Hellinger-Kontroverse. In: dies.: NLP und das Familienstellen: Ein praxisorientierter Handlungsleitfaden. Paderborn: Junfer-mann (www.hellinger.com/deutsch/virtuelles_institut/kontroversen/hellinger_kon-trover se_grochowiak_stresius.shtml [20. 8. 2002]).

Taylor, C. (1995): Das Unbehagen an der Moderne. Frankfurt/Main: Suhrkamp.

Tillmetz, E. (2000): Familienaufstellungen. Zürich: Kreuz.

Tolzin, H. (2002): Morphogenetische Felder: Dein Gedanke schafft Realität. In: *Kent-Depe-sche*, 1/2002 (www.tolzin.de/morphogen/ [10. 9. 2002]).

Treher, W. (1990): Hitler, Steiner, Schreber: Gäste aus einer anderen Welt: Die seelischen Strukturen des schizophrenen Prophetenwahns. Emmendingen: Oknos.

Trenkle, B. (1997): Vorwort zur Diskussion um Bert Hellinger. In: *Hypnose und Kognition*, Band 14. 1,2/1997, 105–106.

Tschuschke, V. (2002): Psychoonkologie. Psychologische Aspekte der Entstehung und Be-wältigung von Krebs. Stuttgart: Schattauer.

Ulsamer, B. (1999): Gibt es berechtigte Kritik am Familien-Stellen? In: *Praxis der Systemauf-stellung*, 2/1999, 54–56.

Ulsamer, B. (2001a): »Lassen Sie sich aufstellen!« (Interview) In: *Bewußter Leben: Magazin für*

Lebenslust, Gesundheit und Spiritualität, 1/2001 (www.bewußterleben.de/mag01.01/ulsamer.html [22. 6. 2002]).

Ulsamer, B. (2001b): (Vorwort). In: Hellinger, B. (2001d): Mit der Seele gehen: Gespräche mit Bert Hellinger (Hg. von H. Hohnen/B. Ulsamer). Freiburg: Herder, 7–10.

Ulsamer, B. (2002): Ausbildung der Familien-Steller. In: In: *Praxis der Systemaufstellung*, 1/2002, 75–78.

Urban, M. (2002): Prediger unter sich. In: *Süddeutsche Zeitung* vom 12. 2. 2002, 33.

Utsch, M. (2000): Hellinger im Aufwind. In: *Materialdienst der Evangelischen Zentralstelle für Weltanschauungsfragen*, 10/2000 (www.ekd.de/ezw/publ/ftexte/info1000-02.html [8. 6. 2002]).

Utsch, M. (2001): Vier Versprechen der Psychoszene. In: Hempelmann, H. et al. (Hrsg): Panorama der neuen Religiosität. Gütersloh: Gütersloher Verlagshaus, 95–204.

Utsch, M. (2002): Psychotherapie und Spiritualität. In: *Materialdienst der Evangelischen Zentralstelle für Weltanschauungsfragen* (EZW-Text 166).

Van der Let, P. (2000): Ware Kind (Dokumentarfilm [mit C. Schüller]). Aschaffenburg: Alibri.

Victoria, B. (1999): Zen, Nationalismus und Krieg. Berlin: Theseus.

Virtuelles Bert Hellinger Institut (2001): www.hellinger.com/deutsch/mitglieder/iag/aufnahme_iag.shtml [2. 7. 2002] (vgl. auch: Weber, G./Schneider, J. [2000]: Voraussetzungen für die Aufnahme in die Aufsteller/-innen-Liste der Internationalen Arbeitsgemeinschaft [IAG] Systemische Lösungen nach Bert Hellinger. In: *Praxis der Systemaufstellung*, 2/2000, 64–65).

Virtuelles Bert Hellinger Institut (2002a): www.hellinger.com/deutsch/oeffentlich/medienecho/spiegel_feb_maerz_2002.s html [2. 7. 2002].

Virtuelles Bert Hellinger Institut (2002b): www.hellinger.com/deutsch/virtuelles_institut/organisationen-stellen/fragen_an_bh.shtml [20. 8. 2002].

Vitz, P. (1995): Der Kult ums eigene Ich: Psychologie als Religion. Giessen: Brunnen.

Vowinckel, S. (1999): B. Hellinger unter der Lupe: Was bedeutet sein Ansatz für Frauen (Broschüre des Frauenberatungs- und Therapiezentrums FETZ). Stuttgart (E.i.S.).

Walbiner, W. (1997): Edukinesiologie: Ein neuer Heilsweg in der Pädagogik? (Arbeitsbericht Nr. 290). München: Staatsinstitut für Schulpädagogik und Bildungsforschung.

Walper, G.: Frau hat zum wiederholten mal Gebärmutter-Myome. In: *Praxis der Systemaufstellung*, 2/1998, 31–33.

Watzlawick, P. et al. (1971): Menschliche Kommunikation. Bern: Hans Huber.

Weber, G. (Hrsg.) (1995): Zweierlei Glück: Die systemische Psychotherapie Bert Hellingers. Heidelberg: Carl-Auer-Systeme (6. Aufl.). (Als TB [2002]: Zweierlei Glück: Konzept und Praxis der systemischen Psychotherapie. München: Goldmann/Arkana)

Weber, G. (Hrsg.) (1998): Praxis des Familien-Stellens. Beiträge zu Systemischen Lösungen nach Bert Hellinger. Heidelberg: Carl-Auer-Systeme.

Weber, G. (2000): Zum Stand der Aufstellungsarbeit. In: *Praxis der Systemaufstellung*, 1/2000, 7–10.

Weber, G./Gross, B. (2000): Organisationsaufstellungen. In: Weber, G. (Hrsg.): Praxis des Familien-Stellens. Beiträge zu Systemischen Lösungen nach Bert Hellinger. Heidelberg: Carl-Auer-Systeme (3. überarb. Aufl.), 405–420.

Weis, H.-W. (1998): Exodus ins Ego: Therapie und Spiritualität im Selbstverwirklichungsmilieu. Zürich: Benzinger.

Wells, H. (1989): Sigmund Freud. München: Verlag zur Förderung der wissenschaftlichen Weltanschauung.

Wiemann, I. (2000): Die »systemische Familientherapie nach Bert Hellinger« – eine gefährliche Heilslehre. In: *Internet Publikation für Allgemeine und Integrative Psychotherapie*, www.sgipt.org/kritik/helling/helling1.htm vom 4. 10. 2000 [30. 3. 2002]).

Wiesendanger, H. (1999): Hat geistiges Heilen eine Zukunft? Wege und Irrwege aus dem sozialen Abseits. In: ders.: Geistiges Heilen für eine neue Zeit: Vom »Wunderheilen« zur ganzheitlichen Medizin. München: Kösel, 358–430.

Wiest, F./Varga von Kibéd, M. (2000): Homöopathische Systemaufstellungen. In: Weber, G. (Hrsg.): Praxis des Familien-Stellens. Beiträge zu Systemischen Lösungen nach Bert Hellinger. Heidelberg: Carl-Auer-Systeme (3. überarb. Aufl.), 446–459.

Wiseman, R./Watt, C. (1999): Rupert Sheldrake and the Objectivity of Science. In: *Skeptical Inquirer*, 5/1999, 61–62.

Witt-Dengler, B./Griebert-Schröder, V. (2002): Familienstellen und Schamanismus: Eine Begegnung (Werbetext). In: *Die Kunst zu leben*, 4–6/2002, 49.

Wölflingseder, M. (1995): Kosmischer Größenwahn: Biologistische und rassistische Tendenzen im New Age und im spirituellen Öko-Feminismus. In: Kern, G./Traynor, L. (Hrsg.): Die esoterische Verführung: Angriffe auf Vernunft und Freiheit. Aschaffenburg: IBDK/Alibri, 187–210.

Wolf, A. (2002): Versöhnung: Die Kunst, neu anzufangen. In: *Psychologie heute*, 8/2002, 20–27.

Zaslow, R. (1987): Z-Prozeß-Beziehungstherapie. In: Corsini, R. (Hrsg.): Handbuch der Psychotherapie (Band 2). München: PVU, 1450–1473.

Zenz, H. (2002): Die Sant Thakar Singh-Bewegung: Holosophische Gesellschaft Deutschland e.V.: Eine kritische Auseinandersetzung mit einer umstrittenen Bewegung. In: www.helmut-zenz.de/hzholos6.html [24. 8. 2002].

Zinnel, I. (2002): Familienkonstellation im Horoskop. Freiburg: Ebertin.

Zips, M. (2001): Die neue Macht von Füssen. In: *Süddeutsche Zeitung* vom 15. 1. 2001, 11.

Eine Auswahl weiterführender Literatur zur Kritik an autoritären Kulten

Adorno, T. W. (1999): Studien zum autoritären Charakter. Frankfurt/Main: Suhrkamp (3. Aufl./Reprint von 1950).

AntiVisionen (Hrsg.) (2000): Schicksal&Herrschaft: Materialien zur Kritik an der New-Age-Bewegung. Hamburg: Reihe antifaschistischer Texte.

Barth, C. (2003): Über alles in der Welt – Esoterik und »Leitkultur«: Eine Einführung in die Kritik irrationaler Welterklärungsmodelle. Aschaffenburg: Alibri.

Bellmund, K./Siniveer, K. (1997): Kulte, Führer, Lichtgestalten: Esoterik als Mittel rechter Propaganda. München: Droemer-Knaur.

Bry, C.-R.: Verkappte Religionen: Eine Kritik des kollektiven Wahns. Nördlingen, 1988

Bienemann, G. (1997): Gefahren auf dem Psychomarkt. Münster: Votum.

Ebermann, T./Trampert, R. (1996): Die Offenbarung der Propheten. Hamburg: Konkret Literatur (2. Aufl.).

Evans, C. (1979): Kulte des Irrationalen: Sekten, Schwindler, Seelenfänger. Reinbek: Rowohlt.

Freyhold, M. (1971): Autoritarismus und politische Apathie: Zur Ermittlung autoritätsgebundener Verhaltensweisen. Frankfurt/Main: Europäische Verlagsanstalt.

Gross, W. (Hrsg.) (1994): Psychomarkt, Sekten, Destruktive Kulte. Bonn: Deutscher Psychologen-Verlag.

Gugenberger, E./Schweidlenka, R. (Hrsg.) (1992): Mißbrauchte Sehnsüchte? Esoterische Wege zum Heil. Wien: Verlag für Gesellschaftskritik.

Hammerschmitt, M. (1999): Instant Nirwana: Das Geschäft mit der Suche nach dem Sinn. Berlin: Aufbau.

Hanisch, L./Hermanns, P. (1990): Kampf um die Seele: Von Profis und Scharlatanen. Reinbek: Rowohlt.

Holzkamp, K. (1997): Normierung, Ausgrenzung, Widerstand (Schriften I). Berlin: Argument.

Holtz, G. (1984): Die Faszination der Zwänge: Aberglaube und Okkultismus. Göttingen: Vandenhoek&Ruprecht.

Horkheimer, M./Fromm, E./Marcuse, E. (Hrsg.) (1987): Studien über Autorität und Familie. Lüneburg: zu Klampen (2. Aufl./Reprint von 1936).

Hupfer, P./Obrist-Müller, M. (1995): Neue religiös-charismatische Gruppierungen. Köniz: Edition Soziothek.

Hund, W. (2000): Falsche Geister – echte Schwindler? Esoterik und Okkultismus kritisch hinterfragt. Würzburg: Echter.

Jennrich, P. (1985): Die Okkupation des Willens: Macht und Methoden der neuen Kultbewegungen. Hamburg: Hoffmann und Campe.

Jordan, M. (1997): Kulte, Sekten und Mysterien. München: Hugendubel.

Karbe, K./Müller-Küppers, M. (Hrsg.) (1983): Destruktive Kulte: Gesellschaftliche und gesundheitliche Folgen totalitärer pseudoreligiöser Bewegungen. Göttingen: Verlag für Medizinische Psychologie.

Kern, G./Traynor, L. (Hrsg.) (1995): Die esoterische Verführung: Angriffe auf Vernunft und Freiheit. Aschaffenburg: Alibri.

Kramer, J./Alstad, D. (2000): Masken der Macht: Die Guru-Papers: Warum Menschen bereit sind, sich einem Guru zu unterwerfen. Frankfurt/Main: Zweitausendeins.

Kratz, P. (1994): Die Götter des New Age: Im Schnittpunkt von »Neuem Denken«, Faschismus und Romantik. Berlin: Elephanten Press.

Langel, H. (1995): Destruktive Kulte und Sekten: Eine kritische Einführung. München: Bonn aktuell.

Lukács, G. (1955): Die Zerstörung der Vernunft. Berlin: Aufbau.

Nordhausen, F./v. Billerbeck, L. (2000): Psycho-Sekten: Die Praktiken der Seelenfänger. Frankfurt/Main: Fischer TB.

Petz, E. (1993): Verblödung aus den Hinterwelten. Wien: Arachne.

Platta, H. (1998): Identitäts-Ideen: Zur gesellschaftlichen Vernichtung unseres Selbstbewußtseins. Gießen: Psychosozial Verlag.

Ries, J. (1994): Auf der Suche nach einem neuen Zeitalter. Graasten: Packpapier.

Rohmann, D. (2000): Ein Kult für alle Fälle: Eine empirische Studie zum Thema »Mögliche Prädisposition einer Sekten-/Kultmitgliedschaft«. Bern: Edition Soziothek.

Rosina, H.-J. (1989): Faszination und Indoktrination: Beobachtungen zu psychischen Manipulationspraktiken in totalitären Kulten. München: Arbeitsgemeinschaft für Religions- und Weltanschauungsfragen.

Ruthven, M. (1991): Der Göttliche Supermarkt. Frankfurt/Main: S. Fischer.

Shermer, M. et al. (1997): Argumente und Kritik. Aschaffenburg: Alibri.

Vogel, K. (1999): Grenzverlust: Wie ein Psychokult funktioniert. Düsseldorf: Patmos.

Zinser, H./Schwarz, G./Remus, B. (1997): Psychologische Aspekte neuer Formen der Religiosität. Tübingen: Medien-Verlag Köhler.

Elektronische Bücher/Texte/Links

Aktion für Geistige und Psychische Freiheit (Bundesverband Sekten- und Psychomarktberatung): www.agpf.de

Elektr. Infosystem Religio: www.religio.de

Forum Kritische Psychologie: www.fkpsych.de

Gesellschaft zur wissenschaftl. Untersuchung von Parawissenschaften: www.gwup.org

Humanistischer Verband Deutschland: www.humanismus.de/hvd/okkult/okkult.htm

InfoSekta: www.infosekta.ch

Materialien und Informationen zur Zeit: www.miz-online.de

Paralexx Files: www.paralex.info/index.htm

Projekt »esoterik-kritik«: www.opentheory.org/esoterik-kritik

Quackwacht (Quackwatch BRD): www.neuropsychiater.org

Quackwatch: www.quackwatch.com

Skeptical Information Links: www.discord.org/skeptical/Critiques/

Autorinnen und Autoren

El **Awadalla**, Afrikanistin und Islamkundlerin, Publizistin, Wien. Veröffentlichungen u. a.: Die Ordnung, die sie meinen: »Neue Rechte« in Österreich [mit W. Purtscheller als Hrsg.] (Picus: Wien, 1994); Die Rechte in Bewegung: Seilschaften und Vernetzungen der »Neuen Rechten« [mit W. Purtscheller als Hrsg.] (Picus: Wien, 1995); Heimliches Wissen – Unheimliche Macht: Sekten, Kulte, Esoterik und der rechte Rand (Folio: Wien, 1997); Kraftorte, Geldquellen: Österreichischer Sekten- und Esoterikatlas (Folio: Wien, 2000).

Thea **Bauriedl**, Psychoanalytikerin, Privatdozentin an der Ludwig-Maximilians-Universität, München. Veröffentlichungen u. a.: Auch ohne Couch: Psychoanalyse als Beziehungstheorie und ihre Anwendungen (Klett-Cotta: Stuttgart, 1994); Wege aus der Gewalt (Herder: Freiburg, 2001); Der psychotherapeutische Prozeß in der psychoanalytischen Paar- und Familientherapie [mit M. Cierpka, T. Neraal, G. Reich]. In: Wirsching, M./Scheib, P. (Hrsg.): Paar- und Familientherapie (Springer: Berlin, 2002).

Frank **Gerbert**, Redakteur des Nachrichtenmagazins *Focus*, München. Schwerpunkte: Gesellschaft und Psychologie. Veröffentlichungen u. a.: Sexueller Mißbrauch: Kinder in der Psycho-Falle (Focus, 23/1996); Missionar im Jammertal: Helfen Psycho-Kurse gegen Arbeitslosigkeit im Osten? (Focus, 30/1998); Sorge dich nicht! Werde reich! Die Lehren und Tricks der Psycho-Trainer (Focus, 5/2000); Die Stand-by-Therapie (Focus, 26/2002).

Fritz R. **Glunk**, Sprach- und Literaturwissenschaftler, München. Dozent des Goethe-Instituts und Verlagslektor. Seit 1998 Herausgeber des Internetmagazins *Die Gazette* (www.gazette.de). Veröffentlichungen u. a.: Monacholia [als Hrsg.] (Frisinga: Freising, 1992); Dantes Göttliche Kommödie (Piper: München, 1999); Dostojewskijs Schuld und Sühne (Piper: München, 2000); Das Nibelungenlied (Piper: München, 2002); Marcel Proust (dtv: München, 2002).

Colin **Goldner**, Klinischer Psychologe und Wissenschaftsjournalist (dju). Leiter des Forums Kritische Psychologie e.V. (Beratungsstelle für Therapiegeschädigte), München. Veröffentlichungen u. a.: Dalai Lama: Fall eines Gottkönigs (Alibri: Aschaffenburg, 1999); Die Psychoszene (Alibri: Aschaffenburg, 2000); Braune Aura. In: Sprecherrat der Universität München (Hrsg.): Ganzheitlich und ohne Sorgen in die Republik von morgen: Irrationalismus, Esoterik, Antisemitismus (Alibri: Aschaffenburg, 2001).

Ingo **Heinemann**, Rechtsanwalt, Bonn. Seit 1979 im Verbraucherschutz tätig. Von 1982 bis 1995 Geschäftsführer des Bundesverbandes Sekten- und Psychomarktberatung (Aktion für Geistige und Psychische Freiheit e.V./AGPF), seither dort ehrenamtlicher geschäftsführender Vorstand. Umfängliche Websites zur Scientology-Kritik (www.Ingo-Heinemann.de) sowie über Sekten, Kulte und den Psychomarkt (www.AGPF.de). Buchveröffentlichungen u. a.: Die Scientology-Sekte und ihre Tarnorganisationen (ABI: Stuttgart, 1979).

Micha **Hilgers**, Psychoanalytiker (DGIP/DGPT) und Gruppenanalytiker (DAGG). Lehr- und Kontrollanalytiker. Supervisor psychiatrischer Einrichtungen. Niedergelassen in Aachen. Veröffentlichungen u. a.: Scham: Gesichter eines Affekts (Vandenhoeck&Ruprecht: Göttingen, 1996); Das Ungeheure in der Kultur: Psychoanalytische Aufschlüsse zum Alltagsleben (V&R: Göttingen, 1999); Leidenschaft, Lust und Liebe: Psychoanalytische Ausflüge zu Minne und Mißklang (V&R: Göttingen, 2001).

Heiner **Keupp**, Professor für Sozialpsychologie an der Ludwig-Maximilians-Universität München. Schwerpunkte: Soziale Netzwerke, Gesundheitsförderung. Veröffentlichungen u. a.: Zugänge zum Selbst: Perspektiven einer reflexiven Sozialpsychologie (Suhrkamp: Frankfurt/Main, 1994); Lust an der Erkenntnis: Der Mensch als soziales Wesen (Piper: München, 1995); Identitätskonstruktionen: Das Patchwork der Identitäten in der Spätmoderne (Rowohlt: Reinbek, 1999); Psychologie: Ein Grundkurs [mit K. Weber] (Rowohlt: Reinbek, 2001).

Claudia **Kierspe-Goldner**, Erziehungswissenschaftlerin (Fachbereich Logopädie) am Kinderhaus Fürstenfeldbruck. Im Vorstand des Forums Kritische Psychologie e.V. (Beratungsstelle für Therapiegeschädigte), München. Veröffentlichungen u. a.: Erdknöpfe und Denkmützen: Dubiose Angebote auf dem Nachhilfe- und Lernförderungsmarkt. In: Ribolits, E./Zuber, E. (Hrsg.): Karma und Aura statt Tafel und Kreide: Der Vormarsch der Esoterik im Bildungsbereich (Schulhefte: Wien, 2001).

Beate **Lakotta**, Wissenschaftsjournalistin, Redakteurin des Nachrichtenmagazins *Der Spiegel*, Hamburg. Veröffentlichungen u. a.: Befehle von der Katze: Früherkennung von Schizophrenie bei Jugendlichen (Der Spiegel, 2/2000 [ausgezeichnet mit dem »Lilly Schizophrenia Reintegration Award« 2000]); Das Milliardengeschäft mit falschen Pillen für die Armen (Der Spiegel, 51/2000); Schlaglicht aufs Seelendunkel (Der Spiegel, 48/2001); Wie gelangen Erinnerungen in das Gedächtnis? (Der Spiegel, 52/2001).

Ursula **Nuber**, Psychologin, leitende Redakteurin der Fachzeitschrift *Psychologie Heute*, Weinheim. Veröffentlichungen u. a.: Die Egoismus-Falle: Warum Selbstverwirklichung so oft einsam macht (Kreuz: Stuttgart, 1993); Bin ich denn verrückt? Was Psychotherapie für Frauen leistet und was nicht [als Hrsg.] (Kreuz: Stuttgart, 1994); Der Mythos vom frühen Trauma: Über Macht und Einfluß der Kindheit (S. Fischer: Frankfurt, 1995); Depression: Die verkannte Krankheit (Kreuz: Stuttgart, 2000).

Arnold **Retzer**, Facharzt für psychotherapeutische Medizin. Mitbegründer des Heidelberger Instituts für systemische Forschung, Therapie und Beratung. Privatdozent an der Universität Heidelberg. Veröffentlichungen u. a.: Familie und Psychose (G. Fischer: Stuttgart, 1994); Systemische Familientherapie: Theoretische Grundlagen, klinische Anwendungsprinzipien. In: Möller, H.-J. et al: Psychiatrie und Psychotherapie (Springer: Berlin, 2000); Passagen: Systemische Erkundungen (Klett-Cotta: Stuttgart, 2002).

Jörg **Schlee**, Professor für Sonderpädagogische Psychologie an der Carl-von-Ossietzky-Universität, Oldenburg. Schwerpunkt: Forschungsprogramm Subjektive Theorien. Veröffentlichungen u. a.: Veränderungswirksamkeit unter ethischer Perspektive: Zur Umkonstruktion Subjektiver Theorien in Familien- und Organisationsaufstellungen nach Bert Hellinger. In: Mutzeck, W./Schlee, J./Wahl, D.: Psychologie der Veränderung: Subjektive Theorien als Zentrum nachhaltiger Modifikationsprozesse (Beltz: Weinheim, 2002).

Fritz B. **Simon**, Psychiater und Familientherapeut, Vizepräsident der European Family Therapy Association. Professor an der Privaten Hochschule Witten/Herdecke. Veröffentlichungen u. a.: Lebende Systeme: Wirklichkeitskonstruktion in der systemischen Therapie (Suhrkamp: Frankfurt/Main, 1995); Die andere Seite der Gesundheit (Carl-Auer-Systeme: Heidelberg, 1995); Tödliche Konflikte: Zur Selbstorganisation privater und öffentlicher Kriege (Carl-Auer-Systeme: Heidelberg, 2001).

Hugo **Stamm**, Redakteur beim *Zürcher Tagesanzeiger*. Arbeitsschwerpunkt: Gesellschaftsanalyse (v. a. Esoterik, destruktive Kulte, Sekten). Veröffentlichungen u. a.: VPM – Die Seelenfalle: »Psychologische Menschenkenntnis« als Heilsprogramm (Werd: Zürich, 1993); Sekten: Im Bann von Sucht und Macht (Kreuz: Zürich, 1995); Im Bann der Apokalypse: Endzeitvorstellungen in Kirchen, Sekten und Kulturen (Pendo: Zürich, 1998); Achtung Esoterik: Zwischen Spiritualität und Verführung. (Pendo: Zürich, 2000).

Michael **Utsch**, Psychologe und Psychotherapeut. Leitender Referent der Evangelischen Zentralstelle für Weltanschauungsfragen, Berlin. Veröffentlichungen u. a.: Zwischen Himmel und Hölle: Wege aus spirituellen Krisen [mit G. Lademann-Priemer] (Gütersloher Verlagshaus: Gütersloh, 1999); Vier Versprechen der Psychoszene. In: Hempelmann, H. et al. (Hrsg) Panorama der neuen Religiosität: Sinnsuche und Heilsversprechen zu Beginn des 21. Jahrhunderts (Gütersloher Verlagshaus: Gütersloh, 2001).

Petrus **van der Let**, Filmemacher, Drehbuch- und Buchautor, Wien. Dokumentarfilme (ORF/3sat) zu den Wurzeln von Nationalsozialismus und Rassismus, u. a.: Adolf Lanz – Mein Krampf (1994); Herrn Hitlers Religion (1995); Wagnerdämmerung (1996). Buchveröffentlichungen u. a.: Rasse Mensch [mit C. Schüller] (Alibri: Aschaffenburg, 1999); Ware Kind [mit G. u. M. Grandt] (Patmos: Düsseldorf, 1999); Zipfelmützen-Götter: Hobbits und Zwerge als Echo der Kindheit (Alibri: Aschaffenburg, 2003).

Sigrid **Vowinckel**, Klinische Psychologin und Gestalttherapeutin. Seit 1991 Mitarbeiterin im Frauenberatungs- und Therapiezentrum Stuttgart (FETZ e.V.). Bundesweite Aufklärungsarbeit zu Hellingers Weltbild und seiner Methode des Familienstellens. Veröffentlichungen u. a.: B. Hellinger unter der Lupe: Was bedeutet sein Ansatz für Frauen (FETZ [E.i.S.]: Stuttgart, 1998); Bert Hellinger unter der Lupe (Lachesis, 25, 5/2000).

Klaus **Weber**, Professor für Psychologie an der Fachhochschule Frankfurt/Main, Gastprofessor an der Universität Innsbruck. Arbeiten zur Psychologiegeschichte, zu Faschismus und Psychologie, Theorien von Subjektivität, Kritischer Psychologie. Mitglied der GEW. Vertrauensdozent der Hans-Böckler-Stiftung und der Rosa-Luxemburg-Stiftung. Veröffentlichungen u. a.: Rechte Männer (VSA: Hamburg, 2001); Psychologie: Ein Grundkurs [mit H. Keupp] (Rowohlt: Reinbek, 2001).

Kontaktanschrift des Herausgebers (für alle AutorInnen):
fkpsych@aol.com (www.fkpsych.de)